Regulação Sistêmica e Prudencial no Setor Bancário Brasileiro

Regulação Sistêmica e Prudencial
no Setor Bancário Brasileiro

Regulação Sistêmica e Prudencial no Setor Bancário Brasileiro

2015

Gustavo Mathias Alves Pinto

REGULAÇÃO SISTÊMICA E PRUDENCIAL NO SETOR BANCÁRIO BRASILEIRO
© Almedina, 2015

AUTOR: Gustavo Mathias Alves Pinto
DIAGRAMAÇÃO: Almedina
DESIGN DE CAPA: FBA
ISBN: 978-858-4930-68-5

Dados Internacionais de Catalogação na Publicação (CIP)
(Câmara Brasileira do Livro, SP, Brasil)

Pinto, Gustavo Mathias Alves
Regulação sistêmica e prudencial no setor
bancário brasileiro / Gustavo Mathias Alves
Pinto. -- São Paulo : Almedina, 2015.
Bibliografia.
ISBN 978-85-8493-068-5
1. Bancos - Brasil 2. Direito comercial -
Brasil 3. Instituições financeiras - Brasil
4. Regulação 5. Sistema financeiro nacional
I. Título.

15-08925   CDU-347.73(81)

Índices para catálogo sistemático:
1. Brasil : Instituições financeiras : Sistema
financeiro nacional : Regulação : Direito
comercial 347.73(81)

Este livro segue as regras do novo Acordo Ortográfico da Língua Portuguesa (1990).

Todos os direitos reservados. Nenhuma parte deste livro, protegido por copyright, pode ser reproduzida, armazenada ou transmitida de alguma forma ou por algum meio, seja eletrônico ou mecânico, inclusive fotocópia, gravação ou qualquer sistema de armazenagem de informações, sem a permissão expressa e por escrito da editora.

Dezembro, 2015

EDITORA: Almedina Brasil
Rua José Maria Lisboa, 860, Conj.131 e 132 | Jardim Paulista | 01423-001 São Paulo | Brasil
editora@almedina.com.br
www.almedina.com.br

Chairman ST GERMAIN: Mr. Conover, where does Continental Illinois' rank in size among the banks of the United States of America? Is it 11th, 10th, 9th, 8th?

Mr. CONOVER: It seems to be moving.

Chairman ST GERMAIN: Where was it?

Mr. CONOVER: It was eighth, approximately.

Chairman ST GERMAIN: Number eight?

Mr. CONOVER: Yes.

Mr. WYLIE: You have 11 multinationals?

Mr. CONOVER: Right.

Chairman ST GERMAIN: All right. Ever see the fellow who is painting himself into that corner? He doesn't realize there is no door back there. And there is less floor for him to walk over. I got news for you. You are painting yourself in a corner because my question now is: Can you foresee, in view of all the reverberations internationally that you described, had Continental Ilinois been allowed to fail, and all those people put out of work and all those corporations out of money and all those other banks that would have failed, in view of that, can you ever foresee one of the 11 multinational money center banks failing? Can we ever afford to let any one of them fail?

Mr. CONOVER: The answer to that, Mr. Chairman, is that we have got to find a way to. In order...

Chairman ST GERMAIN: You are not answering.

Mr. CONOVER: In order to have a viable system...

Chairman ST GERMAIN: Mr. Conover, you said you don't have in your hip pocket the solution for the small banks, and you are never going to have it. The fact of the matter is, as a practical matter, neither you nor your successors are ever going to let a big bank the size of Continental Illinois fail.

Mr. CONOVER: Mr. Chairman, it isn't whether the bank fails or not. It is how it is handled subsequent to its failure that matters. And we have to find a way. I admit that we don't have a way right now. And so, since we don't have a way, your premise appears to be correct at the moment.

Chairman ST GERMAIN: That is one of the prime reasons for these hearings. We have quite a few, but one of our principal reasons is we have to make a decision. Do we allow, ever, a large bank to fail?

Mr. CONOVER: I think it is important that we find a way to do that.

Mr. BARNARD: Thank you.

Mr. MCKINNEY: Would Mr. Barnard yield for a moment so I could follow through on the chairman's statement?
Mr. BARNARD: I want to follow through too, if you don't mind.
Mr. MCKINNEY: With all due respect, I think seriously, we have a new kind of bank. And today there is another type created. We found it in the thrift institutions, and now we have given approval for a $1 billion brokerage deal to Financial Corporation of America. Mr. Chairman, let us not bandy words. We have a new kind of bank. It is called too big to fail. TBTF, and it is a wonderful bank.

(U.S. CONGRESS. Inquiry into the Continental Illinois Corp. and Continental Illinois National Bank (98-11), House of Representatives, Subcommittee on Financial Institutions, Supervision, Regulation, and Insurance, 98th Cong., 2nd session, 1984)

AGRADECIMENTOS

Em primeiro lugar, meu agradecimento especial a Deus e à minha família, a quem dedico este trabalho. A Deus, pelas oportunidades concedidas. A meus pais, Alfeu e Márcia, por sempre se dedicarem à educação e felicidade de seus filhos. À minha esposa Patrícia, pelo seu amor e carinho, que fazem todo esforço valer a pena.

A presente obra se baseia na minha tese de doutorado em Direito Econômico defendida na Faculdade de Direito da Universidade de São Paulo em 2011. Assim, como não poderia deixar de ser, agradeço meu orientador, Professor Hermes Marcelo Huck, pela confiança depositada em mim e orientação segura de que sempre dispus. Registro também meu agradecimento aos Professores Fábio Nusdeo, Haroldo Malheiros Duclerc Verçosa, Gesner de Oliveira e Carlos Emmanuel Joppert Ragazzo, pela participação e importantes considerações a respeito do trabalho em minha banca de doutoramento.

Ao longo de minha pesquisa, procurei contatar alguns dos juristas citados na obra para discutir o tema. Embora não nos conhecêssemos, Jairo Saddi e Otavio Yazbek responderam prontamente ao meu contato, disponibilizando tempo de suas agendas profissionais atribuladas para darem sugestões sobre o trabalho. Camila Villard Duran também teve papel fundamental ao longo dessa jornada, com sua valiosa revisão e importantes sugestões. Fico feliz, agradecido e lisonjeado por contar com suas participações no introito e verso desta obra.

Se é verdade que este trabalho apenas foi possível graças à colaboração dessas pessoas, também o é que este sequer teria se iniciado sem o exemplo de retidão profissional e acadêmica oferecidos por Barbara Rosenberg, Caio Mário da Silva Pereira Neto e Daniel Krepel Goldberg, aos quais deixo registrado meu agradecimento pelo incentivo fundamental para o ingresso na pós-graduação no Brasil e no exterior.

Igualmente, sou grato aos meus colegas de trabalho – atuais e passados – pelo constante apoio, permitindo o encontro de tempo e tranquilidade necessários ao desenvolvimento desta obra.

Registro também aqui minha gratidão aos inúmeros amigos da Universidade de São Paulo, Fundação Getulio Vargas e Universidade de Harvard, que contribuíram de uma forma ou de outra com a obra. Seriam muitos para citar nominalmente, sendo certo que cometerei injustiças em procurar limitar esse rol. Em todo caso, não posso deixar de expressar meu agradecimento especial a Ana Carolina Cavalcanti de Albuquerque, André Okumura, Anna Lygia Costa Rego, Anna Liza Su, Daniel Gustavo Falcão Pimentel dos Reis, Eduardo Pontieri, Érico Rodrigues Pilatti, Flávio Campestrin Bettarello, Hector Rodrigo Ribeiro Paes Ferraz, Jefferson Alvares, José Antonio Batista de Moura Ziebarth, Leonor Augusta Giovine Cordovil, Maira Yuriko Rocha Miura, Paulo Penteado de Faria e Silva Neto e Rodrigo Pagani de Souza. Aos colegas do Colégio São Luís, verdadeira extensão da minha família, meu agradecimento pelos raros momentos em que consegui desligar da obra nesse período.

Ante esse rol de amigos e colegas, cabe a ressalva de praxe, destacando que a responsabilidade pelas imprecisões e erros é exclusiva do autor. Igualmente, as opiniões aqui expressas são do autor, não representando necessariamente a posição de nenhuma instituição a que ele esteja vinculado.

APRESENTAÇÃO

Esta é uma obra editorial que aguardávamos no mundo jurídico: uma descrição analítica e minuciosa do funcionamento do sistema financeiro nacional e de seu desenho institucional. Gustavo traz para o leitor um diagnóstico refinado do atual modelo de regulação prudencial e sistêmica do mercado financeiro e as implicações da regulação global para a local. A análise das respostas jurídicas à crise financeira de 2008 e seus impactos regulatórios, no Brasil e em outros países, é feita de forma impecável em diferentes passagens do trabalho.

Gustavo explora um objeto de pesquisa que exige tratamento em diferentes perspectivas: jurídica, econômica e de política pública. Esta obra está, portanto, numa área de conhecimento ainda pouco explorada pela literatura jurídica, o que é compreensível, uma vez que as ferramentas analíticas para essa "aventura" ainda não estão disponíveis em um manual. Parece-me que este trabalho foi possível graças a características próprias da formação e da carreira do autor: Gustavo é jurista com conhecimento amplo do funcionamento econômico do mercado financeiro, não somente porque se formou pela São Francisco e pela EAESP-FGV, além de ter uma passagem pela renomada Harvard, mas também porque sua carreira profissional o imergiu nos aspectos de economia e de política pública do sistema financeiro nacional e internacional.

A abordagem analítica da obra é institucional, ou seja, o autor compreende o direito econômico como elemento de estruturação do sistema destinado à prevenção de crises bancárias, que define objetivos e instrumentos de política para a regulação do setor. A obra parece enaltecer o arcabouço regulatório prudencial brasileiro, mas não deixa de levantar importantes reflexões sobre a regulação sistêmica, bem como os desafios para ambas as modalidades regulatórias decorrentes das transformações na indústria bancária nas últimas décadas. Para tal, ela traz, de forma sistemática, o estado da arte sobre o tema: uma revisão bibliográfica apurada e bem construída (nacional e internacional) e a visão contundente do autor.

Gustavo recorre a diferentes ferramentas para reduzir a complexidade financeira a uma linguagem acessível para o leitor de formações distintas. A síntese, ao final de cada capítulo, é um exemplo do cuidado pedagógico deste livro. Essas são as principais qualidades do trabalho: refinamento bibliográfico, clareza na abordagem (comunicada ao leitor), linguagem objetiva e atenção especial às implicações interdisciplinares e práticas do tema.

Acredito que esse é um modelo de trabalho ainda pouco comum no mercado editorial jurídico brasileiro. Tenho identificado dificuldades persistentes no desenvolvimento desse mercado: o excessivo apego ao formalismo, a uma linguagem rococó e prolixa, e a um diálogo etéreo que desconsidera as implicações práticas dos institutos. Estudos que trazem análise de decisões judiciais e/ou implicações de política pública, combinada com exame de dados empíricos, apesar de estarem em expansão, ainda são a minoria das publicações jurídicas no País. Este livro faz parte de um movimento crescente de análise jurídico-institucional, e a Editora Almedina é uma das protagonistas dessa história. De forma consistente, a editora tem trazido esse tipo de publicação para o mercado jurídico de língua portuguesa.

Não é tarefa difícil, portanto, comentar este trabalho, caro leitor. Tive muito prazer em ler e discutir com o autor as visões expostas aqui, durante toda a gestação deste projeto. Nesse sentido, este trabalho não é completamente novo. Ele é resultado de muitos anos de pesquisa e de dedicação do autor à compreensão de seu objeto de estudo. Eu estava ansiosa para ver o Gustavo compartilhar esta obra com um público mais amplo.

No entanto, isso não quer dizer que a tarefa de comentar não seja complexa especialmente para mim. Gustavo e eu estudamos juntos na São Francisco. Tivemos trajetórias distintas que, no entanto, insistiram em se convergir porque compartilhávamos (e compartilhamos) o mesmo interesse pessoal: compreender a evolução institucional do sistema financeiro-monetário e contribuir com políticas públicas de desenvolvimento, a partir da chave jurídica. Nesse intuito, minha trajetória foi essencialmente acadêmica. Gustavo, por sua vez, iniciou sua carreira em banco de investimento, passando pelo Ministério da Justiça e pela advocacia privada no Brasil e no exterior. Complementando esse amplo espectro de experiências profissionais, atualmente é funcionário de uma importante organização internacional.

Durante todo esse tempo, sempre mantivemos um diálogo cordial e debatemos ideias. Enquanto eu estava na academia europeia, Gustavo se encontrava nos Estados Unidos. A diferença de espaços e culturas acadêmicas contribuiu profundamente para tornar nosso debate mais rico, pois adicionou diferentes linhas de pensamento para compreender o funcionamento empírico do sistema financeiro. Gustavo terminou o doutorado em 2011 e este livro condensa suas principais contribuições que, com muito prazer, discutimos. Por vezes, não concordamos em alguns aspectos, mas sempre consideramos e respeitamos as críticas – na verdade, sempre procuramos deliberadamente por elas para avançar em nosso próprio trabalho.

Por todo esse período de convivência, estou cheia de orgulho em testemunhar o aparecimento desta publicação e ter a honra de escrever uma apresentação. Tenho certeza de que você, caro leitor, irá apreciar. Após a leitura deste livro, você terá as respostas às suas indagações mais profundas sobre o sistema financeiro, além de novas e mais complexas perguntas sobre esse tema. Afinal, é para isso que servem os bons e verdadeiros trabalhos acadêmicos.

Camila Villard Duran

É professora doutora da Faculdade de Direito da Universidade de São Paulo, doutora em direito pelas Universidades de São Paulo e Paris 1 Panthéon-Sorbonne, pesquisadora visitante das Universidades de Oxford e Princeton, e responsável pela coluna semanal "Livros Jurídicos" do jornal Folha de São Paulo.

PREFÁCIO

A presente obra é bem-vinda por mais de um motivo – na verdade, ela é bem-vinda por mais de um motivo em mais de um nível. E digo isso por sentir a necessidade de, antes de qualquer outra coisa, apontar minha alegria em ver este trabalho publicado.

Tive um primeiro contato com seu autor ainda durante o período de redação da tese de doutoramento, quando ele me procurou para discutir alguns pontos. Depois recebi o trabalho pronto e já devidamente aprovado. E, para quem trabalha em determinadas áreas menos exploradas – ou faz dessas áreas seu principal campo de interesse acadêmico – é sempre uma alegria encontrar esforços como o de Gustavo. Ainda mais quando bem-sucedidos.

A importância dos debates sobre regulação financeira, no Brasil é, com efeito, acompanhada de um misterioso e ensurdecedor silêncio, praticamente inexistindo discussões mais rigorosas (em especial no campo jurídico) sobre a matéria. E esse silêncio é tanto mais misterioso e ensurdecedor quanto mais se conhecem seus motivos – sobre os quais tenho algumas impressões.

A meu ver, o primeiro motivo para esse vácuo diz respeito à tradição reinante nas faculdades de Direito e nas formas de produção (e de reprodução) do saber jurídico. Já tive, mais de uma vez, a oportunidade de explorar tal ponto e não creio que ele mereça muito mais discussão aqui.[1] O traba-

---

[1] Para isso, remeto às considerações constantes de: YAZBEK, Otavio. *Regulação do mercado financeiro e de capitais*. 2. ed. Rio de Janeiro: Elsevier, 2009, p. 272 e ss.; e Idem. Apresentação: uma introdução, 40 anos depois. In: TRUBEK, David M. et al. *Direito, planejamento e desenvolvimento do mercado de capitais brasileiro*: 1965-1970. 2. ed. São Paulo: Saraiva, 2011, p. 39 e ss.

lho de Gustavo, como os trabalhos recentes de alguns outros jovens mestres e doutores, representa um rompimento, cada vez mais evidente, com algumas limitações que a nossa tradição jurídica apresenta para dialogar com certos tipos de problemas que afligem as sociedades contemporâneas.

Mas acredito que haja, ainda, um segundo tipo de impedimento, que diz respeito à formação de nosso sistema de regulação bancária. Isso porque, não raro, a evolução desse sistema se faz à margem das construções e dos instrumentais mais tradicionais – afinal, até hoje existe quem se escandalize com a capacidade normativa de conjuntura dos reguladores estatais. E, ademais, a cada vez que se vai discutir um tema mais complexo, os empecilhos gerados por grupos distintos de interesses são tão grandes que não é comum que a busca de soluções passe por se evitar o processo legislativo e, consequentemente, um debate público muito mais aprofundado. Não é por outro motivo que ainda não se promulgou Lei Complementar para regulamentar o art. 192 da Constituição Federal de 1988 (e que ainda precisamos conviver com as limitações da Lei 4.595/1964), e que a reforma do Sistema de Pagamentos Brasileiro tenha se dado a partir da edição de Medidas Provisórias. Isso dentre tantos outros exemplos possíveis.

É bem verdade que a questão da regulação financeira, que em larga medida se mistura com a da estabilidade monetária, também em outros países é objeto sobretudo de atividade regulamentar e que muito se discute a legitimidade das burocracias estatais para decidirem, diretamente e sem maiores controles (ou ao menos sem os controles políticos mais típicos), sobre temas de tamanha relevância.[2] É muito provável que isso decorra até da dinâmica desses processos de regulação e que tenhamos que aprender a conviver com isso, talvez criando até outros mecanismos de *accountability*, mais adequados.

No Brasil, os problemas decorrentes da falta desse tipo de debate se mostram particularmente relevantes. Os recorrentes impasses entre o Banco Central do Brasil e o Conselho Administrativo de Defesa Econômica demonstram algumas dessas dificuldades. E esse último exemplo é bastante ilustrativo de uma outra questão, irmã daquela primeira, que é a de um certo fetichismo de que passam a se revestir conceitos técnicos,

---

[2] E pode-se remeter, aqui, à discussão suscitada por Jean Paul Cabral Veiga da Rocha em seu *A capacidade normativa de conjuntura no direito econômico: o déficit democrático da regulação financeira*, Tese de Doutorado defendida perante o Departamento de Direito Econômico e Financeiro da Faculdade de Direito da USP, São Paulo, 2004.

PREFÁCIO

como o de risco sistêmico, nos debates sobre a matéria – se, por um lado, a ideia de risco sistêmico justifica um tratamento diferenciado, mais ágil e mais especializado, para certas matérias, por outro, ele não pode servir como uma fórmula absolutamente impeditiva de algumas discussões (que muitas vezes já foram há muito superadas em outros lugares).

E aqui, passo daquele primeiro nível – o da satisfação pessoal por ver tão adequada exploração de temas tão complexos vindo à luz – para um segundo nível, que é o da importância de um trabalho como este no presente momento, ante aquilo que se demanda dos formuladores de políticas públicas e de seus aplicadores e intérpretes, em especial a partir da crise financeira de 2008.

Digo isso porque, se em alguma medida, aquela subtração de alguns conceitos de debates mais aprofundados é até compreensível (como já se viu), por outro ela gera alguns relevantes e evidentes efeitos negativos. E tomo a liberdade de trazer, aqui, mais um exemplo, ao lado daquele já referido do nosso impasse em matéria concorrencial.

A crise financeira iniciada em 2008 teve, como um de seus principais subprodutos, do ponto de vista do *modus operandi* dos reguladores e dos agentes políticos (muito embora também seja lícito perguntar em que medida os reguladores não são também agentes políticos, questão que foge aos limites desta discussão), uma crítica a determinadas perspectivas que se vinha até então adotando. Em razão dessas críticas, emerge o que se convencionou chamar de um "paradigma macroprudencial".

Esse paradigma macroprudencial corresponde a uma nova perspectiva que se deve incorporar às atividades regulatórias e de formulação de políticas públicas, em razão da qual, sem prejuízo dos objetivos mais diretos do agente (seja este um regulador prudencial/sistêmico ou de condutas, um regulador bancário ou de mercado de capitais, ou regulador propriamente dito ou formulador de políticas públicas), suas atividades devem sempre se pautar pela garantia ou pela busca da estabilidade financeira.[3]

Trata-se de perspectiva plenamente compreensível ante o reconhecimento dos efeitos das contradições na atuação entre diferentes reguladores setoriais, não raro com diferentes competências e com práticas e escopos

---

[3] Para a discussão sobre o advento do enfoque macroprudencial, cf. as considerações de: HANSON, Samuel G. et al. A macroprudential approach to financial regulation. *Journal of Economic Perspectives*, 25(1), p. 3-28, 2011.

muito distintos, e ante os efeitos de políticas públicas que privilegiavam condutas de risco (como a outorga excessiva de crédito).

No Brasil, porém, se começou a usar a expressão como uma justificativa para o atingimento de determinados fins de políticas públicas que não estavam necessariamente ligados a esse tipo de preocupação. Assim, as medidas destinadas a lidar com as aparentes distorções da taxa de câmbio (historicamente relacionadas a pleitos de certos setores), por exemplo, revestiram-se todas do manto de medidas macroprudenciais. O mesmo vale para medidas de combate à inflação. E para uma série de outras ações que apenas muito indiretamente tinham a ver com o problema da estabilidade financeira propriamente dita.[4]

Esses problemas, que apenas aparentemente são mais terminológicos, se refletem em várias outras situações. Recentemente, por exemplo, o Banco Central do Brasil decidiu criar uma área destinada a supervisionar condutas dos agentes regulados – o Departamento de Supervisão de Condutas. E justificou tal iniciativa remetendo, de forma genérica, ao debate internacional sobre o chamado modelo *Twin Peaks* como fonte de inspiração.[5] Ora, o referido modelo, nascido do reconhecimento de determinadas limitações das fórmulas tradicionais de distribuição de competências, preconiza justamente a separação institucional entre reguladores prudenciais/ sistêmicos e de condutas, tendo em vista as especializações distintas e os moventes contraditórios de cada tipo de regulação.[6]

Tais fatos ajudam a revelar as limitações dos debates sobre regulação financeira no Brasil e a importância de seu aprofundamento, e eles vão

---

[4] Essa crítica tem sido feita de modo contundente, por exemplo, por Monica de Bolle. Cf., neste sentido: BACHA, Edmar; DE BOLLE, Monica. Há um controle disfarçado da inflação. Entrevista publicada no jornal *O Globo*. Disponível em: <oglobo.globo.com/economia/edmar--bacha-monica-de-bolle-ha-um-controle-disfarcado-da-inflacao-2801840>.

[5] Cf., neste sentido, o Relatório de Administração do Banco Central do Brasil de 2012. Disponível em: <www.bcb.gov.br/Pre/Surel/RelAdmBC/2012/relatorio-de-atividades/gestao/ ajustes-organizacionais.html>.

[6] Sobre o modelo *Twin Peaks*, cada vez mais discutido e adotado como referência no debate internacional a partir da crise de 2008, e sua gênese, cf. GOODHART, Charles A. E.; HARTMANN, Philipp; LLEWELLYN, David; ROJAS-SUÁREZ, Liliana; WEISBROD, Steven. *Financial regulation*: why, how and where now? London: Routledge, 1998. especialmente p. 144 e ss. Para a forma pela qual tal debate deve realmente se impor no Brasil, cf. a reportagem Dupla vigilância, *Revista Capital Aberto*, edição 75, nov. 2009. Disponível em: <www.capitalaberto. com.br/temas/dupla-vigilancia/#.Vbw8DflVhBc>.

PREFÁCIO

muito além das questões terminológicas. Isso porque, a rigor, a regulação de uma determinada atividade econômica é limitação à livre iniciativa naquele campo. Daí a razão de o art. 174 da Constituição Federal de 1988 remeter ao exercício de competência normativa e reguladora "na forma da lei".

O uso de categorias conceituais mais ou menos amplas para alargar ou para limitar a atuação dos reguladores é, no mínimo, gerador de incerteza. Em um mundo marcado pelos processos de inovação financeira e pela permanente necessidade de se reavaliar periodicamente o "perímetro regulatório" (ou seja, o surgimento de atividades geradoras de risco fora do campo em que se dá a atividade regulatória), a fim de se evitar a criação de zonas cinzentas, esse tipo de solução não deixa de cumprir uma função.[7] Há, porém, um preço a pagar.

Daí a relevância do debate referido por Gustavo no capítulo 1 desta obra: o que deve justificar, desde um ponto de vista material, a atividade de regulação financeira? Quais são os fins almejados? Por isso a importância de seus esforços para uma definição mais clara dos campos da regulação prudencial e regulação sistêmica, em especial nos capítulos 3 e 4, feitos com base naqueles fins.

Apenas esse esforço já justificaria a presente obra. No entanto, ele permite, ainda, uma análise crítica também dos instrumentos regulatórios vigentes e das opções concretamente adotadas. Um exemplo claro disso reside na constatação que aqui se faz acerca do alargamento das funções do Fundo Garantidor de Créditos. Sem prejuízo da concordância ou da discordância em relação às opções adotadas a partir da crise de 2008 (e que estavam relacionadas à inexistência de outras alternativas, ante as dificuldades já acima referidas),[8] é forçoso reconhecer o caráter improvi-

---

[7] Sobre o conceito de perímetro regulatório, cf. o princípio de número 7 em: INTERNATIONAL ORGANIZATION OF SECURITIES COMMISSIONS. *Objectives and Principles of Securities Regulation*, Madrid, 2010. Quanto às possibilidades geradas pelo uso de conceitos mais gerais, é importante remeter à experiência com a definição de valor mobiliário adotada a partir da Lei 10.303/2001. Sobre o tema, cf. YAZBEK, Otavio. *Regulação do mercado financeiro e de capitais*, p. 120 e ss. e 223 e ss.

[8] Para minha posição sobre o tema, cf. YAZBEK, Otavio. Crise financeira e risco sistêmico: a evolução recente da regulação sistêmica no Brasil. In: PÁDUA LIMA, Maria Lúcia de. *Agenda contemporânea*: direito e economia. São Paulo: Saraiva, 2012. t. 2. Vale referir também as considerações críticas de: SADDI, Jairo. *Temas de regulação financeira*. São Paulo: Quartier Latin, 2010.

sado da solução que se adotou e a falta de um debate mais aprofundado sobre a matéria.

Por fim, ao lado do esforço de reconhecimento dos fundamentos da regulação, de seu arcabouço conceitual e dos regimes que se aplicam a cada um dos instrumentos utilizados, a presente obra antecipa, ainda, outro importante ponto, que é o do caráter supranacional da regulação financeira contemporânea e dos desafios gerados por essa nova dimensão (capítulo 5).

As raízes desse último processo não são tão recentes e estão diretamente relacionadas ao progressivo reconhecimento da dimensão global dos mercados financeiros. Dimensão esta que evidencia as limitações de soluções locais – afinal, instituições que atuam globalmente, quando impedidas de assumir determinados riscos em alguns mercados, podem muito bem assumi-los em outros, para os quais não vigorem regimes tão restritivos.[9] Por este motivo têm proliferado, ao menos desde meados da década de 1980, iniciativas de harmonização de práticas regulatórias, seja a partir da criação de órgãos multilaterais, seja, mais recentemente, a partir de iniciativas como a de criação dos *Supervisory Colleges*[10] ou de debates como aquele acerca da "subsidiarização".[11]

Essa globalização dos mecanismos de regulação traz uma série de novos desafios, seja em um plano que talvez se possa chamar de mais superficial (ou seja, na discussão sobre a mera necessidade de adoção de regimes harmonizados e de determinadas soluções e dos esforços para tal), seja em questões de fundo (mais relacionadas à migração das competências regulatórias e ao conceito de soberania). Também aqui falta criar um arcabouço conceitual adequado – o debate demanda uma perspectiva crítica, que contraponha as reais necessidades (que transcendem as fronteiras nacionais) às assunções tradicionais acerca das competências estatais e às peculiaridades dos sistemas locais.

---

[9] Cf., neste sentido, por exemplo, as considerações já não tão novas de HERRING, Richard J.; LITAN, Robert E. *Financial regulation in the global economy*. Washington: The Brookings Institution, 1995, p. 96.

[10] Sobre o tema, cf. FINANCIAL STABILITY BOARD. *Intensity and effectiveness of SIFI supervision – recommendations for enhanced supervision*, Basel, 2010, p. 15 e ss.

[11] Para tais discussões, cf.: FIECHTER, Jonathan; ÖTKER-ROBE, Inci; ILYINA, Anna; HSU, Michael; SANTOS, André; SURTI, Jay. Subsidiaries or branches: does one size fit all? *IMF Staff Discussion Note* 11/04, 2011.

PREFÁCIO

Todos estes pontos evidenciam a importância da presente obra: impõe-se compreender os fins da regulação a fim de melhor delimitar a competência dos reguladores e de compreender do que se está falando quando se trata de regulação financeira; impõe-se analisar o arcabouço conceitual que a partir daí se cria, definindo-se claramente as diferentes modalidades da regulação financeira, a fim de se permitir o debate sobre o tema; impõe-se analisar, de forma rigorosa e crítica, as novas e velhas soluções (e o caráter improvisado de algumas delas) e seu regime jurídico, de modo a se permitir seu aprimoramento e a criação de mecanismos mais adequados; e impõe-se, por fim, compreender as novas tendências, inclusive no plano internacional, que são os determinantes para os caminhos que seguiremos no futuro.

Trata-se, todos esses passos, de condições para o desenvolvimento de um verdadeiro, maduro e mais profícuo debate sobre a regulação financeira no Brasil. Naturalmente, há outros empecilhos, inclusive de ordem conjuntural, para a plena implantação deste tipo de debate e para que ele possa começar a produzir efeitos.

Mas, de qualquer forma, até bem pouco tempo, essas categorias essenciais não estavam ainda adequadamente definidas e apenas estávamos discutindo, no campo jurídico, temas já há muito ultrapassados.

Otavio Yazbek

Doutor em Direito Econômico pela Faculdade de Direito da Universidade de São Paulo. Professor do Programa de Educação Continuada e Especialização em Direito GVLaw. Ex-Diretor da Comissão de Valores Mobiliários (2009-2013). Membro do Standing Committee on Supervisory and Regulatory Cooperation do Financial Stability Board (2009-2013). Membro do Conselho de Autorregulação Bancária da Federação Brasileira de Bancos. Advogado.

LISTA DE ABREVIATURAS E SIGLAS

ACP	Adicional de Capital Principal
ADCT	Ato das Disposições Constitucionais Transitórias
AIG	*American International Group*
AIGFP	*AIG Financial Products Corporation*
Anbima	Associação Brasileira das Entidades dos Mercados Financeiro e de Capitais
APR	Ativo Ponderado pelo Risco
APRA	*Australian Prudential Regulation Authority*
ASIC	*Australian Securities and Investments Commission*
Banerj	Banco Nacional do Estado do Rio de Janeiro
Banespa	Banco Nacional do Estado de São Paulo
BCB	Banco Central do Brasil
BCCI	*Bank of Credit and Commerce International*
BIS	*Bank for International Settlements*
BNDES	Banco Nacional do Desenvolvimento Econômico e Social
BUC	Banco União Comercial
CADE	Conselho Administrativo de Defesa Econômica
Cared	Carteira de Emissões e Redescontos do Banco do Brasil
CDB	Certificado de Depósito Bancário
CDO	*Collateralized Debt Obligations*
CDS	*Credit Default Swaps*

CEBS	*Committee of European Banking Supervisors*
CEF	Caixa Econômica Federal
CFPB	*Consumer Financial Protection Bureau*
CFTC	*Commodity Futures Trading Commission*
CMN	Conselho Monetário Nacional
CNPC	Conselho Nacional de Previdência Complementar
CNPL	Confederação Nacional das Profissões Liberais
CNSP	Conselho Nacional de Seguros Privados
COAF	Conselho de Controle de Atividades Financeiras
Comef	Comitê de Estabilidade Financeira
Comitê de Basileia	Comitê de Basileia de Supervisão Bancária
Coremec	Comitê de Regulação e Fiscalização dos Mercados Financeiro, de Capitais, de Seguros, de Previdência e Capitalização
Cosif	Plano Contábil das Instituições do SFN
CPC	Comitê de Pronunciamentos Contábeis
CPI	Comissão Parlamentar de Inquérito
CRA	Certificado de Recebíveis do Agronegócio
CRC	Central de Risco de Crédito
CRI	Certificado de Recebíveis Imobiliários
CRSFN	Conselho de Recursos do Sistema Financeiro Nacional
CVM	Comissão de Valores Mobiliários
Dodd-Frank Act	*Dodd-Frank Wall Street Reform and Consumer Protection Act*
DPGE	Depósito a Prazo com Garantia Especial
EBA	*European Banking Authority*
EC	Emenda Constitucional
ECB	*European Central Bank*
EM	Exposição de Motivos
ESFS	*European System of Financial Supervision*
ESMA	*European Securities and Markets Authority*
ESRB	*European Systemic Risk Board*

LISTA DE ABREVIATURAS E SIGLAS

FASB	*Financial Accounting Standards Board*
FCA	*Financial Conduct Authority*
FCVS	Fundo de Compensação de Variações Salariais
FDIC	*Federal Deposit Insurance Corporation*
FIDC	Fundo de Investimento em Direito Creditório
Febraban	Federação Brasileira de Bancos
FGC	Fundo Garantidor de Crédito
FGDLI	Fundo de Garantia de Depósitos e Letras Imobiliárias
FGTS	Fundo de Garantia por Tempo de Serviço
FMI	Fundo Monetário Internacional
FSA	*Financial Services Authority*
FSAP	*Financial Sector Assessment Program*
FSB	*Financial Stability Board*
FSF	*Financial Stability Forum*
FSOC	*Financial Stability Oversight Council*
FSSA	*Financial System Stability Assessment*
GAAP	*Generally Accepted Accounting Principles*
IADI	*International Association of Deposit Insurers*
IAIS	*International Association of Insurance Supervisors*
IASB	*International Accounting Standards Board*
IBEF	Instituto Brasileiro de Executivos de Finanças
IBGE	Instituto Brasileiro de Geografia e Estatística
IFRS	*International Financial Reporting Standards*
IOF	Imposto sobre Operações Financeiras
Iosco	*International Organization of Securities Comissions*
IRB	*Internal Ratings Based*
LBTR	Liquidação Bruta em Tempo Real
LDL	Liquidação Defasada Líquida
LOLR	*Lender of Last Resort*
LTCM	Long Term Capital Management

MP	Medida Provisória
OCC	*Office of the Comptroller of the Currency*
OCDE	Organização para a Cooperação e Desenvolvimento Econômico
OFM	Organização Financeira Mundial
OTS	*Office of Thrift Supervision*
PIB	Produto Interno Bruto
PR	Patrimônio de Referência
PRA	*Prudential Regulation Authority*
Previc	Superintendência Nacional de Previdência Complementar
Proef	Programa de Fortalecimento das Instituições Financeiras Federais
Proer	Programa de Estímulo à Reestruturação e ao Fortalecimento do SFN
Proes	Programa de Incentivo para a Reestruturação do Sistema Financeiro Estatal
RAET	Regime de Administração Especial Temporária
RBA	*Reserve Bank of Australia*
RCAP	*Regulatory Consistency Assessment Programme*
ROSC	*Report on Observance of Standards and Codes*
SARC	Sistema de Avaliação de Riscos e Controles
SCR	Sistema de Informações de Crédito
SEC	*Securities and Exchange Commission*
SFH	Sistema Financeiro da Habitação
SFN	Sistema Financeiro Nacional
SFRC	*Shadow Financial Regulatory Committee*
SIFI	*Systemically Important Financial Institution*
SIV	*Structured Investment Vehicle*
SNSP	Sistema Nacional de Seguros Privados
SPB	Sistema de Pagamentos Brasileiro
SPC	Secretaria de Previdência Complementar

LISTA DE ABREVIATURAS E SIGLAS

SPE	*Special Purpose Entity*
SSM	*Single Supervisory Mechanism*
STF	Supremo Tribunal Federal
STJ	Superior Tribunal de Justiça
STR	Sistema de Transferência de Reservas
SEIR	*Structured Early Intervention and Resolution*
Sumef	Subcomitê de Monitoramento da Estabilidade do SFN
Sumoc	Superintendência da Moeda e do Crédito
Susep	Superintendência de Seguros Privados
TBTF	*Too Big to Fail*
TRF	Tribunal Regional Federal
Unicad	Sistema de Informações sobre Entidades de Interesse do BCB

SUMÁRIO

Introdução...31

Capítulo 1 A REGULAÇÃO FINANCEIRA E SUAS JUSTIFICATIVAS 39
1.1 A importância do setor bancário e de sua regulação 39
1.2 A economia neoclássica e seus desafios...42
1.3 As falhas de mercado no setor bancário...48
    1.3.1 *Assimetrias informacionais* 49
    1.3.2 *Concentração econômica* 52
        1.3.2.1 Concentração e conglomeração de atividades financeiras........54
    1.3.3 *Externalidades*..60
        1.3.3.1 Conceito clássico de risco sistêmico.....................................61
1.4 Regulação financeira e falhas de mercado 64
SÍNTESE E CONCLUSÕES DO CAPÍTULO 1..70

Capítulo 2 A ATIVIDADE BANCÁRIA NO BRASIL E SUA REGULAÇÃO 73
2.1 Primórdios do setor bancário brasileiro 73
2.2 Reestruturação do Sistema Financeiro Nacional...79
    2.2.1 *Concentração e conglomeração no Sistema Financeiro Nacional* 82
    2.2.2 *Saneamento do Sistema Financeiro Nacional – o fim do "milagre econômico"* 86
2.3 Reforma bancária no final da década de 1980 91
2.4 Plano Real e a abertura do setor bancário 94
    2.4.1 *Saneamento do Sistema Financeiro Nacional – o Plano Real*....................95
    2.4.2 *Abertura do setor bancário ao capital estrangeiro* 102
2.5 Desenvolvimento recente – crise financeira internacional.......................105
2.6 Autoridades do setor bancário...107
    2.6.1 *Conselho Monetário Nacional* 107
    2.6.2 *Banco Central do Brasil* 109
    2.6.3 *Outras autoridades do Sistema Financeiro Nacional*.............................110
2.7 Tipos de instituição financeira...113

REGULAÇÃO SISTÊMICA E PRUDENCIAL NO SETOR BANCÁRIO BRASILEIRO

2.7.1 *Conceito de instituição financeira* 113
2.7.2 *Tipologia das instituições financeiras e demais participantes*
do Sistema Financeiro Nacional 117
2.7.2.1 Instituições financeiras monetárias 119
2.7.2.2 Instituições financeiras não monetárias 120
2.7.2.3 Instituições auxiliares..120
SÍNTESE E CONCLUSÕES DO CAPÍTULO 2...123

Capítulo 3 REGULAÇÃO SISTÊMICA 127
3.1 Regulação sistêmica 127
3.1.1 *Seguro ou garantia de depósitos*..132
3.1.1.1 O Fundo Garantidor de Crédito 134
3.1.2 *Regimes especiais aplicáveis às instituições em crise*....................144
3.1.2.1 Regimes especiais no Sistema Financeiro Nacional....................158
3.1.3 *Emprestador de último recurso* 156
3.1.3.1 Provimento de recursos pelo Banco Central do Brasil 158
3.1.4 *Organização do sistema de pagamentos*...164
3.1.4.1 O Sistema de Pagamentos Brasileiro 166
3.1.5 *Edital de Audiência Pública 34* 169
3.2 Desafios para a regulação sistêmica 170
3.2.1 *Ampliação do conceito de risco sistêmico* 170
3.2.2 *Grande demais para quebrar* 178
SÍNTESE E CONCLUSÕES DO CAPÍTULO 3...187

Capítulo 4 REGULAÇÃO PRUDENCIAL...193
4.1 Regulação prudencial..193
4.1.1 *Controles de adequação patrimonial*...204
4.1.1.1 Diretrizes de adequação patrimonial no Brasil 207
4.1.2 *Mecanismos de controle de acesso* 214
4.1.2.1 Autorização para funcionamento pelo Banco Central do Brasil 215
4.1.3 *Supervisão e envio de informações*..217
4.1.3.1 Supervisão indireta pelo Banco Central do Brasil....................218
4.1.3.2 Supervisão direta pelo Banco Central do Brasil....................220
4.1.3.3 Testes de estresse 222
4.1.4 *Instrumentos disciplinares, punitivos e preventivos*....................224
4.1.4.1 Instrumentos disciplinares e punitivos no Sistema Financeiro
Nacional.. 225
4.1.4.2 Medidas prudenciais preventivas...230
4.1.5 *Controle de estruturas de remuneração*...233
4.1.5.1 Política de remuneração no Sistema Financeiro Nacional........237

SUMÁRIO

4.2 Desafios para a regulação prudencial 242
    4.2.1 *Dificuldades associadas à supervisão de conglomerados financeiros* 242
        4.2.1.1 Abordagem institucional...243
        4.2.1.2 Abordagem funcional..245
        4.2.1.3 Abordagem unificada 254
        4.2.1.4 Regulação por objetivos...257
    4.2.2 *Sistema bancário "na sombra"* 262
    4.2.3 *Derivativos de balcão* 271
    4.2.4 *Captura regulatória*..277
    4.2.5 *Limites da autorregulação* 280
    4.2.6 *Instituições "auxiliares" de supervisão bancária* 284
        4.2.6.1 Auditores contábeis...285
        4.2.6.2 Agências de rating..290
SÍNTESE E CONCLUSÕES DO CAPÍTULO 4...297

Capítulo 5 REGULAÇÃO FINANCEIRA INTERNACIONAL...........................305
5.1 Risco sistêmico internacional...305
    5.1.1 *Internacionalização dos bancos atuantes no Sistema Financeiro Nacional*...307
5.2 Arcabouço internacional de regulação e supervisão financeira................310
    5.2.1 *Comitê de Basileia de Supervisão Bancária*...310
    5.2.2 *Organização Internacional de Comissões de Valores Mobiliários* 314
    5.2.3 *Associação Internacional de Supervisores de Seguros* 315
    5.2.4 *Organizações internacionais e a regulação financeira* 316
        5.2.4.1 Fundo Monetário Internacional 317
        5.2.4.2 Banco Mundial 320
5.3 Coordenação internacional para regulação e supervisão financeira.........321
    5.3.1 *Conselho de Estabilidade Financeira* 327
5.4 Propostas de reforma e desafios – breves considerações 328
SÍNTESE E CONCLUSÕES DO CAPÍTULO 5...337

REFERÊNCIAS BIBLIOGRÁFICAS...341
    Periódicos 360
    Apresentações e seminários 362

INTRODUÇÃO E DELIMITAÇÕES AO PLANO DA OBRA

Estima-se que no período de 1970 a 2007 tenham ocorrido 124 episódios de crises bancárias sistêmicas ao redor do mundo. Países em desenvolvimento e economias em transição foram particularmente suscetíveis a instabilidades severas no setor bancário, e, em alguns países, como Argentina e Indonésia, tais crises chegaram a representar custos fiscais superiores a 55% de seu Produto Interno Bruto (PIB).[1] Dados do Banco Mundial indicam que o custo total das crises bancárias ocorridas nas décadas de 1980 e 1990 foi de cerca de US$1 trilhão, valor correspondente a toda a ajuda humanitária para países em desenvolvimento na segunda metade do século XX.[2]

Apesar disso, nenhum desses eventos se compara à magnitude da crise financeira ocorrida no final da última década. Considerando apenas os Estados Unidos, dados oficiais estimam que a crise tenha consumido nove milhões de postos de trabalho, mais de cinco milhões de pessoas tenham perdido suas residências, e que cerca de US$13 trilhões em riqueza familiar (*household wealth*) tenham desaparecido da economia.[3] Nesse aspecto, talvez a única crise no século anterior que possa ser utilizada como evento comparável ao pânico que se observou seja a grande crise de 1929.

---

[1] LAEVEN, Luc; VALENCIA, Fabian. Systemic banking crises: a new database. *IMF Working Paper*, n. 8/224, nov. 2008.

[2] BARTH, James R. et al. *Rethinking bank regulation*: till angels govern. Cambridge: Cambridge University Press, 2006, p. 2.

[3] DEPARTMENT OF TREASURY. Dodd-Frank at five years. Washington, jul. 2015.

Devido à sua magnitude nos Estados Unidos e ao redor do mundo, o período que se seguiu ficou – e continua sendo – marcado pela proliferação de debates a respeito das causas da crise e quais medidas poderiam ser adotadas para evitar que um evento com tais características volte a se repetir. As transformações ocorridas no sistema financeiro de vários países nas últimas décadas, como a concentração bancária crescente, conglomeração de atividades financeiras e internacionalização da atuação de instituições financeiras, apresentam desafios para autoridades bancárias nacionais, representando importante componente da agenda de reformas regulatórias no exterior. Dentre as questões de difícil solução em debate, destacam-se pontos como a forma apropriada de lidar com instituições consideradas "grandes demais para quebrar" e como supervisionar o risco sistêmico no caso de conglomerados financeiros internacionalmente ativos. Embora muitos desses pontos continuem sendo discutidos na comunidade internacional, já é possível observar respostas em termos de reformas ao arcabouço regulatório vigente.

Nos Estados Unidos, epicentro da crise financeira internacional, foi promulgado em 2010 o *Dodd-Frank Wall Street Reform and Consumer Protection Act (Dodd-Frank Act)*, possivelmente a maior reforma no marco regulatório do sistema financeiro norte-americano desde o *Glass-Steagall Act* de 1933. Igualmente, o Comitê de Basileia de Supervisão Bancária (Comitê de Basileia) publicou, também em 2010, um conjunto de medidas conhecidas genericamente como "Basileia III", que incluem a revisão de parte dos acordos anteriores e a introdução de novos mecanismos de regulação prudencial que deverão causar impactos significativos sobre as operações de instituições financeiras. Na União Europeia, o relatório *Larosière*, preparado a pedido da Comissão Europeia e finalizado em fevereiro de 2009, apresentou uma agenda de reformas regulatórias destinadas às instituições financeiras dos países-membros.

Em contraste com esse cenário de intenso debate internacional e proliferação de respostas legislativas aos problemas enfrentados durante a crise, o Brasil se viu em situação peculiar. Com efeito, considerando-se o impacto sistêmico em comparação a outros países, pode-se dizer que as instituições financeiras do Sistema Financeiro Nacional (SFN) reagiram de forma relativamente positiva à crise financeira internacional. Os efeitos desta certamente não se resumiram a uma "marolinha", como pre-

INTRODUÇÃO E DELIMITAÇÕES AO PLANO DA OBRA

visto pelo Presidente da República em outubro de 2008,[4] mas também não tiveram a mesma intensidade constatada em outros mercados. Não se observaram ondas de quebras ou corridas bancárias, como verificado nos Estados Unidos e Inglaterra.

A resistência do SFN aos efeitos da crise tornou-se inclusive motivo de admiração e elogios provenientes da comunidade internacional. O presidente do Banco Central do Brasil (BCB) foi convidado em 2009 a integrar o Comitê de Basileia, um dos mais influentes órgãos internacionais definidores de padrões de regulação e supervisão no setor bancário. O Presidente da República à época chegou até mesmo a se oferecer para ensinar a "tecnologia" do Programa de Estímulo à Reestruturação e ao Fortalecimento do Sistema Financeiro Nacional (Proer) aos Estados Unidos.[5] Esse posicionamento não ficou restrito aos círculos políticos. Representantes de relevo da doutrina econômica nacional também parecem compartilhar desse entusiasmo com o arcabouço regulatório vigente, conforme indicado em publicações sobre o tema.[6]

Essa exaltação à solidez das instituições financeiras atuantes no Brasil não deixa de causar surpresa, uma vez que a ocorrência de graves crises não é fato estranho à história do setor bancário nacional. Com efeito, atendo-se apenas ao final do século passado, podem-se mencionar as crises bancárias ocorridas nas décadas de 1970 e 1980, com as quebras do Halles, Banco União Comercial, Comind e Auxiliar, que exigiram reiteradas intervenções das autoridades voltadas ao saneamento do setor bancário. Igualmente, a década de 1990 ficou marcada por crise tão ou mais severa que as verificadas nas décadas anteriores, quando a quebra de bancos como o Econômico, Nacional e Bamerindus, entre outros, provocou nova necessidade de saneamento das instituições financeiras atuantes no SFN.

Essa surpresa é corroborada pelo fato de as transformações ocorridas no sistema financeiro de inúmeros países nas últimas décadas, e que deram origem a alguns dos principais desafios enfrentados pelas autoridades bancárias durante a crise, também serem verificadas no País. A concen-

---

[4] O GLOBO. Lula: crise é tsunami nos EUA e, se chegar ao Brasil, será marolinha, 5 out. 2008, p. 42.

[5] Idem. Lula: Bush, meu filho, resolve a sua crise, 28 mar. 2008, p. 33.

[6] GARCIA, Márcio; GIAMBIAGI, Fábio (Org.). *Risco e regulação*: por que o Brasil enfrentou bem a crise financeira recente e como ela afetou a economia mundial. Rio de Janeiro: Elsevier, 2010.

tração bancária crescente e a conglomeração de atividades financeiras têm sido observadas historicamente no setor bancário nacional, representando inclusive importante elemento da política governamental aplicada ao setor durante o regime militar. Ao final da década de 1980, a intermediação financeira no País já era realizada praticamente em sua integralidade por conglomerados financeiros, sendo esta ainda a matriz predominante do SFN. Outrossim, no auge da crise, verificou-se nova rodada de concentração de ativos bancários, com destaque para a fusão entre o Itaú e o Unibanco, bem como as aquisições realizadas pelo Banco do Brasil e Caixa Econômica Federal (CEF).

O evidente contraste entre a situação atual do setor bancário nacional e o seu passado não tão distante gera a necessidade de reflexão sobre como os campos da regulação financeira destinados à prevenção de crises bancárias no País, quais sejam a regulação sistêmica e prudencial, evoluíram nesse período, e de que forma isso contribuiu para o desempenho das instituições financeiras atuantes no SFN durante a crise financeira recente. Igualmente, na medida em que transformações no sistema financeiro sejam parcial ou integralmente verificadas no Brasil, torna-se essencial examinar também como tais mudanças afetam o SFN e sua regulação.

O presente trabalho parte justamente desse quadro, procurando descrever e compreender os sistemas vigentes de regulação sistêmica e regulação prudencial no setor bancário nacional, sua evolução nas últimas décadas, e como estes contribuíram para o desempenho do SFN na crise financeira internacional. Além disso, o trabalho foca nas transformações ocorridas no sistema financeiro nas últimas décadas, como elas se verificam no setor bancário nacional, e, considerando o arcabouço regulatório vigente voltado à prevenção de crises bancárias, em que medida essas transformações representam desafios para as autoridades responsáveis pela higidez do setor bancário.

Para realizar essa análise, o trabalho está dividido em cinco capítulos. O primeiro capítulo apresenta a fundamentação teórica para a regulação de instituições financeiras. Partindo-se da teoria econômica neoclássica e reconhecendo suas limitações, são analisadas as principais falhas de mercado presentes no setor bancário e como a regulação financeira se propõe a atuar sobre elas.

O segundo capítulo tem como objetivo contextualizar a discussão no âmbito nacional. Com o exame da evolução histórica do setor bancário

INTRODUÇÃO E DELIMITAÇÕES AO PLANO DA OBRA

pátrio e seus desdobramentos recentes, pretende-se apresentar importantes marcos regulatórios que influenciaram a estrutura atual do SFN. Nessa análise, será atribuída atenção especial à implementação e utilização pelas autoridades bancárias dos primeiros mecanismos de regulação sistêmica e prudencial no Brasil, aos movimentos de concentração bancária e conglomeração financeira observados no setor bancário nacional na segunda metade do século passado, e como eles se relacionam com a política governamental para o setor.

Os capítulos 3 e 4 tratam do conceito de regulação sistêmica e regulação prudencial, respectivamente, e da relação entre esses campos da regulação financeira. O tratamento pátrio dispensado ao tema não raro tem se limitado à apresentação indiscriminada dos mecanismos de regulação sistêmica e regulação prudencial, com pouca ou nenhuma preocupação em situá-los no contexto da modalidade regulatória a que pretendem servir e dos objetivos que buscam atingir. Nesse aspecto, a sua apresentação neste trabalho privilegiará a análise da função exercida por cada um desses mecanismos, das situações em que devem ser aplicados, e como estão organizados atualmente no ordenamento jurídico pátrio. Os capítulos versarão também a respeito dos principais desafios às autoridades bancárias incumbidas da supervisão sistêmica e prudencial, e como essas dificuldades se relacionam ao contexto bancário nacional. No caso da regulação sistêmica, o capítulo tratará das dificuldades concernentes ao monitoramento do risco sistêmico em um contexto de conglomeração financeira, e dos desafios apresentados pelas instituições consideradas "grandes demais para quebrar". Já no caso da regulação prudencial, analisar-se-ão as pressões impostas aos arranjos institucionais tradicionais de regulação e supervisão financeira, bem como os desafios apresentados pela complexidade crescente dos instrumentos transacionados no sistema financeiro e os limites a determinadas estratégias regulatórias contempladas nos acordos de Basileia. Finalmente, o capítulo tratará também da atuação dos auditores independentes e agências de *rating*, mostrando como o papel desses agentes econômicos está relacionado aos esforços de supervisão bancária.

O quinto e último capítulo aborda o movimento de internacionalização de conglomerados financeiros e de que forma isso afeta os mecanismos de regulação sistêmica e prudencial apresentados nos capítulos anteriores. O capítulo descreve o atual arcabouço internacional de regulação e supervisão financeira, seus principais atores e algumas das propostas em discussão para o seu aprimoramento, além de procurar contextualizar o setor bancário nacional nesse movimento de internacionalização de instituições financeiras.

Finalmente, levando em conta a atualidade do tema e a proliferação de estudos sobre o assunto, cabe realizar algumas breves considerações a respeito das limitações ao plano da obra. O objeto do presente trabalho é o diagnóstico do arcabouço regulatório pátrio subjacente ao setor bancário destinado a garantir sua estabilidade, e a análise de como as transformações ocorridas no sistema financeiro nas últimas décadas o afetam. Dessa forma, conquanto reconheça-se sua importância crescente na economia do País, não será analisada a regulação do mercado de capitais como prevenção às crises ou especulações bursáteis.

Embora esse corte metodológico seja necessário para viabilizar a análise pretendida, este deve ser relativizado em face da flexibilização das barreiras regulatórias para o exercício de atividades financeiras e do advento de novos produtos financeiros, contribuindo para a integração crescente entre o mercado financeiro e de capitais. Em determinados casos, a referência a outros setores, participantes, ou mesmo autoridades do sistema financeiro, pode se fazer necessária, na medida em que sua atuação impactar a estabilidade do setor bancário. Como exemplo disso, pode-se mencionar o estudo de instituições não bancárias como fonte ou canal de propagação de risco sistêmico. É importante frisar, no entanto, que, embora a análise possa contemplar tais entidades, o foco do trabalho não será a regulação destas, mas sim a reflexão sobre como choques sistêmicos originados em tais participantes do sistema financeiro podem acabar afetando o setor bancário.

Outra importante delimitação ao plano da obra concerne aos campos da regulação financeira que serão objeto de estudo. O presente trabalho pretende examinar a regulação financeira como elemento de prevenção às crises bancárias. Portanto, seu foco principal será a regulação sistêmica e prudencial, avaliando o arcabouço regulatório pátrio e os impactos das mudanças ocorridas no sistema financeiro nas últimas décadas sobre a eficácia dessas modalidades regulatórias. Embora se reconheça a importância da regulação de condutas como campo geral da regulação financeira voltado ao regramento de práticas negociais entre agentes econômicos, esta não será objeto de análise neste trabalho. Isso não implica, no entanto, a desconsideração de instrumentos que se situem na zona limítrofe entre os campos gerais de regulação financeira, como o Fundo Garantidor de

INTRODUÇÃO E DELIMITAÇÕES AO PLANO DA OBRA

Crédito, que, conforme se observará, pode ser encarado como um instrumento de proteção ao consumidor de serviços bancários, ou como instrumento mitigador de assimetria informacional em casos de corridas bancárias. A presente obra se ocupará do seu exame apenas no tocante a esta última função.

Este estudo tampouco irá tratar da relação entre política monetária e política de regulação e supervisão bancária. Esse tem sido um debate acirrado nas últimas décadas em virtude dos possíveis conflitos de interesse inerentes à condução conjunta dessas funções pela autoridade bancária, provocando discussões sobre o arranjo institucional mais adequado para a promoção destas. Conquanto o trabalho reconheça a importância de considerações de ordem monetária na formulação de modelos de regulação e supervisão bancária e vice-versa, esse corte metodológico torna-se necessário para viabilizar a análise pretendida. Os acontecimentos recentes provocaram também certo arrefecimento nessa discussão, causando inclusive o retorno de determinadas funções que haviam sido destacadas do banco central ao seu órgão de origem, como observado na Inglaterra, levando alguns economistas a declarar a discussão superada.[7] Tais ponderações, no entanto, não serão objeto de análise nesta obra. Igualmente, não serão examinadas particularidades do nível de desenvolvimento do mercado de crédito no País, matérias pertinentes aos ciclos econômicos ou mesmo considerações sobre a irracionalidade do comportamento humano em situações de crise. Ainda que todos esses temas estejam relacionados, o trabalho versa unicamente sobre a regulação pertinente a crises bancárias.

A título conclusivo, e seguindo em linha com algumas das delimitações previamente estabelecidas, cumpre reconhecer a dificuldade de escrever sobre regulação sistêmica e prudencial no contexto atual. A crise financeira recente alçou o tema a novo patamar na agenda de debates sobre regulação financeira no Brasil e no mundo. A consequência imediata e inevitável disso é a proliferação de relatórios e estudos sobre o assunto, em complemento à já extensa literatura econômica existente, cada qual com sua própria metodologia, foco de estudo e conclusão. Seria contraproducente ou mesmo inviável procurar apresentar toda a literatura que trata do tema, de modo que este trabalho representa apenas um esforço

---

[7] MESQUITA, Mário M. C.; TORÓS, Mário. Gestão do Banco Central no pânico de 2008. In: GARCIA, Márcio; GIAMBIAGI, Fábio (Org.). *Risco e regulação*, p. 204.

de síntese das principais correntes e teorias que influenciaram a formulação do arcabouço regulatório atual e que estão hoje em discussão. Outra consequência desse quadro é que, ao longo da pesquisa, surgiram e continuarão surgindo propostas legislativas, algumas, inclusive, já tendo sido convertidas em lei, contendo reformulações substanciais ao arcabouço regulatório brasileiro e de outros países. Também estão em debate novos padrões e estratégias de regulação financeira propostos por fóruns internacionais de discussão sobre regulação financeira e organizações internacionais envolvidas no tema. A obra procura apresentar e contextualizar essas propostas em seu objeto de estudo, mas é impossível prever se, quando e como estas serão aprovadas, o que evidentemente influenciará a extensão da análise dedicada a elas.

Capítulo 1
A REGULAÇÃO FINANCEIRA E SUAS JUSTIFICATIVAS

1.1 A importância do setor bancário e de sua regulação
A preocupação com a estabilidade do setor bancário não é recente. Em sua leitura de *A riqueza das nações*, Wright argumenta que Adam Smith já considerava a presença de bancos sólidos e eficientes como algo essencial ao crescimento econômico de um país.[8] Da mesma forma, em seu clássico *Lombard street*, de 1873, Bagehot ressalta o papel fundamental dos bancos na industrialização da Inglaterra.[9] Schumpeter, por sua vez, ao tratar da teoria do desenvolvimento econômico, afirma que bancos eficientes acelerariam a inovação tecnológica e, consequentemente, o crescimento econômico, ao identificar e prover fundos para empreendedores com melhores chances de desenvolver e implementar novos produtos e processos de fabricação. Segundo o autor, tais instituições "autorizariam o empreendedor, em nome da sociedade, a inovar".[10]

A racionalidade por trás dos estudos que enaltecem a importância dos bancos baseia-se nas diferentes funções exercidas por tais instituições. Nesse sentido, talvez o papel mencionado com maior frequência pela dou-

---

[8] WRIGHT, Robert E. *The wealth of nations rediscovered*: integration and expansion in American financial markets (1780-1850). Cambridge: Cambridge University Press, 2002.

[9] BAGEHOT, Walter. *Lombard street*: a description of the money market. Nova Iorque: John Wiley & Sons, 1999 (ed. original, 1873).

[10] SCHUMPETER, Joseph A. *The theory of economic development*. Cambridge: Harvard University Press, 2003 (ed. original, 1934), p. 74.

trina jurídica e econômica seja o de canalização de recursos entre agentes econômicos superavitários e deficitários.[11] Segundo Cortez, o papel primordial dos bancos seria captar a poupança individual, por meio de produtos financeiros que geralmente são de amplo acesso popular, como contas-correntes e cadernetas de poupança, e direcionar esses recursos àqueles que deles necessitam para investir em atividades produtivas.[12] Igualmente, Carvalho de Mendonça acentua a importância dos bancos em uma economia ao salientar que o objetivo principal destes consiste na "intromissão entre os que dispõem de capitais e os que precisam obtê-los; isto é, em receber e concentrar capitais para, sistematicamente, distribuí-los por meio de operações de crédito".[13]

Além desse papel de canalização de recursos entre agentes econômicos, autores como Bagehot enfatizam o caráter estratégico dos bancos na mobilização de recursos com alto valor agregado. Determinados projetos necessitam de uma injeção de capital de considerável porte para que sejam bem-sucedidos, e muitas vezes tais montantes não estão ao alcance de investidores individuais. Assim, sem o acesso a múltiplos investidores, muitos processos produtivos poderiam acabar não se concretizando.[14] Em complemento a essa função mobilizadora, bancos também exercem um importante papel na transformação de maturidades, tipicamente emprestando com prazo superior ao de suas captações.

---

[11] MISHKIN, Frederic S. Prudential Supervision: why is it important and what are the issues. In: _____. (Org.). *Prudential Supervision*: what works and what doesn't. Chicago: The University of Chicago Press, 2001, p. 2.

[12] CORTEZ, Thiago Machado. O conceito de risco sistêmico e suas implicações para a defesa da concorrência no mercado bancário. In: CAMPILONGO, Celso F. et al. *Concorrência e regulação no sistema financeiro*. São Paulo: Max Limonad, 2002, p. 311.

[13] CARVALHO DE MENDONÇA, J.X. *Tratado de direito comercial brasileiro*. Rio de Janeiro: Annuario do Brasil, 1947, p. 13-14.

[14] Segundo o autor: "Nós perdemos completamente a noção de que um empreendimento rentável deva perecer for falta de recursos; no entanto, esse era um fato bastante comum para nossos ancestrais, e ainda é comum em muitos países. Um cidadão no reinado da Rainha Elizabeth [...] poderia pensar que não havia propósito na criação de ferrovias (se ele pudesse entender o que era uma ferrovia), uma vez que não seria possível amealhar os recursos necessários para construí-las. Nesse momento, em colônias e países selvagens, não há grandes massas de capital transferíveis; não há recursos de monta a serem emprestados para a realização de trabalhos de grande porte" (BAGEHOT, Walter. *Lombard street*: a description of the money market, p. 3-4. Tradução livre).

A REGULAÇÃO FINANCEIRA E AS SUAS JUSTIFICATIVAS

Modernamente, novas teorias sobre a intermediação financeira passaram a focar no papel dos bancos como mitigadores dos custos de transação no mercado.[15] Com efeito, em um cenário econômico ideal, com informação completa e sem custos de transação, intermediários financeiros seriam desnecessários, uma vez que ofertantes e demandantes de recursos financeiros transacionariam diretamente uns com os outros.[16] Verificando-se o distanciamento de tais condições na realidade, bancos passam a desempenhar papel crítico na redução dos custos associados à obtenção e processamento de informações sobre agentes econômicos, facilitando a alocação de recursos na economia.

Corroborando essas interpretações a respeito da importância do setor bancário, é possível encontrar um expressivo e crescente conjunto de trabalhos indicando uma relação positiva entre crescimento econômico e o papel dos bancos.[17] Esse avanço da percepção econômica sobre o impacto do sistema financeiro na economia acabou se traduzindo na criação de um corpo de regras condizente com a necessidade de proteção de seus participantes e alinhamento de seus interesses com os da sociedade. Dentre o corpo de regras aplicáveis aos participantes do setor bancário, interessam ao presente trabalho aquelas voltadas à prevenção de crises bancárias, quais sejam a regulação sistêmica e a regulação prudencial.

No entanto, antes de adentrar na análise dessas modalidades regulatórias individualmente, é preciso entender por que se considerou que a regulação de seus participantes seria a via apropriada para protegê-los. Em outras palavras, é necessário identificar qual a fundamentação para o desenvolvimento do corpo de regras que serão estudadas mais adiante como a forma indicada para assegurar a estabilidade dos bancos. A resposta para tal indagação está relacionada às características do setor bancário e às correntes econômicas predominantes que acompanharam a sua evolução, motivo pelo qual é necessário realizar uma breve apresentação destas a seguir.

---

[15] LELAND, Hayne E.; PYLE, David H. Informational asymmetries, financial structure, and financial intermediation. *Journal of Finance*, 32(2), 1977; e DIAMOND, Douglas W.; DYBVIG, Philip H. Bank runs, deposit insurance, and liquidity. *Federal Reserve Bank of Minneapolis Quarterly Review*, 24(1), 2000 (ed. original, 1983).

[16] LEVINE, Ross. Financial development and economic growth: views and agenda. *Journal of Economic Literature*, v. 35, jun. 1997, p. 690.

[17] Para uma lista de fontes: BECK et al. Finance and the sources of growth. *Journal of Financial Economics*, v. 58, n. 1-2, 2000; e KING, Robert; LEVINE, Ross. Finance entrepreneurship and growth: theory and evidence. *Journal of Monetary Economics*, 32(3), 1993.

1.2 A economia neoclássica e seus desafios

Entre as correntes econômicas predominantes no último século, merecem destaque as proposições do modelo econômico neoclássico pelo fato de estas poderem ser encontradas na raiz de praticamente todos os trabalhos essenciais sobre a regulação de atividades econômicas.[18] Assim, faz-se necessário relatar, ainda que de forma sucinta, os fundamentos e os princípios essenciais da análise neoclássica tradicional e das principais teorias que vêm procurando aperfeiçoá-la, adaptando seus pressupostos teóricos à realidade econômica.

A publicação de *A riqueza das nações*[19] em 1776 é descrita por alguns autores como o marco divisor do estudo da economia como disciplina autônoma, ajudando a lançar as bases para o que mais tarde viria a se chamar de economia clássica.[20] Segundo Smith, a economia ideal seria um sistema de mercado autorregulador que automaticamente atenderia às necessidades econômicas da sociedade. O autor apresenta o mecanismo de mercado por meio da famosa analogia com uma "mão invisível", que leva todos os indivíduos, na busca de seus próprios interesses, a produzir o maior benefício para a sociedade como um todo. Portanto, cria-se a noção de que mercados competitivos tendem a satisfazer as necessidades sociais mais amplas, apesar de serem guiados por interesses individuais.

A obra de Smith apresenta importantes elementos para o desenvolvimento dos postulados clássicos e neoclássicos. Em primeiro lugar, trouxe a atuação dos agentes individuais para o centro do processo, em contraste com o foco nos elementos naturais de correntes anteriores, como a escola fisiocrata no século XVIII. O agente racional e maximizador de seu bem--estar torna-se uma assunção-chave do sistema, lançando, nas palavras de Yazbek, o embrião do *homo oeconomicus*.[21] Além disso, Smith atribui maior atenção ao estudo do meio em que atuam tais agentes. É a busca da satisfação individual que faz funcionar as engrenagens do mercado e acaba por levar ao bem comum – ao aprimorar sua capacidade de ofertar e de adqui-

---

[18] YAZBEK, Otavio. *Regulação do mercado financeiro e de capitais*. São Paulo: Elsevier, 2007, p. 7.

[19] SMITH, Adam. *An inquiry into the nature and causes of the wealth of nations*. Chicago: University of Chicago Press, 1977 (ed. original, 1776).

[20] RUBIN, Isaac I. *A history of economic thought*. London: Ink Links, 1979, p. 167-176.

[21] YAZBEK, Otavio. *Regulação do mercado financeiro e de capitais*, p. 9.

rir bens, os agentes econômicos atuam cada vez mais especializadamente, coordenando os meios de produção.[22]

Também merece destaque nesse processo a teoria do valor desenvolvida pelos autores clássicos. De modo geral, tais autores, notadamente por meio dos trabalhos de David Ricardo, reconheciam que o valor de um determinado bem refletia o trabalho empregado na sua produção. A noção de "trabalho" não se limitaria ao esforço laborial, incluindo também outros custos de produção, como o salário e aluguéis.[23] Observa-se que o processo de formação de preços nesse modelo teórico se dava eminentemente no lado da oferta, por meio do valor do trabalho nele incorporado, e não da contraposição entre a oferta e a demanda.

As raízes do modelo neoclássico podem ser traçadas ao final do século XIX, com a chamada "revolução marginalista", tendo William Stanley Jevons, Carl Menger e Léon Walras entre seus idealizadores. Tais autores desenvolveram o princípio da utilidade marginal, que serviria como novo fundamento da teoria do valor. Foi por meio do conceito de utilidade marginal que esses autores demonstraram que o preço de um produto não era determinado apenas por seu custo de produção, mas também pelo valor dado a ele pelo consumidor marginal, isto é, o último consumidor disposto a comprar a mercadoria. Segundo Salomão, ao explicar o preço a partir do valor dado ao bem pelo consumidor, permitiu-se, na prática, conectar produto e consumidor, abrindo, assim, as portas para elaboração de uma teoria que tratasse do funcionamento do mercado como um todo.[24]

A escola neoclássica destacou-se pela busca por maior rigor metodológico e pureza conceitual, influenciada pelo ciclo de prosperidade econômica e "cientificização" ou "matematização" da economia no século XX. O progresso seria atingido pela organização da agenda social pelo conhecimento científico. Para tal, a economia neoclássica conceitualizou os agentes, firmas e famílias como atores racionais maximizadores de bem--estar, com ênfase nos planos de conduta formulados para esses agentes econômicos individuais.[25]

---

[22] YAZBEK, Otavio. *Regulação do mercado financeiro e de capitais*, p. 9.

[23] HUNT, E.K. *História do pensamento econômico*. 7. ed., Rio de Janeiro: Campus, 1981, p. 119.

[24] SALOMÃO, Calixto. *Regulação e concorrência* (estudos e pareceres). São Paulo: Malheiros, 2002, p. 57.

[25] YAZBEK, Otavio. *Regulação do mercado financeiro e de capitais*, p. 9-10.

Nesse contexto, o elemento central e bem conhecido da teoria econômica neoclássica torna-se a questão da alocação de recursos e, mais especificamente, a eficiência econômica.[26] Há uma preocupação determinante com a busca da alocação de recursos mais eficiente para a sociedade. Para tal, os agentes econômicos são modelados como otimizadores que são levados ao "melhor" resultado. A referência mais comum para aferir tal eficiência foi o método do italiano Vilfredo Pareto, em que um resultado é considerado eficiente quando os bens não podem ser realocados para tornar maior o bem-estar de uma pessoa sem que haja diminuição do bem-estar de outra.[27]

Enquanto teoria preocupada primordialmente com a eficiência econômica, o modelo neoclássico acabou se propondo a reproduzir as condições de mercado que propiciariam tal resultado. Para tanto, era preciso prever o ambiente no qual os participantes promoveriam seu intercâmbio econômico, o que envolvia a assunção de determinadas premissas centrais ao seu funcionamento, como a existência de mercados perfeitos, com produtos homogêneos e informação completa com agentes econômicos atomizados e racionais.[28] Essa tentativa de reprodução do funcionamento do mercado como se fosse um experimento científico acabou, no entanto, sujeitando o modelo a críticas. A prática econômica demonstrou que algumas de suas principais hipóteses eram irreais, o que motivou o surgimento de novas correntes econômicas que, embora não negassem completamente o *mainstream* neoclássico, procuraram flexibilizar alguns de seus pilares essenciais de modo a compatibilizá-los com o "teste da realidade".[29]

É nesse sentido que alguns autores passaram a se ocupar de um estudo mais institucional, econômico-jurídico, que investigasse os elementos básicos para a realização das transações no mercado. Tais críticas ganharam corpo por meio da "nova economia institucional", termo que abrange um amplo conjunto de escolas que apresentam como ponto em comum a preocupação com as instituições, incluindo-se aí o próprio mercado e formas de organização adotadas para a realização de negócios e trocas no seu inte-

---

[26] SALOMÃO, Calixto. *Regulação e concorrência*, p. 56.

[27] PINDYCK, Robert S.; RUBINFELD, Daniel L. *Microeconomia*. 4. ed. São Paulo: Makron Books, 1999, p. 637.

[28] ARAÚJO, Carlos Roberto Vieira. *História do pensamento econômico*: uma abordagem introdutória. São Paulo: Atlas, 2008, p. 85-86.

[29] SALOMÃO, Calixto. *Regulação e concorrência*, p. 57.

rior, em contraste com a preocupação essencial dos neoclássicos com os mecanismos microeconômicos de formação dos preços.[30]

Dentre as importantes ressalvas ao modelo neoclássico, encontra-se o reconhecimento de situações em que os agentes econômicos defrontam-se com incertezas, seja quanto às condições de mercado e às relações entre oferta e demanda, ou quanto aos eventos exógenos que afetam suas preferências e incentivos. Frank Knight contesta a generalidade das premissas econômicas e a simplificação demasiada do comportamento dos agentes econômicos nos modelos adotados, deixando de considerar aspectos essenciais como o papel do risco e da incerteza no processo decisório.[31] A obra de Friedrich A. Hayek também levanta importantes questionamentos quanto a certas deficiências do modelo neoclássico, especialmente no tocante ao papel do conhecimento e da informação no processo econômico.[32] O autor ataca o modelo neoclássico de equilíbrio, voltando-se para a problemática concreta do "conhecimento econômico" e da distribuição das informações entre os agentes.[33]

Outra importante ressalva ao modelo neoclássico refere-se à análise da relevância das transações e a determinação dos custos envolvidos nas trocas entre os agentes econômicos. Dentre os estudos sobre o tema, destaca-se o trabalho seminal de Ronald Coase, *A natureza da firma*, de 1937,[34] em que o autor relaciona os custos de transação àqueles custos necessários para realizar uma transação no mercado, em vez de executá-la no interior da empresa. A inovação do trabalho reside na explicação das organizações como o resultado de um comportamento minimizador de custo (incluindo

---

[30] A corrente da nova economia institucional é ampla, incluindo economistas de variados matizes e tendências ideológicas. Dentre os autores que traduzem em seus trabalhos preocupações relacionadas ao objeto principal de atenção da nova economia institucional, podem-se mencionar Armen Alchian, Harold Demsetz, Kenneth Arrow, Douglas North, Oliver Williamson e Friedrich A. Hayek, entre outros (SALOMÃO, Calixto. *Regulação e Concorrência*, p. 57-58).

[31] KNIGHT, Frank H. *Risk, uncertainty and profit*. Washington: Beard Group, 2002 (ed. original, 1921).

[32] Notadamente os seguintes trabalhos: HAYEK, Friedrich A. Economics and knowledge. In: _____. *Individualism and economic order*. Chicago: The University of Chicago Press, 1948 (ed. original, 1937); e HAYEK, Friedrich A. The use of knowledge in society. In: _____. *Individualism and economic order*.

[33] YAZBEK, Otavio. *Regulação do mercado financeiro e de capitais*, p. 18-21.

[34] COASE, Ronald H. The nature of the firm. In: _____. *The firm, the market and the law*. Chicago: The University of Chicago Press, 1990 (ed. original, 1937).

custos de transação). Sua teoria seria posteriormente desenvolvida e seu campo de aplicação ampliado para outras áreas, como a teoria das organizações e o direito antitruste.[35]

Além dessas críticas a dois dos pilares mais caros à escola neoclássica – agentes econômicos dotados de plena informação e a existência de mercados sem fricção –, um crescente número de autores ligados à chamada economia comportamental (*behavioral economics*) passou a contestar a premissa fundamental do modelo neoclássico na racionalidade dos agentes econômicos. Gary Becker foi um dos precursores na exploração da relação entre fatores psicológicos e comportamento econômico.[36] Sua obra abriu portas para a proposição de modelos teóricos sensíveis a fricções de mercado e desvios de conduta racional por parte dos agentes, em contraste com a rigidez das assunções do modelo neoclássico. A aplicação dos ensinamentos da psicologia às finanças se intensificou nas últimas décadas, contribuindo para a explicação de como a confiança excessiva de investidores pode gerar as chamadas "bolhas no mercado".[37]

Evidentemente, a breve relação de economistas apresentada não tem a mínima pretensão de esgotar o valor de suas obras, ou mesmo negar as valiosas contribuições de outros autores, bastando para efeitos do presente trabalho pontuar alguns dos importantes questionamentos por eles lançados. Além disso, vale ressaltar que, embora seus estudos disputem alguns dos principais pressupostos da escola neoclássica, eles não implicam necessariamente a superação desse modelo. Pelo contrário, não obstante tais autores busquem a correção de falhas nas premissas da teoria de mercados eficientes, muitos o fazem apoiando-se na elegância e consistência formais desse mesmo aparato, notadamente o dogma neoclássico da eficiência como matriz e indicador da direção tanto da economia como do direito. É nesse sentido que Coase é considerado por alguns autores como um precursor da nova economia institucional, e não como verdadeiro construtor, na medida em

---

[35] ARROW, Kenneth. *Limits of organization*. Nova Iorque: Norton, 1974; e WILLIAMSON, Oliver. Assessing vertical market restrictions: antitrust ramifications of the transaction cost approach. *University of Pennsylvania Law Review*, n. 127, 1979.

[36] BECKER, Gary. *The economic approach to human behaviour*. Chicago: University of Chicago Press, 1976.

[37] SIMON, Herbert A. *Models of bounded rationality*. Cambridge: MIT Press, 1982; e KAHNEMAN, Daniel; SLOVIC Paul; TVERSKY, Amos. *Judgment under uncertainty*: heuristics and biases. Cambridge: Cambridge University Press, 1982.

A REGULAÇÃO FINANCEIRA E AS SUAS JUSTIFICATIVAS

que não se afasta do postulado neoclássico da maximização da eficiência. A preocupação básica que direciona sua teoria seria justamente a remoção dos custos de transação para atingir o resultado eficiente.[38]

Tampouco foram as críticas ao paradigma neoclássico suficientes para arrefecer o entusiasmo de parte da doutrina econômica com seus postulados. Se os ataques à economia neoclássica tradicional se baseiam nas evidências de anomalias que rejeitam a premissa de mercados perfeitos, defensores do modelo respondem que tais alegadas anomalias não existem, ou podem ser explicadas dentro do *framework* neoclássico, e que, em ambos os casos, as alternativas propostas não ofereceriam melhor solução.[39]

Mais recentemente, a eclosão da crise financeira que abalou os mercados financeiro e de capitais globais reforçou a onda de críticas a alguns postulados neoclássicos que, muito embora já tenham sido objeto de análise e temperamentos pela doutrina econômica nas últimas décadas, continuam a inspirar modelos econômicos, notadamente os voltados à área de finanças. Economistas de renome como Paul Krugman chamam a atenção para os riscos associados à confiança exagerada em modelos econômicos inspirados em mercados sem fricção, com informação completa e agentes racionais, bem como a tentativa de reprodução do mercado em laboratório.[40]

Apesar disso, tais modelos influenciaram e continuam a influenciar a política regulatória,[41] particularmente no campo da regulação financeira.

---

[38] SALOMÃO, Calixto. *Regulação e concorrência*, p. 59.

[39] A título exemplificativo, podem-se mencionar os trabalhos de: FAMA, Eugene. Market efficiency, long-term returns, and behavioral finance. *Journal of Financial Economics*, v. 49, n. 3, 1998; e RUBINSTEIN, Mark. Rational markets: yes or no? The affirmative case. *Financial Analysts Journal*, v. 57, n. 3, 2001.

[40] THE NEW YORK TIMES. How did economists get it so wrong?, 2 set. 2009.

[41] A revista *The Economist* sintetiza bem esse quadro: "O modelo macroeconômico padrão, embora não seja descartável, sofre de evidentes limitações, como a premissa de mercados completos e finanças sem fricção. Como essas limitações são óbvias, e os economistas estão bastante cientes delas, eles podem e distanciam-se desse modelo padrão, mas isso não reduz sua importância [...] Ele continua sendo o ponto de partida para onde economistas retornam após seus devaneios teóricos. Poucos realmente acreditam em todas as suas premissas, mas ainda menos ousariam adotar outro ponto de partida. Infelizmente, são esses modelos primitivos, em vez de seus descendentes sofisticados, que acabam exercendo maior influência no mundo da política e prática regulatória. Isso é parcialmente devido ao fato de suas premissas perdurarem por tempo suficiente para encontrarem seu caminho dos meios acadêmicos para a formulação de políticas regulatórias" (THE ECONOMIST. Efficiency and beyond, 18 jul. 2009, p. 71. Tradução livre).

A esse respeito, embora a presente obra não tenha como objeto a reformulação de tal paradigma econômico, é importante ter as premissas desse modelo em mente para verificar como estas podem limitar a eficácia de políticas regulatórias sistêmicas e prudenciais para o setor bancário.

1.3 As falhas de mercado no setor bancário

O reconhecimento de que a teoria neoclássica era incapaz de lidar com a vida econômica real em toda a sua complexidade motivou o estudo dos fatores que poderiam impedir o modelo de atingir os resultados pretendidos. Nesse sentido, reconheceu-se a existência de situações em que as premissas fundamentais inerentes ao funcionamento do mercado de forma autônoma e eficiente estavam ausentes, impedindo o seu funcionamento "correto". Em virtude de tais fatores representarem obstáculos à sua plena operacionalidade, estes receberam o nome de falhas ou imperfeições de mercado.

Pode-se atribuir a origem das discussões a respeito das falhas de mercado à obra *A economia do bem-estar*,[42] de Arthur Cecil Pigou, publicada em 1920, em que o autor desenvolveu o conceito de externalidades. Embora a identificação dessas falhas de mercado, particularmente as externalidades, já houvesse sido objeto de estudo por outros autores, como Alfred Marshall, em sua obra *Princípios da economia*,[43] de 1890, Pigou desenvolveu o conceito e apresentou propostas concretas de solução para tais eventos.[44] Ao tratar da falha de mercado relativa à questão da poluição – que, conforme se observará, é considerada uma externalidade negativa –, o autor sugere o estabelecimento de taxas e impostos para neutralizar os danos dos custos externos, entre eles os danos ambientais de variadas origens, criando as bases para o conhecido "princípio do poluidor pagador". Da mesma forma, o autor defende o estabelecimento de subsídios para atividades que gerem efeitos líquidos positivos sobre outros agentes econômicos. Observa-se que a existência de falhas de mercado seria a primeira e principal justificativa para a regulação estatal destinada à sua correção, e o direito teria um papel fundamental nesse contexto como mecanismo de correção das falhas de mercado, incentivando ou inibindo determinadas atividades conforme os efeitos por elas provocados em outros agentes econômicos.

---

[42] PIGOU, Arthur C. *The economics of welfare*. Nova Iorque: Cosimo, 2005 (ed. original, 1920).
[43] MARSHALL, Alfred. *Principles of economics*. Nova Iorque: Cosimo, 2006 (ed. original, 1890).
[44] ARAÚJO, Carlos Roberto Vieira. *História do pensamento econômico*, p. 93-94.

A REGULAÇÃO FINANCEIRA E AS SUAS JUSTIFICATIVAS

Apesar de sua disseminação nas primeiras décadas do século XX, a teoria de Pigou passou a enfrentar crescentes questionamentos teóricos, principalmente a partir da publicação do aclamado artigo *O problema do custo social*,[45] por Ronald Coase em 1960. Em seu artigo, Coase afirma que o desfecho eficiente poderia ser atingido por meio da negociação entre as partes afetadas pelos custos ou benefícios externos. Esse resultado, conhecido como teorema de Coase, dependeria de determinados fatores, como direitos de propriedade bem definidos, agentes econômicos racionais e custos de transação mínimos. Nesse contexto, a função do direito se limitaria à estipulação de regras voltadas a assegurar tais fatores ou alocação inicial do bem à parte que lhe atribuísse maior valor.[46]

O mérito dessas diferentes correntes teóricas e seus efeitos para as teorias da regulação serão tratados com maior detalhe mais adiante, quando será discutida a relação entre as falhas de mercado e a regulação financeira. Para fins do presente tópico, cumpre apenas reconhecer o papel da regulação na busca de soluções eficientes pelo sistema de mercado, legitimando-se a partir das distorções e insuficiências de tal sistema. Portanto, a discussão sobre a regulação financeira perpassa necessariamente a análise das principais falhas de mercado que afetam o setor bancário.

1.3.1 Assimetrias informacionais

O funcionamento eficiente do mercado pressupõe o acesso dos agentes econômicos às informações sobre ele e às características dos produtos nele negociados. As informações seriam distribuídas de maneira igualitária entre os agentes econômicos e, como resultado, o sistema de preços conteria toda a informação relevante para os participantes de mercado.[47] A realidade social, no entanto, demonstrou que essa premissa não é verdadeira, havendo situações de discrepância na disponibilidade da informação em razão da existência de custos de transação que onerariam a sua obtenção por parte dos agentes econômicos interessados.[48] A tais situações de discrepância de informação entre os participantes do mercado deu-se

---

[45] COASE, Ronald H. The problem of social cost. In: _____. *The firm, the market and the law*.
[46] HOVENKAMP, Herbert J. The Coase theorem and Arthur Cecil Pigou. *Arizona Law Review*, v. 51, 2009.
[47] NUSDEO, Fábio. *Curso de economia: introdução ao direito econômico*. 5. ed. São Paulo: RT, 2008, p. 143.
[48] YAZBEK, Otavio. *Regulação do mercado financeiro e de capitais*, p. 42.

o nome de "assimetrias informacionais", havendo diversas formas pelas quais estas podem se manifestar.

Dentre as assimetrias informacionais existentes no setor bancário, destacam-se as limitações inerentes à relação entre o principal e o agente, inseridas no contexto da chamada "teoria da agência". Segundo Saddi, o problema da agência se resume à existência de um principal e um agente que, como entidades distintas, não possuem os mesmos objetivos. O principal deseja induzir o agente a agir com base no seu interesse particular, mas não possui informações completas sobre as variáveis que afetam o negócio ou sobre a possibilidade real de dirigir o comportamento do agente. Assim, o autor sustenta que a assimetria que aflige esse relacionamento envolve a criação de um sistema de informações ao principal para monitorar as ações do agente, bem como prover também ao agente um esquema de incentivos, de modo que, ainda que seus objetivos pessoais não coincidam, haja pelo menos interesse comum na condução de suas atividades.[49]

Nesse aspecto, Goodhart lista dentre os maiores desafios para a regulação bancária decorrentes dessa relação a questão da seleção adversa e do risco moral.[50] A seleção adversa ocorre no momento anterior à realização da operação financeira, em virtude de os tomadores de pior qualidade (ou seja, maior risco de crédito) serem aqueles com maior disposição de realizar um empréstimo ou pagar uma maior taxa de juros. Isso acontece porque, caso o projeto seja malsucedido, o credor é que arcará com a maior parte, ou mesmo a totalidade do prejuízo. Além disso, como o ofertante do capital não dispõe de toda a informação necessária acerca do tomador de recursos, este último tem um estímulo para beneficiar-se de tal situação, utilizando os fundos de forma indevida, apenas para seu proveito pessoal.[51]

Logo, agentes econômicos com maior probabilidade de causarem um resultado indesejável são aqueles com maior interesse de serem escolhidos, inclusive concordando com maiores taxas de juros, pois sabem que dificilmente pagarão o empréstimo. Como a seleção adversa aumenta a probabilidade de que empréstimos sejam feitos a pessoas com esse perfil, os

---

[49] SADDI, Jairo. *Crise e regulação bancária*: navegando mares revoltos. São Paulo: Textonovo, 2001, p. 74-75.

[50] GOODHART, Charles. *Incentive structures for financial regulation*. London: LSE, apud SADDI, Jairo. *Crise e regulação bancária*, p. 79.

[51] MISHKIN, Frederic S. Prudential Supervision: why is it important and what are the issues, p. 2-5.

agentes econômicos com capacidade para emprestar capital podem decidir não realizar empréstimos mesmo sabendo que há tomadores com bom risco de crédito no mercado, situando os níveis de atividade econômica em patamares subótimos. Esse resultado assemelha-se àquele descrito na clássica análise de Akerlof em *O mercado para limões*,[52] que trata desse efeito no mercado de carros usados.

Há evidências de que problemas informacionais seriam determinantes na aferição do grau de contestabilidade no mercado de crédito.[53] A racionalidade básica é a de que a seleção adversa afetaria as estratégias de precificação, uma vez que bancos concorrentes não conseguiriam fazer ofertas para atrair os melhores clientes, sem, ao mesmo tempo, atrair também os de pior qualidade. Ausubel estuda esse efeito no mercado de cartões de crédito, encontrando evidências de que a competição agressiva incentivaria o recrutamento de piores clientes, além de induzi-los a tomar mais empréstimos do que os bons clientes.[54] Efeitos semelhantes foram encontrados no caso brasileiro, em estudo sobre apreçamento de empréstimos no cheque especial.[55]

Por seu turno, o estudo do risco moral, também conhecido pela expressão *moral hazard*, surge historicamente com a análise das relações entre seguradores e segurados, em que a proteção contra perdas para os contratantes de seguro faz com que estes tenham menos incentivos para adotarem os cuidados normais em relação ao interesse segurado. Em razão disso, Turczyn afirma que o risco moral consiste na tendência de compor-

---

[52] "Limão" é o termo utilizado por Akerlof para se referir àqueles veículos em má condição de conservação, com vícios ocultos. Segundo Akerlof, em razão do receio de que o carro apresente problemas, compradores ofereceriam um preço menor do que aquele indicado pelo vendedor. Isso se refletiria no processo de formação de preços, e, consequentemente, os donos de carros em bom estado de conservação teriam estímulo menor para ofertar seus veículos (AKERLOF, George. The market for lemons: quality uncertainty and the market mechanism. *Quarterly Journal of Economics*, v. 84, n. 3, 1970).

[53] DELL'ARICCIA, Giovanni. Asymmetric information and the structure of the banking industry. *The European Economic Review*, v. 45, 2001; e MARQUEZ, Robert. Competition, adverse selection and information dispersion in the banking industry. *The Review of Financial Studies*, v. 15, 2001.

[54] AUSUBEL, Lawrence. The failure of competition in the credit card market. *The American Economic Review*, v. 81, n. 1, 1991, p. 50-81.

[55] PINHO DE MELLO, João Manoel. *Adverse selection in the market for unsecured loans*: the case of overdraft loans in Brazil. Tese (Doutorado) – Department of Economics, Stanford University, 2004.

tamento dos agentes econômicos de tanto mais se arriscarem quanto maior o aparato de proteção colocado à sua disposição.[56]

Os incentivos negativos decorrentes do risco moral no comportamento dos bancos são um tema de grande importância para a regulação sistêmica e prudencial. A criação de redes de segurança (*safety-nets*) para bancos pelas autoridades reguladoras pode aumentar a propensão dessas instituições ou de seus correntistas à tomada de riscos. No caso de mecanismos de seguro de depósitos, por exemplo, isso aconteceria porque a certeza de que serão ressarcidos no caso de quebra bancária diminuiria os incentivos para os correntistas monitorarem a saúde financeira dos bancos nos quais mantêm contas, enfraquecendo um importante fator de controle à tomada excessiva de riscos pelos bancos. Da mesma forma, o auxílio indiscriminado a bancos em crise pelo governo pode também gerar incentivos à tomada excessiva de risco por parte dessas instituições, em virtude da certeza do resgate governamental. Em razão de sua importância fundamental no presente trabalho, os efeitos do risco moral sobre a atuação dos bancos serão retomados no Capítulo 3.

1.3.2 Concentração econômica

A concentração econômica é considerada uma falha de mercado na medida em que nega um dos pressupostos básicos do sistema de mercado, qual seja a atomização dos agentes econômicos. Para que o mercado seja competitivo, ele deve ser composto por um número razoavelmente elevado de compradores e vendedores, de modo que nenhum deles venha a deter participação ou importância excessivamente superior à de seus pares, que lhe atribua a capacidade de influenciar decisivamente o preço de um bem.[57] Em outras palavras, um mercado perfeitamente competitivo rejeita a existência de agentes econômicos que possam exercer o chamado "poder de mercado".[58]

---

[56] TURCZYN, Sidnei. *O Sistema Financeiro Nacional e a regulação bancária*. São Paulo: RT, 2005, p. 73.

[57] NUSDEO, Fábio. *Curso de economia*, p. 146.

[58] Segundo o Guia Prático do Conselho Administrativo de Defesa Econômica (CADE): "Uma empresa (ou um grupo de empresas) possui poder de mercado se for capaz de manter seus preços sistematicamente acima do nível competitivo de mercado sem com isso perder todos os seus clientes. Em um ambiente em que nenhuma firma tem poder de mercado não é possível que uma empresa fixe seu preço em um nível superior ao do mercado, pois se assim o fizesse os consumidores naturalmente procurariam outra empresa para lhe fornecer o produto

A REGULAÇÃO FINANCEIRA E AS SUAS JUSTIFICATIVAS

Essa concepção de concentração econômica como falha de mercado é sujeita a temperamentos, haja vista a possibilidade de estruturas concentradas apresentarem eficiências. Nesse sentido, alguns autores descrevem o fenômeno da concentração crescente por meio da busca por economias de escala e escopo, provocando o agigantamento do tamanho médio das unidades produtoras.[59]

Além das economias de escala e escopo, concentrações verticais poderiam ser justificadas também a partir de uma análise dos custos de transação. A definição do preço relativo de cada produto, principalmente entre compradores que não se encontram em mercados concorrenciais, pode ser um elemento de difícil determinação, levando muitas vezes a impasses. Isso é um motivo de preocupação frequente para os agentes econômicos, sobretudo nos casos em que fornecedores se negam a especificar as condições em que um insumo virá a ser fornecido no futuro. Essa incerteza pode gerar um incentivo para o agente econômico organizar tais atividades internamente à empresa.[60]

Observa-se, portanto, que a concentração econômica pode ou não atuar como obstáculo à alocação eficiente de recursos. A resposta estatal a esse desafio se traduz nas normas de defesa da livre concorrência. É justamente por isso que, em muitos países, incluindo o Brasil, as operações de concentração econômica são submetidas ao escrutínio de uma autoridade concorrencial, que balanceará potenciais efeitos positivos decorrentes da concentração com seus possíveis efeitos deletérios.

No caso do setor bancário, além dos efeitos sobre a livre concorrência, o processo de concentração tem implicações relevantes para a regulação financeira. A concentração econômica, aliada à conglomeração de serviços financeiros, pode resultar na criação de instituições financeiras de grande porte, cujas atividades afetam um número significativo de clientes, seja em seus respectivos mercados domésticos, ou até mesmo em escala global. Em razão do seu tamanho e importância, sua eventual quebra poderia causar um colapso financeiro, com perdas significativas para seus credores e outras partes com quem mantêm relacionamento. Os efeitos e desafios específicos decorrentes desse quadro sobre a atuação das autoridades

---

que desejam, ao preço competitivo de mercado" (CADE. *Guia Prático do CADE*: a defesa da concorrência no Brasil. São Paulo: CIEE, 2007, p. 24).

[59] NUSDEO, Fábio. *Curso de economia*, p. 147.

[60] SALOMÃO, Calixto. *Direito concorrencial*: as estruturas. 2. ed. São Paulo: Malheiros, 2002, p. 292.

bancárias serão objeto de análise nos próximos capítulos. Não obstante, a título de introdução, cabe realizar um breve relato sobre a evolução recente da estrutura do setor bancário.

1.3.2.1 Concentração e conglomeração de atividades financeiras

A evolução do setor bancário de diversos países ao redor do mundo na segunda metade do século XX indica uma concentração econômica crescente. Em trabalho referente ao período de 1956-1980, Rhoades analisa a concentração dos depósitos bancários entre os maiores bancos do mundo, concluindo que a participação dos 100 maiores bancos no total de ativos dos 500 maiores bancos aumentou de 63,3%, em 1956, para 70,5%, em 1979.[61] O período seguinte deu continuidade ao processo, com 6.374 fusões bancárias ocorrendo apenas nos Estados Unidos entre 1980 e 1994.[62]

Segundo relatório do Grupo dos 10, ao longo da década de 1990, o número anual de operações de fusões e aquisições no sistema financeiro mais do que triplicou, e o valor dessas operações aumentou mais de dez vezes. O número de operações cresceu não apenas em valores absolutos, mas também em valores médios, passando de US$227,6 milhões em 1990 para US$675,3 milhões em 1999. Comparando o valor dessas operações com o PIB dos países em que ocorreram, passaram de uma média de 0,24% em 1990 para 1,57% em 1999.[63]

Apesar de o movimento ter afetado o sistema financeiro como um todo, grande parte dessa atividade de fusões e aquisições ocorreu no setor bancário. Segundo o relatório, aquisições de bancos representaram em média 60% do total de operações e 70% do valor dessas operações nos países analisados. Além disso, o relatório aponta que a maior parte das operações deu-se entre empresas atuando no mesmo segmento do sistema financeiro e de um mesmo país.[64]

---

[61] RHOADES, Stephen A. Concentration of world banking and the role of US banks among the 100 largest (1956-1980). *Journal of Banking and Finance*, v. 7, n. 3, 1983, p. 427-437.

[62] CARROLL, Carolyn A. A century of mergers and acquisitions. In: GUP, Benton E. *Megamergers in a global economy: causes and consequences*. Westport: Quorum Books, 2002, p. 33.

[63] GROUP OF 10. *Report on consolidation in the financial sector*. Washington: Group of 10, 2001, p. 9; 335. A amostra considera os seguintes países: Alemanha, Austrália, Bélgica, Canadá, Espanha, Estados Unidos, França, Holanda, Inglaterra, Itália, Japão, Suécia e Suíça.

[64] Idem, ibidem, p. 9-10.

Figura 1: Fusões e aquisições em número de operações por indústria

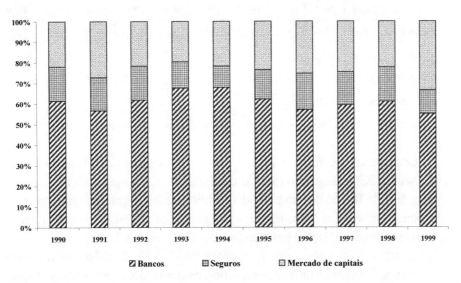

Fonte: GROUP OF 10. Report on consolidation in the financial sector, p. 335.

Em termos estruturais, o relatório indica uma diminuição significativa do número de bancos na década de 1990, com cerca de metade dos países analisados apresentando um declínio superior a 20% no número de bancos em operação.[65] A título ilustrativo da magnitude dessa diminuição, em 1984 havia 15.084 bancos comerciais operando nos Estados Unidos. No final do ano de 2003, esse número havia caído para 7.842.[66] Esse processo também foi acompanhado por um aumento da representatividade do setor bancário em relação ao PIB, conforme se pode verificar a seguir:

---

[65] GROUP OF 10. Report on consolidation in the financial sector, p. 58.
[66] JONES, Kenneth; CRITCHFIELD, Tim. Consolidation in the U.S. banking industry: is the "long, strange trip" about to end? *FDIC Banking Review*, v. 17, n. 4, 2005, p. 33.

REGULAÇÃO SISTÊMICA E PRUDENCIAL NO SETOR BANCÁRIO BRASILEIRO

Tabela 1: Ativos dos maiores bancos em relação ao PIB (%)

	1980	1990	1991	1992	1993	1994	1995	1996	1997	1998
Top 20	19,5	31,6	35,2	34,2	36	36,5	37,5	36,8	38,1	39,8
Top 30	25,5	40,3	44,4	44,1	46,3	47	48,5	49	51,1	52,7
Top 40	30,8	47	51,5	51,5	54,1	55,1	56,8	56,8	61,4	63,2
Top 50	35,4	52,8	57,6	57,6	60,5	61,9	64	66	69	71,2

Fonte: GROUP OF 10. Report on consolidation in the financial sector, p. 55.

O aumento de concentração parece ter tido continuidade no início do século XXI. Segundo estudo de Barth et al. compreendendo o setor bancário de 180 países no período de 1999 a 2011, o grau de concentração médio de ativos dos cinco maiores participantes do setor bancário aumentou de 66% para 70%.[67] Movimentos recentes no setor bancário podem ter reforçado essa tendência de concentração. A crise do *subprime*, que teve início nos Estados Unidos e se espalhou pelo mundo, alcançando seu ápice em 2008 com a quebra do Lehman Brothers, atingiu de forma profunda a solvência de diversos bancos. Aproveitando a queda no preço das ações de determinadas instituições, ou para evitar sua quebra, muitos bancos foram adquiridos por seus pares.[68]

Além do processo de concentração no setor bancário, é importante ressaltar o movimento de conglomeração financeira ocorrido no mesmo período, em virtude da gradual desregulamentação do sistema financeiro ao redor do mundo.[69] Com efeito, não é possível dissociar completamente

---

[67] BARTH et al. Bank regulation and supervision in 180 countries from 1999 to 2011. *Journal of Financial Economic Policy*, v. 5, n. 2, 2013, p. 120-121.

[68] Considerando apenas operações ocorridas no cenário internacional no segundo semestre de 2008, podem-se mencionar a compra do Bear Sterns e Washington Mutual pelo J.P. Morgan Chase, do Merrill Lynch pelo Bank of America, do Wachovia pelo Wells Fargo, e a compra parcial dos ativos do Lehman Brothers pelo Barclays.

[69] Por se tratar de um trabalho que versa sobre modalidades da regulação financeira, bem como as inúmeras referências ao movimento de desregulamentação do sistema financeiro ocorrido nas últimas décadas que serão realizadas neste e nos próximos capítulos, cumpre tecer alguns esclarecimentos a respeito do sentido com que esses termos são empregados na presente análise. Segundo Baldwin e Cave, há diversas acepções em que o termo regulação pode ser utilizado. Em primeiro lugar, pode significar o conjunto de comandos normativos editados por órgão criado para esse fim. Em segundo lugar, representaria toda ação estatal deliberada, voltada a influenciar o comportamento social, econômico e político. Finalmente, pode

A REGULAÇÃO FINANCEIRA E AS SUAS JUSTIFICATIVAS

os dois movimentos, haja vista que a desregulamentação do setor, ao permitir a fusão entre diferentes participantes do sistema financeiro, acabou servindo também como catalisador para o próprio processo de concentração.[70]

---

significar uma forma de controle social, em que os mecanismos que afetam o comportamento humano são determinados por regras advindas do Estado ou dos próprios agentes econômicos, caso da chamada "autorregulação" (BALDWIN, Robert; CAVE, Martin. *Understanding regulation*. London: Oxford University Press, 1999, p. 2, apud SADDI, Jairo. *Temas de regulação financeira*. São Paulo: Quartier Latin, 2010, p. 17). Haveria ainda outras interpretações para o termo, como na teoria econômica, em que a regulação pode ser retratada como mecanismo de preservação de determinados interesses com objetivo de acumulação de capital. A preocupação central nesse caso não é com a definição conceitual, mas sim com suas justificativas e consequências. A regulação é tida como um produto, sendo analisada do ponto de vista da oferta e da demanda no mercado (SADDI, Jairo. *Temas de regulação financeira*, p. 18-19). Os sentidos apresentados não esgotam as possíveis interpretações para o termo, tampouco sendo mutuamente excludentes. Cada um deles procura apenas enfatizar determinado aspecto da regulação, não raro relacionando-se à formação do interlocutor e seu propósito na abordagem do tema. Além dessas diferentes acepções para o termo regulação, é importante destacar a distinção entre regulamento e regulação. Embora sejam frequentemente usados como se fossem sinônimos, cada um dos termos possui sentido diverso. O primeiro diz respeito à manifestação da vontade dos governantes, expressa em atos administrativos que produzem efeitos jurídicos, ou seja, trata-se da prerrogativa legal do Poder Executivo de editar normas sobre matéria de alcance específico, enquanto o segundo manifesta-se como preceito de autoridade, seja ela o Estado ou não. Observa-se, portanto, que a expressão regulação opera em plano mais elevado, abrangendo todas as medidas de condicionamento da atividade econômica, revestidas ou não de forma normativa, ao passo que a regulamentação se refere ao detalhamento normativo dessa intervenção (Idem, ibidem, p. 20-21). Finalmente, cabe alertar também quanto aos possíveis equívocos decorrentes do uso do termo regulação, e sua tradução para o inglês, *regulation*, dependendo do local e contexto em que são adotados. Em países como os Estados Unidos, o termo *regulation* é empregado para se referir à presença do Estado em determinado setor da economia, enquanto em outros países passou-se a falar em regulação com os movimentos de privatização e liberalização ocorridos a partir do final da década de 1980, sinalizando justamente a gradativa eliminação da exploração direta pelo Estado de certas atividades econômicas. No segundo contexto, regulação indica o que o Estado passa a fazer ao deixar de prover diretamente determinados serviços (YAZBEK, Otavio. *Regulação do mercado financeiro e de capitais*, p. 178-179). Essa discussão, porém, perde relevo no tocante à regulação financeira, uma vez que, na maioria dos países, serviços financeiros têm sido objeto de controle estatal, de uma forma ou de outra, há séculos (BENSTON, George J. *Regulating financial markets: a critique and some proposals*. Washington: The AEI Press, 1999, p. 2; e GOODHART, Charles A. E. *Money, information, and uncertainty*. 2. ed. Cambridge: The MIT Press, 1989, p. 194).

[70] Alguns trabalhos criticam a menção às reformas regulatórias como um fator motivador do movimento de fusões e aquisições, afirmando que a desregulamentação da indústria financeira tem sido com frequência uma resposta induzida de legisladores a avanços tecnológicos e

No período subsequente à década de 1930, o setor bancário foi marcado por intensa regulação estatal. Havia um grande temor de que crises bancárias, como a ocorrida em 1929, bem como o período de depressão econômica que se seguiu (conhecido como a Grande Depressão), voltassem a ocorrer, o que justificava a imposição de uma série de restrições às atividades bancárias, e até mesmo sobre as áreas geográficas nas quais estas poderiam ser exercidas.[71] Talvez o maior exemplo dessa estratégia regulatória seja o *Glass-Steagall Act* de 1933, que impôs a segmentação do sistema financeiro norte-americano, proibindo bancos comerciais de exercerem atividades de bancos de investimento e vice-versa.

A partir da segunda metade do século XX, com as agruras da Grande Depressão se esvaecendo na memória da sociedade, o processo reverteu-se, havendo a gradativa flexibilização das barreiras legais para o exercício de atividades financeiras. Nesse período, o arcabouço regulatório em muitos países mudou de sistemas baseados no controle direto e intrusivo, com a segregação de atividades e delimitação geográfica para seu exercício, para sistemas mais flexíveis, focados em regras simples e comuns, estimulando a liberdade e a competição entre instituições financeiras.[72] Essa transição é bem ilustrada por Shull e Hanweck:[73]

> Sessenta e cinco anos atrás, nas profundezas da Grande Depressão, com milhares de bancos quebrando, o caso pela regulação, compreen-

---

crises financeiras, apenas formalizando mudanças que já haviam operado no próprio mercado (GROUP OF 10. Report on consolidation in the financial sector, p. 73). Com efeito, é difícil separar as mudanças regulatórias das outras forças mencionadas. De todo modo, sendo aceita ou não como um fator motivador do movimento de concentração, é inegável sua importância como fator facilitador para o movimento, haja vista que, sem essa flexibilização regulatória, muitas dessas operações não seriam possíveis.

[71] SHULL, Bernard; HANWECK, Gerald A. *Bank mergers in a deregulated environment*: promise and peril. Westport: Quorum Books, 2001, p. 1-2.

[72] Conforme o relato de Krugman: "[...] na década de 1980 essas restrições foram removidas em diversos lugares. A causa principal era a desregulamentação da indústria. Bancos tradicionais eram seguros, mas também muito conservadores, supostamente falhando em direcionar capital para seu uso mais produtivo. A cura, argumentavam os reformistas, era maior liberdade e competição: deixe os bancos emprestarem para quem acharem melhor, e competirem pelos recursos dos correntistas" (KRUGMAN, Paul. *The return of depression economics and the crisis of 2008*. New York: Norton, 2009, p. 65. Tradução livre).

[73] SHULL, Bernard; HANWECK, Gerald A. *Bank mergers in a deregulated environment*, p. 1-2. Tradução livre.

A REGULAÇÃO FINANCEIRA E AS SUAS JUSTIFICATIVAS

dendo restrições extensivas na concorrência, prevaleceu sobre a presunção de livre mercado. Somente após trinta anos, no despertar do crescimento econômico pós-2.ª Guerra Mundial e com a Grande Depressão no passado, é que o clamor pela aplicação de políticas públicas proconcorrenciais, incluindo sujeição do setor bancário às leis antitruste, ressurgiu. Na década de 1980 foram removidas não apenas restrições à concorrência originadas na Grande Depressão, como o teto para taxas de juros sobre depósitos e restrições na negociação de valores mobiliários, mas também restrições à criação de filiais originadas no século XIX.

Assim, ao longo da segunda metade do século XX, os bancos tiveram sua área de atuação expandida para outros mercados geográficos, além de passarem a atuar em outros segmentos do mercado financeiro, como a área de corretagem de valores mobiliários e seguros. Tomando como base novamente o exemplo norte-americano, essa transição ficou particularmente evidenciada na década de 1980, quando foram removidas as limitações às taxas de juros nos depósitos de poupança (*Regulation Q*), e bancos foram autorizados a operar com títulos de dívida e ações, desde que as respectivas receitas não ultrapassassem 5% do total, limite posteriormente ampliado para 10%. O processo teve continuidade na década seguinte, com o J.P. Morgan sendo o primeiro banco a receber autorização para fazer *underwriting* de papéis em 1990, a eliminação das restrições geográficas às atividades bancárias em 1994 (*Riegle-Neal Interstate Banking and Branching Efficiency Act*), a autorização para que *holding companies* de bancos comerciais constituíssem subsidiárias para praticarem atividades de bancos de investimento em 1996, até que, finalmente, o *Gramm-Leach-Bliley Act* de 1999 derrubou formalmente as restrições remanescentes impostas pelo *Glass-Steagall Act* de 1933, ampliando consideravelmente o rol de atividades financeiras que os bancos poderiam realizar.[74]

Conforme relato de Nóbrega, processo similar foi observado do outro lado do Atlântico, com as reformas *big bang* promovidas na Inglaterra durante o governo de Margaret Thatcher ao longo da década de 1980.[75]

---

[74] NÓBREGA, Maílson da. Origens da crise. In: GARCIA, Márcio; GIAMBIAGI, Fábio (Org.). *Risco e regulação*, p. 4-5.

[75] Para um relato dessas reformas na Inglaterra: Idem, ibidem, p. 5-6.

Apesar da intensidade variada, a segunda metade do século XX ficaria marcada por movimentos semelhantes em diversos países ao redor do mundo.[76]

O Brasil tampouco escapou de tais transformações, e, ainda que com origens e motivações díspares, destaca-se o acelerado processo de concentração e conglomeração financeira observado no setor bancário pátrio durante o período do regime militar. Os detalhes desses movimentos no cenário nacional, bem como o contexto político que os motivaram, serão objeto de exame específico no Capítulo 2, no âmbito da discussão sobre a evolução do SFN.

1.3.3 Externalidades

As externalidades referem-se às situações em que os custos ou benefícios decorrentes de uma determinada atividade econômica não recaem integralmente sobre a unidade responsável pela sua condução. Nesses casos, haveria uma distorção no sistema de preços, na medida em que as externalidades corresponderiam a custos ou benefícios externos ao mercado. Segundo Nusdeo, essa distorção representaria um entrave ao funcionamento do sistema econômico, haja vista que "o cálculo econômico realizado pelos centros decisórios descentralizados passa a ser viciado por não poder incorporar todas as informações relevantes, transmitidas via sistema de preços".[77]

Dependendo dos efeitos causados, as externalidades podem ser classificadas como "positivas" ou "negativas", também conhecidas, respectivamente, como economias ou deseconomias externas. As externalidades positivas surgem quando o indivíduo ou firma tomando a decisão não recebe todo o benefício dela decorrente. É o caso, por exemplo, de um produtor que, ao construir uma indústria em uma região com baixos níveis

---

[76] A título exemplificativo, podem-se mencionar a flexibilização das restrições a fusões entre bancos e seguradoras na Austrália (1997); a eliminação das barreiras à atuação de bancos no mercado de capitais (1987), flexibilização de restrições a participações cruzadas entre instituições financeiras (1992), e a promulgação de legislação que permitiu a criação de *holdings* financeiras, relaxando regras de controle em instituições financeiras de grande porte, bem como revisão das diretrizes de avaliação de fusões e aquisições entre bancos no Canadá (2000); e as reformas promovidas no Japão, notadamente a partir de 1996, inspiradas nas reformas *big bang* ocorridas na Inglaterra, voltadas à redução das barreiras regulatórias às atividades que poderiam ser desempenhadas pelas empresas atuantes no sistema financeiro (GROUP OF 10. Report on consolidation in the financial sector, p. 45, 117-122).

[77] NUSDEO, Fábio. *Curso de economia*, p. 152.

A REGULAÇÃO FINANCEIRA E AS SUAS JUSTIFICATIVAS

de instrução, irradia efeitos positivos por toda a comunidade, de modo que o valor social daquele empreendimento acaba transcendendo seu valor individual.[78] Já as externalidades negativas ocorrem quando um indivíduo ou firma, ao tomar uma decisão, não tem que arcar com o custo integral decorrente daquela decisão. O exemplo clássico de externalidade negativa é a poluição ambiental, em que o poluidor afeta toda a comunidade com os impactos adversos de sua atividade econômica.[79]

As externalidades negativas têm sido objeto de particular interesse acadêmico no campo das finanças em razão dos vultosos custos decorrentes de quebras bancárias. Benston afirma que a quebra de uma instituição ou mercado financeiro pode causar uma série de externalidades negativas à sociedade. Entre elas, o autor menciona a possibilidade de uma quebra gerar: (i) corridas bancárias em instituições até então solventes, ocasionando sua quebra; (ii) colapso do sistema de pagamentos, podendo afetar a solvência de outras instituições financeiras; (iii) imposição de custos a terceiros não contratantes; e (iv) custos a contribuintes no caso de resgate governamental ou seguro de depósitos patrocinado pelo governo.[80] Essas externalidades negativas decorrentes de crises no setor bancário são genericamente referidas como "risco sistêmico".

1.3.3.1 Conceito clássico de risco sistêmico

A expressão "risco sistêmico" é tradicionalmente associada ao perigo de que vários bancos venham a quebrar em razão de algum acontecimento específico (o chamado "evento sistêmico"). O exemplo mais utilizado para ilustrar o risco sistêmico é o de uma corrida bancária, em que a inabilidade de um banco satisfazer demandas de retirada de seus correntistas causa sua quebra, que por sua vez pode resultar na quebra de credores daquele banco, bem como de outros bancos a ele relacionados.

Quando originado no setor bancário, o problema inicial tipicamente se dá de duas formas. A primeira delas, chamada de exposição ou canal real de contágio, acontece quando um banco torna-se insolvente.[81]

---

[78] NUSDEO, Fábio. Curso de economia, p. 156.
[79] Idem. Desenvolvimento e ecologia. São Paulo: Saraiva, 1975, p. 48.
[80] BENSTON, George J. Regulating financial markets, p. 21.
[81] DE BANDT, Olivier; HARTMANN, Philipp. Systemic risk: a survey. Working Paper Series, European Central Bank, n. 35, 2000, p. 18.

A sequência de quebras subsequentes pode ocorrer porque bancos são interligados de forma muito próxima financeiramente. Eles emprestam e tomam dinheiro emprestado uns dos outros, detêm depósitos uns dos outros, e fazem pagamentos por meio do sistema interbancário de pagamentos. Em virtude dessa ligação, o inadimplemento de um banco pode afetar adversamente a capacidade de outros bancos cumprirem suas obrigações.[82]

A segunda forma refere-se ao chamado canal informacional, podendo ocorrer quando depositantes entram em pânico e dirigem-se a um banco em grandes massas para retirar seu dinheiro.[83] Como bancos mantêm apenas uma pequena fração dos seus depósitos em caixa, podem não ter recursos suficientes para atender todos os pedidos de retiradas realizados pelos correntistas, consequentemente causando seu inadimplemento e quebra.[84] Esse processo é bem ilustrado por Kaufman:[85]

> Um rumor de corrida bancária causa o mesmo temor que um grito de "fogo" em uma sala lotada. Imediatamente nos levantamos e progressivamente aceleramos o passo até que finalmente nos encontremos correndo em pânico para a saída mais próxima sem ao menos saber se era um alarme falso ou quão grave era o incêndio. Afinal de contas, é melhor prevenir do que remediar. De fato, o temor de uma corrida bancária pode evocar

---

[82] KAUFMAN, George G. Bank failures, systemic risk, and bank regulation. *Cato Journal*, v. 16, n. 1, 1996, p. 25.

[83] DE BANDT, Olivier; HARTMANN, Philipp. Systemic risk, p. 18.

[84] Observa-se, portanto, que, apesar de ser classificada como uma externalidade negativa para fins de análise de falhas de mercado, o risco sistêmico está associado também ao problema da assimetria informacional. Nas palavras de Barth et al.: "Bancos estão sujeitos a assimetrias informacionais severas porque seus administradores têm muito mais informação sobre a qualidade dos ativos bancários do que depositantes e outros credores do banco. Se depositantes e credores não podem prontamente checar a condição do banco, então quando alguém começar a sacar fundos, outros, mesmo não tendo informações sobre a condição do banco, também podem sacá-los, provocando uma corrida bancária. E se um banco está sujeito a uma corrida, a não ser que haja uma explicação para o movimento específico naquele banco, a corrida pode contaminar bancos 'vizinhos' [...] Se houvesse informação perfeita, corridas tenderiam a não ocorrer, uma vez que correntistas e credores bem informados começariam a demandar juros maiores do banco na medida em que este começasse a tomar mais risco. Consequentemente, a tomada excessiva de risco seria cortada prematuramente, antes que pudesse colocar em perigo a solvência do banco" (BARTH, James R. et al. *Rethinking bank regulation*, p. 24. Tradução livre).

[85] KAUFMAN, George G. Bank runs: causes, benefits, and costs. *Cato Journal*, v. 7, n. 3, 1988, p. 559. Tradução livre.

A REGULAÇÃO FINANCEIRA E AS SUAS JUSTIFICATIVAS

ainda mais alarde. Não apenas correntistas do banco afetado pelo rumor irão correr para sacar seus fundos, mas também clientes de outros bancos, ainda que não sujeitos ao mesmo rumor, podem correr também para sacar seus recursos, uma vez que crises bancárias são vistas como "contagiosas". Se o banco do meu vizinho está com problemas, então o meu também pode estar. Dessa forma, a corrida a um banco é capaz de causar a quebra de outros bancos no país em efeito dominó, desestabilizando o sistema financeiro, ou mesmo toda a economia.

Vale salientar que essas duas formas de risco sistêmico não são mutuamente excludentes, podendo ocorrer – e geralmente ocorrendo – ao mesmo tempo em uma situação de crise. Portanto, mesmo bancos saudáveis em termos financeiros podem acabar se tornando insolventes em resposta a uma corrida bancária, refletindo o que alguns autores vieram a chamar de profecia "autorrealizável" do risco sistêmico.[86] É justamente em razão disso que se torna importante a criação de mecanismos que interrompam esse ciclo de pânico.

O exemplo histórico mais comumente citado para ilustrar as graves consequências do risco sistêmico é a Grande Depressão na década de 1930 nos Estados Unidos, quando, em resposta à queda da bolsa de valores em agosto de 1929, depositantes em massa tentaram converter seus depósitos bancários em dinheiro. Muitos bancos não conseguiram satisfazer todas as demandas e acabaram quebrando, contraindo a oferta de capital no sistema. Essas quebras, por sua vez, fizeram com que muitos outros bancos solventes também se tornassem inadimplentes, e muitas empresas, sem liquidez em razão da escassez de recursos, também se viram forçadas a declarar falência.[87] Durante o pico da Grande Depressão, de 1930 a 1933, houve aproximadamente duas mil quebras bancárias anuais em média.[88]

A crise financeira internacional também ilustra bem o potencial destrutivo do risco sistêmico. O exemplo oferecido pelo caso do Lehman Brothers em setembro de 2008 apenas corrobora a noção de que crises bancárias

---

[86] NATIONAL RESEARCH COUNCIL. *New directions for understanding systemic risk*: a report on a conference cosponsored by the Federal Reserve Bank of New York and the National Academy of Sciences. Washington: The National Academies Press, 2006, p. 85.

[87] BORDO, Michael D. et al. Real versus pseudo-international systemic risk: some lessons from history. *NBER Working Paper Series*, n. 5371, 1995, p. 21.

[88] MISHKIN, Frederic S. *The economics of money, banking, and financial markets*. 7. ed. Addison Wesley, 2006, p. 261.

podem, de fato, provocar efeitos catastróficos. A quebra do banco gerou tamanha crise de confiança, que acabou praticamente paralisando o mercado interbancário de crédito, afetando o estado de solvência de outras instituições financeiras e potencializando ainda mais os efeitos da crise. Em razão disso, o episódio com o Lehman Brothers é considerado por alguns o catalisador do pânico nos mercados que se seguiu.[89]

1.4 Regulação financeira e falhas de mercado
Com essa breve descrição das principais falhas de mercado presentes no setor bancário para fins deste trabalho, cabe agora retomar o estudo sobre a relação entre tais falhas de mercado e a regulação financeira. Nesse sentido, observa-se que essa relação pode ser examinada no contexto de um debate mais amplo sobre o papel do governo na economia, marcado por duas visões contrastantes sobre a finalidade da regulação.

A primeira corrente doutrinária procura justificar a existência da regulação como um mecanismo de correção de falhas de mercado. Nessa perspectiva, a intervenção regulatória ocorreria para maximizar o bem-estar social, e justamente por isso ficou conhecida como "teoria do interesse público" da regulação.[90] O papel do governo, segundo essa corrente, seria atuar sobre tais falhas, permitindo maior eficiência no mercado e traduzindo-se em benefícios para a sociedade.

O aspecto fundamental para a aplicação da teoria do interesse público reside na existência de falhas de mercado, uma vez que, na presença de produtos homogêneos, informação perfeita e agentes econômicos atomizados, os mercados tenderiam à alocação eficiente de recursos, independentemente de um papel ativo do governo. Nesse cenário ideal, a regulação do setor bancário seria quando muito irrelevante, senão prejudicial ao bem-estar social. Naturalmente, os defensores da teoria do interesse público da regulação encontram amplo espaço de trabalho no sistema financeiro, considerando a extensa literatura sobre a existência de falhas de mercado significativas no setor, conforme visto nos tópicos anteriores. Essa visão é bem representada por Goodhart ao apontar como objetivos para a regulação financeira: (i) o controle e a administração das externalidades que

---

[89] FINANCIAL TIMES. The Lehman legacy: catalyst of the crisis, 12 out. 2008.

[90] KROSZNER, Randall S.; STRAHAN, Philip E. Obstacles to optimal policy – The interplay of politics and economics in shaping bank supervision and regulation reforms. In: MISHKIN, Frederic S. (Org.). *Prudential Supervision*, p. 234-235.

A REGULAÇÃO FINANCEIRA E AS SUAS JUSTIFICATIVAS

podem decorrer das atividades financeiras (risco de contágio e outras questões de ordem sistêmica); (ii) a proteção dos clientes, dada a assimetria informacional característica de sua relação com as instituições; e (iii) o controle das posições de poder no mercado (das situações de monopólio ou de oligopólio, entre outras distorções).[91]

No entanto, apesar de sua alegada preocupação com o interesse público, essa corrente teórica está sujeita a críticas. Conforme visto, Coase tem uma concepção distinta a respeito do papel da intervenção governamental, na qual esta se limitaria a garantir os fatores necessários ao desfecho eficiente por meio da negociação entre as partes. A regulação que fosse além disso seria desnecessária ou mesmo prejudicial ao funcionamento eficiente do mercado.

A esse respeito, é oportuno notar que alguns autores justificam a regulação prudencial como um mecanismo de correção de incentivos negativos provocados pela regulação sistêmica.[92] Isso porque, ao procurar prevenir a ocorrência de crises, a regulação sistêmica acabaria criando outros problemas, refletidos no aumento do risco moral ou na percepção de que uma instituição é grande demais para quebrar. Na medida em que a regulação prudencial procura corrigir consequências adversas de outra modalidade regulatória, questiona-se a necessidade de ambas.

Outro importante ponto de tensão com a teoria do interesse público reside na premissa de que, na presença de falhas de mercado, governos teriam incentivos e capacidade para atuar sobre elas, mitigando ou eliminando-as, o que nem sempre se verifica. É baseando-se nessa fragilidade conceitual que, na segunda metade do século XX, surgem questionamentos a respeito da capacidade governamental de atuação sobre as falhas de mercado. Segundo Fianni, progressivamente, não apenas os limites do campo regulatório começaram a ser questionados, como até mesmo o sentido da regulação foi objeto de revisão crítica. Em contraste com a análise das falhas de mercado, a teoria econômica veio a acrescentar a análise dos grupos de interesse e falhas de governo.[93]

---

[91] GOODHART, Charles A. E. Some regulatory concerns. In: _____. (Org.). *The emerging framework of financial regulation*. London: Central Banking Publications, 1998, p. 218.

[92] MISHKIN, Frederic S. Prudential Supervision: why is it important and what are the issues, p. 8.

[93] FIANNI, Ronaldo. *Teoria da regulação econômica*: estado atual e perspectivas futuras. Teoria política e instituições de defesa da concorrência. Grupo de Regulação da Concorrência da UFRJ, 1998, p. 12.

Os trabalhos de Olson, Stigler, Posner e Peltzman permitiram que juristas e economistas passassem a encarar a regulação como um produto, e, como qualquer outro produto, pudessem analisá-la do ponto de vista das forças da oferta e demanda no mercado.[94] É com base nesses trabalhos que surge a fundamentação para a "teoria do interesse privado" da regulação, que caracteriza o processo regulatório como uma competição entre grupos de interesse, em que grupos compactos e bem organizados utilizariam o poder coercitivo do Estado para capturar rendas à custa de outros grupos mais dispersos.

Nessa visão de regulação, geralmente o governo é o "provedor" principal do produto, e, embora consumidores também possam demandar regulação, a indústria é considerada uma influência determinante no processo decisório, seja a favor ou contra determinados tipos de regulação. No tocante ao sistema financeiro, governos justificariam a regulação financeira com base em uma finalidade ostensiva de interesse público, quando, na verdade, estariam verdadeiramente interessados em facilitar o financiamento de suas despesas, canalizar crédito para fins politicamente atrativos, bem como maximizar a riqueza e influência de políticos no poder.[95] Nas palavras de Goodhart:[96]

> O conceito mais antigo da regulação como um serviço público sendo introduzido para corrigir uma falha de mercado é denunciado como uma paródia da realidade, sem qualquer base teórica sólida em termos de comportamento maximizador de utilidade. Em vez disso, Stigler e Peltzman argumentam que a regulação deve ser vista como uma forma de transferência de riqueza, resultante de um processo essencialmente político. Nesses casos, um *lobby* bem organizado e coeso provavelmente será mais efetivo.

Esse fenômeno seria amplificado no setor bancário em virtude do papel central dos bancos na alocação de recursos, o que atrairia diversos gru-

---

[94] OLSON, Mancur. *The logic of collective action*. Cambridge: Harvard University Press, 1965; STIGLER, George J. The theory of economic regulation. *The Bell Journal of Economics and Management Science*, 2 (1), 1971; POSNER, Richard A. Theories of economic regulation. *The Bell Journal of Economics and Management Science*, 5(2), 1975; e PELTZMAN, Sam. Toward a more general theory of regulation. *Journal of Law and Economics*, 19(2), 1976.

[95] BARTH, James R. et al. *Rethinking bank regulation*, p. 35.

[96] GOODHART, Charles A. E. *Money, information, and uncertainty*, p. 194. Tradução livre.

A REGULAÇÃO FINANCEIRA E AS SUAS JUSTIFICATIVAS

pos de interesse. Assim, banqueiros se mobilizariam na busca e defesa de regulações que ampliassem seu poder e bem-estar. Esse é um argumento suscitado com frequência para criticar as barreiras regulatórias à entrada no setor bancário como uma forma de privilegiar determinados grupos de interesse com pouco ou nenhum efeito positivo em termos de bem-estar social.[97] Com efeito, a história é permeada de exemplos de trocas de privilégios entre reguladores e regulados, particularmente no setor bancário.[98]

Para os defensores da teoria do interesse privado da regulação, o Estado deixa de ser visto como uma entidade cuja atuação estaria fundamentalmente voltada ao bem público. Ao contrário, nesse cenário, legisladores e burocratas responsáveis pela promoção da regulação estariam sujeitos à cooptação por parte de grupos de interesse. Essas abordagens do processo regulatório ficaram conhecidas como "teorias da captura", uma vez que discutem as formas e consequências da captura dos órgãos reguladores do Estado por interesses privados.[99]

A apresentação das teorias do interesse público e privado da regulação é válida na medida em que mostra dois pontos de vista diametralmente opostos a respeito do papel da regulação. Realisticamente, é necessário reconhecer que não há uma opção "correta" quanto ao papel desempenhado pela regulação. Governantes e formuladores de políticas públicas podem responder a diferentes incentivos ao longo do tempo, flutuando entre os polos extremos representados pelas teorias.

Em estudo sobre as fundações da regulação financeira, Kane argumenta que autoridades estão sujeitas a pressões relacionadas a interesses públicos e privados ao mesmo tempo, e que a decisão regulatória não dependerá apenas das características pessoais daqueles tomando a decisão, mas também dos incentivos presentes. O autor compara o processo de decisão

---

[97] CHANG, Ha-Joon. *Globalisation, economic development and the role of the State*. Zed Books, 2003, p. 167-168.

[98] O caso dos Medici com o Vaticano na Itália do século XIV é bastante ilustrativo a esse respeito. Durante o período em que foram os banqueiros oficiais do Vaticano, a Igreja nomeou Giovani Medici como Cardeal quando tinha apenas 16 anos. Este mais tarde se tornaria o Papa Leão X (1513-1521), seguido pelo seu tio dois anos depois, Giulio Medici, como Papa Clemente VII (1523-1534) (BARTH, James R. et al. *Rethinking bank regulation*, p. 37).

[99] FIANNI, Ronaldo. *Teoria da regulação econômica*, p. 21.

ao conflito dialético hegeliano, afirmando que a regulação é marcada por uma contínua oscilação entre os dois polos.[100]

Mesmo no âmbito do interesse privado, não é possível asseverar que o interesse de apenas um grupo específico possa prevalecer por tempo indeterminado. Os trabalhos de Kroszner, por exemplo, procuram demonstrar que o poder de cada grupo é variável, provocando diferentes resultados políticos, de modo que a transferência de poder entre os diversos grupos de interesse provocaria mudanças na orientação da regulação.[101] De fato, Kroszner e Strahan sustentam que a competição entre grupos de interesse ajudaria a explicar o padrão de desregulamentação do sistema financeiro nos Estados Unidos nas décadas de 1980 e 1990.[102]

O equilíbrio de poder entre o interesse público e privado também pode ser influenciado por choques exógenos. Em tempos de crise, interesses especiais podem ter menos influência, ou podem mudar sua visão. No caso norte-americano, por exemplo, após rejeitar a instituição de mecanismos de seguro de depósitos, essa resistência diminuiu durante a Grande Depressão, marcando um período de drástico aumento da regulação bancária.[103] Da mesma forma, após extinguir o seguro sobre depósitos durante a década de 1980, a Argentina decidiu reintroduzir esse mecanismo em 1995 em resposta à deterioração das condições do mercado financeiro com a crise do México em 1994.[104] Movimento semelhante pôde ser observado no Brasil durante a década de 1990, quando a crise no sistema financeiro brasileiro de 1994 motivou a mudança de importantes aspectos do setor bancário, como a instituição do seguro de depósitos e a entrada de instituições financeiras estrangeiras.

A mesma lógica parece se aplicar à situação atual do setor bancário, principalmente nos países mais atingidos pela crise financeira internacional. Apesar de já haver deixado o cargo no momento da crise, Alan Greens-

---

[100] KANE, Edward J. Interaction of financial and regulatory interaction. *American Economic Review*, v. 78, n. 2, 1988, p. 328-334.

[101] KROSZNER, Randall S. On the political economy of banking and financial regulatory reform in emerging markets. *CRSP Working Paper*, n. 472, 1998; e Idem. The motivations behind banking reform. *Regulation*, 24(2), 2001.

[102] Idem; STRAHAN, Philip E. Obstacles to optimal policy.

[103] WHITE, Eugene. Deposit insurance. In: CAPRIO, Gerard; VITTAS, Dimitri (Org.). *Reforming financial systems*: historical implications of policy. New York: Cambridge University Press, 1997, p. 85-100.

[104] BARTH, James R. et al. *Rethinking bank regulation*, p. 45-46.

A REGULAÇÃO FINANCEIRA E AS SUAS JUSTIFICATIVAS

pan, ex-presidente do banco central norte-americano (*Federal Reserve*), é considerado um dos responsáveis pelo ocorrido, justamente por um posicionamento reputado muitas vezes cético quanto ao papel da regulação financeira.[105] Nesse sentido, não é de surpreender o clamor pós-crise por uma regulação mais intensa do setor bancário.[106]

Tais exemplos demonstram a impossibilidade de tratar a necessidade de regulação bancária de forma maniqueísta. Apesar de haver grande potencial de aproveitamento desse instrumental para interesses privados, é necessário reconhecer também a sua dimensão de interesse público. Não por acaso, mesmo os críticos mais ferrenhos da regulação do sistema financeiro, como Benston, acabam admitindo sua utilidade em certos casos.[107]

---

[105] Para uma crítica à postura de Alan Greenspan no comando do *Federal Reserve* e sua crença excessiva na capacidade de autorregulação e disciplina de mercado: OVERTVELDT, Johan Van. *Bernanke's test*: Ben Bernanke, Alan Greenspan, and the drama of the central banker. Chicago: B2 Book, 2009.

[106] Nas palavras de Welch: "Mais uma vez, como já ocorreu nas diversas crises financeiras anteriores, a atual gerou um vasto e generalizado clamor para mais e nova regulamentação, quer nacional, quer mundial. E, como em tantos outros episódios, tal nova regulamentação provavelmente apresentará uma forma mais adequada para se lutar contra esta crise do que para impedir que outras ocorram" (WELCH, John H. Futurologia financeira global: implicações do pós-crise. In: GIAMBIAGI, Fábio e Octavio de Barros (Org.). *Brasil pós-crise*: agenda para a próxima década. Rio de Janeiro: Elsevier, 2009, p. 41).

[107] Segundo o autor: "De modo geral, a razão econômica, aliada a testes empíricos, me levam à conclusão de que algum grau de regulação para serviços financeiros é desejável [...]" (BENSTON, George J. *Regulating financial markets*, p. 2. Tradução livre). Nesse sentido, vale mencionar também o posicionamento de Verçosa, segundo o qual: "[...] as posições extremas de mercado inteiramente livre, de um lado, e de mercado estritamente regulado, do outro, revelam-se irrealistas, sabendo-se que certo nível de regulação é necessário. A sua medida adequada é um grande problema a resolver" (VERÇOSA, Haroldo M. D. Considerações sobre o sistema financeiro. Crises. Regulação e re-regulação, *Revista de Direito Mercantil Industrial, Econômico e Financeiro*, São Paulo: Malheiros, v. 149-150, 2008, p. 30).

SÍNTESE E CONCLUSÕES DO CAPÍTULO 1

1. Há um expressivo conjunto de trabalhos indicando uma relação positiva entre crescimento econômico e o papel dos bancos. Além de sua clássica função como intermediador de recursos entre agentes econômicos superavitários e deficitários, teorias modernas da intermediação financeira focam sua análise na atuação dessas instituições na redução de assimetrias informacionais entre agentes econômicos. Em razão disso, há uma preocupação especial com o bom funcionamento do sistema financeiro, o que se refletiu na criação de amplo conjunto de regras destinadas a manter sua estabilidade e alinhar os interesses de seus participantes com os da sociedade.

2. O papel da regulação financeira está intrinsecamente relacionado à própria evolução de determinadas correntes econômicas, notadamente as teorias econômicas clássica e neoclássica. A tentativa de reproduzir teoricamente o funcionamento do mercado e a busca pela alocação eficiente de recursos levaram o modelo neoclássico a assumir uma série de premissas para a sua operacionalização, como a existência de mercados sem fricção, informação completa e agentes econômicos atomizados e racionais. Verificando-se a inocorrência dessas premissas na realidade, surgiram inúmeros questionamentos aos principais pilares do modelo neoclássico, destacando-se o posicionamento crítico das escolas pertencentes à nova economia institucional e, mais recentemente, os estudos ligados à linha de *behavioral economics*. Esses questionamentos não representam, no entanto, um afastamento por completo do modelo neoclássico, de modo que a consistência formal de seu aparato, suas premissas, e principalmente o dogma neoclássico da eficiência, continuam a influenciar a análise econômica e política regulatória.

3. A verificação de situações na vida econômica real que se afastavam das condições ideais preconizadas no modelo neoclássico levou à identificação das chamadas "falhas de mercado", referindo-se àqueles fatores que impedem o modelo de atingir os resultados pretendidos. O setor bancário tem se mostrado uma área particularmente frutífera ao estudo das falhas de mercado, principalmente em razão

A REGULAÇÃO FINANCEIRA E AS SUAS JUSTIFICATIVAS

das assimetrias informacionais e externalidades inerentes à atuação dos bancos.

4. No caso das assimetrias informacionais, destacam-se a seleção adversa e o risco moral como pontos de preocupação no funcionamento do mercado, especialmente quanto aos incentivos à tomada excessiva de risco pelas instituições financeiras. No tocante às externalidades, o conceito clássico de risco sistêmico baseia-se na possibilidade de ocorrência de crises bancárias em razão dos canais reais e informacionais de contágio presentes no setor. O primeiro se deve ao alto grau de integração entre os participantes do setor bancário, enquanto o segundo está relacionado às assimetrias informacionais ali presentes. Tais situações não são mutuamente excludentes, podendo ocorrer, e normalmente ocorrendo, de forma simultânea em situações de crise bancária.

5. A concentração econômica pode ser reputada uma falha de mercado, ainda que deva ser sopesada com outras considerações de ordem econômica, como as possíveis eficiências geradas no processo. No caso bancário, chama a atenção o acelerado processo de concentração verificado no setor ao redor do mundo, principalmente durante a década de 1990, e as diversas operações em 2008 motivadas pela crise financeira. Em paralelo a esse processo de concentração, observa-se também um movimento de desregulamentação do sistema financeiro, eliminando restrições entre atividades financeiras e permitindo a formação de conglomerados financeiros.

6. As interpretações sobre as justificativas para a regulação do sistema financeiro podem ser traduzidas no contexto de um debate mais amplo sobre o papel do governo na economia. De um lado, posicionam-se autores filiados à chamada corrente da teoria do "interesse público" da regulação, em que a regulação se justificaria como um mecanismo de correção de falhas de mercado procurando maximizar o bem-estar social. Do outro lado, encontram-se autores filiados à chamada corrente do "interesse privado", que veem a regulação como um processo de competição entre grupos de interesse procurando utilizar o poder coercitivo do Estado em benefício pró-

prio. Tais correntes teóricas representam visões extremas sobre o papel da regulação, de modo que, na realidade, esta busca atender a diferentes necessidades de ordem pública e privada, podendo ser caracterizada como um processo de contínua oscilação entre os dois polos. Choques exógenos como crises bancárias também atuam sobre esse processo, geralmente justificando a imposição de regulação mais ostensiva sobre as atividades financeiras. É o caso das pressões por reformas regulatórias no desenlace da crise financeira recente.

Capítulo 2
A ATIVIDADE BANCÁRIA NO BRASIL E SUA REGULAÇÃO

2.1 Primórdios do setor bancário brasileiro

É com a vinda da família real portuguesa para o Brasil que se inicia o desenvolvimento do setor bancário no País.[108] Naquele momento surge o primeiro Banco do Brasil, cujos estatutos foram aprovados em 8 de outubro de 1808. À ocasião, o alvará assinado por D. João VI deixava claro que a organização de um banco emissor justificava-se pela necessidade de financiar as despesas governamentais, bem como aumentar o estoque de moeda existente.[109]

Além de problemas de capitalização, o novo banco se viu desde o início sujeito a uma forte ingerência da família real, emitindo cada vez mais papel-moeda para solver seus compromissos e cobrir seus gastos.[110] Não tardou para que a constante intervenção governamental, aliada a uma política de endividamento excessivo e inadimplência com o banco, acabassem

---

[108] YAZBEK, Otavio. *Regulação do mercado financeiro e de capitais*, p. 255. Bouzan traça o início das atividades bancárias no Brasil ao fim do período colonial, relatando a tentativa de criação de um banco no Maranhão em 1799, que não logrou sucesso em virtude da rentabilidade ínfima das aplicações bancárias quando comparadas às altas taxas de retorno vigentes nas operações comerciais, bem como a estrutura econômica local, caracterizada pelas trocas diretas (BOUZAN, Ary. *Os bancos comerciais no Brasil*: uma análise do desenvolvimento recente (1965-1971). São Paulo: Federação Brasileira das Associações de Bancos, 1972, p. 13).

[109] MULLER, Bianca Abbot. *Concorrência no setor bancário brasileiro*. Dissertação (Mestrado) – FD-USP, São Paulo, 2007, p. 8.

[110] PAULIN, Luiz Alfredo. Evolução do Sistema Financeiro Nacional. *Revista de Direito Bancário, do Mercado de Capitais e da Arbitragem*, São Paulo: RT, n. 17, 2002, p. 78.

por comprometer sua situação financeira, a qual se agravou com a retirada de seus metais preciosos por ocasião do retorno de D. João VI a Portugal.[111] Assim, a duração desse primeiro ensaio de instituição financeira no País foi curta, com a extinção do Banco do Brasil em 23 de setembro de 1829.[112]

Segundo Muller, o fim do banco não chegou a causar forte abalo na oferta de crédito ao setor privado e ao governo. O financiamento de gastos públicos ficou a cargo das emissões do Tesouro Nacional e de títulos da dívida pública. A situação do crédito à iniciativa privada também não se alterou significativamente, permanecendo nas mãos de comerciantes e prestamistas individuais, que não chegaram a ter suas atividades atingidas pelo Banco do Brasil.[113]

A segunda metade do século XIX foi marcada por relevantes transformações econômicas, com destaque para o florescimento de uma incipiente indústria nacional e a criação de bancos de depósitos e descontos nos principais centros econômicos brasileiros, como o Banco Comercial da Bahia (1845), Banco Comercial do Maranhão (1846), Banco de Pernambuco (1851) e o Banco Comercial do Pará (1853). A criação desses bancos foi seguida da promulgação do Código Comercial e da Lei de Terras, ambos em 1850, essenciais para o desenvolvimento da atividade bancária na medida em que reconheceram legalmente a profissão de banqueiro, regulamentaram a organização dos bancos e dos contratos de financiamento, além de tornarem a terra um ativo negociável.[114] É também nesse período que surge a Casa Mauá Mac-Gregor, fundada por Irineu Evangelista de Souza (o Visconde de Mauá) e uma das maiores casas bancárias do Império, bem como o London and Brazilian Bank, primeiro estabelecimento de capital estrangeiro no País. A mudança da estrutura bancária no período marca a gradativa transição de uma dinâmica de oferta de crédito

---

[111] SOUZA, Carlos Inglez de. *A anarchia monetária e suas consequências*. São Paulo: Monteiro Lobato & Cia. Editores, 1924, p. 41-43.

[112] Em 1833 haveria a tentativa de criação do "segundo Banco do Brasil", que não encontrou número suficiente de interessados na subscrição de suas ações. Apenas em 1845 seria criada a terceira versão do Banco do Brasil (PAULIN, Luiz Alfredo. Evolução do Sistema Financeiro Nacional, p. 78-79).

[113] MULLER, Bianca Abbot. *Concorrência no setor bancário brasileiro*, p. 11.

[114] ANDRADE, Ana Maria Ribeiro de; LEVY, Maria Bárbara. Fundamentos do sistema bancário no Brasil (1834-1860). *Revista de Estudos Econômicos*, v. 15, 1985, p. 20.

A ATIVIDADE BANCÁRIA NO BRASIL E A SUA REGULAÇÃO

baseada predominantemente em relações pessoais, para a intermediação financeira moderna com empréstimo de recursos por meio de um banco.[115]

Esse cenário de crescimento do mercado financeiro é alterado com a crise da economia cafeeira no início da década de 1860. Em meio ao cenário de retração econômica, é aprovada a Lei 1.083, de 22 de agosto de 1860, conhecida como "Lei dos Entraves", que, entre outras providências, impôs maior rigor para a constituição de sociedades anônimas, além de estabelecer a possibilidade de conversão de notas bancárias em ouro à vontade do portador.[116] A redução de liquidez na economia que se seguiu foi, em parte, responsável pela quebra das casas bancárias J.A. Souto & Cia., em 1864, e Mauá Mac-Gregor, em 1866, provocando uma crise bancária no País e levando à promulgação das primeiras regras específicas para tais situações. O Decreto 3.308, de 17 de setembro de 1864, estabeleceu uma moratória geral, prorrogando por sessenta dias os vencimentos das letras, notas promissórias e quaisquer outros títulos comerciais pagáveis na Corte e na Província do Rio de Janeiro, e o Decreto 3.309, de 20 de setembro de 1864, determinou que a falência de bancos não deveria se submeter à legislação das falências ordinárias. De fato, alguns autores remetem a esses diplomas a origem do caráter "especial" atribuído aos bancos na legislação pátria.[117]

Segundo Yazbek, o advento da República não representou uma mudança significativa nos padrões de desenvolvimento do setor bancário. O novo regime nasceu à sombra de uma crise gestada no período anterior – o chamado "encilhamento" –, cujas raízes encontram-se na emissão desenfreada de títulos e subsequente estouro da bolha especulativa que se criara.[118] O processo teve início com a tentativa de estimular a industrialização do

---

[115] BOUZAN, Ary. *Os bancos comerciais no Brasil*, p. 20-21; e MULLER, Bianca Abbot. *Concorrência no setor bancário brasileiro*, p. 14.

[116] GORNATI, Gilberto. *Legislação bancária no Brasil Império: o debate jurídico sobre a função bancária na década de 1850*. Dissertação (Mestrado) – FD-USP, São Paulo, 2013, p. 96.

[117] Paulin afirma que, pelo menos desde 1864, vem-se reconhecendo a necessidade de adotar, no que se relaciona à quebra de instituições financeiras, um "regime peculiar" (PAULIN, Luiz Alfredo. Conceito de intervenção e liquidação extrajudicial – pressupostos para sua decretação. In: SADDI, Jairo (Org.). *Intervenção e liquidação extrajudicial no Sistema Financeiro Nacional*: 25 anos da Lei n. 6.024/74. São Paulo: Textonovo, 1999, p. 122). Já Verçosa se refere ao Decreto 3.309/1864 como o germe da futura legislação sobre a intervenção administrativa no campo das quebras bancárias (VERÇOSA, Haroldo M. D. Considerações sobre o sistema financeiro, p. 18).

[118] YAZBEK, Otavio. *Regulação do mercado financeiro e de capitais*, p. 256.

REGULAÇÃO SISTÊMICA E PRUDENCIAL NO SETOR BANCÁRIO BRASILEIRO

Brasil por meio da concessão de crédito a investimentos industriais baseada na emissão de papel-moeda pelos bancos em todas as regiões do País. Tal mecanismo foi bem-sucedido, conforme evidenciado pelo aumento no número de registros na junta comercial do Rio de Janeiro. Em 1890, 38 bancos e 294 outras sociedades anônimas tinham estatutos arquivados junto ao órgão e, em apenas dois anos, tal número havia aumentado para 89 bancos e 549 companhias.[119]

O resultado das emissões, porém, foi um desastre. Em vez de financiar a industrialização, gerou um surto inflacionário e um movimento de especulação desenfreada na bolsa de valores por meio de empresas fictícias. Como resultado, o Brasil passou por uma das mais graves crises econômicas de sua história, que impactou duramente os bancos, levando à quebra de diversas instituições. Em resposta a esse movimento, o governo promulgou a Lei 703, de 10 de outubro de 1900, que, além de promover mudanças no processo para liquidações forçadas, possibilitava aos bancos a celebração de acordos extrajudiciais com credores.[120] Nesse período vale mencionar também a Lei 2.024, de 17 de dezembro de 1908, que instaurou um regime falimentar único para todas as sociedades comerciais, eliminando a previsão de tratamento diferenciado para bancos e casas bancárias decorrente dos decretos promulgados na crise bancária de 1864.

Alguns autores apontam a década de 1920 como o período de surgimento dos primeiros instrumentos de intervenção planejada no setor bancário. Nas palavras de Paulin, "é a partir daqui que organizadamente o Estado irá regular o setor".[121] É nesse período que surge a Inspetoria-Geral dos Bancos, criada pela Lei 4.182, de 13 de novembro de 1920, marcando um esforço do governo de supervisão mais efetiva do setor bancário. Para efeitos de aplicação da lei, o Decreto 14.728, de 16 de março de 1921, determinou que seriam consideradas bancos as pessoas físicas ou jurídicas que realizassem operações financeiras e que possuíssem capital superior a 500 contos de réis. Outro aspecto relevante do decreto é a imposição de tratamento discriminatório aos bancos estrangeiros pela exigência de capital adicional de nove mil contos para sua operação no País. Essa medida

---

[119] AZEVEDO, Francisco de Paula Vicente de. Contribuição ao estudo da reforma bancária brasileira. Separata dos Anais do 1.º Congresso Nacional de Bancos, São Paulo, 1960, p. 49, apud YAZBEK, Otavio. *Regulação do mercado financeiro e de capitais*, p. 257.

[120] MULLER, Bianca Abbot. *Concorrência no setor bancário brasileiro*, p. 19-20.

[121] PAULIN, Luiz Alfredo. Evolução do Sistema Financeiro Nacional, p. 82.

76

A ATIVIDADE BANCÁRIA NO BRASIL E A SUA REGULAÇÃO

restringiu a entrada de novos bancos estrangeiros, fazendo com que a participação destes no total de depósitos caísse de 44,9% em 1919 para 24,5% em 1932.[122] Também nessa época foi criada a Carteira de Emissões e Redescontos do Banco do Brasil (Cared), por meio da Lei 4.230, de 31 de dezembro de 1920, posteriormente regulamentada pelo Decreto 14.635, de 21 de janeiro de 1921. A Cared possibilitou o provimento de assistência financeira ao setor bancário pelo Banco do Brasil, aproximando as funções da instituição àquelas típicas de um banco central.[123]

A crise mundial de 1929 e a revolução de 1930 representam um período de elevação da intervenção governamental na economia e acirramento do viés nacionalista aplicado ao setor bancário. A título exemplificativo, pode-se mencionar o artigo 145 da Constituição de 1937, que restringiu a atividade de bancos de depósitos e das empresas de seguros a instituições cujos acionistas fossem brasileiros. O reflexo de medidas como essa não tardou a ser sentido, de modo que a participação do capital estrangeiro no total de depósitos reduziu-se ainda mais, atingindo a marca de 6,6% em 1944.[124] Outro aspecto relevante desse período é o reconhecimento, em face de outra crise que se abatia sobre o País, da impraticabilidade de sujeitar bancos e casas bancárias ao procedimento falimentar ordinário. Desse modo, em 12 de dezembro de 1930, é promulgado o Decreto 19.479, regulamentado pelo Decreto 19.634, de 28 de janeiro do ano seguinte, que em conjunto disciplinaram o processo de liquidação extrajudicial.[125]

A década de 1940 é marcante para o sistema bancário nacional por uma série de fatores, dentre os quais se destaca o Decreto 7.293, de 2 de fevereiro de 1945, que criou a Superintendência da Moeda e do Crédito (Sumoc), refletindo a percepção crescente do governo com a necessidade de cuidado para com as empresas financeiras e do mercado de capitais. Subordinada ao Ministério da Fazenda, a Sumoc tinha como objetivo primordial exercer o controle do mercado monetário. Para tal, tinha amplas atribuições sobre o estabelecimento de bancos, fixação de seu capital mínimo, controle das reservas compulsórias e regulamentação dos negócios bancários. A Sumoc também possuía poderes de fiscalização sobre bancos, casas bancá-

---

[122] COSTA NETO, Yttrio Corrêa da. *Bancos oficiais no Brasil*: origem e aspectos do seu desenvolvimento. Brasília: Banco Central do Brasil, 2004, p. 48.

[123] TURCZYN, Sidnei. *O Sistema Financeiro Nacional e a regulação bancária*, p. 97.

[124] MULLER, Bianca Abbot. *Concorrência no setor bancário brasileiro*, p. 32.

[125] PAULIN, Luiz Alfredo. Conceito de intervenção e liquidação extrajudicial, p. 122.

rias e sociedades de crédito, bem como poder para neles intervir por meio do instituto da intervenção *stricto sensu* e da liquidação extrajudicial, que afastavam a incidência da falência, ao menos em um primeiro momento.[126] Não obstante, ressalta-se que não existia ainda uma unificação em relação à condução da política monetária, na medida em que o poder decisório continuava disperso entre a Sumoc, o Tesouro e o Banco do Brasil (por meio de suas carteiras de redesconto, de mobilização bancária e de câmbio). Genericamente, cabiam àquela superintendência a supervisão e a coordenação das políticas monetária e bancária; ao Tesouro Nacional, o poder de emissão da moeda; e ao Banco do Brasil, a atuação como agente financeiro do governo e prestador da maior parte dos serviços típicos de um banco central, tanto para o governo quanto para os bancos privados.[127]

Finalmente, vale ressaltar também nesse período o surgimento de alguns dos maiores bancos privados nacionais na atualidade, como o Bradesco e Itaú Unibanco. O Unibanco, originalmente Banco Moreira Salles, surge a partir da fusão entre a Casa Bancária Moreira Salles, a Casa Bancária de Botelhos e o Banco Machadense, em 1940. O Bradesco é criado a partir da transformação da Casa Bancária Almeida no Banco Brasileiro de Descontos em 1943. A história do Banco Itaú teve início em São Paulo no ano de 1943, com o nome de Banco Central de Crédito. As três novas instituições passaram por rápida expansão geográfica com o intuito de aumentar suas carteiras de clientes. Cinco anos após a inauguração do Banco Moreira Salles, este já servia 34 praças no País, e duas décadas depois atingia a marca de 191 agências. Em muitos casos a ampliação do número de agências se deu pela aquisição de outras instituições atuantes no mercado. O Bradesco, por exemplo, realizou diversas aquisições a partir de 1948, e em 1967 já contava com uma rede de 326 agências no País.[128]

---

[126] VERÇOSA, Haroldo M. D. Considerações sobre o sistema financeiro, p. 17.
[127] MULLER, Bianca Abbot. *Concorrência no setor bancário brasileiro*, p. 39.
[128] Para um relato detalhado sobre o surgimento e evolução desses três bancos: Idem, ibidem, p. 33 e ss.

A ATIVIDADE BANCÁRIA NO BRASIL E A SUA REGULAÇÃO

Tabela 2: Evolução de matrizes e estabelecimentos bancários (1940-1962)

	1940	1950	1951	1962
Matrizes	354	413	404	336
Estabelecimentos Bancários (*)	1.360	2.596	3.219	6.124

Fonte: FONSECA, Herculano Borges da. *Instituições Financeiras do Brasil*. Rio de Janeiro: Crown Editores, 1970, apud MULLER, Bianca Abbot. *Concorrência no setor bancário brasileiro*, p. 39.
(*) Matrizes, filiais e agências

Esse processo de rápida expansão geográfica e proliferação do número de agências foi acompanhado por outros bancos, intensificando-se nos anos seguintes na medida em que tais instituições buscavam a escala necessária para a automação e integração nacional. Conforme se pode observar *supra*, o número de estabelecimentos bancários mais do que quadruplicou em cerca de duas décadas. Esse processo seria interrompido apenas em função das novas diretrizes para o setor estabelecidas a partir de 1964.

2.2 Reestruturação do Sistema Financeiro Nacional
A entrada dos militares no poder em 1964 marca o início de uma ampla transformação do sistema financeiro no País, com foco especial no setor bancário. Um dos pontos marcantes dessa nova política no tocante ao setor é a promulgação da Lei 4.595, de 31 de dezembro de 1964, que reorganizou a estrutura de regulação e supervisão no País. A essa lei juntar-se-iam outros diplomas legais nos anos seguintes que, em conjunto, formariam a base do SFN.

A Lei 4.595/1964 consolidou os poderes antes espalhados entre a Sumoc, Tesouro e o Banco do Brasil, estabelecendo o poder normativo do Conselho Monetário Nacional (CMN) e criando o BCB. O CMN deveria formular a política monetária e creditícia e promover o progresso social e econômico. Já ao BCB caberia a responsabilidade pela implementação das normas editadas pelo CMN.[129]

Além da criação do CMN e do BCB, a Lei 4.595/1964 regulamentou a atuação das instituições financeiras, principalmente dos bancos comerciais. Também estavam subordinadas à lei as bolsas de valores e as corretoras e distribuidoras de títulos e valores mobiliários, as sociedades de arrenda-

---

[129] As competências específicas dessas autoridades do SFN serão objeto de tratamento detalhado mais adiante.

mento mercantil, as companhias de seguros e capitalização, e outras instituições. Finalmente, a lei também sujeitou à sua disciplina pessoas físicas ou jurídicas que exercessem atividade relacionada à compra e venda de ações ou títulos e operações ou serviços de natureza dos executados pelas instituições financeiras. Posteriormente, a Lei 4.728, de 14 de julho de 1965, complementou a reestruturação do SFN, apresentando pela primeira vez uma disciplina específica para o mercado de capitais. Com a lei, o CMN fixou normas gerais de funcionamento e o BCB passou a ter competência para autorizar a entrada em operação e fiscalizar as instituições financeiras, sociedades ou firmas individuais cujo objeto eram a subscrição para revenda e a distribuição ou colocação de títulos ou valores mobiliários.[130]

Paralelamente à reestruturação do mercado financeiro e de capitais, iniciou-se, também, a reorganização do sistema nacional de seguros privados, que, com o Decreto-lei 73, de 21 de novembro de 1966, passou a ser constituído pelo Conselho Nacional de Seguros Privados (CNSP), pela Superintendência de Seguros Privados (Susep), pelo Instituto de Resseguros do Brasil, pelas sociedades autorizadas a operar em seguros privados (sociedades seguradoras) e por corretores habilitados. Posteriormente, o Decreto-lei 261, de 28 de fevereiro de 1967, instituiu o sistema nacional de capitalização, seguido pela Lei 6.435, de 15 de julho de 1977, que criou as entidades abertas e fechadas de previdência privada, regulamentadas pelos Decretos 81.402, de 23 de fevereiro, e 81.240, de 20 de janeiro, ambos promulgados em 1978, estabelecendo, respectivamente, sua fiscalização pela Susep e pela Secretaria de Previdência Complementar (SPC) do Ministério da Previdência Social.

Em 7 de dezembro de 1976 é promulgada a Lei 6.385, que cria a Comissão de Valores Mobiliários (CVM), para fiscalizar e normatizar as atividades das sociedades corretoras e distribuidoras de valores mobiliários, das bolsas de valores e das companhias abertas, além de disciplinar o funcionamento dessas instituições. Em 15 de dezembro do mesmo ano é promulgada a Lei 6.404 (Lei das Sociedades por Ações), outro diploma legal de grande importância para o desenvolvimento do mercado de capitais nacional.

A instituição do SFN, a partir da supremacia do CMN como órgão regulador de cúpula, e do BCB na qualidade de regulador de segundo nível e

---

[130] ANDREZO, Andrea Fernandes; LIMA, Iran Siqueira. *Mercado financeiro*: aspectos históricos e conceituais. São Paulo: Pioneira Thomson Learning, 1999, p. 49-50.

A ATIVIDADE BANCÁRIA NO BRASIL E A SUA REGULAÇÃO

executor da política determinada pelo primeiro, é considerada por alguns autores como a origem do tratamento sistêmico do mercado financeiro no País.[131] Desde a promulgação da Lei 4.595/1964, verifica-se a criação de importantes dispositivos voltados à supervisão e regulação bancária, alguns deles utilizados até hoje. Dentre eles pode-se mencionar a promulgação da Lei 6.024, de 13 de março de 1974, com o objetivo de consolidar em um instrumento a legislação sobre intervenção e liquidação extrajudicial de instituições financeiras. Posteriormente, esses regimes especiais seriam complementados pelo Regime de Administração Especial Temporária (RAET), criado pelo Decreto-lei 2.321, de 25 de fevereiro de 1987. A década seguinte também traz importantes inovações para o setor bancário nacional, como a criação, por meio do Decreto 91.152, de 15 de março de 1985, do Conselho de Recursos do Sistema Financeiro Nacional (CRSFN), com a finalidade de julgar em segunda instância recursos decorrentes da aplicação de penalidades administrativas pelo BCB e CVM. Finalmente, a Lei 7.492, de 16 de junho de 1986, conhecida como Lei do Colarinho-Branco, criminaliza a gestão temerária de instituições financeiras, a indução da autoridade bancária a erro, e falsificação de demonstrações contábeis, entre outros.

Em suma, observam-se nesse período a reformulação e a criação de mecanismos de regulação e supervisão do sistema financeiro, muitos destes denotando uma preocupação específica em assegurar sua estabilidade e bom funcionamento. Essa preocupação foi reforçada com a promulgação da Constituição de 1988, que alterou parcialmente o sistema vigente, e, principalmente, pelas reformas regulatórias ao longo da década de 1990, conforme será exposto adiante.

---

[131] Esse é a posição de Verçosa, por exemplo, cabendo mencionar a ressalva do autor de que, mesmo antes da promulgação da Lei 4.595/1964, já se percebia a preocupação do legislador com o mercado financeiro e de capitais, conforme evidenciado pela criação da Sumoc em 1945 (VERÇOSA, Haroldo M. D. Considerações sobre o sistema financeiro, p. 17). O posicionamento contrasta com o de Yazbek, para quem apenas com a estabilização financeira ocorrida na década de 1990 foi possível realizar um salto qualitativo para os processos de regulação e reordenação de prioridades e de instrumentos, dotando o arcabouço regulatório de um caráter mais sistemático (YAZBEK, Otavio. Crise financeira e risco sistêmico: a evolução recente da regulação sistêmica no Brasil. In: PÁDUA LIMA, Maria Lúcia de. *Agenda contemporânea*: direito e economia. São Paulo: Saraiva, 2012. t. 2, p. 81-82).

2.2.1 Concentração e conglomeração no Sistema Financeiro Nacional

Um dos aspectos mais relevantes a respeito da política bancária do regime militar foi o estímulo declarado do governo à concentração e especialização no setor. Tais mudanças foram motivadas pela percepção de uma elevada ineficiência operacional, fruto da desordenada e excessiva proliferação de agências no período anterior.[132] Dessa forma, procurou-se por meio da promoção ativa e engajada da concentração e especialização das instituições financeiras em determinados tipos de operações, alcançar maior mobilização de recursos e melhores níveis de eficiência na intermediação financeira. Segundo a síntese de Baer, na essência, bancos comerciais deveriam restringir sua atuação às transações de curto prazo, e os bancos de investimento deveriam dedicar-se ao financiamento de médio e longo prazo para capital fixo e de giro, principalmente de empresas industriais.[133]

Nesse sentido, observou-se nos anos seguintes a promulgação de uma série de regulamentos voltados à promoção dessa política setorial. Dentre estes pode-se citar a Circular CMN 18, de 7 de dezembro de 1965, que suspendeu as autorizações para instalações de novas agências naquele ano e limitou a duas por ano o número de autorizações para abertura de bancos. As limitações foram reforçadas com a Resolução CMN 43 e a Circular BCB 67, ambas de 28 de dezembro de 1966, que restringiram a duas por banco o número máximo de agências novas por ano, bem como passaram a exigir o cumprimento de vários requisitos aos bancos interessados, como aumento de capital, índices de imobilização, e proporção entre recursos próprios e depósitos não superior à relação de um para dez. Essa orientação restritiva prosseguiria, adquirindo um caráter absoluto a partir de 1970, com as Resoluções CMN 141, de 23 de março de 1970, 200, de 20 de dezembro de 1971, e 266 de, 15 de outubro de 1973, que suspenderam a abertura de novas agências.

No bojo dessa política, cumpre mencionar também o Decreto-lei 1.303, de 31 de dezembro de 1973, que permitiu ao CMN, nos casos de aquisição do controle acionário, fusão ou incorporação de instituições financeiras, autorizar a dedução, como prejuízo, da diferença a maior entre o valor da aquisição e o valor patrimonial líquido, bem como sua amortização em

---

[132] O número total de agências cresceu de 1.565 em 1945, para 4.996 em 1959, e 7.005 em 1964 (MACARINI, José Pedro. A política bancária do regime militar: o projeto do conglomerado (1967-1973). *Economia e Sociedade*, Campinas, v. 16, n. 3, dez. 2007, p. 351).

[133] BAER, Mônica. *A internacionalização financeira no Brasil*. Petrópolis: Vozes, 1986, p. 14.

A ATIVIDADE BANCÁRIA NO BRASIL E A SUA REGULAÇÃO

mais de um exercício financeiro. O mesmo instrumento autorizou a dedução, como despesa, de valores que o BCB considerasse como encargos de instituições financeiras, correspondentes a ônus de outras empresas, bem como a isenção do imposto de renda incidente sobre o lucro e sobre a valorização do ativo das instituições adquiridas.[134] Posteriormente, o Decreto-lei 1.337, de 23 de julho de 1974, autorizou a dedução do lucro sujeito ao imposto de renda de quantias pagas por instituições financeiras na aquisição de cartas patentes.[135]

Os grandes bancos de atuação nacional responderam a tais mudanças, e, em face da necessidade de ampliação de agências para viabilizar o crescimento, passaram a adotar estratégias mais agressivas de absorção de bancos menores por meio de fusões e aquisições. Nas palavras de Delfim Netto à época, "o governo tem a taxa de juros na mira e permanece muito atento aos desvios do processo. A fusão dos bancos faz parte dessa estratégia".[136] A título exemplificativo, pode-se observar o crescimento do Banco Itaú no período:

---

[134] BANCO CENTRAL DO BRASIL. O Banco Central e as novas técnicas de saneamento do Sistema Financeiro Nacional após a estabilização monetária. O endereço para acesso a esta e outras fontes eletrônicas citadas na obra encontra-se na bibliografia.

[135] Ambos os diplomas legais foram substituídos pelo Decreto-lei 2.075, de 20 de dezembro de 1983, que consolidou o tratamento fiscal concedido às instituições financeiras que promovessem fusão, incorporação, reestruturação, reorganização ou modernização de suas estruturas administrativas e operacionais, autorizando o diferimento de amortização de custos e despesas para fins de apuração do lucro real, a dedução como prejuízo do ágio na aquisição de ações, e a isenção do imposto de renda sobre a valorização do ativo da instituição adquirida ou sobre o lucro resultante verificado pelos acionistas. Os benefícios tributários assim instituídos vigoraram até 21 de dezembro de 1987, quando foram revogados pelo Decreto-lei 2.397, de 21 de dezembro de 1987 (Idem, ibidem).

[136] FOLHA DE SÃO PAULO, 16 abr. 1972, apud MACARINI, José Pedro. A política bancária do regime militar, p. 354.

Tabela 3: Crescimento do Itaú (1964-1974)

Ano	Banco Original	Fusão ou Aquisição	Instituição Resultante
1964	Banco Federal de Crédito	Banco Itaú	Banco Federal Itaú
1966	Banco Federal Itaú	Banco Sul Americano do Brasil	Banco Federal Itaú Sul Americano
1969	Banco Federal Itaú Sul Americano	Banco América	Banco Itaú América
1973	Banco Itaú América	Banco Português	Banco Itaú América
1974	Banco Itaú	Banco União Comercial	Banco Itaú

Fonte: MULLER, Bianca Abbot. *Concorrência no setor bancário brasileiro*, p. 36-37.

Apesar de a reforma dos anos 1964-1967 ter criado instituições financeiras especializadas e juridicamente autônomas, concretamente elas passaram a operar de maneira integrada, sob a forma de conglomerados financeiros. Em sua grande maioria, a instituição-chave desses conglomerados era o banco comercial, a partir do qual se constituíam outras empresas financeiras associadas. O processo de agrupamento não foi uma característica exclusiva dos bancos privados nacionais, ocorrendo também em bancos públicos e instituições financeiras estrangeiras.[137] Conforme a síntese de Salama e Prado:[138]

> No Brasil pós-revolucionário da década de 1960, poder-se-ia ter optado pelo modelo alemão/japonês de regulação bancária, que permitia a existência dos chamados bancos "universais". Mas, naquele momento, optou-se por seguir o modelo americano que vedava a comunicação entre instituições autorizadas a receber depósitos (BComs) e instituições não autorizadas (BInvs) [...] Acontece que, no período imediatamente posterior à reforma bancária de 1964, o mercado bancário brasileiro foi rapidamente se estruturando de maneira diferente daquela originalmente pretendida.

---

[137] BAER, Mônica. *A internacionalização financeira no Brasil*, p. 45.

[138] SALAMA, Bruno Meyerhof; PRADO, Viviane Muller. Operações de crédito dentro de grupos financeiros: governança corporativa como complemento à regulação bancária. In: ARAÚJO, Danilo Borges S. G.; WARDE JR., Walfrido Jorge (Org.). *Grupos de sociedades: organização e exercício da empresa*. São Paulo: Saraiva, 2012, p. 2.

A ATIVIDADE BANCÁRIA NO BRASIL E A SUA REGULAÇÃO

Com o beneplácito das autoridades monetárias nacionais, os bancos brasileiros foram paulatinamente adquirindo tanto BInvs quanto BComs. Na prática, os grandes conglomerados bancários acabaram rapidamente adquirindo braços para realizar tanto atividades de coleta de depósitos, quanto atividades típicas de banco de investimento. Nos anos 1970, essa tendência se acentuou quando o BCB parou de emitir cartas patentes para diminuir a competição no setor bancário e fomentar a sua consolidação.

Esse movimento de conglomeração foi facilitado pela gradativa flexibilização das restrições às atividades dos bancos. Segundo Saddi, as Circulares CMN 126, de 20 de março de 1969, e 206, de 17 de maio de 1973, ampliaram a possibilidade de bancos participarem de outras empresas não financeiras. Para instituições financeiras que integrassem um mesmo grupo econômico, também foi permitido a uma delas participar do capital das demais.[139] Finalmente, vale mencionar também a Resolução CMN 157, de 10 de setembro de 1970, que permitiu aos bancos comerciais atuar no mercado primário de colocação de ações.[140]

A evolução da captação de depósitos totais por bancos comerciais no período de 1969 a 1984 reflete bem a intensidade do processo de concentração e conglomeração no SFN. Em 1969, 16 bancos captavam mais da metade do total de depósitos, enquanto, em 1984, apenas 10 bancos respondiam pela mesma margem de captação. Os dados indicam também que, em 1969, os 16 maiores bancos captavam em média mais de 12 vezes o saldo médio de depósito dos 196 bancos restantes, ao passo que, em 1984, esse índice atingia, apenas para os 10 primeiros bancos, mais de 10 vezes o depósito médio dos 100 restantes. Evolução semelhante foi observada no tocante aos empréstimos bancários. Em 1969, 17 respondiam por mais da metade dos empréstimos concedidos, e, por seu turno, em 1974, apenas 10 bancos já somavam o mesmo montante.[141] Segundo Troster, havia 336 bancos existentes no Brasil em 1964, e, quando a Constituição de 1988 foi promulgada, esse número havia se reduzido para 106.[142]

---

[139] SADDI, Jairo. Algumas propostas de mudança para a Lei n.º 6.024. In: _____. (Org.). *Intervenção e liquidação extrajudicial no Sistema Financeiro Nacional*, p. 307.

[140] MACARINI, José Pedro. A política bancária do regime militar, p. 357.

[141] TEIXEIRA, Natermes Guimarães. *Origem do sistema multibancário brasileiro*. Campinas: Instituto de Economia da Unicamp, 2000, p. 64-68.

[142] TROSTER, Roberto Luis. Concentração bancária. *Estudos Febraban*, 2004, p. 2.

Tabela 4: Participação das instituições financeiras conglomeradas nos empréstimos e captações do SFN (%)

Ano	Empréstimos	Captações
1979	86,9	90,0
1980	86,5	90,3
1981	85,2	89,4
1982	83,1	87,0
1983	84,0	90,6
1984	85,1	91,6

Fonte: TEIXEIRA, Natermes Guimarães. *Origem do sistema multibancário brasileiro*, p. 140.

Na década de 1980, praticamente todo o mercado bancário-creditício brasileiro já era operado predominantemente por instituições financeiras organizadas sob a forma de conglomerados.[143] Essa evolução reforçou e ampliou o poder dos grandes bancos privados como estruturas bancárias, não só pelo maior peso de seu bloco de capital, mas também pela centralização operacional em termos dos diversos esquemas e possibilidades de atuação no mercado financeiro em geral.[144] Essa é uma constatação relevante, na medida em que, apesar das mudanças ocorridas na década de 1990, esse quadro ainda representa, em grande medida, a matriz do atual perfil do setor bancário brasileiro.

2.2.2 Saneamento do Sistema Financeiro Nacional – o fim do "milagre econômico"

Além do acelerado ritmo de concentração e conglomeração, as décadas de 1970 e 1980 também foram marcadas por crises bancárias, cujas origens estão relacionadas ao esgotamento de um ciclo expansivo da economia brasileira em decorrência das crises do petróleo em 1973 e 1979. Em virtude dessas mudanças no cenário internacional, o setor bancário brasileiro sofreu uma drástica redução de liquidez, com grande perda de

---

[143] BAER, Mônica. *A internacionalização financeira no Brasil*, p. 45.
[144] TEIXEIRA, Natermes Guimarães. *Origem do sistema multibancário brasileiro*, p. 68.

reservas cambiais, o que acabou por colocar diversas instituições financeiras em dificuldades.[145]

Uma das primeiras quebras no período foi a do Banco Halles. Na euforia do "milagre econômico" experimentado no período de 1968-1973, o Halles passou por um processo de acelerada expansão. O banco comercial do conglomerado era limitado pela capacidade de captação da rede de agências no mercado interno, de modo que a solução foi a expansão de suas atividades por meio de seu banco de investimento, contando com estímulos à captação externa por meio das chamadas "operações 63".[146] Com a crise de liquidez iniciada em 1974, o banco se viu diante de uma conjuntura oposta àquela que impulsionara seu crescimento. No mercado externo as taxas de juros subiam rapidamente, enquanto no interno a liquidez estreitava-se, com aplicadores resgatando seus papéis. Tais fatores levaram o Halles à insolvência em abril de 1974.

Vale ressaltar que a quebra do banco ocorreu pouco tempo após a promulgação da Lei 6.024/1974, que disciplina até hoje as intervenções e liquidações extrajudiciais em instituições financeiras. Aproveitando a situação para dar um firme exemplo de aplicação da nova lei, o governo anunciou que não iria bancar os prejuízos de ninguém, com a única exceção dos depósitos à vista até o limite de 50 vezes o salário mínimo, com base na Resolução CMN 285, de 19 de abril de 1974.[147] Nas palavras de Lundberg, "o resultado dessa intervenção foi o início de uma crise bancária que acabou afetando diversas instituições de menor porte".[148]

---

[145] LUNDBERG, Eduardo Luís. Saneamento do sistema financeiro – a experiência brasileira dos últimos 25 anos. In: SADDI, Jairo (Org.). *Intervenção e liquidação extrajudicial no Sistema Financeiro Nacional*, p. 55.

[146] A Resolução CMN 63, de 21 de agosto de 1967, facultava aos bancos de investimento privados e aos bancos comerciais autorizados a operar em câmbio a contratação direta de empréstimos externos para serem repassados a empresas no País, quer para financiamento de capital fixo ou capital de movimento (TEIXEIRA, Natermes Guimarães. *Origem do sistema multibancário brasileiro*, p. 43).

[147] Conforme relato de Assis, no dia seguinte à intervenção o Ministro Mário Simonsen advertia: "Eu daria um conselho a investidores para que não busquem juros acima da tabela fixada pelo Banco Central, porque qualquer ganho nesse sentido será envolvido por riscos. As demais empresas que operam no setor devem observar as iniciativas excepcionais do Governo como um exemplo e evitar manobras irregulares" (JORNAL DO BRASIL. Uma iniciativa inadiável, 18 abr. 1974, p. 27, apud ASSIS, J. Carlos. *A chave do tesouro*: anatomia dos escândalos financeiros no Brasil (1974-83). Rio de Janeiro: Paz e Terra, 1983, p. 67).

[148] LUNDBERG, Eduardo Luís. Saneamento do sistema financeiro, p. 55.

Em face do clima de insegurança crescente no mercado financeiro, o governo ainda procurou aplicar a Lei 6.024/1974 enviando um grupo de interventores ao banco, mas, diante das óbvias dificuldades de assumir diretamente a administração do grupo – e considerando a própria inexperiência na aplicação do novo diploma legal –, a autoridade bancária acabou decidindo adotar uma solução de mercado, administrando o processo de transferência da instituição sem a liquidação extrajudicial prevista na lei. Dessa forma, o Banco do Estado da Guanabara, presidido por Octávio Gouvêa de Bulhões, ex-Ministro da Fazenda no governo de Castello Branco, recebeu as cartas patentes e cem agências do Halles no Rio de Janeiro e São Paulo.[149]

A operação de resgate ao Halles não impediu que outras instituições logo apresentassem sinais de dificuldade. Preocupado com a necessidade de recursos para socorrer outras instituições financeiras em perigo, o governo editou o Decreto-lei 1.342, de 28 de agosto de 1974, que determinou que a receita líquida do imposto sobre operações financeiras (IOF) deveria ser destinada à formação de reservas monetárias, permitindo que tais reservas fossem aplicadas pelo BCB para: (i) promover o saneamento dos ativos e passivos de instituições financeiras, podendo o BCB deixar de decretar a intervenção e liquidação extrajudicial se entendesse que as providências a serem adotadas pudessem conduzir à completa normalidade da situação da instituição; e (ii) o pagamento total ou parcial do passivo de instituições financeiras sob intervenção ou liquidação extrajudicial.[150]

Conforme Lundberg, a autorização do uso de recursos públicos para recompor o patrimônio de instituições financeiras procurava dar ao BCB condições para promover "soluções de mercado", ou seja, assumir prejuízos de reestruturações realizadas com base no modelo de aquisição de bancos insolventes. Ainda segundo o autor, a autorização legal dada para assumir o passivo de instituições em regime especial sinalizava que a autoridade bancária poderia proteger com recursos públicos, a seu critério, a totalidade de qualquer passivo ou credor de instituições financeiras inadimplentes.[151]

---

[149] ASSIS, J. Carlos. *A chave do tesouro*, p. 68-69.
[150] LUNDBERG, Eduardo Luís. Saneamento do sistema financeiro, p. 55. Além dessas medidas, cumpre reiterar os incentivos fiscais que o governo ofereceu para aquisição de instituições em dificuldades, já mencionados no tópico anterior.
[151] Idem, ibidem, p. 56.

A ATIVIDADE BANCÁRIA NO BRASIL E A SUA REGULAÇÃO

Apesar das atitudes do governo voltadas ao saneamento do setor, estas não foram suficientes para impedir a quebra do Banco União Comercial (BUC) no final de 1973, o sétimo maior banco comercial privado do País à época em termos de volume de depósitos.[152] O banco comercial do conglomerado possuía uma rede de 250 agências concentradas no Rio de Janeiro e São Paulo. Sob a direção de Roberto Campos, com seu prestígio na comunidade bancária externa, o banco de investimentos passou rapidamente à liderança das operações do grupo. A lógica era semelhante à do Halles, amealhando recursos oriundos das operações 63 e de repasses oficiais, e concentrando-os em um número reduzido de empreendimentos, "em uma escala desproporcional aos recursos próprios do banco e à capacidade dos tomadores", segundo Assis.[153]

Os riscos decorrentes desse tipo de gestão bancária evidenciaram--se quando três dos seus principais clientes, responsáveis por algumas de suas mais expressivas operações de empréstimo, entraram em regime concordatário ou falimentar. Apanhado sem lastro no meio da turbulência provocada pela quebra do Halles, o BUC passou a enfrentar crescente dificuldade de compensar os resgates de certificados depósitos bancários (CDB) e outros depósitos a prazo, bem como honrar as letras de câmbio lançadas no mercado. O resultado foi o recurso crescente à carteira de redesconto do BCB.[154]

Havia o temor de que a intervenção no banco ou sua liquidação reforçasse a crise de confiança no mercado financeiro, já estremecido pela quebra do Halles. Segundo relato de Mantega, "num mercado abalado pela crise do Halles, seria fatal a mera liquidação extrajudicial do BUC. E o governo resolveu mudar de tática, assumindo todos os prejuízos e dando cobertura aos correntistas para evitar o pânico financeiro no mercado".[155] Em razão disso as autoridades decidiram adotar novamente uma solução de mercado, bancando o passivo do BUC com recursos da reserva monetária, e vendendo os ativos para o Itaú.[156]

---

[152] MULLER, Bianca Abbot. *Concorrência no setor bancário brasileiro*, p. 37.
[153] ASSIS, J. Carlos. *A chave do tesouro*, p. 75.
[154] Idem, ibidem, p. 74-76.
[155] MANTEGA, Guido. O governo Geisel, o II PND e os economistas. *Relatório de Pesquisa*, EAESP-FGV, Núcleo de Pesquisas e Publicações, n. 3, 1997, p. 51.
[156] Idem, ibidem, p. 52.

REGULAÇÃO SISTÊMICA E PRUDENCIAL NO SETOR BANCÁRIO BRASILEIRO

Além do BUC, uma série de instituições insolventes seria ainda absorvida com os recursos da reserva monetária. Naturalmente, conforme a constatação de Lundberg, a existência de um dispositivo legal que permitia ao BCB fazer a cobertura dos passivos de instituições financeiras em dificuldades, em um contexto político autoritário, com pouca transparência e escassa prestação de contas, acabou sinalizando comportamentos inadequados (*moral hazard*) e sujeitando a atuação da autoridade a questionamentos. Não por acaso, o BCB se tornaria alvo de severas críticas da mídia no período que se seguiu em razão dos "escândalos financeiros", com denúncias de favorecimentos a grandes clientes e banqueiros.[157]

No final de 1979, o número de sociedades sob intervenção, em liquidação ou já liquidadas desde 1966, elevava-se a 191, das quais 126 com processos em andamento. Com as sucessivas intervenções e liquidações, o BCB passou a administrar uma massa significativa de ativos de qualidade duvidosa, muitos dos quais de difícil recuperação.[158] Com efeito, já em 1977 o Ministro da Fazenda admitia que o órgão considerava irrecuperável mais da metade dos recursos aplicados em 142 intervenções até a data.[159]

A utilização dos recursos da reserva monetária continuou na década de 1980, apesar das intensas críticas à atuação do BCB. Dentre os episódios polêmicos no período podem-se citar os casos do Sul Brasileiro, em fevereiro de 1985, que resultou na criação do Banco Meridional por meio da Lei 7.315, de 24 de maio de 1985, bem como a liquidação do Banco do Comércio e Indústria de São Paulo (Comind) e do Auxiliar, em novembro de 1985.[160] O efeito dessas e outras operações ocorridas no período na reserva monetária pode ser constatado na tabela a seguir:

---

[157] LUNDBERG, Eduardo Luís. Saneamento do sistema financeiro, p. 56.

[158] Quanto à qualidade dos créditos, o próprio BCB reconheceu em relatório encaminhado em 1980 ao Senado que: "Como regra, a recuperação dos recursos alocados nas liquidações extrajudiciais é feita em razão direta da realização de ativos, conjugada com a Ação de Responsabilidade Civil contra os ex-administradores das instituições liquidandas, em decorrência do inquérito levado a efeito pelo BCB. No particular, tem-se por escopo o sequestro dos bens dos ex-administradores, levados a hasta pública para que o produto reverta à massa, diminuindo, ou elidindo, o passivo a descoberto da empresa. Na prática, temos sentido que as forças da massa são, geralmente insuficientes, o que empresta a máxima importância à Ação de Responsabilidade Civil" (ASSIS, J. Carlos. *A chave do tesouro*, p. 61-62).

[159] Idem, ibidem, p. 61.

[160] LUNDBERG, Eduardo Luís. Saneamento do sistema financeiro, p. 57.

A ATIVIDADE BANCÁRIA NO BRASIL E A SUA REGULAÇÃO

Tabela 5: Desempenho financeiro da reserva monetária (US$ milhões)

Ano	Receita de IOF	Desembolsos	Recuperações
1979	56,6	37,1	10,1
1980	178,9	4,2	2,3
1981	246,9	3,6	129,1
1982	3.026,9	2,7	5,8
1983	1.304,4	10,7	0,9
1984	1.504,4	1,8	0,8
1985	1.042,6	461,2	2,5
1986	1.607,3	295,5	78,5
1987	1.632,6	3.417,3	2.404,6
1988	968,5	83,9	784,5

Fonte: BUCCHI, Wadico. *Garantia de depósitos em instituições financeiras*. São Paulo: IBCB, 1992, p. 60.

Finalmente, é preciso considerar também nesse período os gastos decorrentes de reestruturações promovidas pelo BCB em instituições financeiras estaduais, quadro esse agravado pelo esvaziamento dos cofres de tais instituições após as campanhas eleitorais de 1986.[161] Tais fatores foram determinantes para a promulgação, em 25 de fevereiro de 1987, do Decreto-lei 2.321, que criou o RAET, logo em seguida modificado pelo Decreto-lei 2.327, de 24 de abril de 1987. Esse e outros regimes especiais aplicáveis a instituições em crise serão tratados em maiores detalhes no capítulo seguinte.

2.3 Reforma bancária no final da década de 1980

Apesar dos movimentos de concentração e conglomeração observados no período anterior, os bancos ainda eram obrigados a formalmente manter instituições separadas com base no formato de instituições especializadas, condicionadas pela regulamentação a praticar uma faixa restrita de operações. Isso foi modificado em 21 de setembro de 1988, quando o CMN, por meio da Resolução 1.524, introduziu uma importante reforma no sistema financeiro, permitindo aos conglomerados financeiros a pos-

---

[161] LUNDBERG, Eduardo Luís. Saneamento do sistema financeiro, p. 58.

REGULAÇÃO SISTÊMICA E PRUDENCIAL NO SETOR BANCÁRIO BRASILEIRO

sibilidade de organizarem-se sob a forma de uma única instituição financeira, o banco múltiplo.

Na prática, a Resolução CMN 1.524/1988 extinguiu o sistema de cartas patentes, criando as chamadas "instituições universais". Nesse modelo, as instituições, embora diferenciadas entre si na organização funcional e administrativa, na condução dos negócios e na escala de operações, apresentariam em comum o fato de, independentemente dessas diferenças, poderem oferecer todos os serviços financeiros. A respeito do normativo, vale mencionar o posicionamento de Andrezo e Lima:[162]

> O Sistema Financeiro Nacional foi concebido, em 1964, com base na ideia da especialização. Entretanto, nos anos 70 e 80, desenvolveu-se um processo de "concentração" dos bancos e conglomeração financeira. Na prática, o sistema de instituições especializadas nunca funcionou de forma perfeita. O próprio governo estimulava as fusões e incorporações, visando a redução dos custos e a ampliação dos serviços das instituições bancárias, o que nem sempre ocorre. Esta Resolução foi um mero reconhecimento da realidade existente no mercado de um sistema financeiro híbrido.

Além desse importante normativo, cumpre mencionar os efeitos da promulgação da Constituição de 1988 para o SFN. Com efeito, a redação original do art. 192 estabeleceu que o SFN fosse estruturado de forma a promover o desenvolvimento equilibrado do País e a servir os interesses da coletividade, remetendo sua regulamentação à legislação complementar e estabelecendo para ela um conteúdo mínimo, do qual se destacavam: (i) a autorização para funcionamento das instituições financeiras, assegurando às instituições bancárias oficiais e privadas acesso a todos os instrumentos do mercado financeiro; (ii) a organização, o funcionamento e as atribuições do BCB e demais instituições financeiras; e (iii) a criação de fundo ou seguro com o objetivo de proteger a economia popular, garantindo créditos, aplicações e depósitos até determinado valor.[163]

No tocante à autorização para funcionamento das instituições financeiras, a redação original do art. 192 reafirmou o fim do sistema de cartas patentes, estabelecendo que esta seria inegociável e intransferível, concedida sem ônus a pessoas com capacidade técnica, reputação ilibada e

---

[162] ANDREZO, Andrea Fernandes; LIMA, Iran Siqueira. *Mercado financeiro*, p. 181.
[163] TURCZYN, Sidnei. *O Sistema Financeiro Nacional e a regulação bancária*, p. 114.

capacidade econômica compatível com o empreendimento. A superação do sistema de cartas patentes removeu a principal barreira para o ingresso de novas instituições no mercado, o que, na prática, representou a transição do SFN para um regime mais próximo do livre mercado.

Outra mudança de importância fundamental foi a transferência dos recursos captados por meio do IOF, que até então serviam para alimentar a reserva monetária, para o Tesouro Nacional. Nesse mesmo sentido, salienta-se também a vedação, prevista na redação original do art. 192, VI, à utilização de recursos da União no mecanismo de proteção aos créditos, aplicações e depósitos bancários a ser implementado. Ambas as mudanças vieram atender ao clamor por uma política de proteção aos depositantes mais transparente e sem o emprego de recursos públicos, em contraste com as práticas observadas nas décadas anteriores.

A eliminação da principal fonte de recursos para resgates de instituições financeiras não provocou fortes abalos no SFN, pois, conforme relato do BCB, paralelamente às mudanças trazidas pela Constituição, o ambiente econômico também influenciou a estrutura do setor bancário naquele momento. De fato, o quadro de inflação crônica observado no período até 1994 mostrou-se favorável ao sistema bancário, que se adaptou bem àquele em seu processo de crescimento. As elevadas taxas de inflação contribuíram para alavancar a participação do setor bancário na renda nacional, permitindo aos seus participantes não apenas sobreviver em um contexto que aparentemente seria hostil à atividade econômica e ao sistema financeiro, mas também acumular capital, desenvolver-se tecnologicamente e crescer, absorvendo parte considerável do "imposto inflacionário" gerado. Esse contexto de liberalização da atividade financeira e de altos ganhos decorrentes da inflação provocou uma expansão do sistema bancário, fazendo com que o número de bancos mais que dobrasse a partir de 1988, atingindo o número de 244 participantes ao final de 1994.[164]

---

[164] BANCO CENTRAL DO BRASIL. Sistema Financeiro Nacional – 1989 a 2000.

2.4 Plano Real e a abertura do setor bancário

O processo de estabilização financeira promovido pelo Plano Real afetou profundamente o setor bancário. Dentre os principais impactos causados pela drástica diminuição da inflação, destaca-se a redução dos ganhos inerentes ao processo inflacionário.[165] Isso atingiu duramente o desempenho de bancos que haviam se acostumado com as receitas inflacionárias auferidas no período anterior. Esses recursos, que historicamente se situavam em torno de 2% do PIB, chegando a atingir 4% no período de 1990-1993, foram reduzidos a 0,1% em 1995.[166]

Além da perda expressiva de receita inflacionária, o novo contexto econômico afetou negativamente os bancos sob outro aspecto. Na tentativa de compensar o impacto em seus resultados, bem como procurando aproveitar o aumento dos depósitos bancários provocado pela estabilização da moeda, muitos bancos passaram a focar na receita de serviços bancários. Essa categoria de receita, que representava apenas 8% do faturamento total dos bancos em 1990, subiu para 10,5% em 1993, e 21,5% em 1995.[167] Esse crescimento, no entanto, não foi realizado de forma estruturada, provocando um aumento da inadimplência no sistema financeiro, o que acabou agravando também a vulnerabilidade do setor.[168]

A expansão do crédito, aliada à redução da inflação, resultou num "crescimento eufórico" da demanda agregada, levando as autoridades a adotar medidas de restrição a empréstimos e desestímulo à captação de depósitos para conter o aquecimento da economia.[169] Tais medidas, no entanto, contribuíram para a deterioração da já combalida condição financeira dos bancos, causando a quebra de instituições e a deflagração de um processo

---

[165] As receitas inflacionárias dos bancos tinham origem nos recursos de obrigações não remuneradas, como depósitos à vista e valores em trânsito, por conta de transferências, cobrança de títulos e recolhimento de impostos. Excluída a parcela recolhida compulsoriamente ao BCB, esses recursos eram aplicados pelos bancos, em crédito ou títulos, a taxas de juros que incluíam a inflação esperada (CARVALHO, Carlos Eduardo; OLIVEIRA, Giuliano Contento. Fragilização de grandes bancos no início do Plano Real. *Revista Nova Economia*, v. 12, n. 1, 2002, p. 70).

[166] CORAZZA, Gentil. Crise e reestruturação bancária no Brasil. *Revista Análise*, v. 12, n. 2, 2001, p. 21-25.

[167] Idem, ibidem, p. 21-25.

[168] COSTA, Sérgio Gustavo Silveira; CYSNE, Rubens Penha. Reflexos do Plano Real sobre o sistema bancário brasileiro. *Revista Brasileira de Economia*, v. 51, n. 3, 1997, p. 326.

[169] IBGE. Sistema Financeiro: uma análise a partir das contas nacionais, 1990-1995. Rio de Janeiro: IBGE, 1997, p. 19.

A ATIVIDADE BANCÁRIA NO BRASIL E A SUA REGULAÇÃO

de fusões e aquisições. O processo de concentração bancária observado historicamente na segunda metade do século XX, com breve interrupção no período de 1988-1994, voltou a ganhar fôlego com a implementação do Plano Real.[170] A título ilustrativo, no período de 1994 a 2003, o número de bancos reduziu-se em 33%, caindo para 164 bancos.[171]

Outro aspecto relevante quanto ao processo de concentração no setor bancário identificado na década de 1990 é que, assim como no período do regime militar, o governo desempenhou papel fundamental nesse movimento por meio de incentivos oficiais como o Proer e o Programa de Incentivo para a Reestruturação do Sistema Financeiro Estatal (Proes), representando um novo esforço de saneamento do SFN.

2.4.1 Saneamento do Sistema Financeiro Nacional – o Plano Real

O início da implementação do Plano Real logo mostrou que a dimensão que o sistema bancário havia alcançado, fruto de anos de inflação descontrolada, era incompatível com o ambiente de estabilização monetária. Nesse sentido, o governo já vinha procurando preparar os bancos nacionais para a mudança de conjuntura. Por meio da Resolução CMN 2.099, de 26 de agosto de 1994, foram adotadas medidas com o objetivo de modernizar e aumentar as exigências de capitalização das instituições financeiras, em linha com os padrões internacionais do Comitê de Basileia. Desse modo, o BCB sinalizava aos bancos que deveriam se ajustar à nova realidade.[172]

Apesar dos esforços do governo, isso não impediu a quebra em 1995 de dois dos maiores bancos do Brasil, precipitando um novo processo de saneamento com vastas implicações para a estrutura do setor bancário, bem como sua regulação e supervisão. A primeira delas foi a quebra do Banco Econômico, o quarto maior banco do País em depósitos à época, em agosto de 1995.[173] Relatos indicam que o Econômico vinha enfrentando grandes dificuldades havia meses, porém, em razão do temor pro-

---

[170] ROCHA, Fernando A. S. Evolução da concentração bancária no Brasil (1994-2000). *Notas Técnicas do Banco Central*, n. 11, nov. 2001; e PAULA, Luis Fernando; MARQUES, Maria Beatriz L. Tendências recentes da consolidação bancária no Brasil. *Revista Análise Econômica*, ano 24, n. 45, 2006.

[171] BANCO CENTRAL DO BRASIL. Evolução do sistema financeiro de janeiro a dezembro de 2003.

[172] LUNDBERG, Eduardo Luís. Saneamento do sistema financeiro, p. 60.

[173] CORAZZA, Gentil. Crise e reestruturação bancária no Brasil, p. 25-26.

vocado pelas crises bancárias no México e Argentina, a intervenção teria sido postergada, optando-se por uma solução de mercado para o banco.[174] Nesse período, o Econômico intensificou o recurso ao redesconto do BCB para se manter em funcionamento.[175] Além do recurso ao BCB, dados do Instituto Brasileiro de Geografia e Estatística (IBGE) indicam que a CEF também desempenhou papel fundamental no provimento de recursos a bancos privados em dificuldades no período. Curiosamente, o relatório do IBGE justificou tais operações como uma forma de evitar as taxas punitivas do redesconto bancário.[176]

O tortuoso processo negocial para salvar o grupo baiano passou a ser tema frequente na imprensa, com detalhes sobre a gravidade dos problemas e as dificuldades para se chegar a um acordo.[177] Nesse ínterim, grandes aplicadores do banco procuravam sacar seus recursos, aumentando o rombo nas contas da instituição.[178] As tentativas de achar um comprador restaram infrutíferas, de modo que a intervenção no banco foi decretada em agosto de 1995.

O episódio demonstrou ser apenas o início de uma grave crise bancária. Em um intervalo de meses após a quebra do Econômico, as atenções voltaram-se ao Nacional, o terceiro maior banco do País em depósitos à época.[179] Relatos indicam que as primeiras irregularidades no Nacional já teriam sido detectadas pelo Departamento de Fiscalização do BCB em setembro de 1987, e que desde então o banco estaria se valendo de fraudes contábeis em seu balanço.[180] Independentemente da raiz exata do problema, ao

---

[174] CARVALHO, Carlos Eduardo; VIDOTTO, Carlos Augusto. Abertura do setor bancário ao capital estrangeiro nos anos 1990: os objetivos e o discurso do governo e dos banqueiros. *Nova Economia*, Belo Horizonte, v. 17(3), 2007, p. 403.

[175] ISTO É. A conta do Proer, n. 1.504, 29 jul. 1998, p. 108 e ss.

[176] "Outro aspecto refere-se ao fato de que a CEF foi largamente acionada pelo Governo no sentido de prover recursos aos bancos privados em dificuldades, a fim de impedir que essas instituições pagassem as taxas punitivas cobradas pelo BCB nas operações de redesconto. Esses empréstimos cresceram de R$550 milhões, em finais de 1994, para R$7,3 bilhões em dezembro de 1995" (IBGE. *Sistema financeiro*: uma análise a partir das contas nacionais, p. 33).

[177] Para um relato sobre o noticiário econômico no período: CARVALHO, Carlos Eduardo. Ocultamento e mistificação nas relações do Banco Central com os bancos: notas sobre a experiência brasileira. *Política&Sociedade*, n. 6, abr. 2005, p. 206-207.

[178] VEJA. O Barão da Bahia beija a lona, n. 1.405, 16 ago. 1995, p. 85.

[179] CORAZZA, Gentil. Crise e reestruturação bancária no Brasil, p. 25-26.

[180] HOLANDA BARBOSA, Fernando. Banco Nacional: jogo de Ponzi, PROER e FCVS. *Revista de Economia Política*, v. 28, n. 1, 2007, p. 98-100; ISTO É. A conta do Proer, 29 jul. 199, p. 108 e

A ATIVIDADE BANCÁRIA NO BRASIL E A SUA REGULAÇÃO

longo de 1995 a fragilidade do Nacional tornou-se de conhecimento da maioria dos participantes do mercado, que passaram a restringir empréstimos interbancários,[181] fazendo com que este recorresse ao redesconto do BCB para continuar operando. Novamente, além do provimento de liquidez pelo BCB, surgiram relatos de assistência de instituições oficiais ao banco.[182] Influenciados pelo clima de insegurança provocado pela quebra do Econômico, que deixou seus clientes repentinamente com depósitos congelados, correntistas de grande e pequeno porte apressaram-se para retirar suas economias da instituição.

Casos como o do Econômico e Nacional foram emblemáticos em virtude do porte das instituições, mas, além desses, diversos outros casos de insolvência bancária envolvendo bancos privados e públicos ocorreram no período, conforme quadro a seguir:

Tabela 6: Casos de insolvência bancária (1994-1995)

Data	Instituição	Regime
11.07.1994	Banco Garavelo	Liquidação extrajudicial
28.07.1994	Banco Hércules	Liquidação extrajudicial
16.09.1994	Brasbanco	Liquidação extrajudicial
14.11.1994	Banco Adolpho de Oliveira	Liquidação extrajudicial
18.11.1994	Banco Seller	Liquidação extrajudicial
21.11.1994	Banco Atlantis	Liquidação extrajudicial
22.11.1994	Bancorp	Liquidação extrajudicial
30.12.1994	Banco Est. RJ	Regime de administração especial temporária

---

ss.; e VEJA. O golpe do balanço fraudado, n. 1.433, 28 fev. 1996, p. 82 e ss.

[181] VEJA, ibidem, p. 82 e ss.

[182] Conforme reportagem da Isto É que lhe rendeu o Prêmio Esso de jornalismo em 1998 na categoria "informação econômica": "Nesse caso, quem socorreu o Nacional foi o BB e a CEF, esta com uma operação pequena – de R$ 230 milhões – no dia 16 de outubro de 1995. 'O BCB encarregava-se de falar com cada um dos maiores parceiros, com os maiores agentes financeiros do mercado naqueles dias, e o Banco do Brasil foi um desses parceiros', confirmou o presidente do BB, Paulo César Ximenes, durante depoimento em comissão especial da Câmara, em junho de 1996" (ISTO É. A conta do Proer, p. 108 e ss.).

30.12.1994	Banco Est. SP	Regime de administração especial temporária
30.12.1994	Banco Est. RN	Regime de administração especial temporária
23.01.1995	Banco Open	Liquidação extrajudicial
23.01.1995	Banco Est. AL	Regime de administração especial temporária
02.02.1995	Banco Est. MT	Regime de administração especial temporária
13.02.1995	Bancesa	Liquidação extrajudicial
01.03.1995	Banco São Jorge	Liquidação extrajudicial
03.03.1995	Banco Rosa	Liquidação extrajudicial
12.04.1995	Banco Agrimisa	Liquidação extrajudicial
11.08.1995	Banco Econômico	Intervenção
11.08.1995	Banco Mercantil	Intervenção
11.08.1995	Banco Comercial	Intervenção
18.11.1995	Banco Nacional	Regime de administração especial temporária
05.12.1995	BFC Banco	Liquidação extrajudicial
05.12.1995	Banco Investcred	Liquidação extrajudicial
05.12.1995	Banco GNPP	Liquidação extrajudicial

Fonte: COSTA, Sérgio Gustavo Silveira; CYSNE, Rubens Penha. Reflexos do Plano Real sobre o sistema bancário brasileiro, p. 327.

A gravidade da situação levou o governo a adotar uma série de medidas – conhecidas como Proer – voltadas à contenção da crise. O programa foi instituído pela Resolução CMN 2.208, de 3 de novembro de 1995, e pelas Circulares BCB 2.636, de 17 de novembro de 1995, 2.672, de 6 de março, 2.681, de 19 de abril, e 2.713, de 28 de agosto, todas editadas em 1996, que tratam de fusões, transferências de controle acionário e modificação do objeto social das instituições financeiras. Além dessas, merece destaque a Medida Provisória (MP) 1.182, de 17 de novembro de 1995, posteriormente convertida na Lei 9.447, de 14 de março de 1997, que, além de uniformizar o tratamento de determinadas matérias no âmbito da Lei 6.024/1974

A ATIVIDADE BANCÁRIA NO BRASIL E A SUA REGULAÇÃO

e do Decreto-lei 2.321/1987, ampliou os poderes atribuídos à autoridade bancária para intervenções em instituições em crise.

Segundo a síntese de Turczyn, as medidas abarcadas pelo Proer previam, basicamente: (i) a criação de linhas especiais de crédito para equilibrar a estrutura de ativos e passivos da instituição beneficiária; (ii) a liberação de recursos da reserva monetária para aquisição, pela instituição que pretendesse absorver outra, de títulos emitidos pela instituição a ser absorvida; (iii) a flexibilização de limites operacionais das instituições financeiras; e (iv) o tratamento fiscal diferenciado e mais benéfico para as despesas decorrentes da reestruturação e para as perdas dela resultantes.[183]

É importante notar que o acesso às linhas de crédito do Proer foi condicionado à expressa autorização pelo BCB, concedida caso a caso, tendo como pré-requisito básico a mudança de controlador da instituição pleiteando os recursos. Para tal, foi adotado o modelo de "banco bom – banco ruim" (*good bank – bad bank*), em que uma instituição adquire a parte saudável da estrutura de ativos e passivos (banco bom), sendo a carteira de créditos duvidosos e de ativos de menor liquidez (banco ruim) submetida à gestão pública, de acordo com as leis específicas relativas à insolvência das instituições financeiras. Observa-se, portanto, que algumas das medidas de saneamento aplicadas pelo Proer guardam semelhança com aquelas adotadas nas décadas de 1970 e 1980. Considerando estes e outros requisitos, o Proer concedeu recursos para a realização de fusões e aquisições que contemplaram sete bancos, incluindo o Econômico e o Nacional.[184]

---

[183] TURCZYN, Sidnei. *O Sistema Financeiro Nacional e a regulação bancária*, p. 221 e ss.

[184] Segundo dados de economista do BCB, o volume financeiro das operações do Proer somou cerca de R$20 bilhões, representando aproximadamente 2,7% do PIB médio do triênio 1995-1997 (MAIA, Geraldo Villar Sampaio. Reestruturação bancária no Brasil: o caso do Proer. *Notas Técnicas do BCB*, n. 38, jun. 2003, p. 7-9). Com a promulgação da Lei 12.249, de 11 de junho de 2010, os créditos do BCB com as instituições em liquidação tornaram-se passíveis de pagamento à vista ou parcelado, mediante requerimento do devedor, com descontos de 25% a 45% incidentes sobre os encargos. De acordo com apresentação do Procurador-Geral do BCB, a dívida relativa aos créditos do Proer somava, em dezembro de 2010, R$28,5 bilhões de reais, considerando pagamentos realizados e descontos permitidos pela Lei 12.249/2010. Segundo as notas explicativas às demonstrações financeiras do BCB de 30 de junho de 2013, com base no mesmo instrumento legal, os bancos Nacional e Econômico firmaram, em junho de 2013, termos de parcelamento e de pagamento à vista de suas dívidas junto à autarquia. O Nacional parcelou todas as suas dívidas em 180 meses, enquanto o Econômico amortizou R$12 bilhões do saldo devedor de suas operações, parcelando o restante em 180 prestações mensais (FERREIRA, Isaac S. M. Contencioso judicial em regimes especiais: atuação da

Outra importante medida adotada no combate à crise bancária de 1995 foi a criação do Fundo Garantidor de Crédito (FGC), um mecanismo de seguro de depósitos privado. O FGC teve sua criação autorizada pela Resolução CMN 2.197, de 31 de agosto de 1995, seguindo-se a aprovação de seus estatutos e regulamento por meio da Resolução CMN 2.211, de 16 de agosto de 1995.[185]

A implementação do FGC foi de grande relevância no contexto da reestruturação do setor bancário. Segundo Saddi, durante o período de 1997-1998, desembolsou-se um total de quase R$3,3 bilhões a aproximadamente quatro milhões de credores de onze instituições, dos quais cerca de R$3 bilhões corresponderam a pagamentos aos depositantes do Banco Bamerindus, após sua intervenção em março de 1997. À ocasião, como o FGC não tinha acumulado ainda recursos para honrar um crédito de tal monta, o resgate foi viabilizado pelas dezenove maiores instituições financeiras do setor, que concordaram em antecipar suas contribuições ao fundo para possibilitar o pagamento dos depósitos segurados.[186]

Além dos bancos privados, a reestruturação do SFN envolveria os bancos estaduais. Desde o final de 1994 já se havia decretado o RAET em uma série desses bancos, incluindo o Banco Nacional do Estado de São Paulo (Banespa) e o Banco Nacional do Estado do Rio de Janeiro (Banerj).

Procuradoria-Geral do Banco Central. Brasília, maio 2013; e BANCO CENTRAL DO BRASIL. Demonstrações financeiras – 30 de junho de 2013. Brasília: Banco Central do Brasil, 2013).

[185] Essas Resoluções foram objeto de questionamento pelo Partido dos Trabalhadores quanto à sua constitucionalidade, sob a alegação de que o regramento do FGC era matéria de Lei Complementar, bem como a vedação constitucional quanto à utilização de recursos da União, nos termos da redação original do art. 192 da Constituição Federal. Embora reconhecendo aspectos de inconstitucionalidade formal e material nos normativos do CMN sobre o tema, o relator do caso no Supremo Tribunal Federal (STF), Ministro Francisco Rezek, entendeu que não poderia determinar a suspensão de sua eficácia em caráter liminar "sob pena de gerar tumulto, desordem e insegurança entre correntistas e poupadores" (ADIn MC 1398: 99). O Ministro Mauricio Corrêa sustentou a decisão do relator, "tendo-se em vista que as medidas preconizadas nas normas questionadas, objeto desses atos do Banco Central do Brasil, visam exatamente à proteção do pequeno poupador" (ADIn MC 1398: 103). No entanto, o STF entendeu que os recursos relativos à incorporação do Fundo de Garantia dos Depósitos e Letras Imobiliárias (FGDLI) e da Reserva para Promoção da Estabilidade da Moeda e do Uso do Cheque (Recheque) seriam públicos, proibindo sua utilização na composição do patrimônio do FGC (ADIn MC 1398/DF, Rel. Min. Francisco Rezek, j. 13.03.1996). A ação perderia seu objeto com a revogação do art. 192, VI da Constituição Federal pela Emenda Constitucional (EC) 40, de 29 de maio de 2003.

[186] SADDI, Jairo. Crise e regulação bancária, p. 139.

A ATIVIDADE BANCÁRIA NO BRASIL E A SUA REGULAÇÃO

Procurando uma solução definitiva para a situação, a MP 1.514, de 7 de agosto de 1996, criou o Proes com o objetivo de sanear o sistema financeiro público estadual. A medida autorizou o governo federal a financiar a privatização, extinção ou transformação dos bancos estaduais, além de permitir a aquisição dos créditos de governos estaduais e de suas empresas junto a seus bancos.

Aspecto relevante do Proes refere-se ao condicionamento da ajuda federal à privatização ou transformação dessas instituições em agências de fomento. Em casos em que não houvesse a transferência do controle acionário ou a transformação em agências de fomento, a ajuda federal ficaria limitada a 50% dos recursos necessários, e o restante deveria ser arcado pelos governos estaduais.[187] Entre os resultados do Proes, podem-se mencionar as privatizações do Banerj, do Credireal e a viabilização da renegociação das dívidas do Estado de São Paulo junto ao Banespa, com sua posterior privatização. O auxílio aos bancos estaduais no âmbito do Proes foi de cerca de R$37 bilhões, baseando-se em valores de janeiro de 1998.[188]

Não obstante a larga reestruturação promovida pelo Proer e pelo Proes,[189] o papel do BCB no combate a crises bancárias ainda ficaria marcado por mais uma intervenção realizada na década de 1990, naquele que ficou conhecido como caso Marka e FonteCindam. Embora essa intervenção não tenha se

---

[187] PUGA, Fernando Pimentel. Sistema financeiro brasileiro: reestruturação recente, comparações internacionais e vulnerabilidades à crise cambial. *Textos para Discussão BNDES*, n. 68, 1999, p. 16.

[188] VERÇOSA, Haroldo M. D. *Bancos centrais no direito comparado*, p. 261.

[189] Além do Proer e do Proes, vale mencionar o Programa de Fortalecimento das Instituições Financeiras Federais (Proef), criado pela MP 2.196, de 28 de junho de 2001. Em complemento aos programas anteriores, o Proef focou nas instituições financeiras federais, procurando adequá-las à regulamentação bancária aplicável aos bancos privados (principalmente a incorporação das regras de adequação patrimonial do primeiro acordo de Basileia). Nesse sentido, o programa se valeu de três instrumentos básicos: (i) a transferência do risco de créditos de difícil recuperação no balanço dessas instituições para o Tesouro Nacional ou para empresa não financeira denominada Empresa Gestora de Ativos, criada no âmbito do programa; (ii) a troca de ativos de pouca liquidez e baixa remuneração por ativos líquidos remunerados à taxa de mercado; e (iii) em menor grau, o aumento de capital de três instituições (CEF, Banco do Nordeste e Banco da Amazônia). O Proef também promoveu regras de governança corporativa voltadas à verificação da qualidade do processo decisório no tocante às rotinas de controle e de concessão de crédito. Para um relato detalhado das medidas do Proef: MINISTÉRIO DA FAZENDA. Fortalecimento das instituições financeiras federais. Nota oficial divulgada em 22 de junho de 2001.

realizado necessariamente no contexto de saneamento do setor em virtude da queda da inflação, também está intrinsecamente ligada ao Plano Real; nesse caso, à desvalorização cambial ocorrida em 1999. Com a justificativa de que a quebra dos bancos poderia provocar pânico no sistema financeiro, a autarquia teria supostamente socorrido o Marka e o FonteCindam, vendendo dólares com cotação abaixo da negociada no mercado.

O episódio causou polêmica em razão das acusações na mídia de tráfico de influência dos controladores junto ao presidente do BCB, gerando a abertura de uma Comissão Parlamentar de Inquérito (CPI).[190] A comoção gerada pelo caso contribuiria para a vedação no ano seguinte, conforme o art. 28 da Lei Complementar 101, de 4 de maio de 2000, à utilização de recursos públicos, inclusive em operações de crédito, para socorrer instituições do SFN, salvo mediante lei específica.

2.4.2 Abertura do setor bancário ao capital estrangeiro

Além das diversas mudanças institucionais mencionadas nos tópicos anteriores, outro acontecimento de importância nesse período foi a abertura do setor bancário ao capital estrangeiro. O art. 52 do Ato das Disposições Constitucionais Transitórias (ADCT) restringiu a entrada de instituições financeiras estrangeiras no País até que fossem fixadas as condições previstas no art. 192, III, da Constituição Federal,[191] que permitia a participação de capital estrangeiro em instituições financeiras se esta fosse considerada de interesse nacional ou em função de acordos internacionais.

Segundo Carvalho e Vidotto, o registro mais importante das razões do governo para a abertura do setor bancário é a Exposição de Motivos 311 (EM 311), de 24 de agosto de 1995, em que o Ministro da Fazenda propõe ao Presidente da República que utilize as prerrogativas constitucionais para reconhecer, como de interesse do governo, a elevação da participação de pessoas físicas ou jurídicas, residentes ou domiciliadas no exterior, no capital de instituições financeiras nacionais. A EM 311 não fazia a defesa de uma abertura ampla e generalizada do setor bancário, e sim

---

[190] CONGRESSO NACIONAL. *Relatório final da Comissão Parlamentar de Inquérito criada através do requerimento n. 127 de 1999-SF.* Brasília, 1999.

[191] Posteriormente revogado pela EC 40/2003.

A ATIVIDADE BANCÁRIA NO BRASIL E A SUA REGULAÇÃO

de um aumento da participação do capital estrangeiro, com base em um conjunto de contribuições esperadas.[192]

As justificativas apresentadas pela EM 311 incluem questões referentes aos bancos brasileiros e suas formas de atuação, notadamente as condições patrimoniais e de concorrência no setor, com a reiteração de orientações gerais da política econômica do período em termos de abertura externa e captação de recursos para financiar a balança de pagamentos. O diagnóstico apresentado pela EM 311 é de que as instituições financeiras brasileiras apresentavam ineficiências administrativas, compensando sua fragilidade com ganhos permitidos pela inflação alta. No contexto de baixa inflação que passou a vigorar após o Plano Real, a fragilização dos bancos nacionais teria evidenciado a "escassez de capitais nacionais". Portanto, concluía que, no nível microeconômico, a presença estrangeira aumentaria a solidez e a eficiência do setor bancário por meio da capitalização e modernização técnica das instituições, resultando em menores custos de serviços.[193]

O processo de entrada dos estrangeiros teve início em 1995, com destaque para as operações de aquisição do Banco Geral de Comércio, Banco Noroeste, Grupo Meridional e Banespa pelo Santander, fazendo com que este se tornasse o terceiro banco em ativos e maior estrangeiro no País à época.[194] Além dessas, também podem ser mencionadas as aquisições do Bamerindus pelo HSBC, Banco América do Sul pelo Sudameris, Excel--Econômico pelo Bilbao Vizcaya e Banco Real pelo ABN Amro Bank.

Apesar do rápido aumento da participação de bancos estrangeiros no Brasil nesse período, os anos seguintes marcaram a gradativa saída de muitas dessas instituições. Segundo dados do BCB, a participação de bancos com controle estrangeiro no patrimônio líquido total do segmento bancário do SFN, que chegou a atingir 33% em 2002, caiu para 16% ao final de 2014.[195]

Observa-se, portanto, que o período pós-plano Real ficou marcado pelo saneamento promovido no setor bancário, que acabou causando uma significativa mudança na estrutura regulatória do setor. É nesse período que surgem muitas das regras e mecanismos que serão objeto de estudo nos

---

[192] CARVALHO, Carlos Eduardo; VIDOTTO, Carlos Augusto. Abertura do setor bancário ao capital estrangeiro nos anos 1990, p. 403.

[193] Idem, ibidem, p. 404.

[194] Idem, p. 411.

[195] Dados disponíveis em: <www.bacen.gov.br/?REVSFN>. Acesso em: 16 jul. 2015.

próximos capítulos. Embora algumas dessas medidas já tenham sido mencionadas, o quadro a seguir é ilustrativo sobre a quantidade e profundidade das mudanças ocorridas nesse período:

Tabela 7: Principais mudanças institucionais no setor bancário

Data	Instrumento	Descrição
Ago./1994	Resolução CMN 2.099	Estabelece o limite mínimo de capital para constituir banco, bem como limites adicionais conforme o grau de risco de ativos.
Nov./1995	MP 1.179	Cria incentivos fiscais para a incorporação de instituições financeiras.
Nov./1995	MP 1.182	Amplia os poderes do BCB, visando a realização de ações preventivas saneadoras no sistema financeiro.
Nov./1995	Resolução CMN 2.208	Institui o Proer, para assegurar a liquidez e a solvência do sistema.
Ago./1995	Resolução CMN 2.211	Regulamenta o FGC.
Nov./1995	Resolução CMN 2.212	Dificulta a constituição de novas instituições financeiras e cria incentivos para a fusão, incorporação e transferência do controle acionário.
Mar./1996	MP 1.334	Institui a responsabilidade das empresas de auditoria contábil em caso de irregularidades na instituição financeira.
Jul./1996	Resolução CMN 2.302	Obriga os bancos com dependência ou participação em instituições financeiras no exterior a apurar os limites operacionais com base em dados financeiros consolidados e aumenta o limite de capital mínimo para a constituição desses bancos. Amplia poderes investigatórios do BCB para as dependências dos bancos no exterior.
Jul./1996	Resolução CMN 2.303	Permite às instituições financeiras cobrar tarifas pela prestação de serviços.
Ago./1996	MP 1.514	Cria o Proes, com a finalidade de sanear o sistema financeiro público estadual.

Maio/1997	Resolução CMN 2.390	Cria o Sistema de Informações de Crédito, obrigando as instituições financeiras a identificar e informar o BCB sobre clientes que possuem saldo devedor superior a R$50.000.
Jun./1997	Resolução CMN 2.399	Aumenta o capital mínimo das instituições financeiras elevando de 8% para 10% dos ativos ponderados pelo risco.
Nov./1997	Circular BCB 2.784	Aumenta o capital mínimo das instituições financeiras elevando de 10% para 11% dos ativos ponderados pelo risco.
Maio/1998	Resolução CMN 2.493	Possibilita aos bancos vender parte ou toda a carteira de crédito a sociedades anônimas de objeto exclusivo (companhias securitizadoras de créditos financeiros).
Set./1998	Resolução CMN 2.554	Obriga as instituições financeiras a apresentar ao BCB programa para a implantação de sistemas de controles internos, de acordo com orientações do Comitê de Basileia.
Maio/2000	Lei Complementar 101	Proíbe a utilização de recursos públicos, inclusive de operações de crédito, para socorrer instituições do SFN, ainda que mediante a concessão de empréstimos de recuperação ou financiamentos para mudança de controle acionário, salvo mediante lei específica. Limita operações de redesconto do BCB ao prazo máximo de 360 dias.
Mar./2001	Lei 10.214	Reformulação do Sistema de Pagamentos Brasileiro.

Fonte: Adaptado de OLIVEIRA, Gesner. Defesa da concorrência e regulação no setor bancário. In: CAMPILONGO, Celso F. et al. *Concorrência e regulação no sistema financeiro*, p. 164-165.

2.5 Desenvolvimento recente – crise financeira internacional

Se os primeiros anos do século XXI foram de relativa tranquilidade no setor bancário nacional – especialmente em contraste com a década passada –, o mesmo não se aplica ao período mais recente. Com efeito, a crise financeira que eclodiu no mercado hipotecário *subprime* norte-americano acabou contaminando sistemas financeiros ao redor do mundo, incluindo o brasileiro. Como reflexo dessa crise, observou-se, a partir de 2008, uma intensificação do processo de mudança da estrutura e arcabouço regulatório do setor.

Em especial, deve-se atentar à forte atuação do CMN e BCB procurando conter os efeitos da crise no País a partir de agosto de 2008. Foi adotada uma série de medidas com a finalidade de aumentar a liquidez no mercado, incluindo a flexibilização e redução de depósitos compulsórios, realização de *swaps* cambiais e vendas diretas de moeda estrangeira, entre outras. Tais medidas foram complementadas por outras de caráter estrutural visando a injeção de recursos em instituições em dificuldades. Nesse sentido, podem-se mencionar as Circulares BCB 3.407, de 2 de outubro de 2008, e 3.411, de 13 de outubro de 2008, que permitiram às instituições de grande porte comprar carteiras de crédito de bancos menores. As transações geraram abatimento do recolhimento compulsório feito sobre depósitos a prazo, valendo apenas para operações com instituições com patrimônio de até R$7 bilhões. Esses regulamentos foram posteriormente modificados pela Circular BCB 3.414, de 15 de outubro de 2008, que ampliou o rol de ativos que poderiam ser comprados de instituições de pequeno e médio porte.[196] Além dessas medidas, houve também importantes mudanças ao regime de redesconto do BCB, bem como na atuação do FGC, que serão objeto de análise detalhada no próximo capítulo.

Em resposta à crise, a estrutura do setor bancário também passou por significativas transformações. No setor privado, destaca-se a fusão entre o Itaú e o Unibanco, criando naquele momento o maior banco nacional, com R$575 bilhões em ativos combinados, e 16.º maior do mundo em valor de mercado.[197] Em seguida, o Banco do Brasil anunciou em novembro de 2008 a compra de 71,2% do capital social (e capital votante na mesma proporção) do Banco Nossa Caixa por cerca de R$5,4 bilhões e, em janeiro de 2009, anunciou a compra de 50% do capital social (49% do capital votante) do Banco Votorantim por cerca de R$4,2 bilhões.[198]

---

[196] Para um exame abrangente das medidas adotadas: VERÇOSA, Haroldo M. D. Considerações sobre o sistema financeiro, p. 27 e ss.; e MESQUITA, Mário; TORÓS, Mário. Gestão do Banco Central no pânico de 2008.

[197] EXAME. O Brasil na era dos megabancos, ano 42, n. 22, 13 out. 2008, p. 23.

[198] Fatos relevantes referentes às operações disponíveis em: <www.bb.com.br>. Acesso em: 16 jul. 2015.

A ATIVIDADE BANCÁRIA NO BRASIL E A SUA REGULAÇÃO

Vale mencionar também a atuação da CEF, que, além de comprar carteiras de crédito de instituições financeiras em dificuldade, adquiriu 35% do capital social (49% do capital votante) do Banco Panamericano por cerca de R$740 milhões.[199] Essas operações só foram possíveis em virtude do apoio do governo por meio da edição da MP 443, de 21 de outubro de 2008, convertida na Lei 11.908, de 3 de março de 2009, que autorizou o Banco do Brasil e a CEF a adquirir participações, inclusive controle acionário, de outras instituições financeiras. Em complemento à atuação da CEF, o Banco do Brasil também teria atuado como canal adicional de provimento de liquidez no auge da crise financeira em 2008. Segundo relatos à época, o banco teria injetado R$5,8 bilhões em bancos privados de médio porte, por meio de compras de carteiras de crédito, para ajudá-los a reforçar seu caixa durante a crise.[200]

Embora as operações observadas no setor sigam em linha com o movimento verificado em outros países do mundo no mesmo período, é necessário ressaltar que, pelo menos no caso brasileiro, estas refletem a continuidade de um processo de fusões e aquisições, ainda que menos intenso, verificado nos anos anteriores. Com efeito, em 2006, o Itaú havia comprado os ativos do BankBoston no País e, em 2008, o Santander adquiriu o ABN Amro Real, o que acabou contribuindo também para a fusão entre Itaú e Unibanco, segundo declaração do presidente do Conselho de Administração da instituição.[201]

2.6 Autoridades do setor bancário

2.6.1 Conselho Monetário Nacional
Conforme visto, o CMN foi criado em substituição ao conselho da antiga Sumoc, passando a ser a autoridade máxima do SFN. O art. 2.º da Lei 4.595/1964 atribuiu ao CMN a incumbência de formular a política da moeda e do crédito, objetivando o progresso econômico e social do País.

---

[199] Fato relevante referente à operação disponível em: <www.bancopan.com.br>. Acesso em: 16 jul. 2015.
[200] VALOR ECONÔMICO. Na crise, BB colocou R$6,7 bilhões para socorrer bancos e Sadia, 24 nov. 2009, p. A1.
[201] FOLHA DE SÃO PAULO. Fusão Itaú-Unibanco foi acelerada por compra do ABN pelo Santander, 3 nov. 2008.

Nesse sentido, o órgão ficou investido das mais amplas atribuições de caráter normativo sobre as principais diretrizes do sistema financeiro.

Inicialmente, o CMN era composto pelo Ministro da Fazenda, na qualidade de presidente, pelo presidente do Banco do Brasil, pelo presidente do Banco Nacional de Desenvolvimento Econômico, e por seis membros nomeados pelo Presidente da República, após aprovação do Senado Federal.[202] Contudo, a composição do CMN já foi alterada inúmeras vezes, chegando a ter 24 membros.[203] Atualmente, de acordo com o art. 8.º, *caput*, da Lei 9.069, de 29 de junho de 1995, o CMN é integrado pelo Ministro da Fazenda, na qualidade de presidente, pelo Ministro de Estado do Planejamento, Orçamento e Gestão, e pelo presidente do BCB. O regimento interno do CMN em vigor foi aprovado pelo Decreto 1.307, de 9 de novembro de 1994, e alterado pelo Decreto 1.649, de 7 de setembro de 1995.

O art. 3.º da Lei 4.595/1964 traça os amplos objetivos da política a ser formulada pelo CMN, entre os quais inclui-se o zelo pela liquidez e solvência das instituições financeiras (art. 3.º, VI). A fim de possibilitar ao CMN a consecução de tais objetivos, o art. 4.º da lei outorgou-lhe diversas competências, que devem ser exercidas, segundo o *caput* do artigo, de acordo com diretrizes estabelecidas pelo Presidente da República. Entre estas, vale mencionar as atribuições do CMN no campo fiscalizatório, quais sejam: (i) regular a constituição, funcionamento e fiscalização dos que exercerem atividades subordinadas à Lei 4.595/1964 e a aplicação das penalidades previstas; (ii) determinar a percentagem máxima de recursos que as instituições financeiras poderão emprestar a um mesmo cliente ou grupo de empresas; (iii) estipular índices e outras condições técnicas sobre encaixes, mobilizações e outras relações patrimoniais a serem observadas; (iv) expedir normas gerais de contabilidade e de estatística obrigatórias para as instituições financeiras; (v) delimitar o capital mínimo das instituições

---

[202] Embora seis membros fossem indicados pelo Presidente, as decisões do órgão eram tomadas por maioria de votos, o que daria, em tese, autonomia decisória relativa ao Executivo. Apesar de a sistemática do órgão possuir como pressuposto um regime político democrático, a realidade encontrada no País a partir de 1964 não correspondia a esse cenário. Portanto, a regulação pretendida foi muitas vezes substituída pela atuação direta e exclusiva do Estado por seus Ministérios. Segundo Turczyn, "tornaram-se famosas as reuniões 'telefônicas' para justificar as decisões governamentais tomadas autoritariamente e comunicadas 'telefonicamente' aos conselheiros que, teoricamente, deveriam ter participado do processo decisório" (TURCZYN, Sidnei. *O Sistema Financeiro Nacional e a regulação bancária*, p. 137-138).

[203] ANDREZO, Andrea Fernandes; LIMA, Iran Siqueira. *Mercado financeiro*, p. 38.

financeiras; (vi) regulamentar, fixando limites, prazos e outras condições, as operações de redesconto e de empréstimos, efetuadas com quaisquer instituições financeiras públicas e privadas; (vii) estabelecer normas a serem observadas pelo BCB na negociação com títulos públicos e de emissão de entidades de que participe o Estado; (viii) autorizar o BCB e as instituições financeiras públicas federais a efetuar a subscrição, compra e venda de ações e outros papéis emitidos por sociedades de economia mista e empresas do Estado; (ix) disciplinar as atividades das bolsas de valores e de corretores de fundos públicos; (x) estatuir normas para as operações das instituições financeiras públicas, para preservar sua liquidez, e fixar limites a partir dos quais devem ser recolhidos os excedentes de depósitos ao BCB; (xi) fixar as condições para operações de bancos estrangeiros; e (xii) determinar ao BCB que recuse autorizações para o funcionamento de novas instituições financeiras.[204]

2.6.2 Banco Central do Brasil

De acordo com o art. 56 da Lei 4.595/1964, o BCB assumiu as funções executadas por outros órgãos até 1964, como a Cared e a Caixa de Mobilização Bancária. Além dessas, foram transferidas à autarquia outras funções previamente exercidas pelo Banco do Brasil, como a fiscalização bancária (art. 57, parágrafo único), incluindo a aplicação de penalidades (art. 10, IX). Com a reforma promovida pela Lei 4.595/1964, o órgão tornou-se o principal executor das políticas traçadas pelo CMN, atuando também como fiscalizador do SFN. O BCB é organizado sob a forma de autarquia federal vinculada ao Ministério da Fazenda.

Em sua versão original, a diretoria do BCB era composta por quatro membros nomeados pelo CMN. Essa composição foi alterada pelo Decreto 91.961, de 19 de novembro de 1985, sendo a diretoria atualmente composta de nove membros, incluindo o presidente da autarquia, todos nomeados pelo Presidente da República, entre "brasileiros de ilibada reputação e notória capacidade em assuntos econômico-financeiros, sendo demissíveis *ad nutum*" (art. 1.º). As indicações à diretoria do BCB devem ainda ser aprovadas pelo Senado Federal, de acordo com os arts. 52, III, *d*, e 84, XIV, da Constituição Federal.

---

[204] TURCZYN, Sidnei. *O Sistema Financeiro Nacional e a regulação bancária*, p. 134.

As competências do órgão são arroladas ao longo da Lei 4.595/1964. No campo da regulação e supervisão bancária, cabe ao BCB: (i) fiscalizar as instituições financeiras e aplicar as penalidades; (ii) conceder autorização de instalação e funcionamento às instituições financeiras; (iii) estabelecer condições para a posse e exercício de cargos de gestão ou de funções em órgãos consultivos, fiscais e semelhantes das instituições; (iv) regular a execução dos serviços de compensação de cheques e de outros papéis; (v) exercer permanente vigilância nos mercados financeiro e de capitais, bem como empresas que, direta ou indiretamente, interfiram nesses mercados; (vi) aplicar penalidades dentro de uma gradação que vai da simples advertência até a cassação da autorização de funcionamento das instituições infratoras das normas; e (vii) efetuar o controle dos capitais estrangeiros.[205]

Além dessas funções, cabe também à autarquia autorizar a transformação, fusão e incorporação de instituições financeiras (art. 10, X, *c*) e regular as condições de concorrência no setor bancário (art. 18, § 2.º). Com o advento da Lei 8.884, de 11 de junho de 1994, no entanto, essa atribuição do BCB tornou-se objeto de divergências com o CADE, dirimidas em decisão do Superior Tribunal de Justiça (STJ) que determinou a competência do BCB em tais operações.[206]

2.6.3 Outras autoridades do Sistema Financeiro Nacional

Além do CMN e BCB, há outras autoridades responsáveis pela regulação e fiscalização de atividades financeiras no País. Ainda que não sejam objeto específico deste trabalho, a menção sucinta a essas autoridades torna-se necessária em face do contexto de conglomeração de atividades financeiras observado nas últimas décadas que, conforme se observará nos capítulos a seguir, afeta diretamente a eficácia da regulação sistêmica e prudencial.[207]

---

[205] TURCZYN, Sidnei. *O Sistema Financeiro Nacional e a regulação bancária*, p. 140.

[206] REsp 1094218/DF, Rel. Min. Eliana Calmon, Recorrente: Banco de Crédito Nacional S.A.; Recorrido: Conselho Administrativo de Defesa Econômica, j. 25.08.2010. Para um relato detalhado da cronologia e tópicos centrais da argumentação quanto ao conflito de competência entre as autoridades: SUNDFELD, Carlos Ari. Concorrência e regulação no sistema financeiro. In: CAMPILONGO, Celso F. et al. *Concorrência e regulação no sistema financeiro*. São Paulo: Max Limonad, 2002, p. 29 e ss.

[207] Considerando a distinção entre o mercado financeiro e de capitais que permeará o restante do trabalho, cabe realizar aqui uma breve descrição sobre as atividades cobertas em cada um desses mercados. As expressões e critérios utilizados para classificar as atividades financeiras em dois ramos distintos variam entre os autores. Turczyn, por exemplo, se refere a uma divisão entre o

A ATIVIDADE BANCÁRIA NO BRASIL E A SUA REGULAÇÃO

mercado monetário e o mercado de valores mobiliários. Segundo o autor, a distinção básica entre ambos seria a negociação do dinheiro como mercadoria no primeiro, e a negociação de títulos no segundo (TURCZYN, Sidnei. *O Sistema Financeiro Nacional e a regulação bancária*, p. 48). Por seu turno, Mosquera apresenta distinção entre mercado financeiro e mercado de capitais, baseando sua divisão na presença da instituição financeira como parte ou mera interveniente obrigatória na operação (MOSQUERA, Roberto Quiroga. *Tributação no mercado financeiro e de capitais*. São Paulo: Dialética, 1999, p. 17-24). Andrezo e Lima, por sua vez, dividem o sistema financeiro em mercado de crédito ou mercado de capitais a partir do prazo típico das operações financeiras em cada um deles. No mercado de crédito as operações teriam prazo curto, médio ou aleatório (depósitos à vista), enquanto no mercado de capitais as operações teriam prazo médio, longo ou indefinido (ANDREZO, Andrea Fernandes; LIMA, Iran Siqueira. *Mercado financeiro*, p. 3). Por fim, seguindo na linha de Quiroga, Yazbek recorre a uma divisão entre mercado financeiro em sentido estrito, em que a mobilização e canalização dos excedentes são efetuadas por um intermediário financeiro que se coloca entre o investidor e o beneficiário do investimento, e o mercado de capitais, em que a relação de financiamento se estabelece diretamente entre o prestador de recursos e o seu beneficiário, a partir da emissão, por este último, de obrigações primárias ou diretas, como ações, debêntures ou *commercial papers*, adquiridas por aquele primeiro (YAZBEK, Otavio. *Regulação do mercado financeiro e de capitais*, p. 132). A adoção de terminologias díspares não significa que os conceitos adotados pelos autores sejam mutuamente excludentes. Pelo contrário, a eleição de diferentes classificações denota apenas a preocupação dos autores com um ou outro aspecto específico inerente aos mercados que compõem o sistema financeiro. Por meio da reunião desses aspectos, é possível adotar uma classificação funcional entre os mercados que constituem o sistema financeiro. Portanto, para fins da presente obra, entender-se-á o mercado financeiro como conjunto de instituições e produtos destinados a possibilitar, tipicamente, operações de prazo curto, médio ou aleatório. Nesse mercado, a mobilização e a canalização dos excedentes são efetuadas por um intermediário financeiro que se coloca entre o investidor e o beneficiário do investimento. É nele que se encontra a atividade bancária por excelência, qual seja a de intermediação financeira, cumprindo a importante função de disponibilizar recursos àqueles que necessitam, além de propiciar uma remuneração e utilização à poupança popular. É justamente em função dessa centralidade da figura do intermediário que tais atividades são consideradas um mercado de intermediação financeira. Outrossim, entender-se-á o mercado de capitais como o conjunto de instituições e instrumentos financeiros destinado a possibilitar, tipicamente, operações de médio ou longo prazo, ou de prazo indefinido, como no caso de ações, por exemplo. Nesse mercado, as operações são normalmente efetuadas diretamente entre poupadores e empresas. Assim, a relação de financiamento se estabelece diretamente entre o prestador de recursos e o seu beneficiário, a partir da emissão, por este último, de obrigações primárias ou diretas. Os intermediários são meros intervenientes (e não mais contrapartes), prestando serviços de aproximação, de representação ou de liquidação de operações para seus clientes, as partes reais. Por fim, vale mencionar que, embora a classificação supracitada represente um esforço de divisão do sistema financeiro, reconhece-se que não é a mais abrangente, deixando de lado outras atividades que, embora não se confundam com o mercado financeiro e de capitais, com eles se relacionam, como as atividades de seguro. Em razão disso, tais entidades são classificadas por alguns autores como "instituições auxiliares do mercado financeiro" (FORTUNA, Eduardo. *Mercado financeiro*: produtos e serviços. 15. ed. Rio de Janeiro: Qualitymark, 2004, p. 37).

A CVM é uma autarquia federal vinculada ao Ministério da Fazenda,[208] criada pela Lei 6.385/1976, com o propósito de regulamentar, desenvolver, controlar e fiscalizar o mercado de valores mobiliários do País. Para este fim, a CVM exerce inúmeras funções, incluindo: (i) assegurar o funcionamento eficiente e regular dos mercados de bolsa e de balcão; (ii) proteger os titulares de valores mobiliários; (iii) evitar e coibir modalidades de fraude ou manipulação no mercado; (iv) assegurar o acesso do público a informações sobre valores mobiliários negociados e sobre as companhias que os tenham emitido; (v) assegurar a observância de práticas comerciais equitativas no mercado de valores mobiliários; (vi) estimular a formação de poupança e sua aplicação em valores mobiliários; e (vii) promover a expansão do mercado de ações. Como o BCB, a CVM também está sujeita ao CMN, cabendo ao órgão, por exemplo, definir a política a ser observada na organização e no funcionamento do mercado de valores mobiliários, e fixar a orientação geral a ser observada pela CVM no exercício de suas atribuições.

Os mercados de seguros, capitalização e previdência aberta são regulados pelo CNSP e pela Susep. O CNSP é vinculado ao Ministério da Fazenda e atua como órgão normativo das atividades de seguros no Brasil, em posição similar à do CMN para as atividades bancárias e de mercado de capitais. O CNSP foi criado pelo Decreto-lei 73/1966, diploma que institucionalizou, também, o Sistema Nacional de Seguros Privados (SNSP). A principal atribuição do conselho, na época da sua criação, era fixar as diretrizes e normas da política governamental para os segmentos de seguros privados e capitalização. Posteriormente, com o advento da Lei 6.435/1977, as suas atribuições estenderam-se à previdência privada, no âmbito das entidades abertas. Com a edição da MP 1940-17, de 6 de janeiro de 2000, convertida na Lei 10.190, de 14 de fevereiro de 2001, o CNSP teve sua composição alterada, passando a ser presidido pelo Ministro da Fazenda e constituído,

---

Igualmente, apesar de classificá-las como instituições "não financeiras", Assaf Neto afirma que as companhias seguradoras "estão consideradas no SFN por terem a obrigação de aplicar parte de suas reservas técnicas no mercado de capitais" (ASSAF NETO, Alexandre. *Mercado financeiro.* São Paulo: Atlas, 2001, p. 84). As diferentes formas de classificação das instituições pertencentes ao SFN serão detalhadas a seguir.

[208] O art. 5.º da Lei 6.385/1976 atribui à CVM o caráter de entidade autárquica em regime especial, vinculada ao Ministério da Fazenda. Para uma discussão sobre o "caráter especial" da autarquia: YAZBEK, Otavio. *Regulação do mercado financeiro e de capitais*, p. 202.

também, por representantes do Ministério da Justiça, Ministério da Previdência Social, Susep, BCB e CVM.

A Susep é uma autarquia federal também criada pelo Decreto-lei 73/1966, que possui competência executiva e fiscalizatória em relação às atividades de seguros privados. Cabem à autarquia, fundamentalmente, a regulamentação do setor conforme orientação do CNSP e a supervisão das atividades exercidas. Recentemente, com a promulgação das Leis 9.932, de 20 de dezembro de 1999, e 10.190, de 14 de fevereiro de 2001, a Susep assumiu novas competências, sobretudo no que tange à regulação das atividades de resseguro e à competência para atuar nos procedimentos de intervenção e de liquidação extrajudicial das sociedades seguradoras.

2.7 Tipos de instituição financeira

2.7.1 Conceito de instituição financeira
Os primeiros diplomas legais a versarem sobre o conceito de instituição financeira no Brasil centravam-se no ato individual. O Código Comercial brasileiro de 1850 definia os banqueiros como "os comerciantes que têm por profissão habitual de seu comércio as operações chamadas de Banco". Segundo Salomão, embora o dispositivo apresentasse a virtude de indicar que a qualificação de empresário financeiro exigiria algo mais do que a simples prática isolada das operações típicas do ramo, devendo tal prática ser habitual, pouco contribuiu ao entendimento da matéria, haja vista sua manifesta circularidade. Essa orientação legislativa foi revisitada em 19 de dezembro de 1860, com a promulgação do Decreto 2.711, e em 16 de março de 1921, com o Decreto 14.728, que procuraram listar as atividades típicas de bancos, seguindo a lógica de reiteração da prática de atos para o enquadramento no conceito de banco.[209]

O art. 17 da Lei 4.595/1964 representou um esforço de definição mais abrangente das atividades de intermediação financeira, estipulando que seriam consideradas instituições financeiras as pessoas jurídicas públicas ou privadas, que tivessem como "atividade principal ou acessória a coleta, intermediação ou aplicação de recursos financeiros próprios ou de terceiros, em moeda nacional ou estrangeira, e a custódia de valor de propriedade de terceiros". Acrescentou, ainda, em seu parágrafo único, a equiparação

---

[209] SALOMÃO, Eduardo. *Direito bancário*. São Paulo: Jurídico Atlas, 2007, p. 13-14.

às instituições financeiras para as pessoas físicas que exercessem quaisquer das atividades referidas naquele artigo, de forma permanente ou eventual. Esse conceito, no entanto, foi objeto de críticas em virtude de seu escopo, considerado desmesuradamente amplo, bem como as dificuldades impostas para sua adequada interpretação em razão de sua generalidade. Considerando a quantidade de atividades que envolvem coleta, intermediação ou aplicação de recursos financeiros próprios ou de terceiros, uma interpretação puramente gramatical do artigo faria com que poucas atividades escapassem do enquadramento como instituições financeiras.[210]

Mesmo em face das dificuldades práticas na aplicação do dispositivo, estrutura semelhante foi adotada na Lei 7.492/1986, que classificou como instituição financeira em seu art. 1.º as pessoas jurídicas de direito público ou privado, que tivessem como atividade principal ou acessória, cumulativamente ou não, a captação, intermediação, ou aplicação de recursos financeiros de terceiros, em moeda nacional ou estrangeira, ou a custódia, emissão, distribuição, negociação, intermediação ou administração de valores mobiliários. O dispositivo equiparou, também, a instituição financeira, pessoas jurídicas que captassem ou administrassem seguros, câmbio, consórcio, capitalização ou qualquer tipo de poupança, ou recursos de terceiros, bem como pessoas naturais que exercessem quaisquer das atividades referidas no artigo, ainda que de forma eventual. Conforme a lição de Pimentel, originariamente o dispositivo era ainda mais extenso, uma vez que aludia também a "recursos financeiros próprios ou de terceiros". A palavra "próprios" foi vetada pelo Presidente da República, com a justificativa de que seria demasiadamente abrangente, atingindo o mero investidor individual, o que obviamente não era o propósito do legislador. Segundo a Mensagem de Veto 252, "na aplicação de recursos próprios, se prejuízo houver, não será para a coletividade, nem para o sistema financeiro [...]".[211]

Dentre as principais diferenças quanto à definição apresentada na Lei 7.492/1986, em contraste com a Lei 4.595/1964, destacam-se a menção expressa ao fato de a "captação, intermediação ou aplicação de recursos financeiros" poderem se dar de forma cumulativa ou não, somente gerando o enquadramento como instituição financeira caso envolvessem recursos

---

[210] SALOMÃO, Eduardo. *Direito bancário*, p. 15.
[211] PIMENTEL, Manoel Pedro. *Crimes contra o Sistema Financeiro Nacional*. São Paulo: RT, 1987, p. 29.

de terceiros, bem como a disposição expressa de que não apenas a custódia de valores mobiliários, mas também sua emissão, distribuição, negociação, intermediação ou administração, geram enquadramento como instituição financeira.[212] Apesar disso, constata-se que a definição apresentada na lei padece da mesma linguagem excessivamente ampla do art. 17 da Lei 4.595/1964, de sorte que sua interpretação literal conduz a situações práticas incompatíveis com os fins pretendidos pela legislação bancária.

Em face da falta de um critério mais preciso apresentado pelo legislador, tribunais têm historicamente empreendido esforços de interpretação dos referidos dispositivos para melhor delinear o conceito de instituição financeira. A respeito dessa evolução jurisprudencial, Wald destaca dois momentos principais de discussão do conceito.[213] No primeiro, relativo ao período de 1970-1980, haver-se-ia consolidado o entendimento do antigo Tribunal Federal de Recursos, por meio do posicionamento do Ministro Godoy Ilha, exigindo que houvesse, sucessivamente, a captação de recursos de terceiros, a intermediação e a aplicação destes também em favor de terceiros, para que se caracterizasse a operação bancária. Conforme o extrato do acórdão do Tribunal:[214]

> Ora, a realização de empréstimos, com meios próprios e sem captação de recursos de terceiros, não se pode equiparar às atividades específicas das instituições financeiras, que consistem, como expresso no texto legal, na "coleta, intermediação ou aplicação de recursos financeiros próprios ou de terceiros". O traço característico das chamadas "financeiras" é a captação de recursos do público em geral para investimentos financeiros, cujos resultados são atribuídos aos respectivos subscritores.

Mais recentemente, a discussão nos tribunais teria se voltado à qualificação das operações de *factoring* e cartões de crédito como atividades privativas de instituição financeira. No caso das operações de *factoring*, o Ministério Público assumiu a posição de que estas corresponderiam a atividades de atribuição exclusiva das instituições financeiras. No entanto, o

---

[212] SALOMÃO, Eduardo. *Direito bancário*, p. 477-478.

[213] WALD, Arnoldo. A evolução do conceito de instituição financeira. *Revista de Direito Bancário e do Mercado de Capitais*, n. 28, 2005, p. 224.

[214] Acórdão do Tribunal Federal de Recursos, 2.ª Turma, HC 2.555/ES, Rel. Min. Godoy Ilha, j. 09.08.1971.

posicionamento majoritário dos Tribunais seguiu o entendimento de que as cessões de crédito, assunções de débito, mútuos de ações e operações de *factoring* em geral poderiam ser realizadas por empresas que não fossem instituições financeiras.[215]

No caso das operadoras de cartões de crédito, o STJ entendeu, em julgamento unânime de *habeas corpus*, que a intermediação financeira feita por empresa administradora de cartão de crédito não constitui ato privativo de instituição financeira.[216] Wald assevera, no entanto, que no campo cível a mesma matéria foi julgada pela 3.ª Turma do STJ[217], que, por maioria, "entendeu que a administradora de cartões de crédito devia ser considerada instituição financeira, mas tão somente para o fim de poder cobrar juros acima da taxa fixada pela Lei de Usura, havendo, todavia, votos minoritários divergentes"[218]. O autor conclui que, considerando a evolução jurisprudencial, se não houver operação com terceiros, tanto na captação como na aplicação dos recursos, não se caracteriza a operação financeira para o fim de aplicação da legislação bancária.[219]

Outrossim, pode-se dizer que essa posição foi acompanhada pelo próprio BCB, ao reconhecer no litígio relativo ao enquadramento de operadoras de cartão de crédito como instituições financeiras, que vigorava no seio daquela autarquia o entendimento de que a atividade financeira, tal como concebida nos arts. 17 e 18 da Lei 4.595/1964, e art. 1.º da Lei 7.492/1986, "exige que a sua captação, intermediação ou aplicação de recursos a que aludem tais dispositivos implique intromissão especulativa nos mercados financeiro e de capitais, isto é, exploração do dinheiro como mercadoria, visando a obtenção de lucro".[220]

---

[215] WALD, Arnoldo. A evolução do conceito de instituição financeira, p. 224-225. A esse respeito, destaca-se o voto vencedor do Desembargador Newton de Lucca no HC 96.03.046651-4, e sua análise aprofundada do conceito de instituição financeira: TRF 3.ª Reg., HC 96.03.046651-4/SP, Rel. Min. Aricê Amaral, j. 12.08.1997.

[216] RHC 4.783, 5.ª Turma, Rel. Min. Cid Flaquer Scartezzini, j. 26.05.1997.

[217] REsp 450453, Rel. Min. Carlos Alberto Menezes Direito, j. 12.03.2003.

[218] WALD, Arnoldo. A evolução do conceito de instituição financeira, p. 225.

[219] Idem, ibidem, p. 225.

[220] Informações da Diretoria de Normas da Organização do Sistema Financeiro Nacional, conforme o voto do relator do RHC 4.783, 5.ª Turma, Rel. Min. Cid Flaquer Scartezzini, j. 26.05.1997.

A ATIVIDADE BANCÁRIA NO BRASIL E A SUA REGULAÇÃO

2.7.2 Tipologia das instituições financeiras e demais participantes do Sistema Financeiro Nacional

Atualmente é possível encontrar, nas obras dedicadas ao tema, uma variedade de formas de classificação das instituições financeiras atuantes no SFN. Essas diferentes formas de classificação estão relacionadas ao conceito de instituição financeira presente em certos diplomas legais – notadamente a Lei 4.595/1964 –, bem como a análise de aspectos determinantes nas atividades desempenhadas por tais entidades, tarefa esta não raro influenciada pela formação jurídica ou econômica daquele que pretende apresentar o esquema de classificação. Dessa forma, é possível encontrar juristas que partem de uma interpretação literal dos dispositivos legais para classificar os tipos de instituição financeira, enquanto economistas tendem a privilegiar aspectos comuns às atividades desempenhadas por cada qual delas.

Com base na redação do § 1.º do art. 18 da Lei 4.595/1964, Salomão realiza uma diferenciação entre instituições financeiras e entidades equiparadas a instituições financeiras. As instituições financeiras seriam aquelas enunciadas no início do § 1.º, quais sejam os estabelecimentos bancários oficiais ou privados, as sociedades de crédito, financiamento e investimentos, caixas econômicas e cooperativas de crédito. A estas o autor acrescenta os bancos de investimento e desenvolvimento, as sociedades de crédito imobiliário e as companhias hipotecárias. A segunda categoria corresponderia ao restante do § 1.º, ou seja, as bolsas de valores, companhias de seguros e de capitalização, as sociedades que efetuam distribuição de prêmios em imóveis, mercadorias ou dinheiro, mediante sorteio de títulos de sua emissão ou por qualquer forma, e as pessoas físicas ou jurídicas que exerçam, por conta própria ou de terceiros, atividade relacionada com a compra e venda de ações e outros quaisquer títulos, realizando nos mercados financeiro e de capitais operações ou serviços de natureza dos executados pelas instituições financeiras[221].

Paulin parte de lógica semelhante para, considerando o mesmo dispositivo, diferenciar entre as instituições financeiras *stricto sensu*, as instituições auxiliares e as instituições equiparadas. Na primeira categoria se encontrariam aquelas relacionadas na parte inicial do § 1.º; seriam instituições auxiliares aquelas outras relacionadas no mesmo dispositivo; e seriam ins-

---

[221] SALOMÃO, Eduardo. *Direito bancário*, p. 72

tituições equiparadas todas as instituições enquadradas, em razão de suas atividades, no sentido amplo de instituição financeira, constante do *caput* do art. 17, ainda que não expressamente mencionadas naquela lei, como as sociedades de *leasing*.[222]

Em contraste com o recurso ao texto legal, Assaf Neto classifica os participantes do sistema financeiro em instituições bancárias, instituições não bancárias, o sistema brasileiro de poupança e empréstimo, instituições auxiliares e instituições não financeiras. A classificação baseia-se em características comuns das atividades exercidas por diferentes tipos de instituições, como a capacidade ou não de emitir moeda ou meios de pagamento, a captação de recursos via cadernetas de poupança e fundos provenientes do Fundo de Garantia por Tempo de Serviço (FGTS), e a atuação no mercado de capitais, entre outros.[223]

Fortuna segue um esquema semelhante, porém simplificado, baseado na diferenciação entre as instituições que captam depósitos à vista, gerando efeito multiplicador da moeda (instituições financeiras monetárias), aquelas que captam recursos por meio da emissão de títulos para posteriores empréstimos (instituições financeiras não monetárias) e, finalmente, aquelas instituições que não se enquadram em nenhuma dessas categorias (instituições auxiliares).[224]

Para fins desta obra adotar-se-á o esquema proposto por Fortuna, dividindo as instituições financeiras em monetárias, não monetárias e auxiliares. A adoção do esquema proposto justifica-se pelo fato de seguir em linha com os elementos clássicos de caracterização do risco sistêmico apresentados no capítulo anterior, bem como pelo fato de esse critério direcionar a aplicação de alguns mecanismos de regulação sistêmica e prudencial, influenciando inclusive a possibilidade de lacunas regulatórias, conforme será discutido nos capítulos seguintes. Evidentemente, o trabalho terá como foco apenas os principais tipos de instituições financeiras, não pretendendo esgotar o rol de participantes do SFN.

---

[222] PAULIN, Luiz Alfredo. Das instituições financeiras de fato ou irregulares – análise com base na Lei n.º 4.595/64. *Revista de Direito Mercantil, Industrial, Econômico e Financeiro*, São Paulo: Malheiros, v. 110, 1998, p. 202, apud YAZBEK, Otavio. *Regulação do mercado financeiro e de capitais*, p. 159.

[223] ASSAF NETO, Alexandre. *Mercado financeiro*, p. 78-84.

[224] FORTUNA, Eduardo. *Mercado financeiro*, p. 26 e ss.

2.7.2.1 Instituições financeiras monetárias

Os bancos comerciais são o mais típico exemplo de instituição financeira monetária, razão pela qual são chamados de "bancos por excelência" por alguns autores.[225] Suas atividades consistem principalmente na captação de recursos à vista, por meio de depósitos bancários, para proporcionar o suprimento oportuno e adequado de recursos necessários para financiar, a curto e médio prazos, o comércio, a indústria, as empresas prestadoras de serviço e as pessoas físicas.[226] Observa-se, portanto, o típico binômio captação–concessão com recursos de terceiros caracterizador da intermediação financeira.

Outro tipo de instituição monetária são as caixas econômicas. Suas funções equiparam-se às dos bancos comerciais, na medida em que também podem captar depósitos à vista, realizar operações ativas e efetuar prestação de serviços, embora suas atividades sejam dirigidas primordialmente às pessoas físicas. Um de seus diferenciais em relação aos bancos comerciais é sua principal fonte de recursos, decorrente dos depósitos em caderneta de poupança. Estes são instrumentos de captação privativos de entidades financiadoras ligadas ao Sistema Financeiro da Habitação (SFH). Complementarmente, recebem depósitos do FGTS e o produto da arrecadação de concursos lotéricos.[227]

As instituições financeiras monetárias podem combinar suas atividades com a de instituições não monetárias e auxiliares, configurando-se em tais casos os bancos múltiplos, também chamados de bancos universais ou bancos multifuncionais. Conforme visto, tais instituições surgiram com a Resolução CMN 1.524/1988, complementada pela Circular BCB 1.364, de 4 de outubro de 1988. Esses diplomas legais provocaram uma importante alteração no SFN ao eliminar a segregação formal das atividades financeiras presente na época, permitindo, assim, a reunião de diversas dessas atividades em uma única instituição financeira com personalidade jurídica própria.

Aos bancos múltiplos é permitido manter, por meio de uma única instituição: (i) carteira comercial; (ii) carteira de investimento ou desenvolvimento (exclusiva a bancos múltiplos públicos); (iii) crédito imobiliário; (iv) crédito, financiamento e investimento; e (v) arrendamento mercantil.

---

[225] TURCZYN, Sidnei. *O Sistema Financeiro Nacional e a regulação bancária*, p. 178.
[226] FORTUNA, Eduardo. *Mercado financeiro*, p. 27.
[227] Idem, ibidem, p. 28.

Para se caracterizar a existência do banco múltiplo, a instituição deve possuir pelo menos duas das carteiras mencionadas, sendo uma delas, obrigatoriamente, comercial ou de investimento.

2.7.2.2 Instituições financeiras não monetárias

No tocante às instituições financeiras não monetárias, merecem destaque os bancos de investimento. Conforme a Resolução CMN 18, de 18 de fevereiro de 1966, os bancos de investimento são instituições que têm por objetivo a captação de recursos para a prática de operações de investimento, participação ou de financiamento a prazos médio e longo, para suprimento de capital fixo ou de giro de empresas do setor privado. Essas entidades podem captar recursos de diversas formas, como depósitos a prazo fixo, empréstimos contraídos no País e no exterior, venda de quotas de fundos de investimento, depósitos interfinanceiros, entre outros. Tais instituições também podem se organizar sob a forma de banco múltiplo, desempenhando uma ampla gama de atividades, destacando-se a administração de fundos de investimento, aquisição de ações, obrigações ou quaisquer outros títulos e valores mobiliários para investimento ou revenda no mercado de capitais (operações de *underwriting*) e atividades de *private equity*, que envolvem a aquisição de participações em companhias para posterior revenda.[228]

Além dos bancos de investimento, encontram-se nessa categoria as sociedades de crédito, financiamento e investimento (também chamadas de financeiras), bem como as sociedades de crédito imobiliário e companhias hipotecárias. As primeiras têm por objetivo a captação de recursos para a realização de financiamentos para capital de giro e aquisição de bens e serviços, enquanto as outras captam recursos para aplicação em financiamentos de operações imobiliárias, como a compra e venda de imóveis, loteamentos, incorporações de prédios, entre outros.[229]

2.7.2.3 Instituições auxiliares

Entre as instituições auxiliares do mercado financeiro vale mencionar o papel das sociedades corretoras e distribuidoras de títulos e valores mobi-

---

[228] YAZBEK, Otavio. *Regulação do mercado financeiro e de capitais*, p. 161.
[229] SALOMÃO, Eduardo. *Direito bancário*, p. 68; e ASSAF NETO, Alexandre. *Mercado financeiro*, p. 80.

liários, bem como dos chamados investidores institucionais. As sociedades corretoras e distribuidoras são instituições que atuam no mercado de capitais, dependendo de prévia autorização da CVM para funcionar. Elas operam com a compra, venda e distribuição de títulos e valores mobiliários, seja para a sua carteira própria, ou para seus clientes.[230]

Os investidores institucionais mais relevantes são os fundos de investimento, as entidades fechadas e abertas de previdência privada e as seguradoras.[231] Os fundos de investimento são constituídos sob a forma de condomínio aberto ou fechado, representando a reunião de recursos de cada investidor, destinados à aplicação em carteira diversificada de títulos e valores mobiliários, com o objetivo de propiciar aos seus participantes a valorização de suas quotas.[232] Os fundos não possuem personalidade jurídica, sendo administrados pelas instituições autorizadas a realizar esse tipo de atividade. Eles podem ser abertos ou fechados, conforme permitam ou não a entrada de novos participantes e resgate de quotas. As entidades de previdência complementar também podem ser abertas ou fechadas. As entidades abertas são acessíveis ao público em geral, mediante o pagamento de contribuições, devendo adotar a forma de sociedades anônimas. As entidades fechadas limitam o acesso a um público restrito (geralmente funcionários de empresas), e suas atividades devem ser desenvolvidas por associações ou fundações civis (os chamados "fundos de pensão").[233] Elas se qualificam como investidores institucionais, na medida em que aplicam parte de suas reservas técnicas nos mercados financeiro e de capitais

---

[230] Segundo Yazbek, embora corretoras e distribuidoras sejam autorizadas a realizar o mesmo tipo de atividade, as distribuidoras de títulos e valores mobiliários têm uma faixa operacional mais restrita do que as corretoras, uma vez que não têm acesso às bolsas de valores e mercadorias. Portanto, não têm acesso direto ao pregão ou ao sistema de negociação das bolsas, não podendo intermediar operações de câmbio e prestar outros serviços típicos da atividade de intermediação (YAZBEK, Otavio. *Regulação do mercado financeiro e de capitais*, p. 167-168).

[231] LAMEIRA, Valdir Jesus. *Mercado de capitais*. Rio de Janeiro: Forense Universitária, 2001, p. 24.

[232] FORTUNA, Eduardo. *Mercado financeiro*, p. 36.

[233] Ao contrário das entidades abertas de previdência complementar, que estão sujeitas à fiscalização da Susep, exercida nos termos das diretrizes e normas estabelecidas pelo CNSP, as entidades fechadas de previdência complementar sujeitam-se à fiscalização da Superintendência Nacional de Previdência Complementar (Previc), nos termos das diretrizes e normas estabelecidas pelo Conselho Nacional de Previdência Complementar (CNPC). Enquanto o CNSP e a Susep são vinculados ao Ministério da Fazenda, o CNPC e a Previc são vinculados ao Ministério da Previdência Social.

REGULAÇÃO SISTÊMICA E PRUDENCIAL NO SETOR BANCÁRIO BRASILEIRO

com o objetivo de valorização do patrimônio, para garantir a complementação da aposentadoria, nos termos da Lei Complementar 109, de 29 de maio de 2001.

O § 1.º do art. 18 da Lei 4.595/1964 equiparou as seguradoras a instituições financeiras, tendo a matéria recebido tratamento mais detalhado no Decreto-lei 73/1966, que criou o SNSP. A equiparação dá-se pelo fato de tais entidades administrarem suas reservas técnicas, constituídas a partir dos prêmios recebidos pelos segurados, com aplicações nos mercados financeiro e de capitais. As seguradoras organizam-se majoritariamente sob a forma de sociedades anônimas, estando sujeitas a critérios e limitações operacionais, devendo atuar estritamente nos ramos de seguros para os quais foram autorizadas. A aplicação de suas reservas técnicas deve respeitar determinados limites de aplicação, incluindo modalidades operacionais, de renda fixa e variável, conforme a regulamentação aplicável à matéria.[234]

---

[234] YAZBEK, Otavio. *Regulação do mercado financeiro e de capitais*, p. 169-170.

SÍNTESE E CONCLUSÕES DO CAPÍTULO 2

1. As raízes do setor bancário brasileiro remontam a 1808, com a fundação do primeiro Banco do Brasil. Apesar disso, durante o século XIX até o início do século XX, o setor não foi objeto de nenhum planejamento específico pelo governo, passando por períodos alternados de crescimento e retração como reflexo das crises econômicas ocorridas no País, notadamente a crise cafeeira da década de 1860 e o encilhamento no início da República.

2. É na década de 1920 que surgem os primeiros instrumentos de intervenção pública planejada no setor bancário. A criação da Inspetoria-Geral dos Bancos e da Cared marca um esforço do governo de exercer uma supervisão mais efetiva do setor bancário. Essa tendência foi reforçada nas décadas seguintes, com destaque para a criação da Sumoc em 1945, com funções análogas às de um banco central, ainda que tivesse que compartilhar o controle da política monetária com outros órgãos. Esse período indica também o surgimento de alguns dos maiores bancos nacionais e de uma rápida proliferação de agências em busca da escala necessária para financiar sua automação e expansão geográfica.

3. A entrada dos militares no poder em 1964 marca o início de uma ampla transformação não apenas do setor bancário brasileiro, mas também do próprio sistema financeiro como um todo. A Lei 4.595/1964 reformulou a estrutura de regulação e supervisão do setor bancário no País, com a criação do CMN e BCB, estabelecendo as bases do arranjo institucional adotado até hoje. O regime militar marca também o início da aplicação de uma política governamental explícita para o setor bancário. A percepção de uma elevada ineficiência operacional, atribuída a uma proliferação desordenada de agências no período anterior, levou o governo a promover de forma ativa e engajada a concentração e a especialização das instituições financeiras, procurando alcançar maior mobilização de recursos e melhores níveis de eficiência na intermediação financeira.

4. Em resposta à política estabelecida pelo governo, especialmente as limitações impostas à abertura de novas agências, observou-se intenso processo de fusões e aquisições de modo a viabilizar os projetos de expansão geográfica dos principais bancos atuantes no setor, refletindo-se em acelerado movimento de concentração no setor bancário. Concomitantemente a esse movimento, apesar de a reforma de 1964 ter estimulado a criação de instituições financeiras especializadas e juridicamente autônomas, concretamente elas passaram a operar de maneira integrada sob a forma de conglomerados financeiros, geralmente tendo o banco comercial como instituição-chave do grupo econômico. Esses conglomerados financeiros experimentaram um rápido crescimento, facilitado pela gradativa diluição das barreiras regulatórias às atividades dos bancos e outras atividades financeiras, de modo que, na década de 1980, essas instituições já dominavam o mercado financeiro do País. Reconhecendo a realidade existente, a Resolução CMN 1.524/1988 permitiu aos conglomerados financeiros a possibilidade de se organizarem sob a forma de uma única instituição financeira, o banco múltiplo. Apesar das mudanças nos anos que se seguiram, esse quadro de conglomeração financeira ainda representa, em grande medida, a matriz atual do setor bancário brasileiro.

5. As décadas de 1970 e 1980 ficaram marcadas pela ocorrência de crises bancárias severas, com a quebra de instituições de porte, como o Halles, BUC, Comind e Auxiliar. É nesse período que se observa a criação de alguns dos mecanismos de regulação sistêmica adotados na atualidade, como a Lei 6.024/1974, para disciplinar a intervenção e liquidação extrajudicial de instituições financeiras. Apesar disso, não raro a autoridade bancária optou pela busca por soluções de mercado para as instituições em crise. As reestruturações no setor bancário contaram com recursos da reserva monetária, que, aliadas ao autoritarismo e pouca transparência do regime político no período, sujeitaram a atuação da autoridade bancária a críticas.

6. Na segunda metade da década de 1980, observa-se um esforço para reverter a sistemática adotada no resgate a instituições em crise nos

anos anteriores. Dessa forma, é promulgada em 1986 a Lei 7.492 para tratar dos chamados "crimes do colarinho-branco". Além disso, a Constituição de 1988 transferiu os recursos captados pelo IOF da reserva monetária para o Tesouro Nacional, esvaziando a principal fonte de recursos para os resgates efetuados até então, além de prever a criação de um sistema de seguro de créditos, aplicações e depósitos, proibindo a utilização de recursos da União nesse mecanismo. A Constituição de 1988 também introduz outras importantes alterações na regulação do setor bancário, como a ampliação do acesso ao sistema financeiro, garantindo a autorização para funcionamento a todas as instituições financeiras que atendessem os requisitos necessários.

7. Após período de relativa estabilidade no setor bancário, graças às receitas inflacionárias auferidas pelas instituições financeiras, a implementação do Plano Real em 1994 alterou drasticamente esse cenário. Além de eliminar uma importante fonte de receitas, o fim do quadro de inflação crônica expôs as ineficiências dos bancos atuando no setor. Em resposta, observou-se a quebra de algumas das principais instituições financeiras do País no período que se seguiu. Nesse contexto, o governo adotou uma série de medidas, conhecidas como Proer e Proes, voltadas à contenção da crise e à promoção de um novo ciclo de saneamento do SFN. Algumas das estratégias de saneamento adotadas no período guardam similaridade com as medidas empregadas nas décadas de 1970 e 1980. O auxílio a bancos estaduais no âmbito do Proes foi condicionado à privatização ou transformação dessas instituições em agências de fomento, o que resultou na transferência do controle acionário de muitas delas para o setor privado. Finalmente, além do redesconto do BCB, observa-se também nesse período o recurso a bancos oficiais para complementar o auxílio a instituições em crise.

8. É durante a década de 1990 que surgem alguns dos mais importantes mecanismos de regulação sistêmica e prudencial utilizados na atualidade, como a implementação das diretrizes do Comitê de Basileia, a criação do FGC, e a promulgação da Lei 9.447/1997, que ampliou os poderes atribuídos à autoridade bancária para intervenções em instituições em crise. Nesse período também se iniciam as discussões para a reformulação do Sistema de Pagamentos Brasileiro, que resultariam na Lei 10.214/2001.

9. O início do século XX é marcado por uma aparente solidez no SFN, em contraste com a turbulência observada no setor bancário nas décadas anteriores. Isso é alterado, no entanto, em 2008, na medida em que os efeitos da crise financeira internacional originada no mercado *subprime* dos Estados Unidos contaminaram os mercados mundiais. Nesse sentido, observa-se novamente a atuação engajada do BCB no combate aos efeitos da crise no País, incluindo importantes alterações no regramento de mecanismos de regulação sistêmica, como o FGC e o redesconto do BCB. Muito embora o processo não tenha se interrompido completamente desde a década de 1990, o período que se seguiu marca uma intensificação de fusões e aquisições no setor bancário. Vale destacar também a atuação de instituições oficiais no combate à crise por meio da aquisição de participação acionária em outras instituições financeiras, privadas e públicas, bem como a aquisação de carteiras de crédito de participantes do setor.

10. A estrutura de regulação e supervisão do setor bancário estabelecida pela Lei 4.595/1964 prevalece em larga medida até hoje, com o CMN desempenhando o papel de formulador da política da moeda e do crédito e incumbido de amplas atribuições de caráter normativo sobre as principais diretrizes do SFN. Ao BCB cabe o papel de executor das políticas traçadas pelo CMN, sendo responsável também pela supervisão do SFN. Há na atualidade uma variedade de instituições financeiras atuando no SFN, sujeitas a diferentes classificações de acordo com suas características e atividades desempenhadas.

Capítulo 3
REGULAÇÃO SISTÊMICA

3.1 Regulação sistêmica

Diversos campos da engenharia e da ciência dividem com a economia a preocupação com o risco sistêmico.[235] De fato, esse tipo de risco pode manifestar-se nas mais diversas áreas, como as pragas que assolaram a Europa na Idade Média, cuja propagação desenfreada eliminou parcela significativa da população, ou mesmo no uso abusivo de antibióticos para combater pequenos focos de doença, podendo ocasionar surtos de enfermidades resistentes a tais medicamentos. No entanto, embora os campos de aplicação do risco sistêmico sejam vastos, considera-se que a probabilidade e a severidade de sua ocorrência no setor bancário são mais graves.

---

[235] Conforme a descrição do *National Research Council*: "O risco sistêmico se manifesta em acidentes com ônibus espaciais, acidentes de avião, o colapso dos diques de Nova Orleans, apagões elétricos, colapsos de edifícios, pontes e outras obras de engenharia. Em razão desses desastres ocasionais, engenheiros possuem dados mais relevantes para o estudo do risco sistêmico do que economistas. Usando esses dados para conduzir análises retrospectivas dos problemas sistêmicos, engenheiros conseguiram identificar e remover algumas raízes dos problemas (na aviação, por exemplo). De forma semelhante, epidemiologistas e especialistas em saúde pública preocupam-se com surtos contagiosos, que ocasionalmente alcançam níveis sistêmicos, aprendendo a administrar esse risco pelo estudo de epidemias passadas. Ecologistas estudam mudanças no estado dos ecossistemas, que mesmo recebendo menos atenção da imprensa, podem claramente se qualificar como eventos sistêmicos [...]" (NATIONAL RESEARCH COUNCIL. *New directions for understanding systemic risk*, p. 29. Tradução livre).

Em razão disso, há uma percepção disseminada de que o bem-estar dos bancos é especial.[236]

Os defensores desse caráter especial dos bancos alegam que as instituições financeiras são importantes fontes de capital, e que sua quebra, principalmente em grandes números, aumentaria o custo, ou mesmo eliminaria canais de acesso a capital para a sociedade.[237] Esse argumento poderia ainda ser estendido a outras funções de relevo desempenhadas pelos bancos, conforme visto no início deste trabalho. Segundo relato de Krugman a respeito da Grande Depressão:[238]

> Uma visão amplamente disseminada sobre a Grande Depressão é de que ela perdurou por tanto tempo porque a crise bancária de 1930-1931 provocou um dano de longo prazo nos mercados de crédito. De acordo com essa visão, havia empreendedores com condições de tomar recursos e dispostos a gastar mais, porém não tinham acesso a crédito. Os banqueiros que poderiam realizar esses empréstimos haviam quebrado ou não conseguiam levantar recursos para os empréstimos, uma vez que a confiança do público nos bancos havia se estremecido de tamanha forma.

Outro argumento suscitado para diferenciar os bancos de outras empresas apoia-se na noção de que o contágio ocorreria de forma mais rápida no setor bancário, em comparação com os demais setores da economia. Isso aconteceria pelo fato de os bancos concentrarem ativos de alto valor agregado com pronta exigibilidade (depósitos à vista), além de estarem expostos a um grande número de credores sensíveis a mudanças de mercado. Em caso de súbitos incrementos de retiradas de seus clientes, considerando a dinâmica tradicional da atividade bancária, que tipicamente envolve um descasamento entre depósitos líquidos no curto prazo e ativos de vencimento no longo prazo, bancos podem ter problemas de liquidez.[239] Em tais casos, pode ser necessário vender ativos ou tomar empréstimos rapidamente, talvez em condições não atrativas (*fire-sales*). Nesse contexto,

---

[236] DE BANDT, Olivier; HARTMANN, Philipp. Systemic risk, p. 10.

[237] Para uma revisão das teorias e autores que apoiam o caráter especial dos bancos: KAUFMAN, George. Bank contagion: a review of theory and evidence. *Journal of Financial Services Research*, v. 8, n. 2, 1994.

[238] KRUGMAN, Paul. *The return of depression economics and the crisis of 2008*, p. 73. Tradução livre.

[239] LASTRA, Rosa Maria. *Banco Central e regulamentação bancária*. Belo Horizonte: Del Rey, 2000, p. 125.

REGULAÇÃO SISTÊMICA

problemas de liquidez podem transformar-se rapidamente em problemas de solvência. Em contraste, instituições não bancárias possuem um número de credores menor e sua dívida não é tipicamente exigível a qualquer momento, de modo que quedas temporárias no faturamento dificilmente provocam uma situação de insolvência imediata.[240]

Além do descasamento de maturidade entre ativos e passivos, o setor bancário seria mais suscetível a contágio pela própria natureza do sistema de pagamentos, com bancos assumindo posição credora e devedora entre si na cadeia de crédito em função de operações próprias ou de terceiros, de modo que a inadimplência de um banco pode provocar um "efeito dominó" em outras instituições.[241] As particularidades do funcionamento do sistema de pagamentos e a sua relação com o risco sistêmico serão objeto de tratamento detalhado mais adiante, quando se discutirá o Sistema de Pagamentos Brasileiro.

Alega-se também que quebras bancárias teriam efeitos mais danosos do que em outros setores da economia em virtude do mencionado "canal informacional" de contágio sistêmico. Em momentos de crise, correntistas podem ter dificuldade para avaliar a situação financeira de seus bancos, decidindo resgatar seus ativos apenas por precaução. Segundo a oportuna colocação de Kaufman, "a visão de longas filas em frente a bancos para sacar seus depósitos e a rápida velocidade com que estes podem ser retirados têm o potencial de causar pânico mesmo nos clientes mais fiéis".[242] A possibilidade de os depositantes exigirem seus ativos prontamente e o receio de que uma reação tardia cause perda de capital facilitam o pânico e a disseminação da crise sistêmica. Caso depósitos tivessem prazos de vencimento maiores, haveria tempo para diferenciação entre os bancos e a crise poderia não se propagar.

A lógica dos argumentos apresentados não significa, no entanto, que a discussão sobre o caráter especial dos bancos seja um ponto pacífico na doutrina jurídica e econômica. Há autores que contestam a ideia de que crises bancárias possam ter efeitos catastróficos, afirmando que a quebra de um banco não deveria ser tratada de forma mais ou menos importante do que a quebra de qualquer outra empresa de tamanho comparável. Os efeitos de uma corrida bancária dependeriam da percepção dos corren-

---

[240] KAUFMAN, George. Bank contagion, p. 124-125.
[241] DE BANDT, Olivier; HARTMANN, Philipp. Systemic risk, p. 14.
[242] KAUFMAN, George. Bank contagion, p. 127. Tradução livre.

tistas a respeito da solvência das instituições financeiras. Se eles perceberem que alguns bancos continuarão solventes, irão apenas transferir suas economias do banco sob desconfiança para bancos de melhor reputação. Haveria uma realocação de recursos na economia, mas o resultado líquido seria o mesmo. As intervenções governamentais no setor bancário, em sua opinião, incentivariam a tomada de risco no setor, devido à expectativa de resgate por parte de seus participantes, contribuindo assim mais para causar choques sistêmicos do que preveni-los.[243] Essa visão é bem representada na seguinte colocação de Black:[244]

> Quando você ouvir o governo falando sobre risco sistêmico, segurem suas carteiras! Isso significa que ele quer que você pague mais impostos para sustentar mais regulação que no final das contas acabará incentivando o risco sistêmico ao interferir em contratos privados... Em resumo, ao falar de risco sistêmico, estaremos mais próximos da verdade se pensarmos no governo como seu causador, e não como nosso protetor.

Esse ponto de tensão na doutrina jurídica e econômica é bem ilustrado no estudo empírico sobre a quebra do Continental Illinois Bank em 1984, à época o 8.º maior banco dos Estados Unidos. Em junho de 1984, cerca de 2.300 bancos figuravam como credores da instituição em crise. Justamente em razão do tamanho de sua exposição bancária, o governo norte--americano, diretamente por meio do redesconto do *Federal Reserve*, bem como por intermédio de seu mecanismo de seguro de depósitos, o *Federal Deposit Insurance Corporation* (FDIC), prestou auxílio ao banco na tentativa de mantê-lo em funcionamento. À ocasião, embora o FDIC cobrisse apenas depósitos bancários até US$100 mil, o órgão decidiu bancar o valor integral de todos os depósitos e empréstimos, em virtude do temor de uma corrida bancária e crise sistêmica.[245]

---

[243] A título exemplificativo, vale mencionar os seguintes trabalhos: BENSTON, George J. et al. *Perspectives on safe and sound banking*. Cambridge: MIT Press, 1986; e KAUFMAN, George G. Bank failures, systemic risk, and bank regulation.

[244] BLACK, Fischer. Hedging, speculation and systemic risk. *Journal of Derivatives*, v. 2, n. 4, apud KAUFMAN, George G. Bank failures, systemic risk, and bank regulation, p. 39.

[245] FEDERAL DEPOSIT INSURANCE CORPORATION. An examination of the banking crises of the 1980s and early 1990s. Volume I, Washington: FDIC, 1997, p. 244 e ss; e SPRAGUE, Irvine H. *Bailout*: an insider's account of bank failures and rescues. Washington: Beard Books, 1986, p. 149 e ss.

REGULAÇÃO SISTÊMICA

Pela relevância do tema, após o resgate um relatório do Congresso norte-americano ocupou-se da análise sobre os possíveis efeitos na economia caso o banco não tivesse sido socorrido. Os cálculos preparados pelo FDIC indicaram que, dos 2.299 bancos expostos ao Continental Illinois, 1.323 tinham créditos de até US$100 mil, e estariam segurados pelo FDIC de qualquer maneira. Do restante, o estudo indicou que, caso os credores conseguissem recuperar apenas 40% dos ativos, 27 bancos, somando ativos de US$4,85 bilhões, sofreriam perdas em excesso do seu capital, tornando-se insolventes, totalizando perdas de cerca de US$137 milhões. Outros 56 bancos, somando ativos de US$1,46 bilhão, sofreriam perdas entre 50% e 99% do seu capital, totalizando perdas de US$237 milhões. Caso os credores recuperassem 90% dos ativos, nenhum outro banco teria sofrido perdas maiores do que seus capitais, e apenas dois bancos teriam sofrido perdas em excesso de 50% de seu capital.[246]

Embora o relatório preparado pelo Congresso seja suscitado por autores críticos ao caráter especial dos bancos como exemplo do temor exagerado associado a tais episódios,[247] a extensão desses achados ao campo da regulação sistêmica deve ser analisada com temperamentos. Sem entrar no mérito dos cálculos efetuados, o fato de quebras como a do Continental Illinois terem ou não o condão de provocar crises sistêmicas não significa que a potencial quebra de outros bancos não possa causar tal efeito. Com isso em mente, é preciso contextualizar a aplicabilidade dos dados encontrados, reconhecendo que, em eventos de crise, as autoridades bancárias podem não dispor – e na maioria das vezes não dispõem – de tempo hábil para realizar aprofundados estudos econômicos e avaliar de forma exaustiva os riscos inerentes a tal quebra. Como um dos críticos ao resgate a bancos reconhece, no setor bancário o contágio e quebras subsequentes podem acontecer em uma questão de dias.[248] Finalmente, cumpre atentar também à contundência de alguns dos já mencionados exemplos históricos de crises bancárias, como a Grande Depressão e a experiência

---

[246] U.S. CONGRESS. *Inquiry into the Continental Illinois Corp. and Continental Illinois National Bank* (98-11), House of Representatives, Subcommittee on Financial Institutions, Supervision, Regulation, and Insurance, 98th Cong., 2nd session, 1984, p. 436 e ss.

[247] KAUFMAN, George G.; SCOTT, Kenneth E. What is systemic risk, and do bank regulators retard or contribute to it? *The Independent Review*, v. 7, n. 3, 2003, p. 378.

[248] KAUFMAN, George. Bank contagion, p. 125-126.

REGULAÇÃO SISTÊMICA E PRUDENCIAL NO SETOR BANCÁRIO BRASILEIRO

recente decorrente da quebra do Lehman Brothers, ilustrando os graves riscos associados a quebras generalizadas no setor.

É importante ressaltar, no entanto, que tais constatações não implicam a rejeição por completo dos argumentos apresentados por autores contrários ao caráter especial de bancos, especialmente no que tange aos efeitos deletérios em termos de risco moral provocados pelo resgate indiscriminado de instituições financeiras. Apesar de a presente obra apoiar-se na premissa de que bancos são, de fato, especiais, justificando-se a sua regulação por meio de uma rede de proteção que será examinada a seguir, é preciso ter em mente que nem toda quebra bancária representa risco sistêmico. Pelo contrário, a associação automática de quebras bancárias a risco sistêmico pode inclusive comprometer a própria finalidade da regulação sistêmica. Justamente em razão disso, a preocupação em evitar o uso indevido dessa rede de proteção aos bancos deve estar sempre presente no emprego de seus mecanismos.

3.1.1 Seguro ou garantia de depósitos

Os Estados Unidos foram um dos primeiros países a adotar o seguro de depósitos formalmente e em escala nacional, com a promulgação do *Glass--Steagall Act* em 1933, em resposta à onda de quebras bancárias que ocorreu na década de 1930. Inicialmente, poucos países aderiram ao sistema de seguro de depósitos, com apenas seis sistemas estabelecidos até 1963. A partir de então o ritmo de adoção intensificou-se, com 20 sistemas formalmente estabelecidos até 1973, e cerca de 78 sistemas até 2004, com uma série de países estudando a adoção desse mecanismo na atualidade.[249]

A racionalidade básica para o seguro de depósitos está intrinsecamente ligada às falhas de mercado e particularidades da atividade bancária, já mencionadas no início da obra e deste capítulo. Assim, a necessidade desse mecanismo seria justificada com base na suscetibilidade do setor a corridas bancárias em razão da presença de assimetrias informacionais, bem como o fato de os depósitos bancários serem em sua maioria exigíveis de imediato. Ao propiciar segurança aos correntistas de que, independentemente da quebra da instituição financeira, suas economias estarão protegidas, o seguro de depósitos procura reduzir a possibilidade de ocorrência de corridas bancárias.

---

[249] BARTH, James R. et al. *Rethinking bank regulation*, p. 57-58.

REGULAÇÃO SISTÊMICA

Apesar de suas inegáveis virtudes, o seguro de depósitos também é objeto de críticas em razão da diminuição dos incentivos aos correntistas para monitorar a saúde financeira de seus bancos, enfraquecendo importante fator de controle à tomada excessiva de riscos por parte deles. Não por acaso, o seguro de depósitos é considerado uma das principais fontes de risco moral no setor bancário.[250]

Considerando seus possíveis efeitos deletérios, há uma preocupação especial com o desenho institucional dos mecanismos de seguro de depósitos, procurando minimizar o risco moral decorrente de seu emprego. A esse respeito, vale mencionar as recomendações gerais da Associação Internacional de Seguradores de Depósito (*International Association of Deposit Insurers* – IADI) nessa área. Criada em 2002, a IADI tem como missão contribuir para o fortalecimento e efetividade dos sistemas de seguro de depósitos, oferecendo orientações e incentivando a cooperação internacional. Dentre os trabalhos de relevo promovidos pela associação destacam-se os Princípios Fundamentais para Sistemas Efetivos de Seguro de Depósitos (*Core Principles for Effective Deposit Insurance Systems*), publicados em junho de 2009 em coautoria com o Comitê de Basileia.[251]

Os princípios da IADI incluem recomendações relativas a aspectos estruturais e de governança dos mecanismos de seguro de depósitos, como a previsão de que a responsabilidade pelo pagamento do custo do mecanismo de seguro de depósitos recaia sobre os bancos (princípio 9). A lógica da proposta é de que, se os bancos não tiverem de financiar o mecanismo, terão mais incentivos para se engajar em atividades que tornem seu uso necessário. Além disso, recomenda-se que o seguro de depósitos tenha um limite e que este não seja demasiadamente alto (princípio 8). O valor da garantia oferecida é relevante, pois apenas os clientes com valores acima daquela quantia continuarão tendo incentivos para fiscalizar os bancos (*i.e.*, disciplina de mercado). Evidentemente, o que é considerado um valor razoável para o seguro variará de acordo com as características da economia e setor bancário de cada país.

As recomendações da IADI também mencionam a possibilidade de prêmios baseados em risco (*risk-based* ou *differential premium system*) como

---

[250] BARTH, James R. et al. *Rethinking bank regulation*, p. 58.
[251] IADI; COMITÊ DE BASILEIA. Core principles for effective deposit insurance systems. Basileia, jun. 2009.

REGULAÇÃO SISTÊMICA E PRUDENCIAL NO SETOR BANCÁRIO BRASILEIRO

outra forma de mitigar o risco moral.[252] Nesse modelo, as contribuições para o seguro de depósitos seriam financiadas pelos bancos e calculadas de maneira a refletir o tamanho do risco tomado por cada um deles. Idealmente, quanto pior o *rating* da instituição, maior a contribuição. Não obstante, reconhece-se que essa é uma medida de difícil implementação.[253]

Mais recentemente os princípios propostos pela IADI sofreram revisões com base em experiências decorrentes da crise financeira internacional. O novo documento foi publicado em novembro de 2014, incluindo princípios revisados com foco na necessidade de autonomia operacional dos mecanismos de seguro de depósito perante as autoridades bancárias, bem como seu relacionamento com outros mecanismos de regulação sistêmica, entre outros.[254]

3.1.1.1 O Fundo Garantidor de Crédito

Conforme visto no capítulo anterior, até a promulgação da Constituição de 1988, os recursos acumulados na reserva monetária foram largamente utilizados para resgatar bancos insolventes. Em virtude dos vícios desse sistema, constatados por meio da intensa sangria na conta de reserva

---

[252] IADI. General guidance for developing differential premium systems. Basileia, oct. 2011.

[253] Os Estados Unidos tentaram fazer isso por meio do *Federal Deposit Insurance Corporation Act* de 1991, que determinou a implementação de um sistema de seguro de depósitos proporcional ao risco de cada instituição. Assim, foi criado um sistema de classificação de risco baseado nas operações realizadas pelos bancos, no nível de capital disponível e no seu *rating*. Segundo esse sistema, o risco da instituição poderia variar entre níveis, e o valor da contribuição de cada banco seria proporcional à sua classificação de risco. Embora atrativo em teoria, na prática o sistema não funcionou tão bem. O problema básico para o funcionamento do sistema é a determinação correta do tamanho do risco tomado pelos bancos. A título exemplificativo, Mishkin menciona que, no início de 1999, cerca de 95% dos bancos participantes, representando 98% dos depósitos bancários, foram colocados na categoria de menor risco, não precisando pagar nada de contribuição ao sistema. Segundo o autor, "o sistema de seguro de depósitos baseado em risco nos Estados Unidos claramente não discrimina de forma adequada entre bancos, e não conseguiu prover os incentivos para reduzir a tomada de risco" (MISHKIN, Frederic S. Prudential Supervision: why is it important and what are the issues, p. 11-12. Tradução livre). Saddi menciona essa alternativa como um dos possíveis caminhos para o FGC no Brasil. Segundo o autor, poder-se-ia cogitar, no que se refere à composição do prêmio e aos critérios adotados para sua cobrança, uma quantia fixa e outra variável, sujeita ao *rating* obtido pela instituição, de acordo com seu perfil de risco (SADDI, Jairo. *Crise e regulação bancária*, p. 149).

[254] IADI. IADI core principles for effective deposit insurance systems. Basileia, nov. 2014. A numeração dos princípios da IADI apresentada ao longo desse capítulo é baseada na versão mais recente do documento.

REGULAÇÃO SISTÊMICA

monetária ao longo das décadas de 1970 e 1980, ele foi alterado a partir da Constituição de 1988, que, na redação original de seu art. 192, VI, estabeleceu a criação de fundo ou seguro para garantir[255] créditos, aplicações e depósitos, vedando a participação de recursos da União no mecanismo. Apesar dessa previsão constitucional, apenas em 1995 houve a adoção do seguro de depósitos no Brasil, por meio da Resolução CMN 2.197/1995, regulamentada pela Resolução CMN 2.211/1995, que instituiu o FGC. O regulamento do FGC sofreu inúmeras alterações desde então, sendo atualmente regido pelo anexo à Resolução CMN 4.222, de 23 de maio de 2013.

O FGC tem natureza privada, sendo constituído sob a forma de associação civil e custeado pelas próprias instituições associadas. São órgãos do FGC sua Assembleia-Geral, um Conselho de Administração, a Diretoria e um Conselho Fiscal, cujas funções guardam analogia com os órgãos de mesmo nome nas sociedades anônimas.[256] O FGC conta também com um Conselho Consultivo, sem funções executivas e composto por pessoas com conhecimento e experiência no sistema financeiro. A adesão ao FGC é compulsória para os participantes do SFN que captem recursos por meio de operações objeto da garantia ordinária proporcionada pelo fundo. Inicialmente, o financiamento do mecanismo dava-se por meio da contribuição mensal de 0,025% do saldo das contas correspondentes à cobertura ordinária do fundo, posteriormente reduzida a 0,0125%.

Os créditos cobertos pela garantia ordinária do FGC estão discriminados no art. 2.º do Anexo II à Resolução CMN 4.222/2013, incluindo depósitos à vista, depósitos de poupança, letras de câmbio, letras imobiliárias e letras hipotecárias e, mais recentemente, letras de crédito imobiliário e do agronegócio. A cobertura inicial do FGC era de R$20 mil por depositante e por conglomerado financeiro. Esse valor sofreu alterações posteriores, situando-se atualmente no patamar de R$250 mil. De acordo com dados do FGC de dezembro de 2014, os recursos do fundo seriam suficientes para cobrir integralmente 99,68% dos depositantes, representando 205.687.731 clientes e correspondendo a 47,43% do valor total dos depósitos sujeitos à garantia ordinária.[257]

---

[255] Sobre a natureza jurídica do FGC como seguro ou garantia: SADDI, Jairo. *Crise e regulação bancária*, p. 139 e ss; e YAZBEK, Otavio. *Regulação do mercado financeiro e de capitais*, p. 231.
[256] SALOMÃO, Eduardo. *Direito bancário*, p. 517.
[257] A título comparativo, no final de 2005, quando a garantia do FGC era de R$20 mil, o valor era suficiente para cobrir integralmente 97,36% dos depositantes. O valor aumentou

REGULAÇÃO SISTÊMICA E PRUDENCIAL NO SETOR BANCÁRIO BRASILEIRO

A Resolução CMN 3.692, de 26 de março de 2009, introduziu a possibilidade de captação de depósitos a prazo, sem emissão de certificado, com garantia especial do FGC. Essa modalidade de garantia foi implementada com o objetivo de facilitar a captação de recursos por bancos de médio e pequeno porte em meio a um cenário de aversão a risco e liquidez restrita decorrente da crise financeira internacional. Tais depósitos passaram a ser chamados de Depósitos a Prazo com Garantia Especial (DPGE I), e seu regramento atual encontra-se disposto na Resolução CMN 4.222/2013 e seus anexos.

De acordo com o regulamento, o DPGE I deve ter duração mínima de 12 e máxima de 24 meses. O valor máximo da cobertura do FGC em tais casos é de R$20 milhões e a contribuição para tal garantia é de 0,0833% ao mês, calculada sobre o saldo dos depósitos que estiverem dentro do limite fixado pelo CMN. Caso o limite seja ultrapassado, a contribuição será de 0,8333% ao mês sobre o montante excedente. Não obstante, o art. 5.º da Resolução CMN 4.222/2013 determina que o limite para captação de DPGE I deverá ser reduzido de forma gradativa, ao ritmo de 20% ao ano, até janeiro de 2016, quando será extinta a possibilidade de realização de captações com essa modalidade de garantia.

Posteriormente a Resolução CMN 4.087, de 24 de maio de 2012, introduziu uma nova modalidade de DPGE com cessão fiduciária de recebíveis (DPGE II). O valor da cobertura é o mesmo do DPGE I, mas, em razão do lastro em recebíveis, esses créditos estão sujeitos a contribuição mensal inferior, de 0,02497%, e podem ter duração maior, de 6 a 36 meses. Ao contrário do DPGE I, o DPGE II tem caráter permanente, e a regulamentação também determinou que a emissão de DPGE I fica vedada após a

---

para R$60 mil por meio da Resolução CMN 3.400, de 6 de setembro de 2006, ampliando a garantia integral para 99,21% dos depositantes. Com a elevação da garantia para R$70 mil por meio da Resolução CMN 3.931, de 3 de dezembro de 2010, a garantia cobriria integralmente 98,85% dos correntistas ao final daquele ano. Finalmente, com a elevação da garantia para R$250 mil por meio da Resolução CMN 4.222/2013, o patamar de depositantes cobertos integralmente elevou-se para 99,69% em dezembro de 2013. No período de 2005 a 2014 o número de depositantes não cobertos integralmente pela garantia caiu de 2.951.826, para 670.025. Os dados sugerem uma tendência, ainda que irregular, de aumento percentual de depositantes cobertos integralmente pela garantia de FGC, e diminuição absoluta dos depositantes não cobertos integralmente, cabendo a avaliação quanto ao possível impacto dessa evolução sobre a disciplina de mercado. Dados extraídos dos Relatórios Anuais do FGC, disponíveis em: <www.fgc.org.br/?conteudo=1&ci_menu=770>. Acesso em: 29 jul. 2015.

REGULAÇÃO SISTÊMICA

primeira emissão pela instituição associada de DPGE II. Fica clara, portanto, a intenção de migrar o estoque de DPGE I para DPGE II, em virtude do menor risco associado à cessão fiduciária de recebíveis. Tanto o DPGE I como o DPGE II estão sujeitos a limites de captação, conforme o art. 4.º da Resolução CMN 4.222/2013.

Embora a cobertura de R$20 milhões oferecida pelo DPGE tenha cumprido um importante papel na crise financeira internacional, sua manutenção deve ser encarada com cautela. Conforme visto no início deste tópico, a racionalidade original dos mecanismos de seguro de depósito baseia-se na vulnerabilidade do setor bancário decorrente da pronta exigibilidade de depósitos à vista, aliada à presença de assimetrias informacionais no setor. Não é claro como a proteção de depósitos de longo prazo se coaduna com a prevenção de corridas bancárias. Dessa forma, é salutar a estipulação de um cronograma para remoção do DPGE I. O DPGE II, ainda que permanente, possui lastro em recebíveis, mitigando o risco do FGC. Em todo caso, cumpre reconhecer que a proteção do fundo em tais casos parece estar mais focada no provimento indireto de liquidez ao sistema financeiro, do que na função clássica que justificou sua criação.

A garantia do FGC é vinculada à decretação de regimes especiais de intervenção ou liquidação da instituição financeira. Yazbek menciona esse vínculo como forma de redução do risco moral, na medida em que tais regimes – que serão discutidos em detalhe no tópico a seguir – ensejam a indisponibilidade de bens e a responsabilização de administradores e controladores.[258] No que concerne aos DPGE, conforme Regulamento do FGC, o pagamento da garantia será efetuado em até três dias úteis após a decretação. Já os depósitos cobertos apenas pelo limite de R$250 mil não estão sujeitos a prazo legal específico para pagamento. Em tais casos o prazo varia conforme o caso.

---

[258] YAZBEK, Otavio. *Regulação do mercado financeiro e de capitais*, p. 231.

Tabela 8: Prazo para desembolso dos recursos do FGC

Instituição Financeira	Data da Decretação do Regime	Pagamento Inicial
Banco Dracma S.A.	21.03.1996	15.04.1996
Banco de Financiamento Internacional S.A.	17.04.1996	20.12.1999(*)
Banco Banorte S.A.	24.05.1996	24.05.1996
Banco Universal S.A.	20.06.1996	14.10.1996
Banco Interunion S.A.	30.12.1996	28.02.1997
Banco Progresso S.A.	21.02.1997	21.03.1997
Banco Bamerindus do Brasil S.A.	26.03.1997	26.3.1997
Banco Empresarial S.A.	15.05.1997	27.06.1997
Banfort – Banco Fortaleza S.A.	15.5.1997	21.07.1997
Banco Vega S.A.	15.5.1997	27.11.1997
Banco do Estado do Amapá S.A.	03.09.1997	18.09.1997
Milbanco S.A.	16.02.1998	16.04.1998
Banco Brasileiro Comercial S.A.	15.05.1998	18.06.1998
Banco BMD S.A.	15.05.1998	18.06.1998
Banco Pontual S.A.	30.10.1998	28.12.1998
Banco Crefisul S.A.	23.03.1999	24.05.1999
Girobank S.A.	10.05.1999	06.07.1999
Banco Lavra S.A.	13.04.2000	10.12.1999(**)
Banco Hexabanco S.A.	13.07.2000	31.07.2000
Banco Interior de São Paulo S.A	07.02.2001	12.03.2001
Banco Araucária S.A.	27.03.2001	16.05.2001
Banco Interpart S.A.	28.03.2001	16.07.2001
Banco Santos Neves S.A.	01.08.2001	03.09.2001
Banco Royal de Investimento S.A.	22.05.2003	28.07.2003
Banco Santos S.A.	12.11.2004	27.12.2004
Banco Morada S.A.	28.04.2011	27.06.2011
Oboé CFI S.A.	15.09.2011	01.11.2011

Banco Cruzeiro do Sul S.A.	14.09.2012	22.11.2012
Banco Prosper S.A.	14.09.2012	18.02.2013
Banco BVA S.A.	19.10.2012	04.03.2013
Banco Rural S.A.	02.08.2013	08.11.2013(***)

Fonte: FGC. Dados disponíveis em: <www.fgc.org.br/upload/garantia_ip_p.pdf>. Acesso em: 17 jul. 2015.

(*) Pendência extrajudicial não permitiu o pagamento de imediato.
(**) Pagamento anterior à liquidação extrajudicial como política preventiva de saneamento.
(***) Medida judicial atrasou início dos pagamentos.

É importante ressaltar outro aspecto da ampliação do papel do FGC nos últimos anos. Além da já mencionada Resolução CMN 3.692/2009, a Resolução CMN 3.656, de 17 de dezembro de 2008, promoveu importantes alterações no Estatuto do FGC. Nesse aspecto, permitiu-se que o Conselho de Administração aplicasse os recursos do fundo, até o limite global de 50% do seu patrimônio líquido: (i) na aquisição de direitos creditórios de instituições financeiras e de sociedades de arrendamento mercantil; (ii) na aplicação em depósito bancário com ou sem emissão de certificado, em letra de arrendamento mercantil ou em letra de câmbio de aceite de instituições associadas, desde que lastreados em direitos creditórios constituídos ou a constituir das respectivas aplicações, ou outros direitos creditórios com garantias reais ou fidejussórias, próprias ou de terceiros; e (iii) operações vinculadas na forma da Resolução CMN 2.921, de 17 de janeiro de 2002. O escopo das aplicações dentro do limite contemplado foi posteriormente alterado, sendo regulamentado atualmente no art. 5.º do Estatuto do FGC, anexo à Resolução CMN 4.222/2013.

Segundo o diretor executivo do FGC à época, o fundo teve um papel importante para amenizar a crise de liquidez em 2008 e 2009, ocupando um espaço que as grandes instituições hesitaram em assumir. O saldo da crise para o FGC foi um giro de compras de carteiras de crédito que superou R$10 bilhões, em 280 operações feitas em pouco mais de seis meses, representando média de duas operações a cada três dias. Em janeiro de 2009, o FGC implementou um programa de investimento em CDBs emitidos por bancos de médio e pequeno porte.[259]

Em complemento às mudanças trazidas pela Resolução CMN 3.656/2008 e formalizando o novo papel assumido pelo FGC, o Estatuto

---

[259] VALOR ECONÔMICO. FGC estimula expansão do crédito, 6 mar. 2009; e Idem. Crise confere novo status ao FGC, 26 out. 2009.

anexo à Resolução CMN 4.087/2012 elencou como suas finalidades não apenas a proteção de depositantes, como também a contribuição para a manutenção da estabilidade do SFN e prevenção de crises bancárias sistêmicas. Nesse sentido, o Estatuto permitiu que o FGC passasse a contratar operações de assistência ou de suporte financeiro, incluindo operações de liquidez com as instituições associadas, diretamente ou por intermédio de empresas por estas indicadas, ou mesmo com seus acionistas controladores. Segundo o instrumento, tais operações podem ser contratadas, inclusive, com o objetivo de promover a transferência de controle acionário, a transformação, a incorporação, a fusão, a cisão ou outras formas de reorganização societária de interesse das instituições associadas. Tais operações estão previstas atualmente no art. 4.º do Estatuto do FGC.

O FGC classifica suas operações de assistência e suporte a instituições financeiras como programas de liquidez ou estruturais, em ambos os casos sujeitos a limites operacionais individuais e globais.[260] As operações previstas nos arts. 4.º e 5.º do seu Estatuto não podem ultrapassar, em cada caso, o limite de 50% do patrimônio líquido do FGC. As operações previstas no art. 4.º devem observar duas limitações adicionais, quais sejam: (i) não poderão exceder ao valor projetado para os créditos garantidos de responsabilidade de cada instituição associada ou associadas de um mesmo conglomerado; e (ii) respeitarão o limite de 25% do patrimônio líquido do FGC para o conjunto das operações realizadas com cada instituição associada ou com todas as instituições associadas de um mesmo conglomerado. Finalmente, o montante de recursos utilizados nos programas previstos nos arts. 4.º e 5.º do Estatuto observará o limite global de 75% do patrimônio líquido do FGC.[261]

Além desses limites operacionais, o Estatuto do FGC aprovado pela Resolução CMN 4.087/2012 condicionava a contratação das operações de assistência financeira à ocorrência de "situações especiais" reconhecidas pelo BCB, bem como à autorização prévia do Conselho de Administração do FGC. Tais limitações, no entanto, não constaram na versão atual do Estatuto anexo à Resolução CMN 4.222/2013, que prevê apenas a competência do Conselho de Administração para estabelecer a forma e fixar as

---

[260] Relatório anual de 2014 do FGC, disponível em: <www.fgc.org.br/?conteudo=1&ci_menu=770>. Acesso em: 29 jul. 2015.

[261] O patrimônio líquido do FGC nesses casos inclui antecipações de contribuições das instituições associadas.

REGULAÇÃO SISTÊMICA

condições dessas operações, em caráter geral ou específico, em termos de prazos, encargos, garantias e demais condições. Cabe à Diretoria Executiva aprovar tais operações, respeitadas a forma e condições estabelecidas pelo Conselho de Administração.

Corroborando essa ampliação do escopo de atuação do FGC, vale mencionar o resgate do Banco Panamericano em 2010. Em 9 de novembro daquele ano o fundo emitiu fato relevante informando a realização de empréstimo ao Grupo Silvio Santos, na qualidade de principal acionista controlador do Panamericano, no valor de R$2,5 bilhões, para aporte no banco. Conforme o comunicado, a operação foi integralmente garantida por bens do patrimônio empresarial do grupo empresarial e o aporte destinou-se a restabelecer o equilíbrio patrimonial e ampliar a liquidez operacional da instituição.[262] A respeito da transação, o então Presidente da República justificou o empréstimo afirmando que "o Panamericano recorreu a um empréstimo dos bancos, do fundo garantidor dos bancos. O fundo garantidor existe exatamente para isso, para o Panamericano e para qualquer outro banco que precise".[263] Mais recentemente, vale destacar também a nomeação do FGC pelo BCB em 2012 como administrador do Banco Cruzeiro do Sul no âmbito do RAET, conforme o art. 8.º do Decreto-lei 2.321/1987.

Observa-se, portanto, que o FGC sofreu importantes alterações nos últimos anos, deixando de ser apenas um mecanismo garantidor de depositantes para assumir um papel de destaque também no resgate e até mesmo administração de instituições em crise. Não obstante, declarações como a do Presidente da República à época devem ser analisadas com cautela. Embora o efeito prático pareça equivalente, há importantes diferenças entre garantir depósitos e resgatar bancos. No primeiro caso, depósitos são cobertos até um determinado valor e o desembolso da garantia é vinculado à decretação da intervenção ou liquidação extrajudicial, sujeitando administradores e controladores da instituição financeira aos regimes especiais de responsabilidade. No segundo caso, depósitos acabam sendo cobertos integralmente e, não havendo decretação da intervenção ou liquidação

---

[262] Disponível em: <www.fgc.org.br/upload/fato_relevante_p.pdf>. Acesso em: 19 jul. 2015.
[263] O GLOBO. Não é assunto do presidente, 11 nov. 2010, p. 25. Tais declarações, vale ressaltar, se deram em período anterior à formalização do novo papel do FGC por meio do Estatuto anexo à Resolução 4.087/2012.

extrajudicial, os regimes especiais de responsabilidade são afastados. O segundo caso, naturalmente, dá maior azo ao risco moral.

Dessa forma, considerando o papel ampliado do FGC, seria importante estabelecer parâmetros de atuação mais claros nas operações de assistência a instituições financeiras. O socorro a bancos, vale reiterar, não deve ser encarado como um imperativo da regulação sistêmica. Recomendações de organizações internacionais, por exemplo, sugerem que o suporte do FGC seja pautado em um princípio de custo mínimo (*least-cost principle*), quando optando entre alternativas de resgate, e que seu acionamento no provimento de liquidez seja limitado a casos que envolvam risco sistêmico.[264] A formalização de critérios de atuação ajudaria também a proteger o FGC de interferências externas em seu processo decisório.[265]

Finalmente, seria importante também esclarecer como esse papel ampliado do FGC se articula com outros mecanismos de regulação sistêmica, notadamente a atuação do BCB como prestamista de último recurso. Esse ponto é inclusive um dos princípios fundamentais da IADI, que enfatiza a importância de um arcabouço formal de coordenação de atividades e informações entre os participantes da rede de segurança oferecida aos bancos (princípio 4).[266] Isso também foi levantado em anteprojeto de lei preparado pelo BCB em 2009, conforme será discutido adiante.

---

[264] INTERNATIONAL MONETARY FUND. Brazil - Financial system stability assessment. Country report n. 12/206, Washington, 2012.

[265] A possibilidade de influência política no resgate ao Panamericano foi alvo de especulação na imprensa pelo fato de o controlador do banco ter se reunido com o Presidente da República em 22 de setembro de 2010, às vésperas das eleições presidenciais. À ocasião, o Presidente da República afirmou que a pauta da reunião não tratou da situação do banco, mas sim de um pedido do apresentador para que o Presidente realizasse doação para o programa Teleton (O GLOBO. Não é assunto do presidente, 11 nov. 2010). Segundo De Bolle, o caso do Panamericano não envolveria risco sistêmico, tornando-se "muito maior do que deveria porque havia a participação da Caixa. O caso foi absolutamente politizado, em outra situação qualquer, se deixaria o banco quebrar e ponto final" (O GLOBO. Edmar Bacha e Monica de Bolle: 'Há um controle disfarçado da inflação', 2 abr. 2011). De acordo com dados do BCB, em dezembro de 2010 o Panamericano ocupava a 19.ª posição no *ranking* de ativos totais de instituições financeiras, representando 0,3% dos ativos do SFN. Informação disponível em: <www4.bcb.gov.br/fis/TOP50/port/Top50P.asp>. Acesso em: 25 jul. 2015.

[266] Na opinião de Ferreira, Procurador-Geral do BCB, o relacionamento entre a autoridade bancária e o FGC não decorreria de entendimentos informais, estando disciplinado no art. 28 da Lei Complementar 101/2000. Conforme visto, o referido dispositivo proibiu a utilização de recursos públicos no socorro a instituição financeiras, salvo mediante lei específica. O artigo também determinou em seu § 1.º que "a prevenção de insolvência e outros riscos"

REGULAÇÃO SISTÊMICA

Nesse aspecto é salutar observar como a ampliação do escopo de atuação do FGC tem provocado mudanças em sua governança corporativa. Até recentemente os membros do Conselho de Administração eram eleitos entre os representantes das instituições associadas ao fundo. Não raro os membros do Conselho de Administração eram os presidentes das instituições associadas. Essa situação, aliada ao novo papel do FGC, provocava evidentes conflitos de interesse. No entanto, a Resolução CMN 4.087, de 24 de maio de 2012, alterou o Estatuto do FGC, proibindo a participação no Conselho de Administração de controladores, administradores ou funcionários de instituições financeiras, entre outros. A mesma proibição passou a valer para os membros da Diretoria Executiva. A eleição dos membros destes órgãos, no entanto, continua sendo realizada pela Assembleia-Geral, composta pelas instituições associadas. Tal mudança procura aproximar a governança corporativa do FGC das melhores práticas sugeridas pela IADI, que lista entre os princípios inerentes a um sistema

---

ficaria a cargo de fundos, e outros mecanismos, constituídos pelas instituições do SFN, na forma da lei, enquanto que seu § 2.º permitiu operações de redesconto do BCB, observado o prazo máximo de 360 dias. O autor também chama a atenção para o fato de o Estatuto do FGC incluir nas suas finalidades, além da proteção aos depositantes, a contribuição para a manutenção da estabilidade do SFN e prevenção de crises bancárias sistêmicas. A partir desses dispositivos o autor conclui que "tendo em vista que a persecução da estabilidade financeira constitui *propósito comum* ao Banco Central e ao FGC, a atuação de ambas as entidades deve ser realizada de maneira coordenada, de modo a direcionar à consecução desse objetivo, de maneira eficiente e racional, os recursos e os esforços públicos e privados". Nesse sentido, o autor alude aos termos do art. 4.º, § 3.º, I, do Estatuto do FGC anexo à Resolução CMN 4.087/2012, que condicionava a atuação do FGC no provimento de liquidez apenas a "situações especiais" reconhecidas pelo BCB. Segundo o autor "[...] *embora o Banco Central não interfira de forma alguma nas condições negociais da concessão de assistência e de suporte financeiro pelo FGC, suas decisões em matéria de organização do sistema financeiro podem interferir na viabilidade do negócio que o FGC pretende financiar. Faz-se necessária, assim, a existência de mecanismo de coordenação entre o Banco Central e o FGC, de modo a evitar que este último conceda financiamentos em operações inviáveis.* Uma vez, no entanto, que o Banco Central reconheça que determinada situação é especial, para fins de concessão de assistência ou suporte financeiro pelo FGC, tem o Fundo liberdade plena de atuação, segundo seu prudente juízo negocial e sua política interna de governança" (FERREIRA, Isaac S. M. Lei determina atuação complementar entre BC e FGC. *Consultor Jurídico*, 11 jun. 2012, p. 1-3; 7). Em que pese a previsão legal de atuação complementar entre o BCB e FGC, cumpre reiterar que o mecanismo de coordenação citado pelo autor não constou na redação do Estatuto do FGC anexo à Resolução CMN 4.222/2013. Dessa forma, é possível afirmar que existem atualmente dois canais de provimento de liquidez funcionando em paralelo e de forma independente, administrados pelo BCB e FGC, respectivamente.

REGULAÇÃO SISTÊMICA E PRUDENCIAL NO SETOR BANCÁRIO BRASILEIRO

efetivo de seguro de depósitos a criação de uma estrutura de governança que não esteja sujeita a interferências políticas e de participantes do mercado (princípio 3).

3.1.2 Regimes especiais aplicáveis às instituições em crise

Conforme visto no início do capítulo, em contraste com outros setores da economia, há um grande temor associado a quebras no setor bancário. Quebras bancárias podem causar um abalo na confiança do público poupador, desencadeando uma corrida aos bancos. A insolvência dessas instituições e o impacto no mercado de crédito podem afetar também o setor produtivo da economia, fazendo com que rapidamente o inadimplemento de um banco provoque dificuldades em outros agentes econômicos fora do sistema financeiro.

Em razão dessas peculiaridades inerentes ao setor bancário, muitos países preferem adotar vias alternativas ao regime falimentar para instituições financeiras, procurando minimizar os efeitos danosos da quebra e até, conforme o caso, reestruturar as atividades da instituição considerada insolvente. Na medida em que o regime falimentar geral é afastado, a maior parte dos sistemas jurídicos tem abordado tais situações de duas formas. A primeira refere-se a ações de cunho provisório, destinadas ao saneamento da instituição financeira, e a segunda concerne a medidas terminativas, voltadas à efetiva liquidação destas.[267] Nada impede também que as duas ações sejam combinadas, geralmente em casos em que a autoridade procura recuperar o banco, mas seus esforços não atingem os resultados pretendidos.

Além de regras diferentes, em muitos casos há ainda a designação de uma autoridade específica para a condução de tais procedimentos – geralmente o banco central ou alguém de sua escolha –, partindo-se da premissa de maior especialização desse órgão e de administradores ou interventores por ele indicados em matéria financeira.[268] Há também países que optaram por transferir a competência para conduzir tais regimes especiais aos responsáveis pelo mecanismo de seguro de depósitos. Além de sua *expertise* no assunto, a lógica aqui seria de que tais entidades teriam interesse em aproveitar ao máximo os ativos do banco em crise, seja para evitar o

---

[267] YAZBEK, Otavio. *Regulação do mercado financeiro e de capitais*, p. 224-225.
[268] SALOMÃO, Eduardo. *Direito bancário*, p. 531.

REGULAÇÃO SISTÊMICA

acesso aos seus recursos para ressarcir correntistas, ou porque, havendo pagamento do seguro de depósitos, se tornarão credores de relevo. É o caso, por exemplo, do FDIC nos Estados Unidos.[269]

Ao afastar a incidência de regras concursais comuns para as instituições financeiras, estas podem ter incentivos para incorrer em comportamentos temerários que, caso adotados por empresas atuantes em outros setores da economia, levariam à sua falência. Por isso é importante que, ao tomar essa decisão, a autoridade bancária não insule os controladores e os administradores da responsabilidade pelos seus atos, restringindo assim o risco moral.

Outro aspecto de relevo na aplicação desses mecanismos deve-se ao fato de que, na medida em que o regime falimentar comum é afastado, a decretação dos regimes especiais acaba muitas vezes se sujeitando à discricionariedade da autoridade bancária. Considerando que há uma série de fatores que podem distorcer o foco de atuação dessas autoridades em tais situações, há preocupação especial em alinhar seus incentivos com os objetivos pretendidos pela regulação sistêmica. Entre os fatores que podem comprometer a atuação da autoridade bancária, um dos mais conhecidos é a chamada síndrome do "não no meu turno" (*not on my watch syndromme*),[270] segundo a qual supervisores bancários podem hesitar em decretar o regime especial por temor de que isso prejudique a sua reputação ou cause instabilidade no sistema financeiro. Esse fenômeno é bem representado na seguinte descrição de Goodhart:[271]

> Uma vez que a medida de sucesso de reguladores é a prevenção de desastres, há uma tendência evidente de o regulador/supervisor tentar prevenir desfechos desagradáveis e, caso algo de ruim aconteça, evitar que aquilo seja reconhecido como sua falha. Isso pode ser feito, por exemplo, por meio da tolerância, em que regulador e regulado concordam em não invocar a penalidade legal pela infração a alguma regulação, na esperança de que aquela infração seja corrigida por medidas futuras mais bem-suce-

---

[269] LASTRA, Rosa Maria. *Banco Central e regulamentação bancária*, p. 110.

[270] "Uma vez que quebras bancárias podem ser vistas (incorretamente, muitos diriam!) como falhas de supervisão, pode haver uma relutância em fechar bancos ('não no meu turno')" (BARTH, James R. et al. *Rethinking bank regulation*, p. 60. Tradução livre).

[271] GOODHART, Charles A. E. Regulating the regulator – An economist's perspective. In: _____; FERRAN, Eilís. *Regulating financial services and markets in the 21st century*. Oxford: Hart Publishing, 2001, p. 154-155. Tradução livre.

didas do regulado [...] Um exemplo [dessa tolerância] foi a demora e relutância em reconhecer e resolver as perdas das *Savings and Loans Institutions* nos Estados Unidos na década de 1980 [...].

Parece natural que autoridades bancárias prefiram manter a normalidade das operações no sistema financeiro em vez de arriscar medidas drásticas como a decretação de regimes especiais. A intervenção ou a liquidação de instituições financeiras pode desestabilizar o mercado, lançando críticas de que as ações do órgão, ao invés de evitar, causaram uma crise sistêmica. A preocupação da autoridade bancária com os possíveis impactos de suas ações pode acabar postergando demasiadamente a decretação do regime especial, sob a crença de que a instituição irá se recuperar, potencializando as perdas para seus credores.

Uma forma de lidar com esses possíveis desvios na atuação da autoridade bancária é por meio da sua responsabilização (e de seus dirigentes) nos casos em que ocorram prejuízos em razão de sua atuação comissiva falha ou tardia, ou mesmo omissiva. Isso evidentemente dependerá das características de cada país, notadamente a possibilidade de responsabilização do Estado em seu ordenamento jurídico. No entanto, a responsabilidade da autoridade em virtude de atos de supervisão, ou ausência destes, sobre as instituições financeiras, é sempre um assunto polêmico, pois, sem capacidade de previdência, intervenções consideradas necessárias e não realizadas, ou intervenções consideradas desnecessárias e realizadas, acabam invariavelmente sujeitando a decisão a críticas.[272]

Outra possibilidade aventada seria a limitação dessa discricionariedade na decretação de regimes especiais. Seguindo nessa linha, em 1989 o *Shadow Financial Regulatory Committee* (SFRC), composto por especialistas independentes que se reúnem periodicamente para analisar políticas regulatórias afetando o sistema financeiro, propôs a adoção de um mecanismo de intervenção prévia como um importante complemento à supervisão baseada no capital ajustado ao risco. Segundo a sugestão do SFRC, para tornar a supervisão bancária mais eficaz, seria desejável a introdução

---

[272] Conforme a oportuna colocação de Saddi: "A decisão da decretação de qualquer um dos regimes especiais será sempre assim, eivada de possibilidade da crítica em função de sua oportunidade e conveniência. Jamais deixará de haver críticas pela decisão ser demasiado tardia ou precipitadamente antecipada" (SADDI, Jairo. *Algumas propostas de mudança para a Lei 6.024*, p. 299).

de uma estrutura explícita de indicadores financeiros que, caso desrespeitados, causariam o progressivo recrudescimento da fiscalização e o cerceamento das operações da instituição financeira. A contínua transgressão aos indicadores financeiros, mesmo após as sanções regulatórias, levaria à decretação automática do regime especial.[273]

Essa abordagem preventiva procuraria assegurar que bancos fossem liquidados enquanto ainda houvesse ativos para ressarcir seus credores. Além disso, ao forçar a atuação da autoridade bancária de maneira antecipada, poderia evitar que o prolongamento da deterioração da condição financeira de um banco causasse maiores prejuízos à sociedade. Para o sucesso da proposta, os indicadores financeiros deveriam ser definidos de forma clara, sua observância pelos participantes do setor deveria ser obrigatória, e não poderia haver possibilidade de desvios ou tolerância das autoridades na aplicação dessas medidas. A partir da sugestão do SFRC, outros autores e até mesmo autoridades bancárias passaram a tratar dessa estratégia regulatória, que ficou conhecida genericamente como "Intervenção e Liquidação Estruturada Antecipada" (*Structured Early Intervention and Resolution* – SEIR).[274]

Em pesquisa sobre as melhores práticas internacionais de regulação sistêmica realizada com 153 autoridades bancárias ao redor do mundo, Barth et al. identificam 79 países que adotam indicadores de solvência como critério para a tomada de ações pela autoridade bancária, incluindo a decretação de regimes especiais. É o que os autores chamam de "ações corretivas imediatas" (*prompt corrective action*), que, segundo eles, seriam desejáveis no arcabouço regulatório, uma vez que ajudariam a proteger autoridades bancárias de pressões externas que geralmente surgem nesse processo.[275] O posicionamento dos autores é oportuno, pois mostra que o que poderia ser visto como uma interferência na liberdade de atuação da autoridade bancária pode ser interpretado também como uma forma de lhe garantir

---

[273] SHADOW FINANCIAL REGULATORY COMMITTEE. Risk-based capital and early intervention proposal of Federal Home Loan Bank Board. *Statement n. 40*, Chicago, fev. 1989; e Idem. An outline of a program for deposit insurance and regulatory reform. *Statement n. 41*, Chicago, fev. 1989.

[274] KAUFMAN, George G. Bank failures, systemic risk, and bank regulation; MAYES, David G. Early intervention and prompt corrective action in Europe. *Bank of Finland Research Discussion Paper*, n. 17, ago. 2009; e STERN, Gary H.; FELDMAN, Ron J. *Too big to fail*: the hazards of bank bailouts. Washington: Brookings Institution Press, 2004, p. 125-126.

[275] BARTH, James R. et al. *Rethinking bank regulation*, p. 124-125.

independência, dado que a decretação de regimes especiais se tornaria uma obrigação legal, resguardando-a de interesses privados e políticos.

Não obstante, a adoção de tais mecanismos também apresenta riscos relacionados precisamente à eliminação da discricionariedade na atuação da autoridade bancária. A decretação automática de regimes especiais em contextos de instabilidades sistêmicas pode acabar potencializando o cenário de pânico e os efeitos deletérios da crise. Da mesma forma, caso tais "gatilhos" sejam de conhecimento público, a deterioração da condição de instituições financeiras poderia acelerar corridas bancárias, uma vez que a decretação do regime especial deixaria de ser uma possibilidade para se tornar uma certeza. Naturalmente, o argumento contrário poderia ser suscitado no sentido de que seria justamente a existência desses riscos que faria com que as instituições financeiras tivessem atenção redobrada para não se aproximarem dos patamares que acionariam os "gatilhos".

3.1.2.1 Regimes especiais no Sistema Financeiro Nacional

Existem na atualidade três regimes especiais para instituições financeiras no SFN.[276] A Lei 6.024/1974 instituiu os regimes de intervenção e de liquidação extrajudicial, e o Decreto-lei 2.321/1987 criou o RAET. Enquanto a intervenção e o RAET são procedimentos voltados ao saneamento administrativo e financeiro das instituições a eles submetidas, a liquidação extrajudicial destina-se a casos de maior gravidade, em que resta apenas liquidar a instituição financeira. É importante mencionar que tanto o art. 1.º da Lei 6.024/1974 como o art. 1.º do Decreto-lei 2.321/1987 determinam que os regimes se aplicam apenas às instituições financeiras privadas e públicas não federais. Assim, estariam excluídas as instituições públicas federais, em relação às quais existe a expectativa de ação direta do poder público em caso de verificação de irregularidades.[277]

O art. 2.º da Lei 6.024/1974 prevê o regime de intervenção quando se verificarem as seguintes "anormalidades" na instituição financeira: (i) a entidade sofrer prejuízo decorrente da má administração, sujeitando os credores a risco; (ii) forem verificadas reiteradas infrações a dispositivos da legislação bancária não regularizadas após as determinações do BCB,

---

[276] Para uma análise histórica da origem dos regimes especiais no ordenamento jurídico pátrio: VERÇOSA, Haroldo M.D. *Responsabilidade civil especial nas instituições financeiras e nos consórcios em liquidação extrajudicial*. São Paulo: RT, 1993, p. 17-26.

[277] SALOMÃO, Eduardo. *Direito bancário*, p. 534-535.

REGULAÇÃO SISTÊMICA

no uso das suas atribuições de fiscalização, e (iii) ocorrência dos fatos justificadores de pedido de falência, desde que haja possibilidade de evitar a liquidação extrajudicial. O RAET, por outro lado, nos termos do art. 1.º do Decreto 2.321/1987, pode ser decretado pelo BCB na hipótese de: (i) prática reiterada de operações contrárias às diretrizes de política econômica ou financeira traçadas em lei federal; (ii) existência de passivo a descoberto; (iii) descumprimento das normas referentes à conta de reservas bancárias mantida no BCB; (iv) gestão temerária ou fraudulenta de seus administradores; bem como (v) ocorrência de qualquer das situações supracitadas referentes ao art. 2.º da Lei 6.024/1974.[278]

No caso da liquidação extrajudicial, a Lei 6.024/1974 estabelece regime distinto, voltado às situações que possam efetivamente comprometer a viabilidade das atividades da instituição. Assim, o art. 15 da lei relaciona as seguintes hipóteses de liquidação *ex officio* pelo BCB: (i) em razão de ocorrências que comprometam sua situação econômica ou financeira, especialmente quando deixar de satisfazer, com pontualidade, seus compromissos ou quando se caracterizar qualquer dos motivos que autorizem a declaração de falência; (ii) quando a administração violar gravemente as normas legais e estatutárias que disciplinam a atividade da instituição, bem como as determinações do CMN ou do BCB, no uso de suas atribuições legais; (iii) quando a instituição sofrer prejuízo que sujeite a risco anormal seus credores quirografários; e (iv) quando, cassada a autorização para funcionar, a instituição não iniciar, nos 90 dias seguintes, sua liquidação ordinária, ou, quando iniciada esta, verificar o BCB que a morosidade de sua administração pode acarretar prejuízos para os credores.

Observa-se, portanto, que no sistema vigente a autoridade bancária possui certa discricionariedade na aplicação desses regimes, uma vez que

---

[278] Em razão das semelhanças entre os dois diplomas legais, disseminou-se a impressão de que o RAET havia revogado o regime de intervenção previsto na Lei 6.024/1974. Entretanto, conforme a lição de Yazbek, essa impressão é equivocada. Os dois regimes continuam a coexistir, mas o RAET acabou sendo mais utilizado em virtude de seu caráter menos "traumático" e mais adequado à recuperação dos negócios da instituição. Enquanto a intervenção gera, nos termos do art. 6.º da Lei 6.024/1974, a suspensão da exigibilidade das obrigações vencidas, da fluência do prazo das obrigações vincendas anteriormente contraídas, e a inexigibilidade dos depósitos existentes, o RAET representa procedimento mais simples, por acarretar, fundamentalmente, a perda do mandato de administradores e conselheiros fiscais e sua substituição por outros, nomeados pelo BCB, sem interrupção dos negócios da instituição (YAZBEK, Otavio. *Regulação do mercado financeiro e de capitais*, p. 226).

muitos dos critérios utilizados para decretação dos regimes têm caráter subjetivo, apoiando-se no juízo de valor do BCB quanto à sua configuração. É o caso, por exemplo, da previsão na Lei 6.024/1974 de que a intervenção será decretada em razão de prejuízo decorrente de *má* administração *que sujeite os credores a risco*, ou *reiteradas* infrações à legislação bancária. Igualmente, a liquidação será decretada no caso de ocorrências que *comprometam* a situação econômica ou financeira do banco, quando a instituição violar *gravemente* as normas legais e estatutárias que disciplinam a sua atividade, ou então quando a instituição sofrer prejuízo que sujeite a risco *anormal* seus credores quirografários. O art. 1.º do Decreto-lei 2.321/1987 prevê certos "gatilhos" para a decretação do RAET, como a existência de passivo a descoberto ou o descumprimento de normas referentes à conta de reservas bancárias. No entanto, há também critérios subjetivos como a prática *reiterada* de operações *contrárias às diretrizes de política econômica ou financeira*, ou então quando for constatada gestão *temerária* de seus administradores. Em tais casos, caberá ao BCB interpretar o significado de "violação grave", "risco anormal" ou "gestão temerária", entre outros.

Além da discricionariedade quanto à configuração dos pressupostos de decretação dos regimes especiais, o parágrafo 1.º do art. 15 da Lei 6.024/74 prevê que o BCB, considerando as repercussões da liquidação extrajudicial sobre os interesses dos mercados financeiro e de capitais, poderá, em seu lugar, efetuar a intervenção, se julgar esta medida suficiente para a normalização dos negócios da instituição e preservação daqueles interesses. Igualmente, o art. 1.º do Decreto-lei 2.321/1987 permite que o BCB, diante dos pressupostos para decretação da intervenção, opte pelo RAET em seu lugar. Essa ampla discricionariedade é bem vista por alguns autores,[279] por atribuir certa "margem de manobra" à autoridade bancária em casos que, não raro, envolvem inúmeras condicionantes de previsão impossível.[280]

---

[279] SALOMÃO, Eduardo. *Direito bancário*, p. 538.

[280] Vale ressaltar, no entanto, que a discricionariedade do BCB na decretação de regimes especiais já sujeitou a autoridade bancária a críticas e inclusive ações judiciais. Entre os casos mais notórios de questionamento à atuação do BCB, destaca-se a intervenção no Grupo Coroa Brastel na década de 1980. Um aspecto que chamou a atenção nesse episódio foi a alegada existência de documentos preparados por comissão de sindicância do próprio BCB indicando que a autarquia estaria ciente desde 1979 da grave situação do Grupo Coroa Brastel. Não obstante, a autarquia teria ordenado a suspensão das fiscalizações e inspeções ordinárias na financeira a partir de maio de 1982. No período que se seguiu, a situação da entidade se deteriorou rapidamente, tornando-se inevitável a decretação da intervenção em 1983, com

REGULAÇÃO SISTÊMICA

Esses três regimes foram "reforçados" com a Lei 9.447/1997, que teve origem na MP 1.182/1995, promulgada no contexto do Proer, e que deu amplos poderes ao BCB para promover soluções de mercado em instituições em crise. Dessa forma, se o art. 15, § 1.º, da Lei 6.024/1974 já permitia expressamente que a autarquia, considerando a gravidade dos fatos, optasse entre a intervenção e a liquidação extrajudicial, a Lei 9.447/1997 ampliou essa discricionariedade ao permitir-lhe três outras possibilidades. Segundo o art. 5.º da lei, verificada a ocorrência de qualquer das hipóteses previstas nos arts. 2.º e 15 da Lei 6.024/1974, e no art. 1.º do Decreto-

---

sua subsequente liquidação. O BCB foi acionado judicialmente pelos investidores do Coroa Brastel sob a acusação de que teria sido omisso em sua supervisão, não tendo interferido na instituição já em 1979. O Tribunal Regional Federal (TRF) condenou o BCB por omissão quanto às irregularidades verificadas (TRF 1.ª Região, AC 95.01.26055-0/DF, Rel. Des. Fernando Gonçalves, j. 25.03.1996). A decisão, no entanto, foi revertida pelo STJ em julgamento no qual o voto do relator confirmando a decisão do TRF foi vencido. Em voto de desempate, o Ministro Franciulli Netto decidiu contra o posicionamento do relator, destacando que fiscalizar não significa atuar, e que não haveria nexo de causalidade entre a ação ou omissão do Estado e o dano sofrido pelo lesado. Segundo o posicionamento do Ministro: "A mera omissão na fiscalização, ainda que existente, não levaria ao infeliz, mas não imprevisível desate do Grupo Coroa Brastel, dado o alto risco especulativo com que atuava [...] Apenas a título de argumentação, se o fiscal oficiar como mero 'dois de paus', com olhos de quem não quer enxergar e ouvidos de mercador, nem por isso, ou apesar disso, a empresa fiscalizada necessariamente irá para a bancarrota ou para o descaminho. Muito pelo contrário, empresa séria e bem estruturada atingirá plenamente seus regulares objetivos, com ou sem fiscalização" (REsp 44500/MG, Rel. Min. Eliana Calmon, j. 28.11.2000). Ao referir-se à decisão do STJ, Salomão a descreve como "não razoável", argumentando que esta consideraria argumentos juridicamente irrelevantes, como o fato de os investidores prejudicados terem sido atraídos pelo elevado retorno das letras de câmbio – denotativo de risco – e pretenderem socializar seus prejuízos (SALOMÃO, Eduardo. *Direito bancário*, p. 579). A atuação do BCB voltou a ser alvo de especulação na imprensa na década de 1990, nos já mencionados casos do Banco Econômico e Banco Nacional, sob alegações de atuação tardia e interferência política nas intervenções (VEJA. O Barão da Bahia beija a lona, n. 1.405, 16 ago. 1995; VEJA. O golpe do balanço fraudado, n. 1.433, 28 fev. 1996; ISTO É. A conta do Proer, n. 1.504, 29 jul. 1998; e CARVALHO, Carlos Eduardo. Ocultamento e mistificação nas relações do Banco Central com os bancos, p. 205-211), bem como na intervenção do Banco Santos em 2004, sob alegações de que a autoridade bancária teria conhecimento de irregularidades na instituição desde 2001, tendo enviado técnicos ao banco em 2002 e um termo de comparecimento em 2004 notificando e alertando diretores do banco da existência de irregularidades ou indícios de irregularidades. A intervenção ocorreria 226 dias depois, provocando polêmica pelo fato de o então presidente do Senado Federal ter realizado saque de seus investimentos na instituição no dia anterior (FOLHA DE SÃO PAULO. BC via problemas no Banco Santos desde 2001, 26 dez. 2004, p. B3).

REGULAÇÃO SISTÊMICA E PRUDENCIAL NO SETOR BANCÁRIO BRASILEIRO

-lei 2.321/1987, é facultado ao BCB, sem prejuízo da posterior adoção dos regimes de intervenção, liquidação extrajudicial ou administração especial temporária, determinar: (i) a capitalização da sociedade, com o aporte de recursos necessários ao seu soerguimento; (ii) a transferência do controle acionário; e (iii) a reorganização societária, inclusive mediante incorporação, fusão ou cisão. Além dessas três novas possibilidades, o art. 4.º da Lei 9.447/1997 estendeu ao RAET as hipóteses de aplicação da liquidação extrajudicial previstas no art. 15 da Lei 6.024/1974. Dessa forma, segundo a síntese de Ferreira, Procurador-Geral do BCB:[281]

> [...] o Banco Central, diante de determinadas hipóteses previstas em lei, *pode optar por qualquer um dos três regimes ou nem mesmo aplicá-los*, levando em consideração, para decidir, as características do caso concreto e o interesse público maior na estabilidade sistêmica e na proteção de depositantes, investidores e demais credores.

Havendo a decretação do regime especial cabível, a Lei 9.447/1997 previu ainda outras importantes medidas saneadoras, como: (i) a possibilidade de transferência para outra ou outras sociedades, isoladamente ou em conjunto, de bens, direitos e obrigações da empresa ou de seus estabelecimentos; (ii) a possibilidade de alienar ou ceder bens e direitos a terceiros e acordar a assunção de obrigações por outra sociedade; e (iii) proceder à constituição ou reorganização de sociedade ou sociedades para as quais sejam transferidos, no todo ou em parte, bens, direitos e obrigações da instituição sob intervenção, liquidação extrajudicial ou administração especial temporária, objetivando a continuação geral ou parcial de seu negócio ou atividade. Tais medidas possibilitam a divisão da instituição financeira em duas partes (banco bom – banco ruim), separando a parte "saudável" de suas atividades daquela que se encontra insolvente, e permitindo a transferência da primeira a outras instituições.[282]

---

[281] FERREIRA, Isaac S. M. Lei determina atuação complementar entre BC e FGC, p. 5.

[282] Vale ressaltar que o escopo de atuação da autoridade bancária nesses casos sujeita-se à vedação do já mencionado art. 28 da Lei Complementar 101/2000 quanto à utilização de recursos públicos no socorro a instituições participantes do SFN, inclusive em operações de crédito, salvo mediante lei específica. Por outro lado, conforme visto, desde 2012 o Estatuto do FGC passou a permitir a contratação de operações de assistência ou suporte financeiro, inclusive com o objetivo de promover a transferência de controle acionário, transformação,

REGULAÇÃO SISTÊMICA

Essa ampla gama de opções atribuída à autoridade bancária para intervir em instituições em crise revela-se um aspecto positivo da legislação brasileira, uma vez que coloca uma série de medidas à disposição do BCB para atenuar o impacto sistêmico dessas situações, ao mesmo tempo em que preserva a normalidade das funções do sistema financeiro. Esse ponto foi inclusive enfatizado em relatório do Comitê de Basileia, acentuando a necessidade de dotar autoridades bancárias nacionais de instrumentos que permitam a rápida transferência de operações, ativos, passivos e fundo de comércio de uma instituição para outra em contextos de crise.[283] Na medida em que o relatório procura sumarizar pontos de reforma regulatória com base em problemas enfrentados por autoridades bancárias na crise financeira recente, o Brasil é considerado exemplo para outros países nesse aspecto.[284]

Outra questão importante desses mecanismos de regulação sistêmica no Brasil refere-se à responsabilidade de administradores e controladores nos regimes especiais. Nesse ponto, a legislação brasileira se mostra bastante rigorosa, estabelecendo diferentes tipos de responsabilidade e medidas disponíveis à autoridade bancária, conforme o cargo ocupado e posição de controle da pessoa.[285] O art. 39 da Lei 6.024/1974 determina que os administradores e membros do Conselho Fiscal de instituições financeiras devem responder pelos atos que tiverem praticado ou omissões em que houverem incorrido. Já o art. 40 da lei impõe aos administradores da instituição financeira responsabilidade solidária pelas obrigações por esta assumidas durante sua gestão.

No caso do RAET, o art. 15 do Decreto-lei 2.321/1987 determinou a responsabilidade solidária com os ex-administradores da instituição pelas obrigações por esta assumidas, das pessoas naturais ou jurídicas que com ela mantenham vínculo de controle, independentemente da apuração de dolo ou culpa. Essa era uma distinção de relevo para os regimes de inter-

---

incorporação, cisão ou outras formas de reorganização societária de interesse das instituições associadas, sujeitas às limitações ali previstas.

[283] COMITÊ DE BASILEIA. Report and recommendations of the cross-border bank resolution group. Basileia, mar. 2010.

[284] VALOR ECONÔMICO. Gustavo Loyola – O Brasil e as lições da crise, 5 abr. 2010, p. A13.

[285] Para uma análise histórica da responsabilidade civil especial na insolvência das instituições financeiras: VERÇOSA, Haroldo M. D. A responsabilidade civil especial nas instituições financeiras insolventes. In: SADDI, Jairo (Org.). *Intervenção e liquidação extrajudicial no Sistema Financeiro Nacional*, p. 152-155.

venção extrajudicial ou de liquidação, que previam apenas a responsabilidade dos administradores. A distinção foi eliminada com o art. 1.º da Lei 9.447/1997, que estendeu o regime de responsabilidade solidária dos controladores previsto no art. 15 do Decreto-lei 2.321/1987 aos regimes de intervenção e liquidação extrajudicial da Lei 6.024/1974. Finalmente, o art. 19 do Decreto-lei 2.321/1987 prevê a aplicação subsidiária das disposições da Lei 6.024/1974 ao RAET, especialmente no tocante a medidas acautelatórias e promotoras da responsabilidade dos ex-administradores, desde que não conflitantes com o regime ali previsto.

A leitura do art. 39 da Lei 6.024/1974 revela que a responsabilidade ali contemplada enquadra-se no modelo de responsabilidade subjetiva clássica, em que há necessidade de verificação de culpa, dolo e nexo de causalidade com o dano, por parte dos sujeitos passivos. Já no caso do art. 40 a responsabilidade não seria decorrente do ato praticado, mas sim das obrigações da instituição financeira. A responsabilidade é solidária entre os controladores e administradores, de forma que respondem mesmo por obrigações conferidas à esfera de atribuição de outrem.[286] A esse respeito, Verçosa conclui que o art. 40 estabeleceu modelo de responsabilidade objetiva, ou seja, desvinculado da necessidade de prova de culpa ou dolo dos sujeitos passivos.[287]

A responsabilidade civil especial prevista no art. 40 tem caráter prudencial, na medida em que cria estímulos para que os sujeitos passivos atuem com o máximo de diligência, não assumindo riscos atípicos no mercado, devido ao receio de se sujeitarem a uma responsabilidade sem culpa. Além disso, a responsabilidade objetiva solidária do art. 40 criaria incentivos para que houvesse constante fiscalização interna mútua, uma vez que, conforme o exemplo de Salomão, o diretor de sistemas responderia por prejuízos causados por operações de crédito aprovadas pelo comitê de crédito, ainda que dele não participe. Outrossim, haveria ainda pressão externa, pois apenas as instituições bem administradas conseguiriam contratar bons profissionais no mercado, haja vista que o risco de associar-se a uma instituição mal administrada e sofrer reflexos na esfera patrimonial estaria sempre presente.[288]

---

[286] SALOMÃO, Eduardo. *Direito bancário*, p. 560-561.
[287] VERÇOSA, Haroldo M. D. A responsabilidade civil especial nas instituições financeiras insolventes, p. 155. Nesse mesmo sentido: SALOMÃO, Eduardo. *Direito bancário*, p. 561.
[288] SALOMÃO, Eduardo. *Direito bancário*, p. 561-562.

REGULAÇÃO SISTÊMICA

É importante notar, no entanto, que esses posicionamentos não são pacíficos, havendo correntes doutrinárias divergentes tratando da natureza da responsabilidade especial dos controladores e administradores de instituições financeiras, nem todas aceitando o entendimento supracitado.[289] Nesse aspecto, embora haja julgados reconhecendo o caráter objetivo da responsabilidade prevista no art. 40 da Lei 6.024/1974,[290] é preciso mencionar também posicionamento do STJ afirmando seu caráter subjetivo para administradores, porém com presunção de culpa pelos atos praticados durante sua gestão.[291] Dessa forma, haveria inversão do ônus da prova, que passaria a ser dos administradores, aos quais competiria demonstrar que atuaram com o devido zelo, impedindo sua responsabilização pelos prejuízos causados.

Finalmente, cumpre mencionar a previsão de indisponibilidade dos bens dos administradores no caso de liquidação ou intervenção extrajudicial, inclusive para aqueles que tenham exercido tais funções nos 12 meses anteriores à decretação do regime. Essa indisponibilidade pode ainda ser estendida, por proposta do BCB, aos bens de outras pessoas, inclusive gerentes e conselheiros fiscais, desde que aprovada pelo CMN (art. 36 da Lei 6.024/1974). O art. 2.º da Lei 9.447/1997 ampliou essa indisponibilidade para abarcar também os bens dos controladores, podendo o BCB, no entanto, excluir da indisponibilidade os bens das pessoas jurídicas controladoras das instituições financeiras sob regime especial, objetivando assegurar a normalidade de sua atividade econômica e os interesses dos credores. Essa possibilidade não se aplica, porém, às pessoas naturais do controlador.[292]

---

[289] Para uma exposição das principais correntes: DE LUCCA, Newton. A responsabilidade civil dos administradores de instituições financeiras. *Revista de Direito Mercantil, Industrial, Econômico e Financeiro*, n. 67, jul.-set. 1987; e VERÇOSA, Haroldo M.D. *Responsabilidade civil especial nas instituições financeiras e nos consórcios em liquidação extrajudicial*, p. 51-71.

[290] REsp 21245/SP, Rel. Min. Ruy Rosado Aguiar, j. 04.10.1994; REsp 171748/RO, Rel. Min. Peçanha Martins, j. 06.05.2004; REsp 172736/RO, Rel. Min. Peçanha Martins, j. 10.06.2003; e AgRg 189349/SP, Rel. Min. Ruy Rosado Aguiar, j. 14.12.1999.

[291] REsp 447939/SP, Rel. Min. Nancy Andrighi, j. 04.10.2007.

[292] VERÇOSA, Haroldo M. D. A responsabilidade civil especial nas instituições financeiras insolventes, p. 165-166.

3.1.3 Emprestador de último recurso

Outro importante instrumento de prevenção de crises bancárias é o provimento de liquidez a instituições financeiras em dificuldade, também chamado de emprestador de último recurso (*lender of last resort*). Considerado o primeiro mecanismo de regulação sistêmica, suas origens confundem-se com a própria evolução da atuação dos bancos centrais na Europa.[293] Justamente em razão disso alguns autores consideram essa função uma "prerrogativa clássica" de tais autoridades.[294]

Há dois principais contextos em que os bancos centrais são chamados a intervir no setor bancário para injeção de recursos.[295] Em um primeiro momento, o banco central pode ter de prover recursos a instituições financeiras para auxiliar na superação de problemas conjunturais da economia. Esse tipo de auxílio geralmente ocorre no contexto de um evento sistêmico que afeta negativamente diversas instituições financeiras simultaneamente. Em tais casos, a atuação do banco central é direcionada principalmente a instituições ilíquidas, ou seja, aquelas que dispõem de patrimônio suficiente para garantir as suas obrigações, mas não contam, naquele momento, com caixa suficiente para liquidar suas obrigações.

No segundo caso, o banco central pode ter de prover uma assistência emergencial de liquidez a um determinado banco para evitar sua quebra e uma possível contaminação de outras instituições financeiras. Nessa situa-

---

[293] As origens desse mecanismo podem ser traçadas à célebre obra *Lombard Street*, de Bagehot, em que o autor analisa o comportamento do Banco da Inglaterra ao longo do século XIX. Segundo o autor, a atuação do banco, excessivamente focada na proteção de suas reservas em momentos de crise, teria contribuido para os pânicos bancários observados no período. Bagehot reconheceu, na prática, a importância do Banco da Inglaterra e sua responsabilidade de emprestar dinheiro para bancos correspondentes em tempos de crise, desde que com garantias adequadas. Isso incluía também taxas de juros punitivas para compensar o risco moral. Sua obra lançaria as bases para a função clássica de prestamista de último recurso assumida por bancos centrais (BAGEHOT, Walter. *Lombard street:* a description of the money market; e FREITAS, Maria Cristina Penido. A evolução dos bancos centrais e seus desafios no contexto da globalização financeira. *Estudos Econômicos*, FEA-USP, São Paulo, v. 30, n. 3, 2000, p. 404). De fato, alguns autores, como Capie et al., chegam inclusive a identificar o marco inicial de atuação dessas instituições como bancos centrais com base na década em que começaram a desempenhar a função de prestamistas de último recurso (CAPIE, Forrest et al. *The future of central banking*: the tercentenary symposium of the Bank of England. Cambridge: Cambridge University Press, 1994, p. 5-6).

[294] SADDI, Jairo. *Crise e regulação bancária*, p. 151.

[295] DE BANDT, Olivier; HARTMANN, Philipp. Systemic risk, p. 16.

REGULAÇÃO SISTÊMICA

ção crítica, o banco que recebe o resgate tipicamente está à beira da insolvência, ou já se tornou insolvente.[296] A esse respeito, é importante ressaltar que, em linha com as considerações tecidas a respeito do FGC, o provimento de recursos a instituições em crise não deve ser encarado como uma obrigação do banco central e tampouco deve ocorrer de forma irrestrita. O motivo, evidentemente, é o risco moral que o provimento indiscriminado de recursos a instituições financeiras em dificuldades pode causar. Assim, a utilização desse mecanismo em tais casos deve destinar-se apenas àquelas situações em que a quebra da instituição financeira provoque riscos à estabilidade do sistema financeiro.[297] No entanto, reconhece-se que, na prática, nem sempre é possível avaliar antecipadamente se o auxílio do banco central é imprescindível ou não.[298]

Dentre as medidas propostas para mitigar o risco moral decorrente da adoção desse tipo de mecanismo, ressalta-se a importância de formalizar tais instrumentos no arcabouço regulatório a fim de evitar abusos e criação de benefícios escusos para administradores e controladores das instituições resgatadas.[299] Como no caso da decretação de regimes especiais, o provimento de liquidez aos bancos também é área propícia ao surgimento de incentivos negativos na atuação da autoridade bancária, decorrentes da *not on my watch syndromme* e da percepção de que os agentes de mercado são grandes demais para quebrar. Em razão disso, é importante que o provimento de liquidez tenha previsão legal, incluindo medi-

---

[296] SADDI, Jairo. *Crise e regulação bancária*, p. 152.

[297] Segundo a lição de Lastra: "[...] primeiramente, o papel do Banco Central de LOLR é discricionário, não imperativo; em segundo lugar, o Banco Central avalia não somente se a situação é de iliquidez ou insolvência, mas também se a quebra de uma instituição pode causar por contágio a quebra de outras instituições, ou seja, o Banco Central avalia o potencial de um risco sistêmico" (LASTRA, Rosa Maria. Banco Central e regulamentação bancária, p. 105).

[298] Conforme Verçosa: "[...] se uma intervenção para correção de rumos deve ser efetuada pelo Estado, resta saber qual o nível ótimo a ser adotada: nem menos para caracterizar sua insuficiência, nem mais, para não cair no paternalismo excessivo. Essa é uma questão a ser decifrada pelos economistas, em processos de tentativa e erro" (VERÇOSA, Haroldo M. D. *Bancos centrais no direito comparado*: o Sistema Financeiro Nacional e o Banco Central do Brasil. São Paulo: Malheiros, 2005, p. 261-262).

[299] YAZBEK, Otavio. *Regulação do mercado financeiro e de capitais*, p. 238.

das de controle, como limites temporais e taxas penalizantes conforme o período de utilização.[300]

Outra forma de mitigar o risco moral seria por meio da prestação de contas em casos de operações de resgate a instituições financeiras. A preocupação em criar formas de *accountability* pela autoridade bancária buscaria evitar que argumento do "risco sistêmico" fosse invocado de maneira arbitrária para justificar resgates. Conforme a lição de Schwarcz, "risco sistêmico é um conceito econômico, e não político, não devendo ser utilizado de forma acrítica como rótulo político *ex post* para quebras bancárias".[301] Em muitos casos essa prestação de contas é feita pelo Poder Legislativo, com a instauração de comissões para investigações de quebras no setor bancário, em que as autoridades bancárias são sujeitas a intenso escrutínio de suas ações. Exemplos disso são a já mencionada "CPI dos bancos", realizada pelo Congresso Nacional em 1999,[302] os relatórios sobre a quebra do Continental Illinois Bank, em 1984,[303] e Lincoln Savings and Loans, em 1990,[304] bem como, mais recentemente, a comissão instaurada na Inglaterra para averiguação da conduta da Autoridade de Serviços Financeiros (*Financial Services Authority* – FSA), uma das autoridades responsáveis pela regulação e supervisão do sistema financeiro inglês até 2012, na quebra do Northern Rock em 2008.[305] Tais medidas, no entanto, tornam o processo sujeito a conveniências políticas, que podem acabar influenciando a quantidade e qualidade das informações apresentadas.

3.1.3.1 Provimento de recursos pelo Banco Central do Brasil

As operações de liquidez realizadas no âmbito do SFN encontram amparo no art. 4.º, XVII, da Lei 4.595/1964, que estabelece como competência privativa do CMN a atribuição da regulamentação, bem como a fixação de

---

[300] HONOHAN, Patrick; KLINGEBIEL, Daniela. Controlling the fiscal costs of banking crisis. *Policy Research Working Paper*, The World Bank, n. 2.441, 2000.

[301] SCHWARCZ, Steven L. Systemic risk. *Georgetown Law Journal*, v. 97, n. 1, 2008, p. 204. Tradução livre.

[302] CONGRESSO NACIONAL. *Relatório final da Comissão Parlamentar de Inquérito criada através do requerimento n. 127 de 1999-SF.*

[303] U.S. CONGRESS. *Inquiry into the Continental Illinois Corp. and Continental Illinois National Bank.*

[304] Idem. *Investigation of Lincoln Savings and Loan Association.* House of Representatives, Committe on Banking, Finance, and Urban Affairs, 1990, 100th Cong., 1st session.

[305] HOUSE OF COMMONS. *The run on the Rock.* Treasury Committee, Fifth report of session 2007-08, v. 1, 24 jan. 2008.

REGULAÇÃO SISTÊMICA

limites, prazos e demais condições necessárias para as operações de redesconto e de empréstimo, efetuadas com quaisquer instituições financeiras públicas e privadas de natureza bancária. Compete ao BCB realizar as operações de redesconto e empréstimos com instituições financeiras em dificuldades (art. 10, V).

De acordo com o art. 1.º do anexo à Circular BCB 3.105, de 5 de abril de 2002, o acesso ao redesconto é facultado às instituições financeiras titulares de contas de reservas bancárias ou conta de liquidação junto à autoridade. O auxílio nesse caso pode ocorrer de duas formas. Em primeiro lugar, tem-se o redesconto na modalidade de compra com compromisso de revenda, em que a autoridade bancária adquire títulos públicos federais que integram a posição de custódia própria da instituição financeira, bem como outros títulos e valores mobiliários, créditos e direitos creditórios, preferencialmente com garantia real, e outros ativos. A instituição beneficiada irá posteriormente recomprar esses títulos com o acréscimo de uma remuneração financeira ao BCB. O provimento de liquidez também pode ser realizado por meio do redesconto propriamente dito, ou redesconto em sentido estrito, como alguns autores preferem chamá-lo,[306] que contempla títulos, valores mobiliários e direitos creditórios descontados integrantes do ativo da instituição financeira interessada. Para efeitos da presente obra, as duas modalidades serão referidas genericamente como "redesconto".

Essas operações de liquidez podem ter diferentes prazos e finalidades. A primeira categoria é o redesconto intradiário, destinado a atender necessidades de liquidez da instituição financeira ao longo do dia. Trata-se de operação sem custo financeiro para a instituição contratante, cursada em sistemas automatizados com base em mensagens de solicitação e pagamento. O redesconto de um dia útil destina-se a satisfazer necessidades de liquidez decorrentes de descasamentos de curtíssimo prazo no fluxo de caixa da instituição financeira. Tais modalidades de crédito representam uma funcionalidade do Sistema de Pagamentos Brasileiro, que será objeto de análise a seguir, e que proibiu as instituições financeiras de apresentarem saldos negativos na conta reservas bancárias. Além dessas, há o redesconto de até 15 dias úteis, que pode ser recontratado até o limite de 45 dias úteis, e destina-se a satisfazer necessidades de liquidez

---

[306] SALOMÃO, Eduardo. *Direito bancário*, p. 524.

REGULAÇÃO SISTÊMICA E PRUDENCIAL NO SETOR BANCÁRIO BRASILEIRO

provocadas pelo descasamento de curto prazo no fluxo de caixa da instituição financeira que não caracterizem desequilíbrio estrutural. Por fim, há o redesconto de até 90 dias corridos, que pode ser recontratado até o limite de 180 dias corridos, e destina-se a viabilizar o ajuste patrimonial da instituição financeira com desequilíbrio estrutural.

As operações de até 15 dias úteis dependem de prévia anuência do BCB, e as de 90 dias corridos, de aprovação da Diretoria Colegiada da autarquia. O acesso ao redesconto nesses casos envolve o atendimento de determinadas condições, como a avaliação do valor dos ativos objeto de compra pelo BCB e demonstrativo das necessidades de caixa projetadas para o período do auxílio. Tais pedidos também podem ocorrer no contexto de um programa de reestruturação firmado pelo acionista controlador visando a capitalização ou a venda do controle acionário da instituição, a ser implementado no período de vigência da operação.

A respeito dos prazos para tais operações, cumpre ressaltar que, embora a Lei Complementar 101/2000 tenha proibido em seu art. 28 a utilização de recursos públicos para socorrer instituições do SFN, as operações de redesconto e empréstimos a instituições financeiras realizadas pelo BCB não estão sujeitas à proibição, desde que tenham prazo inferior a 360 dias (art. 28, § 2.º).

A crise financeira internacional trouxe importantes alterações ao regime de redesconto no País. A primeira delas foi implementada pela MP 442, de 6 de outubro de 2008, posteriormente convertida na Lei 11.882, de 23 de dezembro de 2008, que, entre outras disposições, permitiu ao CMN: (i) estabelecer critérios e condições especiais de avaliação e de aceitação de ativos recebidos pelo BCB em operações de redesconto em moeda nacional ou em garantia de operações de empréstimo em moeda estrangeira; (ii) dar acesso às reservas internacionais para operações de empréstimo em moeda estrangeira; e (iii) afastar em situações especiais as exigências de regularidade fiscal para o acesso a tais operações. A data de edição da MP que originou a lei evidencia que esta foi uma ação de caráter emergencial empregada pelo governo para dotar o CMN de meios para combater os efeitos da crise financeira que atingia o País. Não por acaso, três dias após a sua edição foi publicada a Resolução CMN 3.622, de 9 de outubro de 2008, que tratou das condições para a realização dessas operações.

A Resolução CMN 3.622/2008 implementou regras para aceitação pelo BCB de carteiras de crédito em operações de redesconto. O prazo máximo das operações é de 360 dias, com remuneração vinculada ao per-

REGULAÇÃO SISTÊMICA

fil e prazo das operações. Para mitigar o risco de recebimento de ativos "podres" nessas carteiras de crédito, o art. 2.º da Resolução autorizou o BCB a receber apenas créditos identificados no Sistema de Informações de Crédito (SCR)[307] com a classificação nas categorias AA, A e B, observando parâmetros mínimos na relação entre ativos e o valor do redesconto. O nível de exigência varia de 120%, no caso de créditos classificados na categoria de risco A, a 170% do valor do empréstimo, no caso de créditos classificados na categoria de risco B.[308]

No caso das operações de empréstimo em moeda estrangeira, o normativo autorizou o BCB a aceitar como garantia: (i) títulos soberanos denominados em dólar que possuam *rating* mínimo ali previsto; e (ii) adiantamentos sobre contratos de câmbio e cambiais entregues. Posteriormente, o rol de garantias foi ampliado, incluindo outros ativos denominados em reais e dólares, bem como debêntures, desde que atendidas exigências mínimas de *rating*.

Finalmente, a Resolução CMN 3.622/2008 afastou, em seu art. 3.º, uma série de condições de regularidade fiscal para acesso às modalidades de redesconto e empréstimo ali previstas, como: (i) a exigência de apresentação de certidão negativa de inscrição na dívida ativa da União (art. 62 do

---

[307] O funcionamento do SCR será objeto de tratamento detalhado no capítulo seguinte.

[308] A preocupação com a qualidade dos créditos recebidos em garantia é pertinente. Com efeito, uma das críticas realizadas à atuação da autoridade bancária na crise que seguiu a implementação do Plano Real refere-se à utilização de créditos "podres" por instituições financeiras nas operações do Proer. O caso mais polêmico nesse período talvez seja o do Banco Nacional, que teria oferecido bilhões de reais em títulos do Fundo de Compensação de Variações Salariais (FCVS) para receber tais recursos (ISTO É. A conta do Proer, 29 jul. 1998, p. 108 e ss). Conforme lição de Holanda Barbosa, o FCVS foi criado no SFH e tinha como objetivo cobrir possíveis resíduos nos contratos imobiliários decorrentes do descasamento entre a correção monetária da prestação e do saldo devedor. O mutuário contribuía para o FCVS, que seria responsável no final do contrato pelo pagamento de eventual saldo devedor remanescente. Em razão de alterações feitas nos contratos na década de 1980, que beneficiaram os mutuários, os recursos do FCVS foram insuficientes para cobrir os saldos dos financiamentos imobiliários das instituições financeiras com carteira de crédito imobiliário (HOLANDA BARBOSA, Fernando. Banco Nacional: jogo de Ponzi, PROER e FCVS, p. 104). À época da intervenção no Banco Nacional, alega-se que o banco teria adquirido títulos do FCVS com deságio de 65%, por serem considerados créditos de difícil recuperação, que teriam sido utilizados como garantia para os recursos do Proer pelo seu valor de face (Idem, ibidem, p. 112; e ISTO É. A conta do Proer, 29 jul. 1998, p. 108 e ss.). No total, segundo dados de economista do BCB, os títulos do FCVS constituíram aproximadamente 2/3 das garantias do Proer (MAIA, Geraldo Villar Sampaio. Reestruturação bancária no Brasil, p. 6).

REGULAÇÃO SISTÊMICA E PRUDENCIAL NO SETOR BANCÁRIO BRASILEIRO

Decreto-lei 147, de 3 de fevereiro de 1967); (ii) prova de quitação de tributos, multas e outros encargos fiscais de administração do Ministério da Fazenda (art. 1.º, § 1.º, do Decreto-lei 1.715, de 22 de novembro de 1979); (iii) apresentação de Certificado de Regularidade do FGTS (art. 27, *b*, da Lei 8.036, de 11 de maio de 1990); e (iv) regularização no Cadastro Informativo de Créditos Não Quitados do Setor Público Federal (Lei 10.522, de 19 de julho de 2002). Não obstante, o afastamento das exigências de regularidade fiscal foi limitado ao prazo de um ano, a partir da data de edição do normativo.

Além desses diplomas legais, cumpre mencionar a MP 462, de 14 de maio de 2009, posteriormente convertida na Lei 12.058, de 13 de outubro de 2009, que afastou os créditos do BCB decorrentes de operações de redesconto ou de empréstimo dos efeitos da decretação de intervenção e liquidação extrajudicial. Igualmente, estabeleceu que os ativos recebidos pelo BCB em operações de redesconto ou em garantia de operações de empréstimo não integram a massa, nem têm seu pagamento obstado pela suspensão da fluência do prazo das obrigações da instituição sob intervenção. Essas medidas deram maior liberdade para a autoridade bancária injetar liquidez em instituições financeiras sem correr o risco de ter seus recursos ou garantias para tais recursos bloqueados após a decretação de um regime especial.

Observa-se, portanto, que a Lei 11.882/2008, Lei 12.058/2009 e a Resolução 3.622/2008 proporcionaram novas formas de assistência a instituições em crise, além de flexibilizarem algumas das regras para provimento de liquidez já existentes e reforçarem a proteção de garantias oferecidas ao BCB. Naturalmente, momentos de grave instabilidade econômica, como o ocorrido em outubro de 2008, após a quebra do banco Lehman Brothers, podem demandar medidas excepcionais para manter a viabilidade do mercado. Dessa forma, tais diplomas legais representaram um importante elemento da resposta à necessidade emergencial de recursos pelos participantes do SFN em meio à escassez de liquidez provocada pela crise financeira que se apresentava.[309]

---

[309] A rapidez e versatilidade da autoridade bancária na resposta à crise foram fundamentais no enfrentamento à crise financeira internacional. Cabe avaliar, no entanto, a necessidade de manutenção desses instrumentos em funcionamento no arcabouço regulatório. Com efeito, a flexibilização dos canais de liquidez aos bancos atuantes no SFN se basearia na justificativa de que a turbulência observada no setor bancário naquele momento decorreria de uma crise de liquidez, e não de uma crise patrimonial, como a verificada no setor bancário na década de 1990. Em outras palavras, tratar-se-ia de problema de iliquidez, e não de insolvência. Fugiria

REGULAÇÃO SISTÊMICA

Finalmente, vale mencionar que, além da atuação do BCB, o provimento de liquidez a instituições financeiras tem sido complementado pela atuação de instituições oficiais. Conforme visto no capítulo anterior, tais instituições foram acionadas no contexto de saneamento do setor bancário promovido na década de 1990, com relatos de sua participação na injeção de recursos em participantes do setor na crise financeira recente. A atuação dessas instituições ocorre fora do âmbito das normas de provimento de liquidez supramencionadas, não havendo regramento sistêmico específico quanto a montantes, prazos, exigência ou qualidade dos ativos oferecidos em garantia.[310] Em razão disso, tais operações não serão objeto de análise nesta obra.

---

ao escopo desta obra a discussão sobre a exata origem da crise bancária que se abateu no País; não obstante, a manutenção desses canais após a fase mais aguda da crise recente deve ser analisada com cautela, sob o risco de acabarem perpetuando um quadro de amplo provimento de liquidez característico de uma crise de liquidez para situações de normalidade, podendo gerar incentivos negativos em termos de risco moral. Ainda que se possa argumentar que a manutenção dessas medidas se faz necessária para o caso de uma nova crise ocorrer, é importante destacar novamente a gravidade da situação verificada em 2008, cujo único paralelo na história recente foi a crise de 1929.

[310] A esse respeito, vale mencionar o relato de Verçosa sobre as operações de empréstimos da CEF: "Não se pode esquecer que uma parcela significativa dos problemas da Caixa Econômica Federal decorreu da existência de vultosos saldos devedores de diversas instituições financeiras liquidadas anteriormente pelo Banco Central do Brasil, quanto a recursos do FGDLI e do FCVS. Embora houvesse uma expectativa otimista quanto ao recebimento daqueles valores, no curso de acertos que deveriam ser feitos na ultimação de diversos processos de liquidações extrajudiciais, duvidava-se que eles viessem a ocorrer efetivamente, pois não haveria interesse de antigos controladores em arcar com tais dispêndios". Por esses e outros problemas identificados na gestão dos bancos públicos, o autor conclui que, "após a longa dissertação que se fez sobre os problemas por eles criados, somente se pode pretender a proibição de sua permanência no sistema financeiro nacional, dando-se sua privatização" (VERÇOSA, Haroldo M. D. *Bancos centrais no direito comparado*, p. 285-286). É importante esclarecer que não se está questionando aqui a conveniência de manter instituições oficiais em funcionamento. Há um amplo debate na literatura econômica sobre as vantagens e desvantagens que tais instituições podem desempenhar no sistema financeiro. De um lado, encontram-se autores que enaltecem o papel estratégico de bancos públicos na política de investimentos do governo, bem como sua função complementar à política monetária, ajudando a aumentar ou diminuir a liquidez na economia. De outro lado, há autores que criticam sua ineficiência em relação aos bancos atuantes no setor privado, inclusive afetando o desempenho de políticas de regulação e supervisão bancária e o nível de desenvolvimento do sistema financeiro (para uma síntese da literatura: BARTH, James R. et al. *Rethinking bank regulation*, p. 61-63). No tocante à regulação sistêmica, vale reiterar que o resgate a instituições em crise deve se dar com regras e limites operacionais claros. A ausência de mecanismos de controle pode dar azo à ampliação do risco

3.1.4 Organização do sistema de pagamentos

O sistema de pagamentos compreende o conjunto de procedimentos, regras, instrumentos e sistemas operacionais integrados usados para transferir fundos do pagador para o recebedor e, com isso, encerrar uma obrigação. É no sistema de pagamentos que as diversas operações financeiras são processadas, por meio de transferências de fundos e recursos entre as contas bancárias dos agentes econômicos e entre as contas de reservas bancárias dos bancos junto aos bancos centrais.[311]

A importância do sistema de pagamentos reside no fato de as economias de mercado dependerem desses sistemas para movimentarem os fundos decorrentes da atividade econômica, tanto em moeda local como em moeda estrangeira. A regulamentação e a estruturação adequadas dos sistemas de pagamentos permitem a redução dos custos de transação na eco-

---

moral e prejuízo aos cofres públicos. O relato autobiográfico de Cacciola a respeito de um possível empréstimo oficial da CEF ao Banco Marka em 1999 é ilustrativo a esse respeito: "[...] O Bragança completou seu relatório dizendo que sentia que era humanamente impossível o Banco Central fazer qualquer coisa. Ele achava que o Banco Central não estava operando no mercado futuro e que o Chico Lopes não me recebia justamente porque não tinha a menor condição de me ajudar. A única sugestão, e ainda assim cercada por um talvez, é que a Caixa Econômica me financiasse. Só que eu sabia que esse financiamento significaria literalmente pôr um pé na cova, porque, quando a Caixa financia alguém, faz isso na pré-morte, sabendo que depois você morre rapidinho e o Tesouro acaba perdendo como sempre, porque você não teria como pagar o tal empréstimo. Ou seja: é botar dinheiro antes de intervir" (CACCIOLA, Salvatore Alberto. *Eu Alberto Cacciola confesso*: o escândalo do Banco Marka. São Paulo: Record, 2001, p. 59). Ainda tratando da CEF, cumpre mencionar também a polêmica recente envolvendo o Banco Panamericano. Após a aquisição de 35% do capital social (49% do capital votante) do banco em 2009, surgiram relatos de um rombo em suas contas decorrentes de alegadas fraudes contábeis (O ESTADO DE SÃO PAULO. Banco Panamericano, do Grupo Silvio Santos, recebe R\$2,5 bi para cobrir fraude, 10 nov. 2010, p. B1; e Idem. BC atribui responsabilidade por rombo no Panamericano a falhas de auditorias, 11 nov. 2010, p. B1). A deterioração da situação do Panamericano levou ao já mencionado resgate pelo FGC no valor de R\$2,5 bilhões em novembro de 2010, motivando convite da Comissão de Constituição e Justiça do Senado ao presidente do BCB e presidente da CEF para prestarem esclarecimentos sobre a operação (Idem. CCJ convida Meirelles para falar sobre Panamericano, 25 jul. 2015). Não é o propósito aqui discutir a legalidade dessas operações; não obstante, sob a perspectiva regulatória sistêmica, o emprego de tais recursos deve ser visto com cautela, dada a ausência de regras claras quanto a limites e garantias, bem como a convivência em paralelo com outros mecanismos de provimento de liquidez a instituições em crise, podendo resultar na ampliação do risco moral.

[311] BANCO CENTRAL DO BRASIL. Reestruturação do Sistema de Pagamentos Brasileiro, p. 1.

REGULAÇÃO SISTÊMICA

nomia, melhorando a liquidez do mercado financeiro e tornando a política monetária mais eficiente.[312]

A organização do sistema de pagamentos também guarda relevância particular para o presente trabalho pelo fato de poder ser utilizada como um instrumento de prevenção de crises. De fato, em razão do alto grau de integração entre os bancos, a insolvência ou o atraso de pagamento por parte de uma instituição pode acarretar dificuldades de liquidez nas partes beneficiárias daqueles pagamentos, disseminando o problema pelo setor. Por essas razões entende-se que nos sistemas de pagamentos a relação entre o risco de crédito e de liquidez assume, mais flagrantemente, uma dimensão sistêmica.[313]

O exemplo citado com mais frequência para ilustrar esse risco é o caso do Bankhauss Herstatt, ocorrido em 26 de junho de 1974. À ocasião, alguns bancos realizaram pagamentos em marcos alemães ao Herstatt em Colônia (sede do banco) em troca de pagamentos em dólar a serem realizados em Nova Iorque. Em razão das diferenças de fuso horário, houve um intervalo entre as duas operações de câmbio e, antes que os pagamentos em dólar pudessem ser realizados em Nova Iorque, o banco foi liquidado pelo banco central alemão. Por não ter recebido a contraprestação em dólares, o banco Chase Manhattan recusou-se a liquidar o câmbio com as demais contrapartes nos Estados Unidos, no que foi seguido por outras instituições financeiras, espalhando pânico no mercado.[314]

Esse incidente ficou conhecido como "risco Herstatt", e foi determinante para que as nações integrantes do G-10 formassem o Comitê de Basileia ao final de 1974 para discutir formas de mitigar tal risco. Dentre as publicações mais recentes do Comitê de Basileia nessa área, destacam-se os Princípios Fundamentais para Sistemas de Pagamento de Importância Sistêmica (*Core Principles for Sistemically Important Payment Systems*), que versam, de modo geral, sobre a base legal para administração dos riscos inerentes à atuação das instituições financeiras em sistemas de pagamentos.[315]

---

[312] BANCO CENTRAL DO BRASIL. Reestruturação do Sistema de Pagamentos Brasileiro, p. 1.

[313] YAZBEK, Otavio. *Regulação do mercado financeiro e de capitais*, p. 232.

[314] SADDI, Jairo. *Crise e regulação bancária*, p. 161.

[315] COMITÊ DE BASILEIA. Core principles for systemically important payment systems. Basileia, jan. 2001.

3.1.4.1 O Sistema de Pagamentos Brasileiro

Até 2001 as instituições detentoras de conta de reservas bancárias no BCB comandavam as ordens de transferências de recursos sem que houvesse checagem automática da suficiência dos saldos na conta, ficando tal conferência para o final do dia e pelo valor líquido. Conforme lição de Araújo, no sistema antigo, se uma contraparte na operação não honrasse o compromisso de transferência dos fundos por motivo de falta de liquidez momentânea ou insolvência, "o BCB, desempenhando a função de mantenedor do equilíbrio do sistema financeiro, assumia o papel de fornecedor de liquidez e crédito ao sistema".[316] Naturalmente, como o BCB assumia o papel, involuntário, de garantidor das operações cursadas no âmbito do sistema, esse modelo acabava criando graves problemas de risco moral.[317]

Essa estrutura sofreu profunda transformação em 2001, quando, no bojo das medidas de reestruturação do SFN adotadas na segunda metade da década de 1990, foi promulgada a Lei 10.214, de 27 de março de 2001. Esse diploma legal permitiu a reorganização dos sistemas de registro, compensação e liquidação utilizados até então, criando o Sistema de Pagamentos Brasileiro (SPB).

A base do novo SPB é o Sistema de Transferências de Reservas (STR), que se tornou o único veículo para a movimentação das contas de reservas bancárias ou contas de liquidação perante o BCB.[318] Dentre as inovações do STR destaca-se a adoção do sistema de Liquidação Bruta em

---

[316] ARAÚJO, Maria da Glória Domingos Silva. O Sistema de Pagamentos Brasileiro e a assunção de riscos pelo Banco Central. *Notas Técnicas do Banco Central*, n. 23, Brasília, 2002, p. 12.

[317] De fato, estima-se que, em dezembro de 2001, a concessão desse "crédito circunstancial e indesejável" pelo BCB tenha superado a marca de R$6 bilhões de reais (FORTUNA, Eduardo. *Mercado financeiro*, p. 582).

[318] De acordo com a Circular BCB 3.438, de 2 de março de 2009, as disponibilidades mantidas no BCB, em moeda nacional, pelos bancos comerciais, bancos de investimento, caixas econômicas, bancos de câmbio, bancos de desenvolvimento e bancos múltiplos, devem ser registradas nas chamadas contas "reservas bancárias". Essas contas são obrigatórias para bancos comerciais, bancos múltiplos com carteira comercial e caixas econômicas; e de titularidade facultativa para bancos de investimento, bancos de câmbio, bancos múltiplos sem carteira comercial e bancos de desenvolvimento. As "contas de liquidação" são obrigatórias para câmaras e prestadores de serviços de compensação e de liquidação responsáveis por sistemas de liquidação considerados "sistemicamente importantes"; e facultativa, para as demais câmaras e prestadores de serviços de compensação e de liquidação. A movimentação de recursos entre o BCB e os titulares de contas reservas bancárias ou contas de liquidação é realizada exclusivamente por meio dessas contas.

Tempo Real (LBTR), operação a operação. Como o próprio nome indica, no LBTR, as transferências são realizadas em tempo real no momento do processamento, de forma individual, com base no valor bruto das operações, e sujeitas à existência de saldo na conta debitada.

Além do LBTR, no caso de câmaras de compensação e liquidação que integram o SPB (clearings), há possibilidade de compensação líquida de saldos, na modalidade Liquidação Defasada Líquida (LDL). Similar ao modelo antigo do sistema de pagamentos, a LDL consiste no registro dos lançamentos entre as instituições ao longo do dia para serem compensadas por diferença ao final do dia. Segundo Yazbek, no caso de inadimplemento ou de atraso por um participante na data e momento aprazados para o pagamento, a câmara recorre às garantias depositadas pelo inadimplente para cumprir as obrigações pendentes, ou mesmo a outras salvaguardas eventualmente constituídas para tal, liquidando assim as obrigações contratadas perante os demais participantes do sistema.[319]

Cabe ao BCB, de acordo com a Resolução CMN 2.882, de 30 de agosto de 2001, a supervisão dos sistemas de compensação e de liquidação no SPB. Segundo a autarquia, "é objetivo da vigilância verificar, em cada sistema, a observância dos princípios e normas aplicáveis, contribuindo, inclusive, para a redução do risco sistêmico".[320] As ferramentas de supervisão incluem, entre outras, autorizações para funcionamento e para mudanças procedimentais nas câmaras já autorizadas, testes de aderência de modelos para o risco de crédito e de liquidez, inspeções in loco, avaliação da aplicação das melhores práticas internacionais e análises de dados quantitativos, como o perfil de garantias, a disponibilidade operacional e o volume de negócios.[321]

A Circular BCB 3.057, de 31 de agosto de 2001, regulamentou a Resolução CMN 2.882/2001, disciplinando o funcionamento dos sistemas operados pelas câmaras e pelos prestadores de serviços de compensação e de liquidação que integram o SPB. Nesse sentido, o normativo também estabelece os critérios para a identificação de "sistemas sistemicamente importantes". A identificação desses sistemas se baseia nos ativos negociados e giro financeiro diário, bem como a possibilidade de que os efeitos da inadimplência

---

[319] YAZBEK, Otavio. *Regulação do mercado financeiro e de capitais*, p. 234-235.
[320] BANCO CENTRAL DO BRASIL. *Relatório de estabilidade financeira*. Brasília: Banco Central, mar. 2012, p. 47.
[321] Idem, ibidem, p. 47.

REGULAÇÃO SISTÊMICA E PRUDENCIAL NO SETOR BANCÁRIO BRASILEIRO

de um participante sobre outros participantes, em sistemas de liquidação diferida que utilizem compensação multilateral, coloquem em risco a fluidez dos pagamentos no âmbito do SPB (efeito-contágio). Finalmente, o normativo permite que a autoridade bancária enquadre ou desenquadre sistemas como sistemicamente importantes, a despeito dos critérios ali elencados, em exame caso a caso e com foco no aspecto de risco.

Tais normativos seguem em linha com as novas diretrizes estabelecidas na Lei 10.214/2001 para o gerenciamento do risco sistêmico no SPB. Nesse sentido, o art. 5.º da lei determinou que os sistemas de *clearing* considerados "sistemicamente importantes" devem constituir patrimônios segregados para cada atividade (patrimônio especial). De acordo com a definição apresentada no § 1.º do mesmo dispositivo, os bens e direitos integrantes do patrimônio especial não se comunicam com o patrimônio geral ou outros patrimônios especiais da mesma câmara ou prestador de serviços de compensação e de liquidação, não podendo ser utilizados para realizar ou garantir o cumprimento de qualquer obrigação assumida pela câmara ou prestador de serviços de compensação e de liquidação em sistema estranho àquele ao qual se vinculem.

O art. 7.º da Lei 10.214/2001 estabeleceu também que o regime falimentar ou especial a que seja submetido qualquer participante não afetará o adimplemento de suas obrigações assumidas no âmbito das câmaras ou prestadores de serviços de compensação e de liquidação, que serão liquidadas na forma de seus regulamentos. O parágrafo único do dispositivo destaca, ainda, que o produto da realização das garantias prestadas pelo participante submetido aos regimes de que trata o artigo, assim como os títulos, valores mobiliários e quaisquer outros ativos, objeto de compensação ou liquidação, serão destinados à liquidação das obrigações assumidas no âmbito das câmaras ou prestadores de serviços.

Os dispositivos mencionados cumprem relevante função sistêmica, na medida em que protegem os valores compensados, evitando certos efeitos do processo falimentar ordinário, como a obrigação de devolução das garantias à massa falida e subsequente habilitação perante esta para que, apenas em momento posterior, o crédito possa ser recebido.[322] A esse respeito, vale destacar que a Lei 11.101, de 9 de fevereiro de 2005 (Nova Lei

---

[322] YAZBEK, Otavio. Crise financeira e risco sistêmico, p. 98-100; e Idem. *Regulação do mercado financeiro e de capitais*, p. 234-235.

168

de Falências), incorporou expressamente tais exceções ao regime concursal ordinário, reduzindo a possibilidade de questionamentos quanto a tais procedimentos (arts. 193 e 194).

3.1.5 Edital de Audiência Pública 34

No final de 2009 o BCB disponibilizou para audiência pública (Audiência Pública 34/2009) um anteprojeto de lei para envio ao Congresso Nacional, com alterações aos mecanismos existentes de regulação sistêmica no Brasil.[323] A proposta não chegou a ser objeto de discussão no Legislativo, sendo provável que, caso venha a sê-lo, ainda sofra alterações antes de ser aprovada. Logo, para efeitos do presente trabalho, realizar-se-á apenas uma breve descrição das principais mudanças apresentadas no projeto.

A proposta do BCB procurou reunir em um mesmo diploma legal as disposições referentes aos regimes especiais aplicáveis às instituições em crise, atualmente previstas na Lei 6.024/1974, Decreto-lei 2.321/1987 e Lei 9.447/1997. O projeto coloca também à disposição da autoridade bancária uma série de instrumentos classificados como "medidas preventivas" para afastar riscos de insolvência ou iliquidez. Entre tais medidas incluem-se limites operacionais compatíveis com a exposição ao risco e a elaboração, pelos gestores da entidade supervisionada, de plano de ajuste a ser submetido à aprovação do BCB, indicando os meios para a correção de problema identificado. Além disso, o anteprojeto prevê que a liquidação passe a ser conduzida no âmbito do Poder Judiciário, sob regime de falência, com base na Lei 11.101/2005. A intervenção do BCB, nesse caso, teria como propósito preparar a instituição para a falência, mediante a prática dos atos de gestão estritamente necessários à manutenção da integridade de seu acervo, encerrando-se com o proferimento de decisão judicial concernente ao pedido de falência apresentado pelo interventor.

Em complemento aos mecanismos de provimento de liquidez já analisados, o projeto prevê também a disponibilização de outro canal de assistência às instituições financeiras. Segundo o anteprojeto, nas hipóteses que configurem "crise sistêmica" ou "grave ameaça" à estabilidade do SFN, caberia ao BCB realizar "operações especiais de assistência financeira". Tais operações seriam objeto de regulamentação e prévia autorização do

---

[323] Audiência Pública 34/2009. Disponível em: <www3.bcb.gov.br/audpub>. Acesso em: 19 jul. 2015.

CMN, e não se sujeitariam à limitação de 360 dias prevista na Lei Complementar 101/2000 para utilização de recursos públicos no socorro a instituições financeiras do SFN.

A proposta elaborada pelo BCB também prevê mudanças no FGC, que passaria a se chamar "Fundo de Proteção de Depositantes", permitindo que este recebesse recursos decorrentes das "operações especiais de assistência financeira" para serem aplicados em instituições financeiras em crise.[324] Para tal, o FGC passaria a ter natureza jurídica de instituição financeira, sujeitando-se à fiscalização direta do BCB. Outra importante alteração é que passaria a ser vedada a participação, em sua gestão, dos controladores, administradores e demais membros dos órgãos societários das instituições financeiras que contribuem com o fundo.[325]

3.2 Desafios para a regulação sistêmica

3.2.1 Ampliação do conceito de risco sistêmico

Observou-se ao longo deste trabalho que o conceito clássico de risco sistêmico tem como base as externalidades relacionadas ao alto grau de integração entre instituições financeiras, as características da atividade bancária típica, bem como a presença de assimetrias informacionais no setor bancário. Justamente em razão disso, não causa surpresa que o conceito de risco sistêmico acabe muitas vezes sendo relacionado tão somente ao setor bancário, como se apenas nele pudesse se originar e transmitir. Embora essa concepção ainda represente importante componente da regulação sistêmica, conforme evidenciado pela rede de segurança oferecida a tais instituições que acaba de ser analisada, é preciso reconhecer sua insuficiência em face das transformações pelas quais vem passando o sistema financeiro, que provocam uma reflexão sobre a forma como o conceito de risco sistêmico é tradicionalmente pensado e aplicado.

Com efeito, a diluição das barreiras regulatórias entre atividades financeiras observada no Brasil e no mundo nas últimas décadas torna cada vez mais difícil a precisa identificação de quais participantes do sistema financeiro devem ser considerados fontes em potencial de risco sistêmico.

---

[324] Aqui vale ressaltar que, seguindo em linha com as diretrizes para gerenciamento do risco sistêmico do SPB, o projeto prevê também a possibilidade de realização de tais operações especiais com as *clearings* mencionadas no tópico anterior.

[325] Essa restrição, conforme visto, foi implementada pela Resolução CMN 4.087/2012.

REGULAÇÃO SISTÊMICA

A crescente conglomeração das atividades de bancos comerciais, bancos de investimento, corretoras de valores mobiliários e companhias de seguro, entre outros, permite que, na atualidade, o risco sistêmico surja ou se propague por meio de outras atividades, que não a atividade de intermediação financeira típica dos bancos comerciais.

O "quase" colapso do *Long-Term Capital Management* (LTCM) em 1998 é um bom exemplo de como o risco sistêmico na atualidade não se restringe apenas à esfera bancária. Embora o *hedge fund* adotasse uma estratégia arrojada de diversificação de risco na gestão de sua carteira, contando inclusive com Myron Scholes e Robert C. Merton – ganhadores do Nobel de Economia em 1997 –, em sua administração, a irracionalidade temporária na precificação de ativos durante o mês de agosto de 1998, causada pelo *default* da Rússia, fez com que o LTCM incorresse em perdas de bilhões de dólares, ficando à beira da falência. À ocasião, o *Federal Reserve* considerou que um inadimplemento do LTCM poderia afetar o estado de solvência de inúmeras instituições financeiras e causar quebra de confiança generalizada no mercado financeiro mundial, justificando-se, portanto, seu resgate.[326]

Embora o LTCM em si não fosse uma instituição financeira, este mantinha diversas operações de derivativos com instituições financeiras, de modo que seu eventual inadimplemento poderia afetá-las de forma adversa. Em 1998 o *hedge fund* possuía mais de 6.000 posições de derivativos em aberto, cujo grau de alavancagem atingiu níveis alarmantes nos meses que antecederam seu resgate.[327] Sua exposição era tamanha que, em curto espaço de tempo, com a volatilidade do mercado financeiro e de capitais, acumulou perdas de cerca de US$5 bilhões. Segundo relato de Lowenstein, a quebra do fundo teria efeitos catastróficos para instituições financeiras constando como contrapartes em seus contratos de derivativos. Bancos como Merrill Lynch, Goldman Sachs, Morgan Stanley e Salomon Brothers, entre outros, perderiam um total de US$2,8 bilhões.[328]

Além de suas contrapartes nos contratos de derivativos, havia a preocupação de que a quebra do LTCM pudesse causar uma crise de con-

---

[326] Para um relato detalhado sobre a quebra do LTCM: LOWENSTEIN, Roger. *When genius failed*: the rise and fall of Long-Term Capital Management. Nova Iorque: Random House Trade Paperbacks, 2000.

[327] DOWD, Kevin. Too big to fail? Long-Term Capital Management and the Federal Reserve. *Briefing Papers*, Cato Institute, n. 52, 1999.

[328] LOWENSTEIN, Roger. *When genius failed*, p. 234.

fiança generalizada que paralisasse o sistema financeiro. Temia-se que, não sabendo como os participantes do mercado seriam afetados pela quebra do *hedge fund*, outros bancos pudessem hesitar em realizar operações interbancárias, o que acabaria agravando ainda mais a liquidez no mercado, gerando fundado temor de risco sistêmico.[329] A esse respeito vale transcrever a percepção de William McDonough e Peter Fisher, respectivamente presidente e vice-presidente do *Federal Reserve* de Nova Iorque à época, sobre os perigos inerentes à quebra do LTCM:

> A preocupação de Fischer era a noção mais ampla de "risco sistêmico". Se o Long Term quebrasse, e se seus credores forçassem a sua liquidação apressada e desordenada, ele temia que todo o sistema financeiro fosse afetado, e não apenas seus maiores participantes [...] McDonough tinha o mesmo temor – que as perdas em tantos mercados e para tantos participantes poderia iniciar um círculo vicioso de liquidações, flutuações extremas nas taxas de juros, e ainda mais perdas: "Mercados poderiam parar de funcionar pelo período de um ou mais dias, ou por um período de tempo ainda mais prolongado".

Além do episódio com o LTCM, outro exemplo emblemático sobre a extensão do campo de aplicação do risco sistêmico é o resgate da companhia seguradora American International Group (AIG) em 2008. Com efeito, a empresa, que figurava ao final de 2007 na 10.ª colocação do *ranking* Fortune 500 e 23.ª colocação do *ranking* Global 500, experimentou rápida deterioração de sua saúde financeira ao longo de 2008, encontrando-se à beira da falência em setembro do mesmo ano.[330] Em resposta ao temor de sua quebra, o governo norte-americano interveio para resgatar a companhia.[331]

O resgate causou comoção por se tratar de uma seguradora, empresa que não é tradicionalmente associada ao risco sistêmico. De fato, tais empresas tipicamente não apresentam características da atividade bancária que suscitam preocupações de ordem sistêmica, como o alto grau de integração com instituições financeiras e ativos de pronta exigibilidade. Nesse caso, o

---

[329] LOWENSTEIN, Roger. *When genius failed*, p. 194-195. Tradução livre.

[330] A título ilustrativo, a ação da empresa negociada a US$56,30 na bolsa de valores de Nova Iorque no início de 2008, valia US$2,50 em 29 de setembro de 2008. Informação disponível em: <finance.yahoo.com/q/hp?s=AIG>. Acesso em: 19 jul. 2015.

[331] Para um relato detalhado sobre o processo de deterioração da AIG e sua origem: SJOSTROM, William K. The AIG bailout. *Washington & Lee Law Review*, n. 66, 2009.

REGULAÇÃO SISTÊMICA

socorro se deu não em razão das atividades de seguro da empresa, mas sim em função das elevadas apostas de sua subsidiária, AIG Financial Products Corporation (AIGFP), atuando como contraparte de diversas instituições financeiras em contratos de derivativos denominados *credit default swaps* (CDS).[332] De maior relevância foi a constatação de que, do outro lado de tais operações, constavam inúmeras instituições financeiras que sofreriam prejuízos significativos caso a AIGFP não cumprisse com suas obrigações. De acordo com o *Wall Street Journal*, nessa lista figuravam bancos como Goldman Sachs, Merrill Lynch, UBS, Crédit Agricole, Deutsche Bank, Barclays e Royal Bank of Scotland Group, entre outros.[333] Em virtude dessas exposições havia novamente a preocupação com a paralisação do sistema financeiro caso a seguradora viesse a quebrar.[334]

O caso da AIG também é ilustrativo para mostrar os efeitos da desregulamentação das atividades financeiras no contexto de grupos econômicos. Embora as atividades de seguro da companhia ainda apresentassem resultados positivos, os prejuízos ocasionados pelas atividades de sua subsidiária financeira acabaram por comprometer o grupo econômico como um todo. Não por acaso, o comportamento da AIG tornou-se alvo de críticas por parte das autoridades, acusando-a de ter desempenhado atividades de um *hedge fund* e banco de investimento sob a forma de uma seguradora.[335]

---

[332] Basicamente, o CDS consiste em um contrato entre um comprador e um vendedor de proteção, no qual o comprador concorda em pagar um valor periódico (determinado a partir do valor nominal do título que detém) ao vendedor, em troca de pagamento caso aconteça determinado evento, tipicamente definido como o *default* do emitente ou reestruturação da dívida. O valor do pagamento está diretamente relacionado com a perda que o comprador sofreria após o evento. Um CDS pode ser realizado sobre qualquer tipo de crédito ou cesta de créditos, como uma carteira de obrigações *high yield* ou uma carteira de obrigações de mercados emergentes, e funciona na prática como um seguro que se paga de forma a cobrir as perdas derivadas de um determinado acontecimento.

[333] WALL STREET JOURNAL. Behind AIG's fall, risk models failed to pass real-world test, 31 out. 2008.

[334] Conforme o relato de Sjostrom: "Devido ao tamanho e interconectividade da AIG, e o fato de que mercados financeiros já estavam sob muita tensão, havia o temor de que a quebra da AIG poderia levar ao colapso de todo o sistema financeiro. O governo federal não estava disposto a assumir esse risco e por isso resgatou a AIG" (SJOSTROM, William K. The AIG bailout, p. 32. Tradução livre).

[335] Segundo depoimento ao Congresso de Ben Bernanke, Presidente do *Federal Reserve* à época: "Se há um único episódio nesses 18 meses que mais me irritou, não consigo pensar em outro que não o caso da AIG. A AIG explorou uma brecha de supervisão enorme no sistema. Não havia supervisão da divisão de produtos financeiros. Era um *hedge fund* ligado a uma com-

REGULAÇÃO SISTÊMICA E PRUDENCIAL NO SETOR BANCÁRIO BRASILEIRO

Os casos supracitados servem para demonstrar que a natureza jurídica de um determinado participante do sistema financeiro deve ser relativizada na atualidade para a identificação de possíveis focos de risco sistêmico. O temor de que a quebra do LTCM (ou qualquer outro *hedge fund*) desencadeasse um evento sistêmico decorria não de sua caracterização como um *hedge fund*, mas sim da probabilidade de que sua quebra prejudicasse a própria viabilidade do sistema financeiro em razão de sua estreita relação com inúmeras instituições financeiras. O mesmo é verdadeiro para o caso da AIG e as atividades de sua subsidiária financeira AIGFP. Considerando essa realidade do mercado financeiro e de capitais, autoridades responsáveis pela higidez do setor bancário estão atribuindo atenção crescente ao monitoramento das chamadas entidades "sistemicamente relevantes", ainda que não bancárias.

Fugiria ao escopo deste trabalho procurar delimitar precisamente o que são entidades "sistemicamente relevantes", se é que tal delimitação é possível.[336] Fatores como tamanho, conectividade com outros participantes do mercado – principalmente instituições financeiras – e alavancagem certamente desempenham papel importante na identificação de possíveis focos de risco sistêmico, mas não há fórmula ou critérios claros para determinar quando e quais integrantes do sistema financeiro tornam-se "sistemicamente relevantes". Não por acaso, na recente reforma financeira empreendida nos Estados Unidos, o *Dodd-Frank Act* faz inúmeras referências a instituições consideradas "sistemicamente importantes" (*systemically*

---

panhia seguradora, que acabou assumindo enormes dívidas irresponsáveis, que resultaram em grandes prejuízos. Não havia supervisão de suas atividades porque havia uma brecha no sistema [...] A AIG é uma companhia seguradora global, enorme e complexa, vinculada a um banco de investimento muito complicado, um *hedge fund* que pôde crescer sem nenhuma supervisão" (BLOOMBERG NEWS. Bernanke says insurer AIG operated like a hedge fund, 3 mar. 2009. Tradução livre).

[336] Isso não impede, no entanto, que economistas se empenhem na criação de modelos econômicos voltados à identificação de entidades "sistemicamente relevantes". A necessidade e viabilidade de criação de meios para mensuração objetiva e monitoramento do risco sistêmico foram inclusive defendidas pelo economista Andrew Lo, professor do *Massachusetts Institute of Technology*, em depoimento ao Congresso norte-americano sobre alternativas para a reforma regulatória (LO, Andrew W. The feasibility of systemic risk measurement. Written Testimony of Andrew W. Lo prepared for the U.S. House of Representatives, Financial Services Committee, 19 out. 2009). Órgãos internacionais de regulação financeira também têm se empenhado na identificação de instituições financeiras sistemicamente relevantes, conforme se observará no Capítulo 5.

important), mas não chega a definir o termo, elencando apenas diretrizes gerais a serem consideradas na identificação de tais instituições, como: (i) o valor agregado das transações financeiras conduzidas pela entidade; (ii) a exposição agregada em termos de alavancagem; (iii) o relacionamento com outros participantes do sistema financeiro; (iv) os efeitos de sua quebra no sistema financeiro; e (v) quaisquer outros fatores que a autoridade encarregada do monitoramento do risco sistêmico considerar apropriados nessa determinação (Seção 804(a)(2)).

Além disso, a crise financeira trouxe a preocupação ao redor do mundo com a criação de órgãos que possam fazer um monitoramento contínuo do sistema financeiro, de modo a identificar tais ameaças com antecedência nas mais variadas formas que possam se manifestar. Exemplo disso é o recém-criado Conselho de Supervisão da Estabilidade Financeira (*Financial Stability Oversight Council* – FSOC) nos Estados Unidos, com a missão de identificar riscos à estabilidade do sistema financeiro como um todo e aprimorar a comunicação e coordenação de atividades entre as diferentes autoridades supervisoras no país. Para tal, o mandato do FSOC prevê expressamente a análise não apenas de atividades bancárias, mas também de companhias financeiras não bancárias (*nonbank financial companies*), ou mesmo de riscos que possam surgir fora do sistema financeiro (Seção 112(a) (1)). O FSOC é composto pelo Secretário do Tesouro (presidente do conselho) e representantes das principais autoridades do sistema financeiro norte-americano, incluindo o *Federal Reserve*, a Comissão de Valores Mobiliários (*Securities and Exchange Commission* – SEC), e a Agência de Proteção Financeira ao Consumidor (*Consumer Financial Protection Bureau* – CFPB), entre outros.

Iniciativa semelhante pode ser observada na União Europeia, com a recomendação de criação do Conselho Europeu de Risco Sistêmico (*European Systemic Risk Board* – ESRB) pelo relatório *Larosière* em 2009.[337] A recomendação foi atendida com a criação no ano seguinte do ESRB como órgão

---

[337] A Comissão Europeia constituiu em 2007 um grupo de trabalho presidido por Jacques de Larosière com a missão de analisar as causas da crise financeira que despontava e indicar soluções que permitissem garantir maior estabilidade do sistema financeiro e reforçar a sua supervisão. O relatório final desse grupo foi publicado em fevereiro de 2009 e incluiu 31 recomendações para a reforma da supervisão do sistema financeiro da União Europeia (COMISSÃO EUROPEIA. The high level group on financial supervision in the EU. Bruxelas, 25 fev. 2009).

integrante do Sistema Europeu de Supervisão Financeira (*European System of Financial Supervision* – ESFS), que também inclui órgãos como a Autoridade Bancária Europeia (*European Banking Authority* – EBA) e Autoridade de Mercados e Valores Mobiliários (*European Securities and Markets Authority* – ESMA), entre outros. Dentre as funções do ESRB, destacam-se a identificação, coleta e análise de informações relevantes na identificação e tratamento de fontes de risco sistêmico no sistema financeiro, além de emitir comunicados e recomendações para autoridades reguladoras e supervisores. O órgão também tem o dever de cooperar e compartilhar informações com outras autoridades do ESFS. O ESRB é composto pelos presidentes do Banco Central Europeu (*European Central Bank* – ECB) e dos bancos centrais dos países-membros da União Europeia, além de representantes da EBA e ESMA, entre outros.

Em complemento à criação desses órgãos, cujo escopo e composição por si sós já demonstram a conscientização das autoridades quanto à necessidade de flexibilização do conceito e aplicação do risco sistêmico, é possível observar outras medidas voltadas à extensão ou adaptação de instrumentos típicos da rede de segurança proporcionada aos bancos a outros participantes do sistema financeiro. Com efeito, em relatório preparado em junho de 2009, o então Secretário do Tesouro nos Estados Unidos enfatiza a necessidade de criação de regimes especiais de liquidação para os participantes do sistema financeiro considerados sistemicamente relevantes.[338] Atendendo à preocupação exarada pelo Secretário do Tesouro, o *Dodd-Frank Act* permitiu o afastamento do regime falimentar comum para instituições não bancárias quando houver fundado receio de risco sistêmico, desde que atendidas certas condições previstas na lei (Seção 203). Igualmente, o *Banking Act* de 2009 na Inglaterra permitiu expressamente que o Tesouro estendesse as operações de resgate a instituições financeiras ali previstas para outras entidades, mesmo que não fossem bancos, conforme a necessidade específica (art. 230(1)).

A esse respeito, preocupações semelhantes podem ser observadas no Brasil, como a Lei 10.190, de 14 de fevereiro de 2001, que estendeu às sociedades seguradoras, entidades abertas de previdência e sociedades de capitalização certas disposições dos regimes especiais previstos na Lei

---

[338] DEPARTMENT OF TREASURY. Financial regulatory reform – A new foundation: rebuilding financial supervision and regulation. Washington, jun. 2009, p. 76.

REGULAÇÃO SISTÊMICA

6.024/1974, Decreto-lei 2.321/1987 e Lei 9.447/1997, atribuindo à Susep a competência para cumprir as funções que, no caso dos bancos, cabem ao BCB. Da mesma forma, a Previc[339] é competente para instaurar procedimentos de intervenção e liquidação extrajudicial para as entidades fechadas de previdência privada, nos termos da Lei Complementar 109, de 29 de maio de 2001.

Outra importante inovação para o monitoramento da estabilidade do SFN e identificação de focos em potencial de risco sistêmico refere-se à criação do Subcomitê de Monitoramento da Estabilidade do SFN (Sumef), em 30 de agosto de 2010, pelo Comitê de Regulação e Fiscalização dos Mercados Financeiro, de Capitais, de Seguros, de Previdência e Capitalização (Coremec), e do Comitê de Estabilidade Financeira (Comef), no âmbito do BCB. As funções desses órgãos assemelham-se aos objetivos do ESRB na União Europeia e do FSOC nos Estados Unidos, e serão objeto de tratamento detalhado no capítulo seguinte.

Finalmente, vale mencionar novamente o anteprojeto de lei apresentado pelo BCB em outubro de 2009, que contempla expressamente a possibilidade de realização de operações especiais de assistência financeira a câmaras e prestadores de serviços de compensação e de liquidação que atuem como contraparte central, nos termos do art. 4.º da Lei 10.214/2001 (*clearings*). Nesses casos, as operações de assistência seriam realizadas pelo Fundo de Proteção de Depositantes, nova denominação do FGC, que passaria a ter natureza jurídica de instituição financeira.

Tais constatações evidenciam que as transformações pelas quais vem passando o sistema financeiro nas últimas décadas provocam uma série de reflexões sobre a forma como a regulação sistêmica é formulada e aplicada, e o Brasil não é exceção a esse quadro. Essas mesmas transformações provocam desafios e reflexões ainda mais complexos para a regulação prudencial, encarregada de monitorar e prevenir o risco sistêmico. Da mesma forma como as atividades da AIGFP acabaram por comprometer a viabilidade da AIG, é possível imaginar cenário alternativo, em que seguradoras pertencentes a um conglomerado financeiro possam se tornar fonte de fragilidade bancária. Nesse contexto, a criação de formas efetivas de monitoramento do risco sistêmico em casos de conglomerados financeiros, bem

---

[339] Com a promulgação da Lei 12.154, de 23 de dezembro de 2009, as competências da SPC foram transferidas à Previc.

REGULAÇÃO SISTÊMICA E PRUDENCIAL NO SETOR BANCÁRIO BRASILEIRO

como o arranjo institucional de regulação e supervisão apropriado para tal propósito, são alguns dos grandes desafios que se apresentam para a regulação prudencial, conforme será discutido no capítulo a seguir.

A título conclusivo, cumpre reconhecer que, além da ampliação do conceito de risco sistêmico no tocante às atividades financeiras, outro grande desafio para o monitoramento do risco sistêmico se dá em escala extraterritorial. Com efeito, transformações ocorridas no campo da tecnologia da informação nas últimas décadas permitiram que instituições financeiras oferecessem mais produtos e serviços, para um número maior de clientes, cobrindo área geográfica mais ampla. A combinação desses avanços com os movimentos de concentração e conglomeração financeira tornou possível o surgimento de instituições financeiras de grande porte com atuação global. A formação desses conglomerados financeiros internacionais impõe desafios às autoridades responsáveis pela sua regulação e supervisão, na medida em que transferem dificuldades inerentes à sua fiscalização do plano doméstico para o plano internacional. A internacionalização das instituições financeiras faz com que autoridades se preocupem cada vez mais não apenas com a exposição a risco dessas entidades em suas respectivas jurisdições, mas também ao redor do mundo. Igualmente, a interdependência crescente entre instituições financeiras no plano internacional aumenta o risco de que o *default* de uma instituição ou liquidação de uma afiliada ou subsidiária em determinado país provoque consequências negativas em outros países nos quais tenha operações. Esse quadro representa outro importante desafio para o monitoramento do risco sistêmico, e será objeto de análise separada no Capítulo 5.

3.2.2 Grande demais para quebrar

O processo de concentração bancária e formação de conglomerados financeiros nas últimas décadas provocou um aumento na quantidade de pessoas e entidades que afetam ou são afetadas pelas atividades dos bancos, com destaque especial para o crescimento do número de correntistas de tais instituições. A importância desse fato pode ser melhor ilustrada pelo exemplo do Bank of New England Corp., uma das maiores e mais complexas liquidações na década de 1990, com ativos no valor de US$23 bilhões em janeiro de 1991.[340] Esse montante é irrisório quando comparado ao valor

---

[340] GROUP OF 10. Report on consolidation in the financial sector, p. 15.

da quebra de bancos na atualidade, como o Lehman Brothers em 2008, com ativos consolidados da ordem de US$700 bilhões ao final de 2007.[341]

Em razão do tamanho e importância crescentes de tais instituições, há uma percepção disseminada entre autoridades e participantes do sistema financeiro de que sua eventual quebra causaria um colapso financeiro, com perdas significativas para seus credores e outras partes com quem mantêm relacionamento. A possibilidade de que tal quebra acabe por gerar efeitos negativos em outras instituições financeiras, ocasionando a subsequente quebra destas, aumenta o temor de risco sistêmico. Defrontadas com tal possibilidade, as autoridades preferem resgatar o banco em dificuldades a arriscar que a sua quebra acabe contaminando outras instituições no mercado. Essa percepção fica clara na seguinte declaração de John P. LaWare, ex-diretor do *Federal Reserve*: "A única analogia que eu consigo pensar para a quebra de uma instituição financeira internacional de grande porte é o colapso de uma usina nuclear como Chernobyl".[342]

O temor exacerbado com a quebra de uma instituição de grande porte faz com que tais instituições sejam consideradas "grandes demais para quebrar" (*too big to fail*).[343] Assim, os possíveis efeitos sistêmicos decorrentes de tal evento acabam por propagar a percepção de que, caso tal instituição sofra risco de quebra, será resgatada pelo governo. Essa ajuda pode vir de diversas maneiras, como a utilização do banco central para provimento de liquidez, ou mesmo com a criação de pacotes econômicos de resgate a instituições em dificuldade, conforme observado no Proer em 1995, ou no Programa de Auxílio a Ativos Problemáticos (*Troubled Asset Relief Program*) anunciado pelo Congresso norte-americano em 2008.

Naturalmente, o problema decorrente da percepção de que uma instituição é grande demais para quebrar é que isso aumenta o risco moral para controladores e administradores dessas instituições. Caso apostas arriscadas gerem retorno positivo, este será apropriado pelo banco, e, se

---

[341] LEHMAN BROTHERS HOLDINGS INC. Annual Report(10K) – 2007. Disponível em: <www.sec.gov>. Acesso em: 20 jul. 2015.

[342] LAWARE, John. Testimony in U.S. Congress, Subcommittee on Economic Stabilization of the Committee on Banking, Finance and Urban Affairs, U.S. House of Representatives, Economic implications of the "too big to fail" policy: hearings, May 9, 1991, 102nd Congress, 1st session, p. 34. Tradução livre.

[343] A origem do termo remete às audiências realizadas no Congresso americano em 1984 para discutir as causas da quebra do Continental Illinois, cuja transcrição parcial pode ser encontrada no início da obra.

REGULAÇÃO SISTÊMICA E PRUDENCIAL NO SETOR BANCÁRIO BRASILEIRO

forem malsucedidas, as perdas serão suportadas pelos contribuintes. Na oportuna analogia apresentada por Krugman, cria-se uma situação para as instituições financeiras em que "cara eu ganho, coroa os contribuintes perdem".[344] Outra consequência perversa dessa percepção refere-se aos seus efeitos negativos sobre os correntistas e outros credores envolvidos no negócio, que têm seu incentivo para monitorar a saúde financeira dessas instituições arrefecido em virtude da certeza do resgate.

Autoridades parecem estar cientes das consequências dos movimentos de concentração e conglomeração financeira para a regulação sistêmica. No entanto, esses efeitos deletérios seriam tolerados em razão das alegadas economias de escala e escopo produzidas nesse processo, bem como outros benefícios para depositantes e investidores.[345] Segundo Laurence H. Meyer, ex-diretor do *Federal Reserve*:[346]

> A escala e complexidade crescentes de nossos maiores bancos – e devo acrescentar, não apenas os nossos, mas também o de muitas outras nações – levantam mais do que nunca o potencial para o risco sistêmico decorrente da quebra de uma dessas instituições. Nesse aspecto, parece que nos defrontamos com opções indesejáveis de sujeitar nossas economias a maiores riscos para que possamos obter eficiências financeiras e mais escolhas no mercado, ou impor mais regulação com suas ineficiências e risco moral.

A preocupação com o *too big to fail* teve sua importância revigorada no desenlace da crise financeira recente, especialmente em razão dos vultosos pacotes de resgate concedidos ao sistema financeiro em diversos países. Nesse sentido, uma das hipóteses aventadas na tentativa de mitigar o risco moral associado aos conglomerados financeiros procura atacar a raiz da questão, propondo a necessidade de limitação do tamanho de instituições financeiras, ou até mesmo a necessidade de divisão destas em determinados casos. Ironicamente, um dos defensores dessa solução é Alan Greenspan, presidente do *Federal Reserve* de 1987 a 2006. Em suas palavras a respeito das instituições financeiras que estiveram no epicentro da crise financeira em 2008, "se elas são grandes demais para quebrar, elas são simplesmente

---

[344] THE NEW YORK TIMES. Financial Russian roulette, 14 set. 2008. Tradução livre.

[345] STERN, Gary H.; FELDMAN, Ron J. *Too big to fail*, p. 2.

[346] MEYER, Laurence H. Supervising large complex banking organizations – adapting to change. In: MISHKIN, Frederic S. (Org.). *Prudential supervision*, p. 98. Tradução livre.

REGULAÇÃO SISTÊMICA

grandes demais [...] quebras são uma parte integral e necessária do regime de mercado".[347] O posicionamento de Greenspan encontrou eco no outro lado do Atlântico, com Mervyn King, então presidente do banco central inglês (Bank of England), também chamando a atenção para a necessidade de limitação ou divisão de instituições de grande porte.[348] A autoridade bancária suíça foi além, solicitando em junho de 2009 poderes legais ao parlamento para que pudesse desmembrar partes de bancos considerados grandes demais para quebrar. Nesse aspecto, conforme relato de Malan, a imprensa europeia não deixou de notar que dois bancos suíços detinham à época, em conjunto, mais de US$3 trilhões em ativos bancários, cerca de seis vezes o tamanho do PIB suíço.[349]

A história norte-americana apresenta exemplos de empresas que, em virtude de seu porte e escala, foram segmentadas a fim de fomentar a concorrência nos seus respectivos setores, com destaque para a divisão da Standard Oil & Co., em 1911, criando 34 novas empresas menores, das quais emergiram a Exxon, Chevron, Atlantic, Mobil e a Amoco, entre outras, bem como a divisão da American Telephone and Telegraph Company, em 1984, resultando em sete empresas de telefonia que ficaram conhecidas como "baby bells". Não há, no entanto, precedente de empresas que tenham sido divididas pelo fato de serem consideradas grandes demais para quebrar.[350] Essa foi uma das dificuldades encontradas pelo Congresso norte-americano na discussão de propostas para limitar o porte de empresas financeiras.[351] Outro problema evidente na discussão de tais propostas é que, na medida em que tais empresas crescem de tamanho, seu lobby político também se torna mais poderoso e organizado, conforme se observará no capítulo a seguir.

---

[347] BLOOMBERG NEWS. Greenspan says U.S. should consider breaking up large banks, 15 out. 2009.

[348] BBC NEWS. Governor warns bank split needed, 20 out. 2009.

[349] MALAN, Pedro. Uma visão abrangente sobre a crise e o processo de sua superação. In: GARCIA, Márcio; GIAMBIAGI, Fábio (Org.). Risco e regulação, p. 54-55.

[350] Aqui é importante lembrar que a segmentação do sistema financeiro em bancos comerciais e de investimento realizada nos Estados Unidos na década de 1930 com o Glass-Steagall Act (1933) não teve como base o too big to fail, mas sim a preocupação com conflitos de interesses e riscos de contágio relativos à condução conjunta dessas atividades.

[351] VALOR ECONÔMICO. EUA podem limitar porte de empresas financeiras, 11 nov. 2009, p. C8.

O *Dodd-Frank Act* procurou endereçar a questão mediante a imposição de uma limitação a fusões e aquisições no sistema financeiro em que a instituição resultante venha a deter, de forma consolidada, mais de 10% dos depósitos segurados pelo FDIC (Seção 14).[352] Além disso, a lei prevê medidas especiais voltadas à liquidação de bancos sistemicamente relevantes. Dessa forma, tais instituições foram obrigadas a preparar periodicamente planos de contingência no caso de liquidação de seus ativos (*living wills*). A lei também estabelece a obrigação de planejamento prévio para a "liquidação ordeira", a ser conduzida pelo FDIC (*Orderly Liquidation Authority*), no caso de quebras de instituições financeiras de grande porte (Seção 201 e ss.).

A discussão é de grande relevância no contexto bancário brasileiro, uma vez que os movimentos que deram origem a tais preocupações no exterior também podem ser verificados historicamente no País. De fato, observou-se no capítulo anterior que a concentração bancária foi um importante pilar da política aplicada ao setor nas décadas de 1960 e 1970. Nas palavras de Delfim Netto em 1973, quando ocupava o cargo de Ministro da Fazenda: "Existem realmente vantagens de escala no sistema bancário, isto é, o aumento do volume de transações concorre para a redução dos custos operacionais, e os que não entenderam isso ainda vão acabar entendendo de forma muito mais trágica".[353]

Embora a concentração bancária não assuma mais o caráter de política de Estado para o setor, também foi possível observar que esse movimento teve continuidade nas décadas de 1990 e atual, em que tais operações contaram com incentivos do governo, quando não foram instigadas pelo próprio por meio de suas instituições oficiais. Com efeito, levando-se em conta a concentração de ativos bancários das cinco maiores instituições no SFN, estas já detinham cerca de 70% dos ativos totais do segmento bancário ao final de 2013.

---

[352] A restrição à concentração de depósitos segurados em determinado patamar por uma instituição financeira é anterior ao *Dodd-Frank Act*, tendo sido instituída pelo *Riegle-Neal Interstate Banking and Branching Efficiency Act* de 1994. Não obstante, a limitação original aplicava-se apenas a *bank holding companies*, categoria bastante específica e que não incluía, por exemplo, bancos estaduais ou bancos de investimento. Nesse sentido, a reforma recente ampliou consideravelmente o escopo da regra ao aplicá-la a *financial companies*, termo que abrange um número maior de participantes do sistema financeiro nos Estados Unidos.

[353] JORNAL DO BRASIL, 26 mar. 1973, p. 3, apud MACARINI, José Pedro. A política bancária do regime militar, p. 354.

REGULAÇÃO SISTÊMICA

Tabela 9: Participação percentual dos 5, 10 e 20 maiores bancos e CEF nos ativos totais do segmento bancário (2009-2013)

	2009	2010	2011	2012	2013
5 maiores	69,9	67,0	67,3	67,4	68,5
10 maiores	79,5	79,7	80,2	79,7	80,2
20 maiores	89,2	89,6	89,6	89,3	89,6

Fonte: Banco Central. Dados disponíveis em: <www.bcb.gov.br/?REVSFN201312>. Acesso em: 20 jul. 2015.

Evidentemente, a mera constatação do nível de concentração atual não significa que o SFN esteja forçosamente sujeito ao problema do *too big to fail*. É necessário levar em consideração aspectos estruturais e legais do setor bancário brasileiro que podem mitigar ou mesmo evitar os efeitos deletérios dessas instituições.

No tocante aos aspectos estruturais do setor bancário brasileiro, vale mencionar o argumento invocado pelo ex-presidente da autoridade bancária de que haveria espaço para maior concentração bancária no País, e que esse movimento contribuiria para o fortalecimento da solidez do sistema financeiro.[354] Publicação recente do BCB também avaliou o nível de concentração do setor bancário com base nos ativos totais, operações de crédito e depósitos totais, concluindo que tais indicadores encontram-se dentro de um intervalo de "moderada concentração".[355] Esse posicionamento foi reiterado pela autarquia por ocasião da aquisição pelo Bradesco das operações do HSBC no Brasil.[356]

Fugiria ao escopo de um trabalho dessa natureza aprofundar-se em análise comparativa de concentração bancária entre países, haja vista os diferentes mercados relevantes, critérios de concentração e amostras a serem consideradas. Tampouco seria apropriado procurar provar ou refutar a relação positiva entre concentração e estabilidade bancária. Segundo Oliveira, não existe relação simples entre grau de concentração do setor bancário

---

[354] VALOR ECONÔMICO. BC vê espaço para concentração bancária ainda maior no Brasil, 15 maio 2006, B3; e, Idem. Concentração fortaleceu sistema, diz Banco Central, 19 out. 2007, C7.
[355] BANCO CENTRAL DO BRASIL. *Relatório de estabilidade financeira*. Brasília: Banco Central, set. 2014, p. 38.
[356] O ESTADO DE SÃO PAULO. Banco Central vê nível 'moderado' de concentração, 3 ago. 2015.

e risco sistêmico, sendo necessário considerar uma série de fatores nessa análise, como os índices de alavancagem, qualidade dos ativos, rentabilidade e eficiência das instituições financeiras. Seria imprudente uma política de desconcentração bancária que impedisse a obtenção de ganhos de escala e pudesse fragilizar excessivamente os bancos, porém também não seria aconselhável adotar uma política sistemática de estímulo à concentração bancária de forma a evitar a quebra de instituições mais frágeis, na medida em que isso poderia sinalizar uma solução fora do mercado para crises de solvência, podendo, consequentemente, estimular estratégias excessivamente arriscadas, traduzindo-se em risco moral para o setor.[357] Esse posicionamento é acompanhado por Pinho de Mello, que rejeita a forma maniqueísta como a relação entre concentração e estabilidade costuma ser apresentada, mas alerta que "é provavelmente uma má ideia tentar fabricar sistemas bancários mais concentrados porque, novamente, não é claro do ponto de vista teórico que bancos maiores são mais seguros".[358]

No tocante aos aspectos legais, autores apontam particularidades relevantes da legislação pátria em relação à norte-americana. A primeira delas seria a previsão de responsabilidade objetiva (art. 40 da Lei 6.024/1974) e indisponibilidade dos bens de controladores e administradores nos regimes especiais aplicáveis a instituições em crise, que mitigariam os incentivos desses executivos a se engajarem em comportamentos excessivamente arriscados.[359] Esse sistema seria bastante diferente daquele encontrado em outros países, como nos Estados Unidos, em que o regime de responsabilidade dos administradores não possui regras próprias, sujeitando-se ao regramento aplicável às sociedades em geral, havendo apenas posiciona-

---

[357] OLIVEIRA, Gesner. Defesa da concorrência e regulação no setor bancário. EAESP/FGV/ NPP – Núcleo de Pesquisas e Publicações, 2000, p. 49 e ss; e Idem. *Concorrência*: panorama no Brasil e no mundo. São Paulo: Saraiva, 2001, p. 89-90.

[358] PINHO DE MELLO, João Manoel. Estrutura, concorrência e estabilidade. In: GARCIA, Márcio; GIAMBIAGI, Fábio (Org.). *Risco e regulação*, p. 122. Por outro lado, o autor também ressalta que caso estruturas concentradas surjam por consequência de forças produtivas, como no caso das economias de escala, tampouco seria desejável impedir a consolidação por questões de estabilidade.

[359] FRANCO, Gustavo H. B.; ROSMAN, Luiz Alberto C. A crise bancária norte-americana: algumas lições da experiência brasileira. In: GARCIA, Márcio; GIAMBIAGI, Fábio (Org.). *Risco e regulação*, p. 158.

mento jurisprudencial indicando que o dever de diligência desses administradores deve ser maior e mais estrito do que em outros casos.[360]

Além desse regime mais rigoroso de responsabilidade, seria necessário considerar os amplos poderes à disposição do BCB para vender ativos ou negociar passivos de instituições problemáticas. Conforme visto, a Lei 9.447/1997 facilitou a cisão de instituições financeiras com problemas em duas entidades, o "banco ruim" e o "banco bom", este destinado a ter continuidade operacional, com outra gestão e controladores, resguardando depositantes e investidores, enquanto aquele permanece em liquidação e associado aos patrimônios pessoais de administradores e acionistas controladores.[361] O recurso a tais medidas, no entanto, depende da ocorrência das hipóteses previstas nos arts. 2.º e 15 da Lei 6.024/1974 e no art. 1.º do Decreto-lei 2.321/1987; e, ainda que algumas dessas hipóteses sejam bastante subjetivas, atribuindo discricionariedade à autoridade bancária na decretação dos regimes especiais, nenhuma delas parece permitir, em tese, a aplicação desses regimes, ou qualquer das medidas saneadoras previstas na Lei 9.447/1997, pelo simples fato de a instituição ser considerada grande demais para quebrar. Nesses casos, portanto, a atuação da autoridade bancária teria sempre um caráter corretivo, e não preventivo.

Possivelmente em razão dessa limitação, o anteprojeto de lei apresentado em audiência pública em dezembro de 2009 procurou ampliar os poderes da autoridade bancária para atuar sobre a estrutura das instituições financeiras. Nesse sentido, a proposta faz referência expressa à possibilidade de aplicação de medidas preventivas em razão da exposição a risco incompatível com a natureza, atividades e, frise-se, estrutura da instituição financeira, além de prever uma série de remédios de cunho estrutural que poderão ser impostos à instituição financeira antes mesmo da decretação de qualquer regime especial, como: (i) fechamento ou proibição da abertura de dependências; (ii) proibição ou redução de determinadas operações ou modalidades operacionais; (iii) vedação à aquisição de

---

[360] FRANCO, Gustavo H. B.; ROSMAN, Luiz Alberto C. A crise bancária norte-americana, p. 162. Esse regime se aproxima do entendimento mais recente do STJ sobre a questão, que, conforme visto, interpretou o disposto no art. 40 da Lei 6.024/1974 como um regime de responsabilidade subjetiva, com inversão do ônus da prova para os administradores da instituição financeira, segundo o qual lhes caberia demonstrar que atuaram com o devido zelo para afastar sua responsabilização pelos prejuízos causados.
[361] Idem, ibidem, p. 158.

participação, de forma direta ou indireta, no capital e outras sociedades, inclusive instituições financeiras; (iv) vedação à exploração de nova linha de negócios; e (v) alienação de ativos. Da mesma forma, dependendo da gravidade dos fatos que deram ensejo à aplicação das medidas preventivas, o BCB poderá determinar a cisão da instituição financeira, além de outras reorganizações societárias legalmente admitidas. Finalmente, o anteprojeto também prevê a possibilidade de elaboração e manutenção pelas instituições financeiras de um plano de contingência para a liquidação de seus ativos. O dispositivo segue em linha, conforme visto, com a exigência de *living wills* implementada pelo *Dodd-Frank Act*.

O anteprojeto de lei não chegou a ser apreciado pelo Congresso Nacional, mas isso não impediu o CMN de endereçar a questão por meio de Resolução, atribuindo ao BCB poderes para a adoção de "medidas prudenciais preventivas", algumas delas bastante semelhantes às supramencionadas. O normativo em questão será objeto de análise detalhada no capítulo a seguir. Para fins deste capítulo, cumpre apenas reconhecer a preocupação crescente com a atuação sobre a estrutura das instituições financeiras de forma preventiva, indicando que o Brasil não é exceção aos desafios impostos pela concentração bancária.[362]

---

[362] A esse respeito, vale mencionar também o relato do diretor de política monetária do BCB durante a crise financeira recente, afirmando que as diversas medidas de resgate adotadas foram necessárias porque "qualquer banquinho era '*too big to fail*'" (VALOR ECONÔMICO. Brasil enfrentou ataque e corrida bancária na crise, 13 nov. 2009, p. A1).

REGULAÇÃO SISTÊMICA

SÍNTESE E CONCLUSÕES DO CAPÍTULO 3

1. Embora o risco sistêmico se manifeste em diversas áreas, considera-se que a probabilidade e a severidade de sua ocorrência no setor bancário são mais graves. As importantes funções desempenhadas pelos bancos na economia, as características do setor bancário, bem como as peculiaridades da atividade bancária típica, atribuem um caráter "especial" a tais instituições, justificando a sua proteção por meio da regulação sistêmica. Isso não significa, no entanto, que toda quebra bancária represente risco sistêmico. Pelo contrário, a associação indiscriminada de quebras bancárias a risco sistêmico tende à ampliação do risco moral e pode inclusive comprometer a própria finalidade da regulação sistêmica.

2. O Brasil adota na atualidade os principais mecanismos de regulação sistêmica existentes. Embora alguns desses mecanismos tenham sido criados ainda na década de 1970, como a Lei 6.024/1974, a maioria teve implementação a partir da década de 1990, com destaque para a criação do FGC em 1995 e a reorganização do SPB em 2001. A crise financeira recente também promoveu mudanças em diversos desses mecanismos no arcabouço regulatório.

3. A análise dos instrumentos de regulação sistêmica no País indica que existem, na atualidade, dois canais principais de provimento de liquidez a instituições em crise (BCB e FGC). O BCB desempenha o papel de prestamista de último recurso das instituições financeiras, nos moldes clássicos observados por outras autoridades bancárias ao redor do mundo, porém sujeito às restrições da Lei Complementar 101/2000. Esse papel do BCB no provimento de liquidez foi ampliado na crise financeira recente para permitir a aceitação de carteiras de crédito de instituições financeiras em operações de redesconto, desde que atendidos critérios de *rating*, o acesso às reservas internacionais para empréstimos em moeda estrangeira, além do afastamento temporário das exigências de regularidade fiscal para utilização dos recursos.

REGULAÇÃO SISTÊMICA E PRUDENCIAL NO SETOR BANCÁRIO BRASILEIRO

4. A criação do FGC representou grande avanço quanto à sistemática adotada durante o regime militar, quando recursos acumulados na reserva monetária provenientes da captação do IOF eram utilizados para garantir depositantes de bancos quebrados, o que causava significativo risco moral. A sua atuação foi de grande relevo no contexto da política de saneamento realizada na década de 1990, principalmente para garantir os depósitos dos correntistas do Bamerindus. O FGC também teve importância fundamental na resposta à crise financeira recente. Nesse aspecto, destaca-se a ampliação do limite de cobertura ordinária para R$250 mil, além da criação de uma nova modalidade de seguro de depósitos a prazo, o DPGE, até o limite de R$20 milhões. O Estatuto do FGC também foi alterado para permitir a realização de operações de assistência a instituições financeiras. O FGC participou do resgate ao Panamericano em 2010, ressaltando-se também sua atuação na administração do Banco Cruzeiro do Sul no âmbito do RAET.

5. Por todos esses fatores, observa-se que o escopo de atuação FGC ampliou-se para muito além da função clássica que justificou sua criação. As transformações observadas no FGC fazem com que este possa ser chamado ao resgate não apenas de correntistas, como também de bancos. No caso do DPGE, considerando a inexigibilidade à vista desses depósitos, a proteção do FGC parece estar voltada ao provimento indireto de liquidez ao mercado. Como reflexo disso, o FGC sofreu mudanças em sua governança corporativa, com a proibição em 2012 da participação no Conselho de Administração e Diretoria Executiva de controladores, administradores ou funcionários de instituições financeiras, entre outros. Em complemento às mudanças de governança corporativa, considerando o papel ampliado do FGC, seria importante também estabelecer critérios e parâmetros de atuação mais claros em situações de socorro a instituições financeiras, bem como coordenar formalmente sua atuação com outros mecanismos presentes na rede de segurança oferecida aos bancos do SFN.

6. Além desses canais de provimento de liquidez, observou-se também que instituições oficiais têm participado de forma *ad hoc* no auxílio

REGULAÇÃO SISTÊMICA

a bancos em momentos mais graves de crise bancária. A ausência de uma regulamentação sistêmica específica quanto à sua forma de atuação em tais situações impede o enquadramento de tais operações no arcabouço regulatório em tela. Vale reiterar, no entanto, a importância da adoção de regras e limites operacionais claros no resgate a instituições em crise.

7. O provimento de liquidez por meio do BCB, FGC e instituições oficiais está sujeito a diferentes graus de formalidade, exigências e transparência, dependendo do instrumento utilizado. A existência desses canais de liquidez operando de forma simultânea nas condições atuais pode ser uma fonte de risco moral. Em complemento a esses mecanismos, o anteprojeto de lei proposto pelo BCB em 2009 prevê a realização de operações especiais de assistência financeira com instituições financeiras em casos de crise sistêmica ou grave ameaça à estabilidade do SFN, que não se sujeitariam à Lei Complementar 101/2000.

8. No tocante aos regimes especiais aplicáveis a instituições em crise, o rol de instrumentos à disposição do BCB ampliou-se ao longo dos anos, com destaque para a Lei 9.447/1997, que introduziu uma série de medidas de cunho saneador no âmbito do Proer. Entre essas medidas, inclui-se a previsão legal para transferência ou alienação de bens e direitos de uma instituição em contextos de crise. Os regimes especiais também preveem tratamento rigoroso no tocante às formas de responsabilidade aplicáveis a administradores e controladores de instituições financeiras sob regimes especiais, bem como a previsão de indisponibilidade de seus bens, ainda que sujeitas a interpretações jurisprudenciais divergentes. O acesso aos recursos do FGC por depositantes está vinculado à decretação dos regimes especiais, o que ajuda a mitigar o risco moral decorrente do emprego desse mecanismo. Vale notar, no entanto, que o mesmo não se aplica no caso de resgate pelo fundo a instituições financeiras.

9. O Brasil dispõe de um sistema de pagamentos moderno, representando grande avanço em relação ao modelo anterior, em que o BCB bancava o risco de liquidação das operações ao final do dia,

causando prejuízos à autoridade bancária e incentivando o risco moral. Outra importante inovação do SPB foi a apresentação de novas diretrizes para o gerenciamento do risco sistêmico, como o afastamento de regras do procedimento falimentar ordinário para obrigações assumidas no âmbito das câmaras ou prestadores de serviços de compensação e de liquidação, e a exigência de constituição de "patrimônio especial" segregado para entidades administrando sistemas considerados "sistemicamente importantes".

10. Além dessas constatações referentes ao regramento da estrutura dos mecanismos de regulação sistêmica no País, é preciso considerar os impactos que as transformações pelas quais vem passando o sistema financeiro – e o setor bancário em particular – nas últimas décadas provocam nesse campo da regulação financeira. No caso do risco sistêmico, o movimento de conglomeração financeira causa uma reflexão sobre a forma como seu conceito é tradicionalmente pensado e aplicado. A diluição das barreiras regulatórias entre atividades financeiras torna cada vez mais difícil a identificação de focos em potencial de risco sistêmico. Episódios como o do LTCM, em 1997, e da AIG, em 2008, evidenciam que a natureza jurídica de um determinado participante do sistema financeiro já não é tão importante na identificação de possíveis fontes desse risco, motivo pelo qual se observa na atualidade uma preocupação crescente das autoridades com entidades de relevância sistêmica, ainda que desempenhem atividades não bancárias. Igualmente, a concentração crescente no setor bancário também gera preocupações quanto à impossibilidade de deixar uma instituição financeira quebrar e suas implicações em termos de risco moral. O fenômeno do *too big to fail* representa um grave desafio à regulação sistêmica, tornando-se ponto de intenso debate no desenlace da crise financeira recente.

11. De maior relevo é a constatação de que os movimentos de concentração e conglomeração também têm sido observados no setor bancário brasileiro, tornando-se inclusive parte da política oficial para o setor bancário em determinados momentos históricos. Tais movimentos também impõem desafios às autoridades encarregadas

de supervisionar a estabilidade do SFN. No tocante à extensão do risco sistêmico, é possível observar avanços no marco legal, como a criação do Sumef em 2010, com funções análogas às do FSOC nos Estados Unidos e ESRB na União Europeia, e a extensão das disposições dos regimes especiais aplicáveis às instituições financeiras às sociedades seguradoras, entidades abertas e fechadas de previdência, e sociedades de capitalização.

12. No caso de instituições *too big to fail*, há importantes diferenças a serem consideradas entre o caso brasileiro e o de outros países, como a adoção de regimes de responsabilidade para administradores e controladores mais rigorosos e a atribuição de amplos poderes à autoridade bancária para reorganizar a estrutura de instituições em crise no âmbito de regimes especiais. Essas diferenças, no entanto, devem ser sopesadas em função de certos fatores, notadamente os entendimentos doutrinários e jurisprudenciais divergentes sobre o tipo de responsabilidade previsto no art. 40 da Lei 6.024/1974, bem como, até recentemente, a necessidade de verificação das hipóteses de decretação de regimes especiais para que a autoridade bancária pudesse atuar sobre a estrutura da instituição em crise. Finalmente, ainda que se possa argumentar, como postulado pela autoridade bancária, que o setor bancário brasileiro não apresenta níveis de concentração tão altos como o de outros países, essa é mais uma razão para discutir a continuidade dessa tendência *a priori*, e não *a posteriori*, uma vez que a experiência de outros países tem demonstrado que, após instaurado, o enfrentamento desse desafio regulatório torna-se muito mais complexo.

Capítulo 4
REGULAÇÃO PRUDENCIAL

4.1 Regulação prudencial

A regulação prudencial visa ao estabelecimento de instrumentos voltados ao controle do risco assumido por instituições financeiras. Em sua concepção original, assentava-se na premissa de que, pelo controle do risco individual de cada uma dessas instituições, seria possível manter a higidez do sistema financeiro como um todo. Aqui vale reiterar que, embora a busca pela higidez do sistema financeiro se apresente como um objetivo complementar à regulação sistêmica, com ela não se confunde. Enquanto a regulação sistêmica preocupa-se em criar mecanismos para conter os efeitos das externalidades negativas relacionadas à elevada integração entre instituições financeiras, a regulação prudencial possui caráter mais preventivo, procurando delinear regras que impeçam a ocorrência de crises sistêmicas. De fato, Mishkin chega a afirmar que uma das motivações para a regulação prudencial surge justamente em razão da ampliação do risco moral causada pelos instrumentos utilizados na regulação sistêmica.[363] Assim, a regulação prudencial desempenharia também a importante função de correção das consequências adversas da regulação sistêmica para que esta não tenha seu propósito final desvirtuado.

---

[363] MISHKIN, Frederic S. Prudential Supervision: why is it important and what are the issues, p. 8.

Embora a regulação prudencial tenha objetivos bem delineados, o mesmo não ocorre com os mecanismos adotados para atingi-los. Com efeito, as últimas décadas têm evidenciado um processo acelerado de mudança nas estratégias de regulação prudencial adotadas em muitos países. Essa mudança está intrinsecamente ligada às transformações observadas no sistema financeiro, que afetam a eficácia dos métodos empregados pelas autoridades para controlar o nível de risco assumido pelas instituições financeiras.

Segundo Carvalho et al., o primeiro estágio do processo evolutivo da regulação prudencial, dominante por muito tempo, pode ser caracterizado como a "regulação de balanços". Essa estratégia de regulação ficou marcada pelo seu conteúdo prescritivo e busca do controle direto das operações das instituições financeiras por meio da segregação estrita de suas atividades e imposição de indicadores quantitativos objetivos para o julgamento da adequação das operações permitidas. Nesse estágio, a regulação prudencial preocupava-se em garantir principalmente a liquidez dos depósitos, impondo limites à natureza das aplicações realizadas pelos bancos e incentivando a constituição de reservas adequadas para enfrentar demandas de saque por parte dos depositantes.[364]

Esse sistema foi gradualmente perdendo sua importância em razão das inovações ocorridas no sistema financeiro, principalmente a partir da década de 1980. O advento de novas formas de administração de passivos baseadas na diversificação de fontes de recursos e a progressiva perda de importância das operações bancárias tradicionais em face de outras atividades bancárias provocaram uma mudança no foco das estratégias voltadas ao controle de risco das instituições financeiras. Nesse sentido, as autoridades passaram a atribuir atenção crescente à dinâmica de remuneração das instituições financeiras e seus incentivos para incorrer em riscos excessivos.[365] Tais incentivos decorrem das mencionadas assimetrias informacionais presentes no setor, notadamente a relação principal-agente, já discutida no Capítulo 1, permitindo que, em caso de sucesso, a instituição financeira e seus administradores aufiram grandes ganhos e, em caso de fracasso, a perda recaia sobre os poupadores cujo capital foi cedido à instituição financeira.

---

[364] CARVALHO, Fernão J. Cardim de et al. *Economia monetária e financeira*: teoria e política. Rio de Janeiro: Campus, 2001, p. 324.

[365] Idem, ibidem, p. 325.

REGULAÇÃO PRUDENCIAL

Observa-se, portanto, que "o foco da regulação prudencial passa gradativamente das operações passivas para as operações ativas das instituições financeiras e, sobretudo, para o risco de crédito decorrente de tais operações".[366] Essa abordagem seria consagrada oficialmente no acordo de Basileia de 1988, a partir do qual os países passaram a introduzir normas regulatórias estabelecendo coeficientes de capital exigidos dos bancos em proporção aos seus ativos, ponderados de acordo com suas aplicações e grau de risco.

O Acordo de Basileia de 1988

Em 1988 o Comitê de Basileia editou um guia de recomendações intitulado Convergência Internacional para Mensuração e Adequação de Capital (*International Convergence of Capital Measurement and Capital Standards*),[367] que ficou conhecido como o primeiro acordo de Basileia (Basileia I). Segundo Barros de Castro, o acordo foi concebido originalmente para ser aplicado apenas a bancos internacionalmente ativos em países industrializados. Embora a harmonização das práticas de regulação prudencial, uniformizando critérios de avaliação e de consideração do patrimônio das instituições financeiras, fosse em si um objetivo, "havia a preocupação de nivelar as condições de competição entre bancos de diferentes países que, por estarem submetidos a marcos regulatórios distintos, acabavam muitas vezes competindo em condições desiguais no cenário internacional".[368] Apesar do escopo inicial limitado, Basileia I acabou tornando-se importante referência regulatória com o passar dos anos, seja para países desenvolvidos ou para países em desenvolvimento, sendo aplicado por um significativo número de bancos, independentemente de seu tamanho e área de atuação.[369]

Basileia I é caracterizado pela sua natureza tutelar, procurando regular a atividade bancária pela imposição de um capital regulatório às instituições. A ideia-chave era que, ao forçar os bancos a comprometer seu próprio capital, os incentivos perversos à tomada excessiva de risco seriam mitigados. Assim sendo, cada banco deveria constituir capital próprio proporcio-

---

[366] YAZBEK, Otavio. *Regulação do mercado financeiro e de capitais*, p. 241.

[367] COMITÊ DE BASILEIA. International convergence of capital measurement and capital standards. Basileia, jul. 1988.

[368] BARROS DE CASTRO, Lavinia. Regulação financeira: discutindo os Acordos de Basileia. *Revista do BNDES*, Rio de Janeiro, v. 14, n. 28, 2007, p. 279-280.

[369] Idem, ibidem, p. 279-280.

REGULAÇÃO SISTÊMICA E PRUDENCIAL NO SETOR BANCÁRIO BRASILEIRO

nal às suas aplicações, baseando-se na classificação de risco reconhecido em cada categoria de crédito, adaptada às condições de cada país que aderisse ao sistema. Para tanto, foi estabelecida uma razão entre a quantidade de capital de cada banco e o "Ativo Ponderado pelo Risco" (APR), em que cada ativo de sua carteira receberia uma classificação de risco correspondente a determinado percentual de capital regulatório.[370]

Inicialmente, embora reconhecesse a necessidade de atentar contra outros riscos, Basileia I contemplou somente o risco de crédito, exigindo que bancos engajados ativamente em transações internacionais detivessem capital equivalente a, no mínimo, 8% de seu APR.[371] O capital para efeitos desse cálculo vai além do capital social, incluindo ponderações entre os seguintes componentes:

Tabela 10: Capital nível I e II

Capital nível I (Tier 1 ou capital nuclear)	Capital nível II (Tier 2 ou capital suplementar)
Capital social, reservas de capital, reservas de lucros (excluídas as reservas para contingências e as reservas especiais de lucros relativas a dividendos obrigatórios não distribuídos) e lucros ou prejuízos acumulados ajustados pelo valor líquido entre receitas e despesas, deduzidos os valores referentes às ações em tesouraria, ações preferenciais cumulativas e ações preferenciais resgatáveis.	Reservas de reavaliação, reservas para contingências, reservas especiais de lucros relativas a dividendos obrigatórios não distribuídos, ações preferenciais cumulativas, ações preferenciais resgatáveis, dívidas subordinadas e instrumentos híbridos de capital e dívida.

Fonte: GUIMARÃES, André Luiz de Souza; LIMA, Jorge Cláudio Cavalcante de Oliveira. Avaliação do risco de crédito no Brasil. In: GARCIA, Márcio; GIAMBIAGI, Fábio (Org.). *Risco e regulação*, p. 212.

Desde o seu lançamento em 1988, Basileia I tornou-se alvo de críticas, em grande parte relacionadas ao seu foco excessivo no risco de crédito, passando ao largo de outros tipos de risco, como os operacionais e de mercado. O número limitado de categorias de risco (*risk buckets*) mostrou-se

---

[370] BARROS DE CASTRO, Lavinia. Regulação financeira, p. 279-280.
[371] TARULLO, Daniel K. *Banking on Basel*: the future of international financial regulation. Washington: Peterson Institute for International Economics, 2008, p. 55.

REGULAÇÃO PRUDENCIAL

demasiadamente simplista em face da diversidade de operações bancárias. Ironicamente, o próprio acordo passou a ser acusado de incentivar arbitragem regulatória e provocar distorções no mercado, uma vez que, ao impor coeficientes de capital sobre tipos de crédito, acabou encarecendo o crédito em comparação a outras formas de intermediação financeira cujos riscos não tivessem que ser compensados pela constituição de capital próprio.[372] O acordo também foi criticado por não distinguir a capacidade de pagamento de diferentes tipos de emissores, como no caso da atribuição de risco "zero" a operações com títulos públicos, independentemente do país emissor, e aplicação de fator "100% de risco" a créditos corporativos em geral para cálculo de APR, não levando em conta a solidez de cada empresa. Assim, um empréstimo a uma empresa à beira da falência seria tratado da mesma forma que um financiamento a uma empresa lucrativa. Finalmente, também criticou-se o viés recessivo do acordo, por restringir a concessão de crédito em momentos de queda da atividade econômica.[373]

Por essas e outras razões, pouco tempo após sua conclusão, com algumas de suas disposições sequer implementadas em sua plenitude, o acordo passou por revisões almejando um instrumento mais eficaz e harmônico.[374] Procurou-se manter a definição de coeficientes de capital como base da estratégia regulatória, mas recalculá-los de modo a refletir uma maior diversidade de riscos. Ao mesmo tempo, a complexidade crescente das atividades financeiras incentivou a discussão de novas estratégias de avaliação e tratamento de riscos por meio da utilização de modelos internos pelos bancos, bem como o incentivo à prestação de informações ao mercado. Essas e outras inovações seriam incorporadas no segundo acordo de Basileia.

---

[372] TARULLO, Daniel K. *Banking on Basel*: the future of international financial regulation, p. 55.

[373] BARROS DE CASTRO, Lavinia. Regulação financeira, p. 281; e GUIMARÃES, André Luiz de Souza; LIMA, Jorge Cláudio Cavalcante de Oliveira. Avaliação do risco de crédito no Brasil, p. 213.

[374] Entre as revisões mais importantes, cabe mencionar a de janeiro de 1996, com a publicação de um adendo a Basileia I, chamado de Emenda para Incorporação de Riscos de Mercado (*Amendment to the Capital Accord to Incorporate Market Risks*). Entre os aspectos relevantes da revisão, destacam-se : (i) a ampliação dos controles sobre riscos incorridos pelos bancos; (ii) a extensão dos requisitos para a definição do capital regulatório, incorporando o risco de mercado; e (iii) a possibilidade de utilização de modelos internos na mensuração de riscos, desde que aprovados pela autoridade nacional (COMITÊ DE BASILEIA. Amendment to the capital accord to incorporate market risks. Basileia, jan. 1996).

O Acordo de Basileia de 2004

O segundo acordo de Basileia (Basileia II) começou a ser discutido em junho de 1999, sendo finalizado apenas em junho de 2004.[375] O acordo continuou procurando estabelecer regras comuns de regulação prudencial, mantendo o foco em bancos internacionalmente ativos, o que não deveria impedir, no entanto, sua adoção por outros bancos de diferentes tamanhos e sofisticação.[376] Ainda que muitas definições de capital e técnicas para tratamento de risco tenham permanecido, Basileia II foi mais sensível a outros tipos de risco e à realidade de mercado, notadamente a sofisticação crescente do setor bancário.[377]

Dentre as principais mudanças de Basileia II, encontra-se o incentivo para que os bancos melhorassem seus sistemas internos de avaliação e controle de risco, bem como o estímulo à autorregulação. Tais medidas tiveram como base o reconhecimento de que, diante do elevado grau de inovação financeira, tentativas de classificação rígida de riscos seriam rapidamente superadas ou, pior, contornadas, dando margem a movimentos de arbitragem regulatória. Dessa forma, Basileia II pretendeu que cada instituição financeira utilizasse o modelo de mensuração de riscos mais compatível com seu tamanho, estrutura e grau de sofisticação. Observa-se a transição de um padrão tutelar para um modelo em que são dados incentivos às firmas para controlarem seus próprios riscos. Foi resguardada, porém, à autoridade bancária de cada país, a avaliação das estratégias adotadas pelos bancos para controlarem cada um dos tipos de risco contemplados (risco de crédito, risco de mercado e risco operacional), bem como a validação do modelo interno dos bancos, no caso de adotarem métodos próprios de avaliação e mensuração de risco.[378]

Para introduzir tais mudanças, Basileia II baseou-se em três pilares fundamentais:[379]

---

[375] COMITÊ DE BASILEIA. International convergence of capital measurement and capital standards: a revised framework. Basileia, jun. 2004. Tal como Basileia I, Basileia II também passou por revisões desde 2004, disponíveis em: <www.bis.org/publ/bcbsca.htm>. Acesso em: 20 jul. 2015.

[376] MENDONÇA, Ana Rosa Ribeiro. O acordo de Basileia de 2004: uma revisão em direção às práticas de mercado. *Revista de Economia Política Internacional*, n. 2, 2004, p. 30-31.

[377] BARROS DE CASTRO, Lavinia. Regulação financeira, p. 283.

[378] Idem, ibidem, p. 283-284.

[379] TARULLO, Daniel K. *Banking on Basel*: the future of international financial regulation, p. 124-126; VERÇOSA, Haroldo M. D. Considerações sobre o sistema financeiro, p. 12; e

REGULAÇÃO PRUDENCIAL

1. **Capital mínimo:** O primeiro pilar busca atingir uma melhor alocação de capitais para cobrir as exposições das instituições a riscos de crédito, de mercado e operacionais. É justamente nesse pilar que entram as novas dimensões de risco contempladas, como falhas humanas e desastres naturais, e abordagens alternativas para sua mensuração. No caso do risco de crédito, o acordo também inovou ao prever basicamente duas formas para seu tratamento: (i) a abordagem padronizada (*standardised approach*), baseada em classificações de risco (*ratings*) fornecidas por agências externas; ou (ii) a abordagem interna, baseada em modelos de classificação de risco desenvolvidos pelos próprios bancos (*internal ratings based approach* – IRB);[380]

2. **Supervisão:** O segundo pilar incentiva as autoridades bancárias a garantir que as instituições financeiras tenham processos internos capazes de mensurar sua adequação de capital e de melhor identificar e gerir exposições a riscos. As autoridades devem avaliar a forma de cálculo do capital regulatório praticada por cada banco e intervir quando julgarem necessário. Dessa forma, cria-se um diálogo permanente entre o órgão supervisor e instituições supervisionadas, procurando aumentar a segurança do sistema. As autoridades também devem estar preparadas para fiscalizar e intervir de maneira preventiva caso os níveis de adequação de capital verificados sejam insuficientes; e

3. **Disciplina de mercado:** O terceiro pilar estimula a transparência, procurando garantir a prudência por meio da disciplina de mercado. Dessa forma, pretende incentivar o desenvolvimento de um conjunto de requisitos de transparência que permitam aos agentes de mercado acompanhar o comportamento das instituições financeiras. Bancos devem ter uma política formal de divulgação de informações, incluindo itens específicos, como fórmulas e modelos utilizados para avaliação de risco e alocação de capital.

BARROS DE CASTRO, Lavinia. Basileia II: questões pendentes que interessam ao Brasil. *Periódico Visão do Desenvolvimento*, BNDES, n. 34, 2007, p. 4-5.

[380] A abordagem IRB subdivide-se na forma básica, em que a instituição financeira estima parte dos componentes do risco, com os demais sendo disponibilizados pela autoridade bancária; ou na forma avançada, em que a instituição financeira calcula todos os componentes do risco.

Em 9 de dezembro de 2004, o BCB, por meio do Comunicado 12.746, expressou sua intenção de adotar Basileia II no Brasil. O comunicado indicou um cronograma para implementação gradual do acordo, adaptado à realidade do setor bancário brasileiro, até o final de 2011. O cronograma passou por revisões em 2007 (Comunicado 16.137) e 2009 (Comunicado 19.028), prevendo a finalização da implementação de Basileia II no Brasil até o final do primeiro semestre 2013.

Basileia III

A gravidade dos efeitos da crise financeira recente fez com que, de forma similar ao ocorrido com o primeiro acordo de Basileia, os dispositivos de Basileia II se tornassem objeto de revisão antes mesmo de sua plena incorporação. Nesse sentido, o Comitê de Basileia apresentou em 2009 documentos de consulta estabelecendo amplas propostas de reforma regulatória.[381] Em julho de 2010, os países integrantes do Comitê de Basileia chegaram a um acordo preliminar sobre o conjunto de propostas a serem implementadas nos próximos anos.[382] Esse conjunto de propostas, que ainda viria a ser complementado por outras, ficou conhecido como "Basileia III".

Parte dos trabalhos do Comitê de Basileia apoiou-se no aperfeiçoamento de mecanismos previstos nos acordos prévios, principalmente no tocante à exigência e composição do capital regulatório mínimo. Procurou-se, portanto, aumentar a qualidade, consistência e transparência da base de capital das instituições financeiras por meio da proposição de: (i) medidas mais restritivas de elegibilidade dos ativos (principalmente instrumentos financeiros derivativos) que podem ser considerados para fins de cálculo do APR; (ii) aumento do fator de risco para determinados ativos; e (iii) aumento das exigências mínimas de capital para certos tipos de ativos.[383] Para evitar que as exigências mais rigorosas de capital prejudi-

---

[381] COMITÊ DE BASILEIA. Enhancements to the Basel II framework. Basileia, jul. 2009; Idem. Strengthening the resilience of the banking sector. Basileia, dez. 2009; e, Idem. International framework for liquidity risk measurement, standards and monitoring. Basileia, dez. 2009.

[382] Idem. The Group of Governors and Heads of Supervision reach broad agreement on Basel Committee capital and liquidity reform package. Basileia, jul. 2010.

[383] Para uma discussão detalhada dessas e outras medidas: ANBIMA. Basileia III: novos desafios para a adequação da regulação bancária, Rio de Janeiro, 2010.

REGULAÇÃO PRUDENCIAL

cassem a recuperação econômica de países afetados pela crise financeira, o cronograma de Basileia III previu sua implementação gradativa a partir de 2013 até 2019.

Basileia III preocupou-se também em propor novos mecanismos de regulação prudencial. Esses novos mecanismos seguem em linha com preocupações levantadas por corrente de autores e autoridades do setor,[384] e corroboradas na crise financeira recente, de que os acordos anteriores estariam excessivamente focados no aspecto "microprudencial", dizendo respeito à saúde de instituições financeiras consideradas individualmente, descuidando-se do aspecto "macroprudencial", em que se leva em conta a saúde do sistema financeiro como um todo. Isso é bem representado na seguinte passagem de Loyola:[385]

> [...] a crise explicitou outra grave falha da regulação financeira, qual seja a pouca relevância atribuída ao risco sistêmico no desenho e na implementação das normas prudenciais e no processo de supervisão. Tipicamente, a regulação buscava limitar o risco de cada instituição vista isoladamente, sem focar no risco do sistema financeiro como um todo. Essa abordagem implicitamente assume ser suficiente que cada instituição seja segura para que a higidez de todo o sistema financeiro esteja assegurada. Há, porém, nessa hipótese uma falácia de composição, tendo em vista a possibilidade de que a gestão de risco por parte de cada banco individualmente possa levar a um comportamento que, coletivamente, aumenta o risco do sistema financeiro.

Exemplo comumente suscitado para ilustrar os paradoxos do enfoque excessivamente microprudencial refere-se ao componente procíclico inerente às exigências mínimas de capital. Essa ciclicidade contribuiria para reforçar a expansão ou contração do crédito em diferentes momentos do

---

[384] BANK OF ENGLAND. The role of macroprudential policy. *Discussion Paper*, Londres, 19 nov. 2009; BORIO, Claudio et al. Procyclicality of the financial system and financial stability: issues and policy options, marrying the macro-and micro-prudential dimensions of financial stability. *BIS Papers*, n. 1, 2001; BORIO, Claudio. Towards a macroprudential framework for financial supervision and regulation? *BIS Working Paper*, n. 128, 2003; HANSON, Samuel G. et. al. A macroprudential approach to financial regulation. *Journal of Economic Perspectives*, 25(1), 2011; e KASHYAP, Anil K.; STEIN, Jeremy C. Cyclical implications of the Basel-II capital standards. *Federal Reserve Bank of Chicago Economic Perspectives*, 28(1), 2008.

[385] LOYOLA, Gustavo. O futuro da regulação financeira. In: GARCIA, Márcio; GIAMBIAGI, Fábio (Org.). *Risco e regulação*, p. 63-64.

ciclo econômico, bem como ampliar movimentos de ativos nas fases de alta e baixa. Com efeito, em momentos de expansão econômica, a probabilidade de *default* e outros parâmetros da composição do capital regulatório são calculados no ponto de menor risco, reduzindo o capital mínimo requerido e liberando limites para alavancagem adicional da instituição, enquanto, em momentos de *stress*, as probabilidades de *default* aumentam e a capacidade de recuperação dos créditos pelos bancos diminui, ao mesmo tempo em que as exigências de capital regulatório aumentam, o que pode levar a um aprofundamento da recessão.[386]

Procurando endereçar tais preocupações, Basileia III atribui atenção especial ao risco de liquidez, propondo novas exigências de capital.[387] Dentre estas consta a exigência de capital para conservação da situação financeira (*capital conservation buffer*), com o objetivo de criar um "colchão de segurança" para absorção de perdas no caso de revés econômico. Além disso, são propostas medidas de proteção contra riscos macroeconômicos, incluindo um adicional de capital de 0% a 2,5%, a critério da autoridade nacional, que atuaria como um amortecedor contracíclico (*countercyclical buffer*) em situações de excesso de crédito associado a risco sistêmico.[388] A medida procura mitigar a ciclicidade das exigências de capital por meio do provisionamento prospectivo, que consiste basicamente em exigir que os bancos constituam reservas de capital na fase de expansão da economia para serem utilizadas como um "colchão de segurança" adicional em momentos de contração. Essas medidas seriam aplicadas de forma gradativa, em complemento à exigência de capital de 8% em relação ao APR.

---

[386] KASHYAP, Anil K.; STEIN, Jeremy C. Cyclical implications of the Basel-II capital standards.
[387] ANBIMA. Basileia III: novos desafios para a adequação da regulação bancária, p. 29.
[388] Idem, ibidem, p. 40.

Tabela 11: Exigências de capital mínimo – Basileia III

	2013	2014	2015	2016	2017	2018	2019
Capital total	8%	8%	8%	8%	8%	8%	8%
Capital de conservação	-	-	-	0,625%	1,25%	1,875%	2,5%
Capital contracíclico	-	0,625%	1,25%	1,875%	2,5%	2,5%	2,5%
Total (*)	8%	8,625%	9,25%	10,5%	11,75%	12,375%	13%

Fonte: Adaptado de Anbima. Disponível em: <www.anbima.com.br>. Acesso em: 21 jul. 2015.
(*) Valor potencial máximo, considerando banda superior do intervalo do capital contracíclico.

Basileia III propõe também a introdução de padrões globais de liquidez de curto (*liquidity coverage ratio*) e longo prazo (*net stable funding ratio*). O primeiro consistiria na adoção de um índice de cobertura para assegurar a resistência a choques de liquidez transitórios. Dessa forma, bancos seriam obrigados a manter ativos de alta liquidez, que possam ser convertidos em recursos a qualquer momento, em volume suficiente para se manterem em funcionamento por 30 dias em cenários de estresse. Igualmente, o índice de liquidez estrutural de longo prazo seria utilizado na resposta a períodos prolongados de escassez de crédito.

Outra inovação de destaque em Basileia III refere-se à introdução de um índice de alavancagem não ajustado ao risco de 3%, calculado com base no patrimônio líquido tangível sobre os ativos totais da instituição, para complementar os requisitos mínimos de capital. O índice procura introduzir salvaguardas adicionais contra o risco dos modelos e erros de medição por meio de um critério simples e transparente de alavancagem. Em razão disso, Loyola afirma que esse limite funcionaria como uma espécie de "seguro" para cobrir situações excepcionais não resguardadas pelas normas ordinárias de capital.[389]

O Comitê de Basileia atenta também para a questão da conexão entre bancos internacionais e a possibilidade de transmissão de choques negativos ao sistema financeiro e à economia em geral, propondo medidas para a administração de riscos e provisionamento de capital no caso de instituições consideradas "sistemicamente relevantes", incluindo a possível introdução de uma "sobretaxa" de capital ou de liquidez para tais insti-

---

[389] LOYOLA, Gustavo. O futuro da regulação financeira, p. 69.

tuições. Finalmente, Basileia III também discute a realização de testes de estresse para instituições financeiras pelos supervisores bancários, bem como a adoção de controles sobre estruturas de remuneração. Tais medidas serão objeto de análise separada mais adiante.

O BCB, por meio do Comunicado 20.615, de 17 de fevereiro de 2011, anunciou seu cronograma de implementação de Basileia III. O comunicado tratou da implementação dos padrões de Basileia III referentes à qualidade do capital e implementação do capital contracíclico. Nesse sentido, vale ressaltar a decisão da autoridade bancária de antecipar a implementação dessas medidas no País, em relação ao cronograma oficial previsto em Basileia III. Tais medidas incluiriam, por exemplo, a implementação dos ajustes regulatórios a partir de julho de 2012, enquanto Basileia III sugere seu início a partir de 2014. Além disso, o Comunicado anunciou a implementação do capital contracíclico no Brasil a partir de janeiro de 2014, comparado a 1.º de janeiro de 2016 em Basileia III. Por fim, o comunicado informou que as propostas detalhadas de Basileia III seriam objeto de regulamentação específica, prevista para ter início em 2011, basicamente com novas definições de capital, e término em 2017, com definições finais de alavancagem.[390]

4.1.1 Controles de adequação patrimonial

A racionalidade por trás da regulação de capital está ligada intrinsecamente ao próprio processo de desenvolvimento da regulação prudencial descrito no tópico anterior, principalmente a partir da implementação de Basileia I. Segundo Mishkin, a adequação do nível de capital dos bancos ao seu grau de exposição a risco traz dois grandes benefícios, na medida em que cria um desincentivo à tomada excessiva de risco, bem como assegura uma margem de segurança para perdas inesperadas em operações financeiras, ajudando a proteger a higidez do setor bancário.[391] A grande questão nesse ponto é saber quais riscos considerar em tal análise e como determinar o grau adequado de capital para compensá-los. Basileia I con-

---

[390] O BCB publicou o Edital de Audiência Pública 40, em 17 de fevereiro de 2012, abrindo consultas sobre o novo patrimônio de referência e requerimentos mínimos de capital. O processo de discussão sobre o edital se estendeu além dos três meses originalmente previstos, de modo que os normativos editados passaram a vigorar em 1.º de outubro de 2013.

[391] MISHKIN, Frederic S. Prudential Supervision: why is it important and what are the issues, p. 10-11.

REGULAÇÃO PRUDENCIAL

templou inicialmente apenas o risco de crédito em sua estrutura, enquanto Basileia II incorporou os riscos de mercado e operacional, e Basileia III procura abordar o risco de liquidez.

Apesar de sua larga disseminação como instrumento de regulação prudencial, representando na atualidade uma de suas principais ferramentas, a crise financeira recente corroborou preocupações em relação aos efeitos procíclicos dos controles de adequação patrimonial. Basileia III procurou endereçar essa questão por meio da proposição de um modelo de provisionamento com ajuste cíclico.[392] Além de atuar como um estabilizador endógeno, as sobras de capital nos momentos de alta do ciclo proporcionariam uma reserva para a fase recessiva. Naturalmente, conforme ressalva de Mesquita e Torós, modelos dessa natureza exigem a estimação de dados complexos, como a tendência histórica de expansão creditícia, suscitando críticas quanto à sua viabilidade.[393] Isso não tem impedido, no entanto, a adoção do conceito em países como a Espanha, contando também com apoiadores de relevo nos quadros de supervisão bancária no Brasil.[394]

---

[392] MESQUITA, Mário M. C.; TORÓS, Mário. Gestão do Banco Central no pânico de 2008, p. 200.

[393] Idem, ibidem, p. 200.

[394] Segundo o pronunciamento do então presidente do BCB: "Quanto à prócicliclalidade, trata-se de reconhecer que potencialmente a regulação pode incentivar a crescente assunção de riscos na fase favorável do ciclo econômico, dando lugar a problemas durante a fase menos favorável. Sob o ponto de vista prudencial, há argumentos teóricos e empíricos mais do que suficientes para justificar o desenvolvimento de políticas regulatórias que forcem os bancos a reconhecer o maior nível de risco de crédito que acumulam em seus balanços nos períodos expansionistas. A partir desse reconhecimento, a idéia é tornar a regulação mais neutra em relação ao ciclo, por exemplo, através da adoção da prática de 'provisionamento dinâmico' como adotada na Espanha, ou de um multiplicador aplicado aos requisitos de capital baseado na taxa de crescimento dos ativos bancários ou outra variável que represente a variação cíclica" (MEIRELLES, Henrique. Reforço da regulação e supervisão e o seu papel na estabilidade do sistema financeiro. Pronunciamento do Presidente do Banco Central do Brasil na Reunião Extraordinária de Ministros Ibero-Americanos de Finanças, Porto, 2 mar. 2009).

4.1.1.1 Diretrizes de adequação patrimonial no Brasil

Conforme visto no Capítulo 2, a implementação de Basileia I no País se deu com a Resolução CMN 2.099/1994. Dentre as alterações promovidas pelo normativo na regulação de capital, merecem destaque o aumento da exigência de capital e patrimônio líquido mínimos para o funcionamento das instituições financeiras, bem como a mudança da forma de acompanhamento dos limites de alavancagem operacional. Segundo a lição de Darcy e Muniz:[395]

> A mencionada Resolução, ao introduzir o conceito de Patrimônio de Referência, modificou o enfoque em relação às regras anteriores, visto que a abordagem de supervisão baseada no patrimônio líquido das instituições como referência (*i.e.*, no passivo) foi substituída pelo estabelecimento de limites em função do nível de risco de crédito gerado pelas operações realizadas pelas instituições (ativos ponderados pelo risco).

Apesar de a Resolução e outras normas do BCB terem incorporado a maioria das propostas do Comitê de Basileia, cabe mencionar que alguns dos requerimentos impostos aos bancos são diferentes daqueles previstos em Basileia I, como: (i) o requisito de capital ajustado ao risco de 11%, em vez dos 8% exigidos pelo acordo;[396] (ii) níveis de risco superiores para determinados ativos, incluindo uma ponderação pelo risco de 300% sobre créditos fiscais;[397] e (iii) exigência de capital mínimo para abertura de instituições financeiras.

---

[395] ALVES, Sérgio Darcy da Silva; ALVES, Tatiana Muniz Silva. A experiência brasileira de regulação: um caso de sucesso? In: GARCIA, Márcio; GIAMBIAGI, Fábio (Org.). *Risco e regulação*, p. 175-176.

[396] Inicialmente adotou-se patamar de 8%, igual ao proposto pelo Comitê de Basileia, que foi posteriormente elevado para 11%.

[397] O quociente capital/APR deve ser de, no mínimo, 8%, segundo Basileia I, ou 11%, conforme adaptado pela autoridade bancária brasileira. Isso significa, por exemplo, que, para "operações de crédito em geral e outros créditos" (cujo percentual é de 100%), deverá ser provisionado 11% de capital sobre o valor da operação, enquanto que para "créditos tributários" (com coeficiente de 300%), é necessário provisionamento de 33% (BARROS DE CASTRO, Lavinia. Regulação financeira, p. 280).

4.1.1.1.1 Patrimônio de Referência

O Patrimônio de Referência (PR) é utilizado pelo BCB para verificação do cumprimento dos limites operacionais das instituições autorizadas a funcionar no SFN. Nos termos da Resolução CMN 4.192, de 1.º de março de 2013, o PR é composto basicamente pelo somatório do capital de Nível I e Nível II. Seguindo recomendação do Comitê de Basileia, o capital Nível I foi desmembrado em Capital Principal e Capital Complementar. O Capital Principal abrange basicamente ações e lucros acumulados, considerados mais robustos, enquanto o Capital Complementar cobre basicamente instrumentos híbridos de capital e dívida. A tabela a seguir apresenta um esquema simplificado de composição do PR em seus diferentes níveis:[398]

---

[398] Em razão da diversidade de categorias de ativos que integram os níveis do PR, estes se encontram sujeitos a revisões periódicas quanto à sua forma de cálculo e composição, com grau de detalhamento técnico que fugiria ao escopo deste trabalho se aprofundar.

Tabela 12: Composição do Patrimônio de Referência(*)

Nível I	Capital Principal	Consiste na soma dos seguintes valores: (i) capital social constituído por quotas, quotas-partes, ou por ações não resgatáveis e sem mecanismos de cumulatividade de dividendos; (ii) reservas de capital, de reavaliação e de lucros; (iii) ganhos não realizados decorrentes dos ajustes de avaliação patrimonial; (iv) sobras ou lucros acumulados; (v) contas de resultado credoras; (vi) depósito em conta vinculada para suprir deficiência de capital; e (vii) saldo do ajuste positivo ao valor de mercado dos instrumentos financeiros derivativos utilizados para hedge de fluxo de caixa.
	Capital Complementar	Consiste na soma dos instrumentos que atendam uma série de requisitos, incluindo: (i) serem nominativos; (ii) integralizados em espécie; (iii) caráter de perpetuidade; (iv) pagamento subordinado aos demais passivos da instituição; (v) remuneração restrita a recursos provenientes de lucros e reservas passíveis de distribuição no último período de apuração;

Nível I	**Capital Principal**	(vi) suspensão do pagamento da remuneração que exceder os recursos disponíveis para essa finalidade; (vii) resgate ou recompra antecipada condicionado à autorização do BCB; (viii) resgatáveis apenas por iniciativa do emissor; (ix) não serem objeto de garantia, seguro ou qualquer outro mecanismo que obrigue ou permita pagamento ou transferência de recursos, direta ou indiretamente, da instituição emissora, de entidade do conglomerado, ou de entidade não financeira controlada, para o detentor do instrumento, de forma a comprometer a condição de subordinação; e (x) não tenham sua compra financiada, direta ou indiretamente, pela instituição emissora.
Nível II		Consiste na soma dos seguintes valores: (i) instrumentos que atendam uma série de requisitos, incluindo os itens (i), (ii), (iv), (vii), (viii), (ix) e (x) de elegibilidade para composição do Capital Complementar, entre outros; e (ii) diferença a maior entre o valor provisionado e a perda esperada nas exposições abrangidas por sistemas internos de classificação de risco de crédito.

Fonte: Resolução CMN 4.192/2013.
(*) Valores de capital Nível I e II sujeitos a deduções previstas no normativo.

Além de deduções previstas no normativo para cada uma dessas categorias, alguns dos valores para composição do PR ficam ainda sujeitos a "ajustes prudenciais". No caso do Capital Principal, por exemplo, deverão ser excluídos os valores correspondentes a investimentos em dependência, instituição financeira controlada no exterior ou entidade não financeira que componha o conglomerado, em relação às quais o BCB não tenha acesso a informações, dados e documentos suficientes para fins de sua supervisão.

A Resolução CMN 4.193, de 1.º de março de 2013, estabeleceu três exigências de capital mínimo que devem ser observadas continuamente pelas instituições financeiras, relativas ao Capital Principal, Nível I e PR, criando também o Adicional de Capital Principal (ACP), que agrega o capital de conservação e anticíclico, em linha com Basileia III.[399] O normativo estabeleceu o cronograma de implementação dessas exigências, segundo a tabela a seguir:

Tabela 13: Exigências de capital mínimo – Resolução CMN 4.193/2013

	2014	2015	2016	2017	2018	2019
Capital Principal	4,5%	4,5%	4,5%	4,5%	4,5%	4,5%
Nível I	5,5%	5,5%	5,5%	5,5%	5,5%	5,5%
PR	11%	11%	9,875%	9,25%	8,625%	8%
ACP	-	-	0,625% a 1,25%	1,25% a 2,5%	1,875% a 3,75%	2,5% a 5%
Total	11%	11%	10,5% a 11,125%	10,5% a 11,75%	10,5% a 12,375%	10,5% a 13%

Fonte: Adaptado de Anbima. Disponível em: <www.anbima.com.br>. Acesso em: 21 jul. 2015; e Resolução CMN 4.193/2013.

Conforme visto, quando o primeiro acordo de Basileia foi implementado no Brasil na década de 1990, a exigência de capital foi estipulada em 11%, patamar superior, portanto, aos 8% recomendados no acordo. Considerando as novas exigências de capital previstas em Basileia III, a autoridade bancária houve por bem reduzir gradativamente esse indicador para o patamar proposto pelo Comitê de Basileia.

---

[399] Além das exigências de capital mínimo, a autoridade bancária também introduziu, por meio da Resolução CMN 4.401, de 27 de fevereiro de 2015, indicadores mínimos de liquidez de curto prazo, conforme orientação de Basileia III, aplicáveis a instituições financeiras com ativo total superior a R$100 bilhões.

REGULAÇÃO PRUDENCIAL

Além do cálculo de APR para fins de Basileia, o PR é utilizado como critério para estabelecer uma série de limites operacionais nas atividades das instituições financeiras. A Resolução CMN 2.844, de 29 de junho de 2001, por exemplo, fixa em 25% do PR o limite máximo de exposição por cliente a ser cumprido por instituições financeiras na contratação de operações de crédito e de arrendamento mercantil, prestação de garantias, bem como em relação aos créditos decorrentes de operações com derivativos. Igualmente, o limite de 25% do PR aplica-se a sociedades corretoras de títulos e valores mobiliários, sociedades corretoras de câmbio e pelas sociedades distribuidoras de títulos e valores mobiliários, em operações de subscrição para revenda e de garantia de subscrição de valores mobiliários, bem como em aplicações em títulos e valores mobiliários emitidos por uma mesma entidade; sujeito a exceções para certos títulos e valores mobiliários.

O limite máximo de exposição por cliente e certas operações segue em linha com os Princípios Fundamentais para uma Supervisão Bancária Efetiva do Comitê de Basileia.[400] Assim, conforme a ressalva de Guimarães e Silva, enquanto no resto do mundo tais princípios eram vistos como recomendações, no Brasil foram traduzidos em determinações do órgão regulador.[401]

4.1.1.1.2 Capital mínimo

A Resolução CMN 2.099/1994 estabeleceu em seu anexo II limites mínimos de capital realizado e patrimônio líquido para as instituições financeiras e demais entidades autorizadas a funcionar pelo BCB. Os limites mínimos foram determinados de acordo com o tipo de instituição pleiteando a autorização. Bancos comerciais, por exemplo, precisariam de R$7 milhões para operarem no País, enquanto bancos de investimento necessitariam de, no mínimo, R$6 milhões. Tratando-se de banco múltiplo, o somatório dos valores correspondentes às carteiras teria redução de 20%. Os montantes de referência foram alterados posteriormente pela Resolução CMN 2.607, de 27 de maio de 1999, vigorando atualmente com os seguintes valores:

---

[400] COMITÊ DE BASILEIA. Core principles for effective banking supervision. Basileia, set. 2012. Princípio 19, critérios essenciais 5-6.
[401] GUIMARÃES, André Luiz de Souza; LIMA, Jorge Cláudio Cavalcante de Oliveira. Avaliação do risco de crédito no Brasil, p. 215.

Tabela 14: Capital mínimo para funcionamento

Tipo	Capital Mínimo
Banco Comercial e carteira comercial de Banco Múltiplo	R$17.500.000,00
Banco de Investimento, Banco de Desenvolvimento, correspondentes carteiras de Banco Múltiplo e Caixa Econômica	R$12.500.000,00
Sociedade de Crédito, Financiamento e Investimento, Sociedade de Crédito Imobiliário, Sociedades de Arrendamento Mercantil, e correspondentes carteiras de Banco Múltiplo	R$7.000.000,00
Companhia Hipotecária	R$3.000.000,00
Sociedade Corretora de Títulos e Valores Mobiliários e Sociedade Distribuidora de Títulos e Valores Mobiliários habilitadas à realização de operações compromissadas ou operações de garantia firme de subscrição de valores mobiliários para revenda	R$1.500.000,00
Sociedade Corretora de Títulos e Valores Mobiliários e Sociedade Distribuidora de Títulos e Valores Mobiliários que exerçam atividades não incluídas no item anterior	R$550.000,00
Sociedade Corretora de Câmbio	R$350.000,00

Fonte: Anexo II da Resolução CMN 2.099/1994 com redação atualizada pela Resolução CMN 2.607/1999.

A Resolução CMN 2.607/1999 também prevê incentivos para abertura de bancos em outras regiões do País fora dos Estados de São Paulo e Rio de Janeiro. No caso de instituição com sede e, no mínimo 90% de suas dependências, localizadas fora desses Estados, os valores de capital realizado e patrimônio líquido exigidos pelo normativo têm redução de 30%.

Finalmente, vale mencionar que, até 1999, agências de instituições financeiras domiciliadas no exterior ou de bancos comerciais sob controle estrangeiro direto ou indireto tinham um acréscimo de 100% no capital mínimo necessário para entrarem em funcionamento.

REGULAÇÃO PRUDENCIAL

4.1.1.1.3 Classificação e provisionamento de operações de crédito
Segundo a Resolução CMN 2.682, de 21 de dezembro de 1999, a classificação do nível de risco das operações de crédito é de responsabilidade da instituição detentora do crédito, devendo ser realizada em ordem crescente de risco, conforme os patamares propostos pelo BCB. A classificação de risco pode levar em consideração uma série de fatores, como as características dos devedores, garantidores e da transação. No entanto, em caso de atraso nos pagamentos, o normativo estipula nove categorias de risco mínimas a serem observadas de acordo com o prazo decorrido do vencimento do pagamento, cada qual correspondendo a um grau de provisionamento daquele crédito, conforme o quadro a seguir:

Tabela 15: Regras para classificação e provisionamento de créditos em atraso

Atraso	Nível de Risco Mínimo	Provisionamento (*)
1 a 14 após o vencimento	A	0,5%
15 a 30 dias após vencimento	B	1%
31 a 60 dias após vencimento	C	3%
61 a 90 dias após vencimento	D	10%
91 a 120 dias após vencimento	E	30%
121 a 150 dias após vencimento	F	50%
151 a 180 dias após vencimento	G	70%
Mais de 180 dias após vencimento	H	100%

(*) Percentual do valor total da operação de crédito que deve ser provisionado.
Fonte: Resolução CMN 2.682/1999.

A instituição financeira deve em princípio revisar a classificação de risco anualmente. No caso de verificação de atrasos no pagamento, a revisão deve passar a ser feita mensalmente. Além disso, no caso de operações de crédito envolvendo o mesmo cliente ou grupo econômico, cujo montante seja superior a 5% do patrimônio líquido, a classificação deve ser realizada pelo menos uma vez a cada seis meses. O descumprimento de tais exigências estabelecidas pelo BCB resultará na reclassificação de qualquer crédito para o nível de risco H, acarretando seu provisionamento integral.

4.1.2 Mecanismos de controle de acesso

A autorização para funcionamento pode ser considerada um mecanismo de controle de acesso ao mercado, apoiando-se em condições diversas e procedimentos específicos.[402] No caso do setor bancário, os argumentos apresentados para justificar o controle de acesso são variados. Em primeiro lugar, o controle seria necessário para evitar a entrada de bancos de "baixa qualidade", referindo-se àquelas instituições com baixo nível de capitalização, ou mesmo instituições controladas por pessoas inidôneas, com maior tendência a praticar fraudes e sujeitar o setor a crises de confiança. Além disso, o controle de entrada dos bancos seria também uma forma de manter o número de instituições atuantes no mercado compatível com a capacidade de supervisão da autoridade bancária.[403] Por fim, um argumento polêmico, porém utilizado com frequência para justificar a existência de mecanismos de controle de acesso, refere-se à necessidade de limitar a concorrência no setor para evitar a prática de taxas de juros muito agressivas que pudessem colocar em risco as operações dos bancos.[404]

Segundo Yazbek, a autorização para funcionamento desempenha também importante papel na redução das assimetrias informacionais presentes no setor. Participantes do mercado – e correntistas em especial –, podem não possuir o conhecimento e sofisticação necessários para a avaliação da viabilidade e idoneidade da instituição financeira com quem pretendem transacionar. Essa falta de informação pode dissuadi-los de realizar tais operações, afetando adversamente o volume de operações no setor bancário. Dessa forma, ao estabelecer rigorosos requisitos para operação no sistema financeiro, a autoridade bancária permitiria a presunção por parte

---

[402] YAZBEK, Otavio. *Regulação do mercado financeiro e de capitais*, p. 242.

[403] BARTH, James R. et al. *Rethinking bank regulation*, p. 111.

[404] Há um acirrado debate na doutrina jurídica e econômica a respeito da interface entre regulação e concorrência no setor bancário, marcado por dois posicionamentos diametralmente opostos sobre a questão. Uma linha de estudos defende que haveria um *tradeoff* inevitável entre concorrência e estabilidade, uma vez que o aumento da concorrência levaria os bancos a adotar comportamentos mais agressivos em termos de tomada de risco. Outra corrente teórica afirma que o aumento da competição no setor bancário favoreceria uma alocação de recursos mais eficiente, sem prejuízo da estabilidade para o sistema financeiro. Para um resumo da literatura sobre o tema: NORTHCOTT, Carol Ann. Competition in banking: a review of the literature. *Working Paper*, Bank of Canada, n. 24, 2004; e FERREIRA, Caio Fonseca. *Estrutura, concorrência e performance do setor bancário em um mercado heterogêneo*. Tese (Doutorado) – FEA-USP, São Paulo, 2005, p. 27-30.

REGULAÇÃO PRUDENCIAL

desses participantes do mercado de que as instituições financeiras oferecem um grau mínimo de segurança, caso contrário não teriam recebido autorização para funcionamento.[405]

4.1.2.1 Autorização para funcionamento pelo Banco Central do Brasil

O art. 4.º, VIII, da Lei 4.595/1964 atribui ao CMN a competência para regular a constituição, funcionamento e fiscalização das instituições que exercem atividades subordinadas à lei, enquanto o art. 10, X, estabelece a autoridade do BCB para conceder as autorizações correspondentes. Conforme visto, durante muitos anos esse sistema funcionou mediante a concessão de cartas patentes, em que o CMN fixava um número máximo de instituições (e até mesmo agências) que poderiam ser autorizadas pelo BCB a atuar no mercado. Isso foi alterado, no entanto, com a Resolução CMN 1.524/1988, seguida da promulgação da Constituição Federal de 1988, que na redação original de seu art. 192, § 1.º, estipulou que as autorizações para o funcionamento de novas instituições passariam a ter caráter inegociável e intransferível, sendo concedidas sem ônus às instituições financeiras que preenchessem os requisitos técnicos previstos em lei.

O acesso das instituições financeiras ao SFN na atualidade é determinado pelas disposições constantes no regulamento anexo à Resolução CMN 4.122, de 2 de agosto de 2012, que estabelece requisitos e procedimentos para a autorização de constituição e funcionamento, cancelamento da autorização, bem como alterações de controle e reorganizações societárias de instituições financeiras. Além disso, o normativo determina certas condições para o exercício de cargos em órgãos estatutários ou contratuais das instituições financeiras.

Conforme o disposto no art. 4.º do regulamento, o processo de constituição de instituições financeiras terá início com a apresentação de uma série de documentos ao BCB, incluindo: (i) minuta da declaração de propósito; (ii) sumário executivo do plano de negócios; (iii) identificação dos integrantes do grupo de controle e detentores de participação qualificada; (iv) identificação de pessoas naturais e jurídicas que compõem o grupo econômico do qual fará parte a instituição e que possam vir a exercer influência direta ou indireta em seus negócios; (v) documentos que evidenciem o conhecimento dos integrantes do grupo de controle sobre

---

[405] YAZBEK, Otavio. *Regulação do mercado financeiro e de capitais*, p. 242-243.

o ramo de negócio e segmento de atuação pretendidos; (vi) identificação da origem dos recursos a serem utilizados; e (vii) autorização para acesso a certas informações dos pleiteantes, como a declaração do imposto de renda, processos judiciais, e sistemas públicos ou privados de cadastro de informações, pelas autoridades competentes.

No processo de constituição deve ser indicado um responsável pela condução do pedido junto ao BCB. Após o recebimento das informações iniciais, o BCB pode convocar os interessados para uma entrevista técnica, a fim de detalharem a proposta do empreendimento. No caso de manifestação favorável do BCB quanto à continuidade do processo, os pleiteantes terão 60 dias para apresentar outros documentos, incluindo: (i) versões finais da declaração de propósito e plano de negócios, contendo o detalhamento do planejamento financeiro, mercadológico e operacional, seguindo requisitos mínimos estipulados pelo BCB; (ii) minutas dos atos societários para constituição; e (iii) demonstração da capacidade econômico-financeira de cada integrante do grupo de controle compatível com o porte, natureza e objetivo do empreendimento.

No caso de aprovação do BCB, os interessados terão 180 dias para formalizar os atos societários e implementar a estrutura organizacional, conforme o plano de negócios apresentado. A autoridade bancária terá, então, 90 dias para realizar a inspeção da instituição, verificando sua adequação às informações apresentadas. Após o início das atividades da instituição, cabe ainda ao BCB a autorização para uma série de atos societários e negociais, como a mudança de objeto social, mudança de controle, fusão ou incorporação desta.

Finalmente, o anexo II à Resolução CMN 4.122/2012 estabelece os critérios para a avaliação da qualidade técnica da administração de instituições financeiras. Entre as condições básicas para o exercício de cargos estatutários em instituições financeiras, podem-se mencionar: (i) gozar de reputação ilibada; (ii) ser residente no País, nos casos de diretor, de sócio-gerente e de conselheiro fiscal; (iii) não estar impedido por lei especial, nem condenado por crimes como sonegação fiscal, corrupção ativa ou passiva, ou contra a economia popular, entre outros; (iv) não estar declarado inabilitado ou suspenso para o exercício de cargos em Conselho Fiscal e Conselho de Administração; (v) não responder por pendências relativas a protesto de títulos, cobranças judiciais, emissão de cheques sem fundos, inadimplemento de obrigações e outras ocorrências análogas; (vi) não estar

REGULAÇÃO PRUDENCIAL

declarado falido ou insolvente; e (vii) não ter controlado ou administrado firma ou sociedade que foi objeto de declaração de insolvência, liquidação, intervenção, falência ou recuperação judicial, nos dois anos anteriores.

Observa-se, portanto, a existência de inúmeras regras que disciplinam não apenas a entrada de instituições financeiras no SFN, mas também o exercício de cargos em tais entidades. Segundo dados coletados junto à autarquia em banco de dados internacional sobre regulação e supervisão bancária, no período de 2006 a 2010, o BCB recebeu 22 pedidos de abertura de instituição financeira com carteira comercial e controle doméstico. Destes, seis foram aceitos, dois foram rejeitados, sete foram retirados pelos pleiteantes, e o restante continuava sob análise. A principal razão para rejeição de pedidos seria a apresentação de informações incompletas e questões reputacionais. Nesse mesmo período foram recebidos 15 pedidos por bancos controlados por estrangeiros para abertura de subsidiária no País, dos quais oito foram aceitos, quatro retirados, e o restante continuava sob análise.[406]

4.1.3 Supervisão e envio de informações

Para conter os incentivos à tomada excessiva de risco por instituições financeiras, não basta haver simplesmente regras voltadas à diminuição desses incentivos, ou "filtragem" dos candidatos que pretendam ingressar no setor. É preciso, também, que a autoridade bancária assuma postura ativa de supervisão e acompanhamento do perfil de risco das instituições financeiras. Ou seja, deve haver monitoramento e fiscalização contínuos das atividades desenvolvidas pelas instituições atuantes no setor.

Esse monitoramento das instituições financeiras é feito tradicionalmente de duas formas, que atuam de modo complementar.[407] Em primeiro lugar, tem-se a chamada supervisão indireta, em que instituições financeiras são objeto de análise a partir de mecanismos de envio de informações e do recurso a bancos de dados de informações periodicamente encaminhadas à autoridade responsável pela supervisão do setor. Trata-se de verificação realizada a distância, em que a presença física na instituição supervisionada não é necessária. As informações solicitadas são geralmente

---

[406] BARTH, James R. et al. Bank regulation and supervision survey (2006-2010). Disponível em: <econ.worldbank.org>. Acesso em: 21 jul. 2015.

[407] JANTALIA, Fabiano. *Curso de regulação do Sistema Financeiro Nacional*. Brasília: Programa Saber Direito, 2009, p. 14.

REGULAÇÃO SISTÊMICA E PRUDENCIAL NO SETOR BANCÁRIO BRASILEIRO

administradas por centrais de risco de crédito, que coletam informações dos participantes do sistema financeiro, apresentando-as de forma individual ou agregada conforme a necessidade da autoridade bancária.

Em segundo lugar, tem-se a supervisão ou inspeção direta, representando a fiscalização propriamente dita, efetuada por meio de exames presenciais e da elaboração de relatórios específicos. Trata-se de verificação realizada na própria instituição supervisionada, incluindo avaliação detalhada de sua situação e viabilidade futura. Essa inspeção é feita apenas em casos específicos, geralmente quando a supervisão indireta chamou a atenção da autoridade para algum ponto da instituição financeira que mereça análise mais aprofundada.

Em complemento a essas duas formas tradicionais de monitoramento bancário, vem ganhando destaque após a crise financeira recente outra ferramenta de supervisão prudencial, que consiste nos chamados "testes de estresse" (*stress tests*). Esses testes procuram estimar a resiliência das instituições financeiras em reação a determinados riscos, como choques de crédito e de liquidez. O comportamento dessas instituições é monitorado não apenas em relação a condições normais de volatilidade de mercado, isto é, aquelas derivadas da experiência passada, mas, principalmente, em circunstâncias particularmente graves concebidas pela autoridade bancária.

4.1.3.1 Supervisão indireta pelo Banco Central do Brasil

A supervisão indireta das instituições que integram o SFN é conduzida pelo BCB mediante o monitoramento eletrônico da situação econômico-financeira, limites operacionais e riscos incorridos pelas instituições financeiras sob sua supervisão. O monitoramento é feito com base em dados enviados pelas instituições por meio de sistemas específicos desenvolvidos pelo BCB para troca de informações. Entre os instrumentos utilizados pela autarquia, destacam-se: (i) o Sistema de Informações sobre Entidades de Interesse do BCB (Unicad); e (ii) o SCR.[408]

O Unicad é o sistema que substituiu o Cadastro de Instituições Financeiras e o Cadastro de Pessoas Físicas do BCB. Ele contém informações cadastrais das instituições supervisionadas pela autarquia e de outras entidades relacionadas a tais instituições, ou que estejam inseridas em sua área de atuação, como agências de turismo, empresas que operam no

---

[408] JANTALIA, Fabiano. *Curso de regulação do Sistema Financeiro Nacional*, p. 14.

REGULAÇÃO PRUDENCIAL

mercado de câmbio e outros. Dessa forma, ficam ali registradas, por exemplo, informações referentes a: (i) constituição, funcionamento e cancelamento da instituição financeira (*e.g.*, mudança de denominação social); (ii) capital social (*e.g.*, aumentos ou reduções de capital); e (iii) composição da administração (*e.g.*, alteração da situação de membro estatutário).

O SCR é um instrumento de registro e consulta de informações sobre as operações de crédito realizadas por instituições financeiras com pessoas físicas e jurídicas no País.[409] A Lei Complementar 105/2001, que versa sobre o sigilo bancário, oferece a base legal para o sistema coletar e compartilhar informações entre as instituições participantes do SFN.[410] Trata-se da principal ferramenta de supervisão bancária para acompanhar as carteiras de crédito das instituições financeiras, desempenhando importante papel no monitoramento do SFN e prevenção de crises.[411] Em complemento à supervisão bancária, o SCR cumpre importante papel na redução de assimetrias informacionais no setor ao propiciar o intercâmbio de informações entre instituições financeiras sobre o histórico de crédito de seus clientes. Nesses casos, o compartilhamento de informações do SCR exige a autorização específica do cliente.

O SCR é um cadastro baseado em informações positivas,[412] sendo alimentado mensalmente pelas instituições financeiras, mediante coleta de

---

[409] O embrião do SCR foi a Central de Risco de Crédito (CRC), criada por meio da Resolução CMN 2.390, de 22 de maio de 1997, posteriormente substituída pela Resolução CMN 2.724, de 31 de maio de 2000. No sistema da CRC, as instituições financeiras tinham que identificar e informar os clientes com saldo devedor igual ou superior a R$50 mil. A Circular BCB 3.098, de 20 de março de 2002, ampliou o escopo das informações que deveriam ser enviadas à autoridade bancária, lançando as bases para a transformação da CRC no SCR.

[410] A Lei Complementar 105/2001 exclui do dever de sigilo bancário "a troca de informações entre instituições financeiras, para fins cadastrais, inclusive por intermédio de centrais de crédito, observadas as normas baixadas pelo CMN e pelo Banco Central" (art. 1.º, § 3.º, I).

[411] BANCO CENTRAL DO BRASIL. *Sistema de informações de crédito do Banco Central*. Brasília: Banco Central do Brasil, 2004.

[412] Existem na atualidade cadastros negativos e positivos de acompanhamento de risco de crédito. A principal diferença entre ambos é que nos cadastros negativos somente há registro sobre o cliente quando ocorre algum fato desabonador, como o inadimplemento, ao passo que no cadastro positivo são registradas todas as operações acima de um determinado valor, não importando se em atraso ou em dia. Os cadastros positivos apresentam a vantagem de oferecer um quadro mais abrangente do crédito de um indivíduo, tipicamente incluindo registros de todas as operações de crédito, especialmente informações referentes a todos os pagamentos honrados. Mais recentemente, a Lei 12.414, de 9 de junho de 2011, autorizou a criação do chamado "cadastro positivo". O cadastro positivo é semelhante ao SRC, porém

informações sobre as operações concedidas. As instituições financeiras são responsáveis pelo encaminhamento sistemático de dados sobre as operações de crédito de seus clientes, com responsabilidade total igual ou superior a R$1 mil, a vencer ou vencidas, e os valores referentes a fianças e avais prestados, além de créditos a liberar contabilizados nos balancetes mensais. O regramento atual do SCR encontra-se disposto na Resolução CMN 3.658, de 17 de dezembro de 2008.

Finalmente, vale mencionar que a Resolução CMN 4.222/2013 alterou a Resolução CMN 2.197/1995, equiparando o FGC a instituição financeira para os efeitos da Lei Complementar 105/2001. Outrossim, o normativo também estendeu o acesso às informações do SCR ao FGC, dispensando a necessidade de autorização específica do cliente nesses casos.

4.1.3.2 Supervisão direta pelo Banco Central do Brasil

A supervisão direta é geralmente feita pela inspeção *in loco* dos técnicos do BCB. Ela costuma ocorrer em fase posterior à indireta, com base nos resultados ou suspeitas levantadas pela fiscalização da autarquia quanto às informações e dados enviados pelo ente supervisionado.[413] A supervisão direta ultrapassa a mera auditoria dos registros da instituição ou a verificação e teste de suas transações, voltando-se também à análise dos riscos inerentes a cada área ou atividade e à avaliação do controle que a administração exerce sobre eles, com a identificação dos pontos fracos que possam provocar falhas. Segundo Jantalia, seu objetivo é "identificar e avaliar os riscos e os controles inerentes a cada área ou atividade da instituição, bem como a atuação da alta administração na manutenção da solidez e do regular funcionamento da entidade".[414]

O tipo e o alcance da inspeção direta a ser realizada em cada caso levam em conta as características e o porte do banco, bem como sua situação econômico-financeira e perfil de risco. Nesse sentido, o Manual

---

mais abrangente, haja vista que não apenas instituições financeiras deverão fornecer informações de operações ativas de seus clientes, mas também quaisquer outras pessoas naturais ou jurídicas que concedam crédito ou realizem venda a prazo ou outras transações comerciais e empresariais. Outra diferença para o SRC é que não há valor mínimo a partir do qual torna-se necessário o envio das informações. Todas as informações relativas ao histórico de pagamentos de um consumidor podem ser armazenadas.

[413] JANTALIA, Fabiano. *Curso de regulação do Sistema Financeiro Nacional*, p. 14.

[414] Idem, ibidem, p. 14-15.

REGULAÇÃO PRUDENCIAL

de Supervisão do BCB prevê sete modalidades de inspeção, contemplando graus maiores ou menores de profundidade nos exames, quais sejam: (i) Sistema de Avaliação de Riscos e Controles (SARC); (ii) Verificação Especial; (iii) Inspeção Modular; (iv) Inspeção Geral; (v) Inspeção Geral Remota; (vi) Inspeção Global Consolidada; e (vii) Inspeção Geral Integrada.[415]

O SARC pode ser considerado um híbrido de supervisão indireta e direta, na medida em que integra-se ao processo de monitoramento contínuo do BCB, porém avaliando riscos específicos associados às atividades mais relevantes de uma instituição financeira. Essa ferramenta de supervisão compreende elementos de análise quantitativa, com foco no desempenho financeiro da instituição, bem como análise qualitativa, com foco na avaliação de riscos e controles adotados. Com base nesses fatores, o SARC expressa a opinião da supervisão sobre a instituição, com uma nota final variando de 1 (melhor nota) a 4 (pior nota).[416]

A Verificação Especial tem por objetivo avaliar assuntos ou áreas relevantes da entidade supervisionada. Os aspectos passíveis de abordagem variam conforme o foco da inspeção a ser realizada, incluindo: (i) grau de exposição a riscos e capacidade para administrá-los adequadamente; (ii) gestão (estrutura operacional, planejamento, estratégias e políticas, entre outros tópicos) e controles internos existentes, incluindo a atuação da auditoria interna; (iii) qualidade e confiabilidade das informações contábeis e financeiras prestadas ao BCB e ao público em geral; e (iv) observância à legislação aplicável e à regulamentação do CMN e do BCB.

A Inspeção Modular abrange os escopos das Verificações Especiais relacionadas a uma mesma área ou tema comuns. A Inspeção Geral é destinada à supervisão de áreas relevantes de uma instituição financeira de menor complexidade, podendo ser feita remotamente (sendo chamada de Inspeção Geral Remota), enquanto que a Inspeção Global Consolidada aborda áreas relevantes de instituições financeiras de grande porte e complexas. A Inspeção Geral Integrada compreende Inspeções Gerais quando reali-

---

[415] BANCO CENTRAL DO BRASIL. Manual de supervisão, Título 4, cap. 30, sec. 10.

[416] MEIRELLES, Anthero de M. Estabilidade financeira e o modelo de supervisão do Banco Central do Brasil. *Associação Brasileira de Bancos Internacionais*, abr. 2013; e OLIVEIRA, Nelson R. Unificación de critérios sobre administración de riesgos de LD/FT. *Departamento de Prevenção a Ilícitos Financeiros e de Atendimento de Demandas de Informações do Sistema Financeiro do Banco Central do Brasil*, San Salvador, set. 2011.

zadas concomitantemente em diversas entidades supervisionadas de um mesmo segmento.

Além das modalidades supracitadas, o BCB pode programar inspeções para exames de situações específicas ou pontuais, em resposta a indicações de possíveis descumprimentos de leis ou regulamentos, tendências desfavoráveis identificadas na atividade de monitoramento, ou ainda para acompanhamento da implementação de medidas saneadoras anteriormente determinadas. O escopo dessas inspeções é definido caso a caso, conforme as necessidades da supervisão.

4.1.3.3 Testes de estresse

Outro importante mecanismo de supervisão bancária, principalmente no caso de conglomerados financeiros, são os chamados testes de estresse. Nesses testes, a autoridade bancária tem como foco um número restrito de instituições financeiras (as cinco maiores no *ranking* de ativos, por exemplo), procurando determinar de que maneira eventos específicos, como quedas abruptas no mercado de capitais, variações bruscas nas taxas de juros ou redução de liquidez no financiamento de curto prazo, podem afetar a solvência dessas instituições.

Os testes de estresse destoam da prática habitual de supervisão bancária na medida em que não esperam um "sinal de alerta" ser acionado para chamar a atenção da autoridade para instituições em dificuldade, tampouco se baseando em previsões de como a economia se comportará nos próximos anos para a análise da higidez do setor. Ao contrário, envolvem um monitoramento periódico da saúde financeira dos principais bancos, aferindo sua performance diante de cenários hipotéticos extremos. A partir desse diagnóstico, as autoridades bancárias podem avaliar vulnerabilidades do setor, incluindo alternativas e estratégias para seu enfrentamento, e até mesmo atuar de maneira preventiva sobre instituições problemáticas.

Embora sua realização já constasse entre as propostas de Basileia II,[417] os testes de estresse ganharam destaque na crise financeira recente em razão das exigências e critérios mais rigorosos previstos em Basileia III,[418] bem como sua aplicação pelo *Federal Reserve* em 2009 na avaliação de quais

---

[417] COMITÊ DE BASILEIA. Principles for sound stress testing practices and supervision. Basileia, maio 2009, p. 1.

[418] ANBIMA. Basileia III: novos desafios para a adequação da regulação bancária, p. 38-43.

REGULAÇÃO PRUDENCIAL

instituições financeiras precisariam de aportes adicionais de capital para ampliar o seu grau de higidez. Os testes do *Federal Reserve* abrangeram as 19 maiores instituições financeiras dos Estados Unidos, e seus resultados indicaram nominalmente as 10 instituições que precisariam de um aporte adicional total de US$75 bilhões.[419] Com a promulgação do *Dodd-Frank Act*, tais testes tornaram-se uma exigência regulatória anual (sec. 165(i)). Igualmente, testes semelhantes têm sido conduzidos periodicamente pelas autoridades da União Europeia desde 2009.[420]

No Brasil, os Relatórios de Estabilidade Financeira publicados pelo BCB já vinham incluindo os resultados dos testes de estresse do SFN mesmo antes da crise financeira internacional.[421] Os testes são realizados regularmente pela autarquia com o objetivo de verificar se os bancos possuem níveis adequados de capital para suportar perdas potenciais em situações extremas sem comprometer a estabilidade do SFN. Atualmente esse monitoramento compreende uma "análise de cenário", baseada em modelo estatístico que relaciona o risco de crédito da carteira de empréstimos dos bancos a determinados fatores macroeconômicos, como a projeção da atividade econômica e das taxas de juros, de câmbio e de inflação, além de choques externos medidos pelo prêmio de risco Brasil e pelos juros norte-americanos. A análise contempla quatro cenários com diferentes variáveis (*e.g.*, cenário-base, vetor autoregressivo estressado, quebra estrutural e pior histórico) para um horizonte de seis trimestres consecutivos, projetando o comportamento da carteira de crédito a partir desses cenários.

Além da análise de cenário, os testes incluem uma "análise de sensibilidade", que consiste na aplicação de variações incrementais nos principais fatores de risco a que está exposto o SFN (*e.g.*, taxas de juros, taxas de câmbio, inadimplência e redução nos preços de imóveis residenciais) e a avaliação dos efeitos isolados das alterações em cada uma dessas variáveis sobre o capital e índices de capitalização dos bancos, mantendo-se os demais fatores de risco inalterados.

---

[419] FEDERAL RESERVE. The supervisory capital assessment program: overview of results. Washington, maio 2009.

[420] *Press release* do Comitê de Supervisores Bancários Europeus (*Committee of European Banking Supervisors*), de 1.º de outubro de 2009. Disponível em: <www.eba.europa.eu/risk-analysis--and-data/eu-wide-stress-testing>. Acesso em: 21 jul. 2015.

[421] Relatórios de Estabilidade Financeira disponíveis em: <www.bcb.gov.br/?relestab>. Acesso em: 21 jul. 2015.

Os anexos aos Relatórios de Estabilidade Financeira apresentam informações sobre os conceitos e metodologias empregados na realização dos testes. A título exemplificativo, os testes de estresse realizados pelo BCB em março de 2015 concluíram que o sistema bancário brasileiro apresenta capacidade adequada para suportar os efeitos de choques decorrentes de cenários adversos por seis trimestres consecutivos, bem como mudanças abruptas nas taxas de juros e de câmbio, no nível de inadimplência, ou queda generalizada dos preços dos imóveis residenciais.[422]

Em complemento aos testes conduzidos pelo BCB, o Brasil participa também de testes de estresse promovidos pelo Fundo Monetário Internacional no âmbito de seus Programas de Avaliação do Setor Financeiro (*Financial Sector Assessment Programs*). Tais programas serão discutidos no Capítulo 5.

4.1.4 Instrumentos disciplinares, punitivos e preventivos

Outro ponto de grande importância na regulação prudencial refere-se à análise dos instrumentos disciplinares e punitivos presentes no ordenamento jurídico quando constatadas infrações às normas legais por parte de instituições financeiras, seus controladores e administradores. Tais instrumentos cumprem importante propósito na medida em que buscam assegurar que os deveres subjacentes ao correto funcionamento dos mecanismos prudenciais supracitados, como os controles de adequação patrimonial e o envio de informações à autoridade bancária, sejam sempre respeitados.

Naturalmente, a extensão dos poderes detidos pela autoridade bancária para recriminar tais condutas e o processo decisório para aplicação de punições são objeto de tratamento diverso em cada país. Em pesquisa sobre a regulação prudencial ao redor do mundo, Barth et al. constatam que, em 127 países, a autoridade bancária não necessita de autorização judicial para impor medidas punitivas como remoção de membros da administração de instituições financeiras ou cancelamento de sua autorização para funcionamento. No entanto, na grande maioria deles há possibilidade de recurso ao Judiciário contra decisões da autoridade bancária.[423] O Brasil, conforme se observará a seguir, adota um sistema misto, em que deter-

---

[422] BANCO CENTRAL DO BRASIL. *Relatório de estabilidade financeira*. Brasília: Banco Central, mar. 2015, p. 30.

[423] BARTH, James R. et al. *Rethinking bank regulation*, p. 128.

REGULAÇÃO PRUDENCIAL

minadas condutas são processadas na esfera administrativa, e outras na esfera do Judiciário.

Em contraste ao enfoque repressivo muitas vezes associado aos instrumentos disciplinares e punitivos, é possível observar também uma preocupação crescente de autoridades bancárias com a atuação de forma preventiva nas instituições financeiras. Esse tipo de atuação se baseia na aplicação de medidas corretivas de maneira graduada, conforme o diagnóstico do setor, incluindo-se aí o resultado dos testes de estresse, bem como a intensidade do desenquadramento regulatório identificado. Ao evitar que intervenção ocorra apenas quando a situação da instituição financeira já tenha atingido nível crítico, a autoridade bancária teria mais tempo e alternativas para endereçar o problema identificado.

Conforme visto no capítulo anterior, essa abordagem regulatória não é completamente nova, tendo suas origens nas propostas de SEIR do SFRC no final da década de 1980. Não obstante, no desenlace da crise financeira recente tal abordagem foi revigorada, sendo parcialmente consagrada na versão revisada dos Princípios Fundamentais para uma Supervisão Bancária Efetiva do Comitê de Basileia, publicada em 2012.[424]

4.1.4.1 Instrumentos disciplinares e punitivos no Sistema Financeiro Nacional

O BCB, no exercício de sua competência fiscalizadora sobre as instituições financeiras, pode instaurar processo administrativo punitivo, quando verificada infração a norma legal ou regulamentar relativa às atividades supervisionadas. Aqui vale ressaltar que, entre as atividades supervisionadas, estão incluídas as atividades de auditores relativas à auditoria de instituições financeiras e demais instituições autorizadas a funcionar pelo BCB.

Uma vez instaurados, os processos administrativos punitivos no âmbito do BCB passam pelas fases de defesa do acusado e exame do processo, até a prolação da decisão administrativa pela autarquia. As penas aplicadas são variadas, incluindo: (i) advertência; (ii) multa; (iii) suspensão do exercício de cargos; (iv) inabilitação para o exercício de cargos na administração ou gerência; (v) cassação da autorização para funcionamento; (vi) suspensão

---

[424] COMITÊ DE BASILEIA. Core principles for effective banking supervision. Princípio 11, critérios essenciais 3-4.

REGULAÇÃO SISTÊMICA E PRUDENCIAL NO SETOR BANCÁRIO BRASILEIRO

para realização de novas operações; e (vii) proibição temporária para a prática de atividade de auditoria em instituições supervisionadas.[425]

No âmbito do processo administrativo do BCB, a autoridade pode, cautelarmente, considerando a gravidade da falta: (i) determinar o afastamento dos indiciados da administração dos negócios da instituição, enquanto perdurar a apuração de suas responsabilidades; (ii) impedir que os indiciados assumam quaisquer cargos de direção ou administração de instituições ou atuem como mandatários ou prepostos de diretores ou administradores; (iii) impor restrições às atividades da instituição; ou (iv) determinar à instituição a substituição do auditor. A medida cautelar tem eficácia enquanto o processo administrativo do qual se originou estiver pendente de decisão definitiva, exceto se o processo administrativo não for concluído, no âmbito do BCB, em 120 dias, ou em caso de provimento de recurso contra a medida cautelar no âmbito do CRSFN.[426]

Originalmente, o art. 44, § 5.º, da Lei 4.595/1964, previa o recurso de certas penalidades administrativas impostas pelo BCB ao CMN. O Decreto 91.152, de 15 de março de 1985, transferiu tal competência para o CRSFN, também chamado de "Conselhinho". Essa competência foi posteriormente ampliada por conta do art. 81 da Lei 9.069, de 29 de junho de 1995. O CRSFN é um órgão colegiado integrante da estrutura do Ministério da Fazenda, sendo composto atualmente por oito conselheiros com conhecimentos especializados em assuntos relativos aos mercados financeiro e de capitais. Os conselheiros têm mandato de dois anos, com possibilidade de recondução única, cabendo ao Ministério da Fazenda a realização de duas indicações, uma pelo BCB, uma pela CVM, além de quatro indicações por entidades de classe dos mercados supervisionados.[427]

---

[425] BANCO CENTRAL DO BRASIL. Manual de supervisão, Título 4, cap. 50, sec. 20.

[426] Idem, ibidem, Título 4, cap. 50, sec. 30.

[427] Integram atualmente o CRSFN as seguintes entidades de classe: (i) Associação Brasileira das Companhias Abertas; (ii) Associação Brasileira das Entidades dos Mercados Financeiro e de Capitais; (iii) Associação Nacional das Corretoras e Distribuidoras de Títulos e Valores Mobiliários, Câmbio e Mercadorias; (iv) Federação Brasileira de Bancos; (v) Associação Brasileira de Administradoras de Consórcios; (vi) Associação de Investidores no Mercado de Capitais; (vii) Conselho Consultivo do Ramo Crédito da Organização das Cooperativas Brasileiras; e (viii) Instituto dos Auditores Independentes do Brasil. Os representantes das quatro primeiras entidades têm assento no CRSFN como membros titulares, e os demais como suplentes.

REGULAÇÃO PRUDENCIAL

O Regimento Interno do CRSFN encontra-se disposto no anexo ao Decreto 1.935, de 20 de junho de 1996.

Além do CRSFN, a Lei 9.613, de 3 de março de 1998, alterada pela Lei 12.683, de 9 de julho de 2012, trata dos crimes de "lavagem" ou ocultação de bens, direitos e valores, criando, no âmbito do Ministério da Fazenda, o Conselho de Controle de Atividades Financeiras (COAF), com a finalidade de disciplinar, aplicar penas administrativas, receber, examinar e identificar as ocorrências suspeitas de atividades ilícitas previstas na lei. O presidente do COAF é nomeado pelo Presidente da República, por indicação do Ministro da Fazenda, e o restante dos seus membros é composto por servidores públicos designados em ato do Ministro da Fazenda, dentre os integrantes do BCB, CVM, Susep, Procuradoria-Geral da Fazenda Nacional, Secretaria da Receita Federal do Brasil, Agência Brasileira de Inteligência, Ministério das Relações Exteriores, Ministério da Justiça, Polícia Federal, Ministério da Previdência Social e da Controladoria-Geral da União. Conforme o disposto no art. 16, § 2.º, da Lei 9.613/1998, das decisões do COAF relativas à aplicação de penas administrativas cabe recurso ao Ministro da Fazenda.

Finalmente, embora situe-se fora do âmbito administrativo, cumpre realizar breve menção à Lei 7.492/1986, que trata dos crimes contra o SFN (Lei do Colarinho-Branco). A lei foi promulgada em resposta ao crescente clamor popular pela punição dos responsáveis pelos escândalos financeiros ocorridos nas décadas de 1970 e 1980. Até então, embora seus bens estivessem sujeitos a indisponibilidade e penhora, por força da Lei 6.024/1974, os administradores de instituições financeiras não estavam sujeitos a sanção penal, uma vez que suas condutas não se enquadravam na definição de crimes.[428]

---

[428] Segundo Castilho: "A partir de 1974, uma sucessão de quebras e negócios mal-explicados escandalizou o país. Entre eles, tiveram grande repercussão os casos Halles, Áurea, Ipiranga, Lume, Tieppo, Delfin, Capemi, Coroa-Brastel, Haspa, Letra, Grupo Sulbrasileiro, Habitasul, Brasilinvest, Comind, Auxiliar e Maisonnave. Apesar do sentimento dos investidores de que haviam sido fraudados e de que haviam sido vítimas de crimes, os responsáveis submetiam-se apenas às regras da Lei n.º 6.024, de 13 de março de 1974, que alcançavam seus bens para penhora e posterior rateio do líquido apurado entre os credores" (CASTILHO, Ela Wiecko V. de. *O controle penal nos crimes contra o Sistema Financeiro Nacional*. Belo Horizonte: Del Rey, 2006, p. 132). A respeito dos resgates realizados nas décadas de 1970 e 1980, Lundberg afirma que "há uma ampla percepção de falta da adequada responsabilização e de impunidade quanto a

REGULAÇÃO SISTÊMICA E PRUDENCIAL NO SETOR BANCÁRIO BRASILEIRO

Chama a atenção na análise do diploma legal que, na própria mensagem em que após vetos ao texto que se transformaria na Lei 7.492/1986, o Presidente da República já reconhecia falhas contidas no projeto de lei. A despeito delas, o chefe do Executivo decidiu aprová-lo, alegando que as referidas falhas seriam corrigidas em tempo oportuno, após a aprovação da lei.[429] Em face do exposto, a lei é alvo de críticas, com destaque para sua utilização, considerada excessiva, de tipos penais abertos, não raro lançando questionamentos à sua constitucionalidade.[430]

Isso fica bem ilustrado no caso dos crimes de gestão fraudulenta ou temerária de instituição financeira – condutas de relevo para a regulação prudencial – previstos no art. 4.º e seu parágrafo único. Em face da ausência de definição legal do que seja a gestão fraudulenta ou temerária, bem como a subjetividade envolvida na apreciação de diversos aspectos do tipo penal, há acirrado debate quanto à constitucionalidade do dispositivo. De um lado, alega-se ofensa ao princípio da reserva legal, por se tratar de tipo aberto, deixando leque demasiadamente amplo de condutas que poderiam caracterizá-lo com muita subjetividade.[431] De outro, argumenta-se que a exigência de descrição detalhada de condutas não faria sentido pelo fato de a gestão temerária ou fraudulenta poder assumir uma variedade de formas, de modo que

---

irregularidades cometidas por controladores e administradores de instituições financeiras no período" (LUNDBERG, Eduardo Luís. Saneamento do sistema financeiro, p. 58-59).

[429] Conforme o disposto na Mensagem 252/1986 do Presidente da República: "As críticas ao resultado dos trabalhos da Comissão de Juristas, feitas por quantos desejaram trazer-lhe aperfeiçoamento, estão em fase final de catalogação e avaliação, para eventual incorporação ao anteprojeto, o qual, tão logo esteja em condições de ser apreciado pelo Congresso Nacional, encaminharei como projeto de lei à apreciação de VV. Exas. Sem embargo da providência acima referida, entendi dar sanção ao Projeto que o Congresso houve por bem aprovar" (PIMENTEL, Manoel Pedro. *Crimes contra o Sistema Financeiro Nacional*, p. 30-31).

[430] Existem outras críticas ao diploma legal, como a previsão de prisão cautelar em razão da "magnitude da lesão causada", a inafiançabilidade dos crimes, a "implícita responsabilidade objetiva dos administradores" e a defesa de um bem jurídico muito abstrato, qual seja, a estabilidade do SFN (MOREIRA, Alexandre Magno Fernandes. Os crimes contra o Sistema Financeiro Nacional e o princípio da insignificância. In: JANTALIA, Fabiano (Org.). *A regulação jurídica do Sistema Financeiro Nacional*. Rio de Janeiro: Lumen Juris, 2009, p. 215). A título ilustrativo, esse tópico irá tratar apenas das dificuldades na aplicação de certos tipos penais mais relacionados à regulação prudencial.

[431] TRF da 3.ª R., HC 960307760-9, Rel. Des. Fed. Sílvia Steiner, j. 22.04.1997; TRF da 3.ª R., HC 03081133-9, Rel. Des. Fed. Oliveira Lima, j. 04.05.1999; e TRF da 3.ª R., HC 9603069073-2, Rel. Des. Fed. Theotônio Costa, j. 22.10.1996 (DE SANCTIS, Fausto Martin. *Punibilidade no Sistema Financeiro Nacional*. Campinas: Millenium, 2003, p. 66).

REGULAÇÃO PRUDENCIAL

a exigência de descrição da conduta em tipos penais fechados seria não apenas inviável, como acabaria abrindo margem à impunidade de tais crimes.[432]

A aplicação do dispositivo também é limitada pelo entendimento de que os crimes previstos no art. 4.º seriam penalizados apenas na forma dolosa. Logo, o elemento subjetivo do tipo seria apenas o dolo, ou seja, a vontade livre e consciente de gerir fraudulenta ou temerariamente instituição financeira, tendo conhecimento de que o faz desse modo.[433] Embora tal fato seja mais evidente para o caso de gestão fraudulenta, é menos claro no tocante à gestão temerária. Conforme indica Salomão, um dos possíveis significados para a palavra "temerário" é "imprudente", e a imprudência é uma das formas de culpa segundo o art. 18, inciso II, do Código Penal. Portanto, não havendo previsão de modalidade culposa para tal crime, o delito seria inimputável, a não ser que ficasse "provada a intenção de assumir riscos incompatíveis com a atividade financeira e a administração de recursos de terceiros, sendo excludente do crime a prova de errônea percepção de tais riscos por parte do agente".[434]

Constatações semelhantes são realizadas quanto ao tipo penal previsto no art. 3.º da lei, que trata da divulgação de informação falsa ou prejudicialmente incompleta sobre instituição financeira. O crime é alvo de críticas em razão da subjetividade inerente à sua aplicação, especialmente no tocante ao entendimento do que seria informação "prejudicialmente incompleta".[435] Isso também é dificultado pelo fato de novamente não se prever a modalidade culposa para o crime, possibilitando a justificativa de que a eventual divulgação de informações errôneas sobre a instituição financeira, mesmo

---

[432] TRF 5.ª R., 3.ª Turma, HC 500038, Rel. Des. José Delgado, j. 05.12.1989. Nesse mesmo sentido, De Sanctis assevera: "O art. 4.º e seu parágrafo único não definiram a gestão fraudulenta e a gestão temerária, levando parte da doutrina e da jurisprudência a tê-las por inconstitucionais por ofensa ao princípio da reserva legal [...] Tais dispositivos não afrontam o preceito da reserva legal, apesar de reclamarem apreciação mais acurada da conduta, por conduzir a um juízo de valor e por levar à interpretação termo jurídico ou extrajurídico, característica dos tipos anormais" (DE SANCTIS, Fausto Martin. *Punibilidade no Sistema Financeiro Nacional*, p. 66-67).

[433] PAULA, Áureo Natal de. *Crimes contra o Sistema Financeiro Nacional e o mercado de capitais*. 4. ed. Curitiba: Juruá, 2009, p. 109; 129.

[434] SALOMÃO, Eduardo. *Direito bancário*, p. 482-483.

[435] PIMENTEL, Manoel Pedro. *Crimes contra o Sistema Financeiro Nacional*, p. 43-44.

que acabe abalando a confiança do mercado perante esta ou outras institui-ções, não seria passível de condenação por não ser intencional.[436]

As dificuldades cercando esses e outros dispositivos da Lei 7.492/1986 acabam por gerar uma percepção de que a aplicação da lei ficou aquém do esperado,[437] fazendo com que alguns autores cheguem inclusive a declarar seu óbito.[438] Isso também é constatado em pesquisa realizada com 32 professores de direito penal e criminologia de diversas universidades do País sobre sua percepção a respeito do diploma legal, na qual 84% dos entrevistados qualificam a Lei do Colarinho-Branco como falha e merecedora de revisão.[439] Não por acaso, tramitam na atualidade inúmeros projetos que procuram reformar seus dispositivos.[440]

4.1.4.2 Medidas prudenciais preventivas
O rol de instrumentos à disposição do BCB sofreu significativa ampliação com a Resolução CMN 4.019, de 29 de setembro de 2011, que dispõe sobre medidas prudenciais preventivas destinadas a assegurar a solidez e a estabilidade do SFN.[441] Tais medidas, cumpre esclarecer, constituem instrumentos de prevenção de crises sistêmicas, não se confundindo com

---

[436] PAULA, Áureo Natal de. *Crimes contra o Sistema Financeiro Nacional e o mercado de capitais*, p. 94.
[437] CASTILHO, Ela Wiecko V. de. *O controle penal nos crimes contra o Sistema Financeiro Nacional*, p. 287.
[438] GONÇALVES, Luiz Carlos dos Santos. Exame necroscópico da lei do colarinho-branco. In: ROCHA, João Carlos de Carvalho; H. FILHO, Tarcísio Humberto P.; CAZETTA, Ubiratan (Org.). *Crimes contra o Sistema Financeiro Nacional*: 20 anos da Lei n.º 7.492/86. Belo Horizonte: Del Rey, 2006, p. 3.
[439] DUARTE, Maria Carolina de Almeida. *Crimes contra o Sistema Financeiro Nacional*: uma abordagem interdisciplinar. Rio de Janeiro: Forense, 2003, p. 215.
[440] Para uma descrição dos projetos sobre o tema em tramitação no Congresso Nacional: PAULA, Áureo Natal de. *Crimes contra o Sistema Financeiro Nacional e o mercado de capitais*, p. 6.
[441] Segundo Ferreira, Procurador-Geral do BCB, mesmo antes da Resolução CMN 4.019/2011 o arcabouço regulatório pátrio já contava com instrumentos de atuação prudencial preventiva. Nesse sentido, o autor menciona: (i) a Resolução CMN 2.554, de 24 de setembro de 1998, versando sobre a implementação de sistema de controles internos; (ii) a Resolução CMN 3.380, de 29 de junho de 2006, versando sobre a implementação de estrutura de gerenciamento de risco operacional; (iii) a Resolução CMN 3.464, de 26 de junho de 2007, versando sobre a implementação de estrutura de gerenciamento de risco de mercado; e (iv) a Resolução CMN 3.721, de 30 de abril de 2009, versando sobre a implementação de estrutura de gerenciamento de risco de crédito (FERREIRA, Isaac S. M. Aspectos materiais e procedimentais da atuação prudencial preventiva do Banco Central. *9.º Congresso Febraban de Direito Bancário*, maio 2012).

REGULAÇÃO PRUDENCIAL

os instrumentos disciplinares e punitivos, que são mecanismos de repressão de conduta ilícita.[442]

Conforme o normativo, em avaliação discricionária das circunstâncias de cada caso, o BCB poderá determinar a adoção de medidas prudenciais preventivas quando constatar situações que comprometam ou possam comprometer o funcionamento do SFN, incluindo: (i) exposição a riscos não incluídos ou inadequadamente considerados na apuração do PR; (ii) exposição a risco incompatível com as estruturas de gerenciamento e de controles internos da instituição; (iii) deterioração ou perspectiva de deterioração da situação econômico-financeira da instituição, independentemente do descumprimento dos requerimentos mínimos de capital ou dos demais limites operacionais estabelecidos na regulamentação; (iv) descumprimento de limites operacionais; (v) deficiência nos controles internos; (vi) incompatibilidade entre a estrutura e as operações da instituição em relação às metas e compromissos assumidos no plano de negócios exigido no processo de qualificação para o acesso ao SFN; (vii) insuficiência de elementos para avaliação da situação econômico-financeira ou dos riscos incorridos pela instituição, em função de deficiências na prestação de informações indispensáveis ao BCB; ou (viii) outras situações que, a critério do BCB, possam acarretar riscos à solidez da instituição, ao regular funcionamento ou à estabilidade do SFN. Na avaliação dessas situações, o BCB levará em consideração uma série de fatores, como o PR, grau de alavancagem, liquidez, concentração de operações ativas e passivas, risco de contágio, testes de estresse e controles internos, entre outros.

O art. 3.º da Resolução CMN 4.019/2011 lista os instrumentos à disposição do BCB em tais situações. Nesses casos, a autoridade bancária poderá determinar, de forma concomitante ou sucessiva: (i) a adoção de controles e procedimentos operacionais adicionais; (ii) a redução do grau de risco das exposições; (iii) a observância de valores adicionais ao PR exigido; (iv) a observância de limites operacionais mais restritivos; (v) a recomposição de níveis de liquidez; e (vi) a adoção de regime de cogestão, no caso de cooperativas de crédito. Além dessas possibilidades, o normativo permite que o BCB adote medidas de maior ingerência na entidade supervisionada, como a determinação de alienação de seus ativos, ou a limitação ou

---

[442] FERREIRA, Isaac S. M. Aspectos materiais e procedimentais da atuação prudencial preventiva do Banco Central.

suspensão: (i) da prática de modalidades operacionais ou de determinadas espécies de operações ativas ou passivas; (ii) da exploração de novas linhas de negócios; (iii) da aquisição de participação, de forma direta ou indireta, no capital de outras sociedades, financeiras ou não financeiras; e (iv) de abertura de novas dependências.

Nas situações de desenquadramento dos requerimentos mínimos de capital, a Resolução CMN 4.019/2011 prevê também a possibilidade de depósitos em conta vinculada em espécie ou títulos públicos federais aceitos em operações de redesconto, em montante suficiente para reenquadramento da instituição, com sua liberação sujeita à autorização prévia do BCB. Finalmente, o art. 4.º permite a convocação dos representantes da instituição e seus controladores para prestar esclarecimentos quanto às situações verificadas[443] e apresentar um plano para a solução da situação que ensejou a aplicação da medida preventiva, com a indicação de metas quantitativas e qualitativas a serem atingidas e o estabelecimento de cronograma para sua execução.

A entidade supervisionada pode impugnar a imposição da medida prudencial preventiva. Nesse caso, a impugnação será analisada pelo Diretor de Fiscalização do BCB. No caso de decisão desfavorável, cabe ainda recurso administrativo à Diretoria Colegiada da autarquia.[444]

Como é possível notar, as medidas preventivas à disposição do BCB seguem em linha similar à abordagem SEIR, que também postula a atuação sobre o banco de forma antecipada, restringindo atividades e aplicando penalidades em resposta à deterioração de seus indicadores financeiros. Há, no entanto, duas importantes diferenças a serem notadas. Enquanto a SEIR se baseia na noção de "gatilhos" objetivos que provocariam consequências previamente determinadas e conhecidas pelas instituições financeiras, a Resolução CMN 4.019/2011 lida com hipóteses bastante amplas de incidência, atribuindo ao BCB significativa discricionariedade na sua aplicação, ainda que aliadas a critérios gerais a serem considerados, como o grau de alavancagem, liquidez e risco de contágio (art. 2.º, parágrafo

---

[443] A possibilidade de convocação de representantes e controladores para esclarecimentos não é uma inovação da Resolução CMN 4.019/2011, já estando prevista no Manual de Supervisão da autarquia na figura do Termo de Comparecimento, aplicável em determinadas situações ali elencadas (BANCO CENTRAL DO BRASIL. Manual de supervisão, Título 4, cap. 50, sec. 40).

[444] Idem, ibidem, Título 4, cap. 50, sec. 60.

REGULAÇÃO PRUDENCIAL

único). É o caso, por exemplo, das situações previstas no art. 2.º, III (deterioração ou *perspectiva* de deterioração da situação econômico-financeira da instituição, *independentemente* de descumprimento dos requerimentos mínimos de capital ou dos demais limites operacionais estabelecidos na regulamentação) e VIII (outras situações que, *a critério* do BCB, possam acarretar riscos à solidez da instituição, ao regular funcionamento ou à estabilidade do SFN). Outrossim, ao contrário da abordagem SEIR, não há previsão na Resolução CMN 4.019/2011 de decretação automática de regimes especiais caso determinadas situações se materializem.

Vale mencionar também a semelhança das medidas previstas na Resolução CMN 4.019/2011 com algumas das propostas do anteprojeto de lei apresentado na Audiência Pública 34/2009. Com efeito, o capítulo III do anteprojeto dispunha justamente sobre "Medidas Preventivas", prevendo a aplicação de medidas de caráter operacional e estrutural em resposta a determinadas hipóteses ali previstas. Como o anteprojeto não chegou a ser apreciado pelo Congresso Nacional, o CMN optou pela adoção dessas medidas preventivas por meio de Resolução, impossibilitando, infelizmente, um diálogo maior com a sociedade a respeito de poderes tão amplos atribuídos à autoridade bancária em áreas tão sensíveis à livre iniciativa dos participantes do setor.

4.1.5 Controle de estruturas de remuneração

A discussão sobre os incentivos negativos inerentes a determinadas estruturas de remuneração insere-se no debate sobre a relação principal-agente, já apresentada no início da obra, tendo sua importância revigorada no contexto pós-crise financeira recente.[445] A estrutura de remuneração de executivos que atuam no sistema financeiro – e no setor bancário em particular – foi apontada como um dos fatores que contribuiu para a crise ao criar incentivos para a tomada excessiva de risco no curto prazo, em detrimento da viabilidade das instituições financeiras no longo prazo.[446] Nesse sentido, observaram-se ao redor do mundo diferentes iniciativas para abordar o tema.

---

[445] Isso não significa, evidentemente, que o tema não tenha sido objeto de discussão anteriormente. A esse respeito: BEBCHUK, Lucian A.; FRIED, Jesse. *Pay without performance*: the unfulfilled promise of executive compensation. Cambridge: Harvard University Press, 2004.
[446] FINANCIAL STABILITY BOARD. FSB principles for sound compensation practices – Implementation standards. Basileia, set. 2009, p. 1.

Alguns países europeus procuraram enfrentar a questão por meio de impostos. Na Inglaterra, por exemplo, foi anunciada em novembro de 2009 a imposição de um "superimposto" (*super-tax*) de 50% sobre os bônus discricionários acima de £25,000 pagos a executivos do setor bancário. Em seguida, o Presidente francês Nicolas Sarkozy declarou apoio à decisão inglesa, anunciando medida semelhante aos bônus acima de €27,000 pagos naquele país. Em ambos os casos, as medidas foram divulgadas como formas de recuperar parte dos gastos incorridos no resgate a instituições financeiras, bem como uma maneira de disciplinar os executivos do setor pelas apostas arriscadas que motivaram a crise.[447]

Discussão semelhante foi observada nos Estados Unidos, com foco particular nas relações entre estruturas de compensação e risco sistêmico. Em depoimento ao Congresso, no bojo das reformas regulatórias em discussão à época, o professor da Universidade de Harvard, Lucian Bebchuk, criticou os mecanismos tradicionais de compensação por premiarem executivos com base em resultados de curto prazo, mesmo quando estes são depois revertidos.[448] Embora as instituições financeiras procurem corrigir essa falha por meio da adoção de mecanismos que vinculem sua remuneração à performance de longo prazo, como opções de compra de ações (*stock options*),[449] o professor afirma que tais mecanismos, por si sós, seriam

---

[447] É preciso reconhecer o efeito pontual de tais medidas, aplicando-se apenas sobre os rendimentos do ano-base de 2009, e possivelmente incentivando a migração das instituições financeiras para jurisdições menos hostis aos executivos do setor. Em razão disso, periódicos alegaram um viés populista nesses "superimpostos", sugerindo que a verdadeira motivação para tais medidas seria a busca de apoio popular para eleições na Inglaterra e França no ano seguinte, especialmente em um contexto de queda de popularidade dos governos em tais países em razão da percepção disseminada da sociedade de que seus líderes não estariam sendo suficientemente rigorosos com os banqueiros. Finalmente, enquanto medidas voltadas a recuperar os gastos incorridos no resgate a instituições financeiras, destacou-se que as receitas esperadas com a imposição dos tributos eram irrisórias quando comparadas aos valores dos pacotes de resgate nos dois países durante a crise (THE TIMES. Banks hit back at 'populist' bonus supertax, 7 dez. 2009).

[448] BEBCHUK, Lucian A. Written testimony submitted to the Committee on Financial Services of the United States House of Representatives: hearing on compensation structure and systemic risk, 11 jun. 2009.

[449] As opções de compra de ações dão ao seu proprietário o direito de adquirir ações da empresa a um preço fixado previamente. O objetivo é fazer com que a gestão desses executivos se empenhe na geração do maior valor possível para a empresa de modo que o preço das ações na data de vencimento seja superior ao preço do exercício da opção. A diferença será o lucro auferido pelo executivo.

REGULAÇÃO PRUDENCIAL

insuficientes para solucionar o problema. Segundo o jurista, seria necessário separar o tempo em que tais opções são concedidas do momento do seu exercício. Nesse sentido, propôs que estas fossem exercidas ao longo de um período de cinco anos (20% em cada ano). Como os mecanismos típicos de remuneração variável costumam prever um número crescente de opções conforme o tempo de permanência na empresa, mesmo após os cinco anos, sua remuneração continuaria efetivamente atrelada ao desempenho de longo prazo da instituição. Há também propostas mais radicais, que defendem a possibilidade de exercício de tais opções somente após a aposentadoria do executivo.[450]

O *Dodd-Frank Act* procurou endereçar algumas dessas preocupações, dedicando um subtítulo à questão das estruturas de remuneração (Seções 951 – 957). Entre as principais alterações propostas destacam-se: (i) exigência de que, pelo menos uma vez a cada três anos, os acionistas votem sobre o valor e estrutura de remuneração dos executivos que trabalham para a companhia, incluindo *golden parachutes*[451] negociados no contexto de fusões, aquisições e vendas de ativos, entre outras operações;[452] (ii) poderes para que a SEC restrinja a listagem de companhias que não tenham determinadas políticas de remuneração, incluindo regras voltadas à devolução de remuneração passada em determinadas circunstâncias (*clawback policies*);[453] (iii) divulgação de informações relacionadas à remuneração e performance da companhia, bem como a remuneração média dos executivos por cargo; e (iv) criação de comitês de remuneração destinados a avaliar os riscos inerentes à estrutura de remuneração da companhia, bem como cuidar da implementação das regras supracitadas.

A discussão não se limita apenas à Europa e Estados Unidos. Nas reuniões de 25 de abril (*London Summit*) e setembro (*Pittsburgh Summit*) de 2009, os líderes do G-20 destacaram a necessidade de implementar padrões internacionais robustos para políticas de remuneração, com a finalidade de

---

[450] BEBCHUK, Lucian A. Written Testimony Submitted to Committee on Financial Services of the United States House of Representatives, p. 3.

[451] Cláusulas que conferem indenizações substanciais para determinados executivos que deixem a companhia após a ocorrência de evento previamente estipulado contratualmente.

[452] Os votos não possuirão, no entanto, caráter vinculante sobre as deliberações do Conselho de Administração.

[453] Embora a lei *Sarbanes-Oxley* já exigisse a criação de *clawback policies* pelas companhias (Seção 304), estas se limitavam a casos de conduta desonesta dos executivos (*misconduct*). Já as novas disposições do *Dodd-Frank Act* ampliam o escopo dessas regras.

desencorajar práticas que levassem à assunção de riscos excessivos. Dessa forma, em comunicado de 25 de setembro de 2009, o Conselho de Estabilidade Financeira (*Financial Stability Board* – FSB), órgão composto por algumas das principais autoridades regulatórias internacionais,[454] elencou os pontos-chave na reforma das estruturas de remuneração, propondo as seguintes medidas:[455]

1. **Governança corporativa:** Instituições financeiras devem ter comitês de remuneração como parte de sua estrutura de governança corporativa. Tais comitês devem ser organizados de forma independente, assegurando que as estruturas de remuneração adotadas estejam de acordo com as recomendações do FSB e de outros órgãos responsáveis pela propositura de padrões mínimos de regulação nessa área;

2. **Estrutura de remuneração:** Executivos mais seniores devem receber parte de sua remuneração em opções de ações ou opções vinculadas às ações da instituição financeira. Parte substancial dessa remuneração variável não deve ficar disponível de imediato e seu exercício deve ser distribuído ao longo de um período de tempo razoável. As proporções não disponíveis de imediato devem aumentar conforme o nível de senioridade do executivo em questão. A garantia de bônus em dinheiro no final do ano não é consistente com uma política adequada de administração de risco, devendo ser eliminada, e cláusulas contratuais com previsão de benefícios em caso de rescisão contratual, como *golden parachutes*, devem ser reavaliadas e mantidas apenas quando o comitê de remuneração determinar que estão alinhadas com uma política prudente de assunção de risco e crescimento no longo prazo;

3. **Divulgação de informações:** As práticas de remuneração adotadas em cada instituição financeira devem ser divulgadas, desta-

---

[454] A estrutura interna e objetivos do FSB, bem como de outros órgãos responsáveis pela elaboração de padrões de regulação e supervisão no sistema financeiro, serão tratados em detalhe no Capítulo 5.

[455] FINANCIAL STABILITY BOARD. FSB principles for sound compensation practices, p. 2-5.

REGULAÇÃO PRUDENCIAL

cando-se: (i) o processo decisório para a estrutura de remuneração, incluindo composição e mandato do comitê de remuneração; (ii) os aspectos mais importantes da estrutura de remuneração, incluindo o critério para mensuração da performance do executivo, carência no exercício de opções e parâmetros para a determinação da parcela variável e fixa da remuneração; e (iii) a divulgação de informações relativas aos vencimentos de forma agregada e discriminada por cargos, incluindo o montante fixo e variável de remuneração e benefícios em caso de rescisão contratual, entre outros; e

4. **Supervisão:** Autoridades supervisoras devem: (i) assegurar a correta implementação dos princípios sugeridos pelo FSB em suas respectivas jurisdições; (ii) aprimorar a coordenação internacional para assegurar que os princípios serão adotados de forma consistente entre diferentes jurisdições; e (iii) exigir que instituições financeiras demonstrem que os incentivos criados pela sua estrutura de remuneração levam em consideração a administração dos riscos assumidos no médio e longo prazo.

Finalmente, o relatório do FSB frisou a necessidade de que tais medidas fossem adotadas com rapidez, antes que as instituições financeiras voltassem a incorrer nas práticas que contribuíram para a crise financeira recente.[456] Aqui novamente o BCB reiterou sua postura rigorosa em termos de regulação prudencial, tendo disponibilizado apenas quatro meses após a reunião de 25 de setembro de 2009 proposta de normativo que tratou do tema.

4.1.5.1 Política de remuneração no Sistema Financeiro Nacional
Mesmo antes das reuniões do G-20, o BCB já havia sinalizado sua disposição para interferir na estrutura de remuneração dos executivos de instituições financeiras. A Resolução CMN 3.622/2008, que alterou as regras do redesconto bancário, permitiu também que a autarquia suspendesse a distribuição de resultados em montante superior aos limites mínimos previstos em lei, nos estatutos ou no contrato social, nas situações que pudessem ameaçar o cumprimento dos padrões mínimos de capital

---

[456] FINANCIAL STABILITY BOARD. FSB principles for sound compensation practices, p. 1.

237

realizado, de patrimônio líquido ou de patrimônio exigido em função do nível de risco das exposições da instituição financeira. Além disso, a Resolução permitiu que o BCB proibisse o aumento da remuneração dos administradores ou dos demais membros de órgãos societários durante o período de acesso ao redesconto. Seguindo nessa linha, e apoiando-se nas recomendações do FSB, em 1.º de fevereiro de 2010 o BCB disponibilizou proposta de normativo na Audiência Pública 35, versando sobre a política de remuneração de administradores das instituições financeiras. A proposta foi posteriormente convertida na Resolução CMN 3.921, de 25 de novembro de 2010.

Segundo a Resolução CMN 3.921/2010, a política de remuneração deve ser compatível com a política de gestão de riscos, sendo formulada de modo a não incentivar comportamentos que elevem a exposição ao risco acima dos níveis considerados prudentes nas estratégias de curto, médio e longo prazo adotadas pela instituição financeira. O normativo estipula que pelo menos 50% da remuneração variável dos administradores deve ser paga em ações ou instrumentos baseados em ações. Além disso, no mínimo 40% da remuneração variável deve ser diferida para pagamento futuro, em período não inferior a três anos. A parcela diferida da remuneração variável deve aumentar conforme o nível de responsabilidade do administrador, e os pagamentos devem ser efetuados de forma escalonada em parcelas proporcionais ao período de diferimento. São considerados administradores: (i) os diretores estatutários e membros do Conselho de Administração das sociedades anônimas; e (ii) os administradores das sociedades limitadas.

No caso de redução significativa do lucro recorrente realizado ou da ocorrência de resultado negativo da instituição ou da unidade de negócios durante o período de diferimento, as parcelas diferidas ainda não pagas devem ser revertidas, proporcionalmente à redução no resultado. Contratos com cláusulas de pagamentos vinculados ao desligamento de administradores devem ser compatíveis com a criação de valor e com a gestão de risco de longo prazo, e a garantia de pagamento de bônus ou de outros benefícios deve ter caráter excepcional, por ocasião da contratação ou transferência de administradores para outra área, cidade ou empresa do mesmo conglomerado, e limitada ao primeiro ano após o fato que der origem à garantia.

As instituições financeiras constituídas sob a forma de companhia aberta ou que sejam obrigadas a constituir Comitê de Auditoria devem criar um "Comitê de Remuneração", composto por, no mínimo, três inte-

REGULAÇÃO PRUDENCIAL

grantes, e com pelo menos um membro que não seja administrador. Entre outras responsabilidades, cabe ao Comitê de Remuneração: (i) elaborar a política de remuneração da instituição, propondo ao Conselho de Administração as diversas formas de remuneração fixa e variável de administradores e empregados, como salários, benefícios, bônus, participações nos lucros e outros incentivos de desempenho, além de programas especiais de recrutamento e desligamento; (ii) supervisionar a implementação e operacionalização da política de remuneração da instituição; (iii) revisar anualmente a política de remuneração da instituição, recomendando ao Conselho de Administração a sua correção ou aprimoramento; (iv) propor ao Conselho de Administração o montante da remuneração global dos administradores a ser submetido à Assembleia-Geral; (v) avaliar cenários futuros, internos e externos, e seus possíveis impactos sobre a política de remuneração; (vi) analisar a política de remuneração da instituição em relação às práticas de mercado, com intuito de identificar discrepâncias significativas em relação a empresas congêneres, propondo os ajustes necessários; e (vii) zelar para que a política de remuneração esteja permanentemente compatível com a política de gestão de riscos, com as metas e a situação financeira atual e esperada da instituição.

Compete também ao Comitê de Remuneração elaborar, anualmente, no prazo de 90 dias relativamente à data-base de 31 de dezembro, documento próprio intitulado "Relatório do Comitê de Remuneração", descrevendo seus trabalhos. Esse relatório deve conter elementos específicos, como: (i) descrição da composição e atribuições do comitê; (ii) atividades exercidas no âmbito de suas atribuições no período; (iii) descrição do processo de decisão adotado para estabelecer a política de remuneração; (iv) principais características da política de remuneração e eventuais modificações sofridas no período; e (v) informações quantitativas consolidadas sobre a estrutura de remuneração dos administradores. O documento deve ficar à disposição do BCB pelo prazo mínimo de cinco anos.[457]

---

[457] Vale acrescentar que a Instrução CVM 480, de 7 de dezembro de 2009, tornou obrigatória a divulgação no Formulário de Referência (item 13.11) de informações relativas à remuneração individual máxima, média e mínima do Conselho de Administração, Diretoria Estatutária e Conselho Fiscal. No entanto, a validade da regra foi objeto de questionamento judicial pelo Instituto Brasileiro de Executivos de Finanças (IBEF) do Rio de Janeiro. Em março de 2010 o IBEF conseguiu liminar na 5.ª Vara Federal do Rio de Janeiro para suspender a exigência de divulgação de informações relativas à remuneração dos administradores de companhias

A Resolução CMN 3.921/2010 também permite ao BCB solicitar que a instituição demonstre que os incentivos proporcionados no âmbito de seu sistema de remuneração levam em consideração a gestão de riscos, adequação de capital e liquidez. O BCB pode determinar as medidas necessárias para compensar qualquer risco adicional resultante da inadequação da política de remuneração implementada pela entidade, inclusive a revisão da referida política ou a ampliação do requerimento de capital.[458]

Finalmente, cumpre mencionar que, com a implementação dos padrões de Basileia III, bem como o estabelecimento das medidas prudenciais preventivas na Resolução CMN 4.019/2011, o BCB ampliou o controle sobre a política de remuneração em instituições financeiras. No caso de Basileia III, a Resolução CMN 4.193/2013 determinou que a insuficiência no cumprimento do ACP, segundo o percentual fixado pelo BCB, ocasiona restrições: (i) ao pagamento de remuneração variável aos diretores e membros do Conselho de Administração, no caso das sociedades anônimas, e aos adminis-

---

abertas para os membros do instituto. A liminar, no entanto, foi derrubada em julho de 2010 pela 8.ª Turma do TRF da 2.ª Região. Em outubro de 2010 o STJ tornou sem efeito a revogação da liminar. Em maio de 2013 a 5.ª Vara Federal do Rio de Janeiro confirmou a primeira liminar concedida em favor do IBEF (5.ª Vara Federal, Proced. Ord. 0002888-21.2010.4.02.5101/RJ, Juiz Firly Nascimento Filho, j. 17.05.2013). O caso continua sendo discutido no Judiciário. Além do IBEF, a validade da exigência prevista na Instrução CVM 480/2009 foi questionada por empresa baseada em Santa Catarina, cujo pleito foi indeferido pela 6.ª Turma do TRF da 2.ª Região em abril de 2012 (TRF 2.ª Região, AC 0005763-61.2010.4.02.5101, Rel. Des. Guilherme Calmon Nogueira da Gama, j. 12.04.2012).

[458] A reação inicial de alguns dos maiores participantes do SFN, como Itaú Unibanco, Bradesco e Santander ao normativo foi de que este não deveria causar grandes impactos na governança corporativa dos bancos, uma vez que muitas dessas instituições já dispõem de Comitês de Remuneração, semelhantes ao modelo apresentado pelo BCB (BRASIL ECONÔMICO. Bônus menor não assusta grandes bancos, 9 fev. 2010, p. 38). Além disso, a Federação Brasileira de Bancos alegou que as políticas de remuneração dos bancos brasileiros já são mais conservadoras em comparação com outros países, e que, na legislação brasileira, os diretores estatutários respondem com o patrimônio por quaisquer problemas que ocorram em suas instituições, o que já atuaria como forte limitação à tomada excessiva de risco (Idem, ibidem, p. 38-39). A esse respeito, Saddi ressaltou que a dispersão acionária dos bancos brasileiros ainda seria pequena em comparação com outros países, de modo que a distribuição de bônus não seria significativa e o volume de pagamento a executivos divulgados por bancos não chegaria a representar dois dígitos de sua receita (Idem). Outrossim, o autor aponta restrições do ponto de vista trabalhista na implementação das recomendações do FSB no Brasil, como a questão da irredutibilidade de vencimentos, segundo a qual ninguém pode ganhar menos na mesma função ou "devolver" o que deveria receber (REVISTA CAPITAL ABERTO. É papel do Banco Central regular a remuneração dos executivos de instituições financeiras?, abr. 2010, p. 46-47).

REGULAÇÃO PRUDENCIAL

tradores de sociedades limitadas; (ii) ao pagamento de dividendos e juros sobre o capital próprio; e (iii) ao pagamento das sobras líquidas apuradas e da remuneração anual às quotas-parte de capital e ao resgate das quotas-parte, no caso das cooperativas de crédito. A restrição é aplicada de forma gradativa, conforme o nível de desenquadramento observado.

Tabela 16: Desenquadramento de ACP e restrição sobre remuneração

Diferença entre ACP exigido e verificado	Restrição ao pagamento (*)
ACP verificado inferior a 25% do ACP exigido	100%
ACP verificado maior ou igual a 25%, porém inferior a 50%, do ACP exigido	80%
ACP verificado maior ou igual a 50%, porém inferior a 75%, do ACP exigido	60%
ACP verificado maior ou igual a 75%, porém inferior a 100%, do ACP exigido	40%

Fonte: Resolução CMN 4.193/2013.
(*) Com base no valor a ser pago ou distribuído. Montantes retidos por insuficiência de ACP não podem ser objeto de obrigação futura.

No caso de medidas preventivas, a Resolução CMN 4.019/2011 inclui entre o rol de medidas prudenciais a serem aplicadas em casos de situações que comprometam ou possam comprometer o funcionamento do SFN, a limitação ou suspensão: (i) ao aumento da remuneração dos administradores; (ii) ao pagamento de remuneração variável dos administradores; e (iii) à distribuição de resultados. O art. 7.º do normativo também proíbe a distribuição de resultados, a qualquer título, em montante superior ao mínimo legal, nas situações em que essa distribuição venha a comprometer o cumprimento das medidas prudenciais determinadas pelo BCB, ou do plano de recuperação apresentado pelos representantes da instituição e seus controladores no âmbito do art. 4.º.

4.2 Desafios para a regulação prudencial

4.2.1 Dificuldades associadas à supervisão de conglomerados financeiros[459]

O aumento do tamanho das instituições financeiras e a diversificação das suas atividades, tanto em termos de produtos como em área geográfica, causaram um inegável impacto em sua complexidade. Para possibilitar suas operações em tantos mercados, tais instituições desenvolveram uma intrincada rede societária, com centenas de subsidiárias diretas e indiretas espalhadas ao redor de inúmeros países. O exemplo do Citigroup, um dos maiores bancos do mundo, é bastante ilustrativo a esse respeito:

Figura 2: Organização hierárquica do Citigroup (2004)

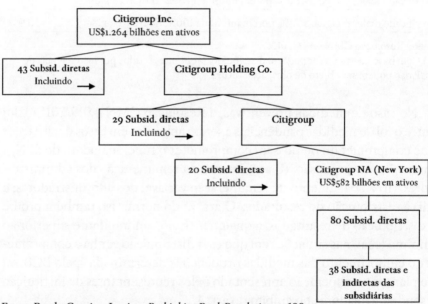

Fonte: Barth, Caprio e Levine, *Rethinking Bank Regulation*, p. 109.

---

[459] Esse desafio à regulação prudencial já foi abordado de forma individual em publicação anterior (PINTO, Gustavo M. A. Limites da função supervisora das autoridades do Sistema Financeiro Nacional: reflexões em um contexto de conglomeração financeira. In: CASTRO, Leonardo F. M. (Org.). *Mercado financeiro & de capitais*: regulação e tributação. São Paulo: Quartier Latin, 2015). Para fins da presente obra, a análise foi atualizada para refletir mudanças na estrutura regulatória da Inglaterra, novos acordos de cooperação firmados entre as autoridades do SFN, bem como iniciativas voltadas à coordenação regulatória e regulação de condutas no âmbito do BCB, conforme se observará a seguir.

REGULAÇÃO PRUDENCIAL

Essa complexidade crescente das instituições financeiras impõe uma série de desafios à sua fiscalização efetiva por parte das autoridades bancárias, principalmente no caso de instituições que atuam em diversos segmentos do sistema financeiro. Conforme visto no capítulo anterior, a ampliação do conceito de risco sistêmico demonstra que, na atualidade, a análise de risco focada apenas na atividade bancária é insuficiente, havendo necessidade de desenvolver métodos de supervisão que permitam o acompanhamento não apenas de atividades particulares da instituição, mas de sua atuação como um todo para mensurar de forma mais precisa o risco sistêmico existente.

Em face dessa conjuntura, há um amplo debate na doutrina jurídica e econômica sobre qual seria o arranjo institucional apropriado para a supervisão de diferentes atividades financeiras. A preocupação nesse caso não é com a regulação específica de um determinado segmento do mercado financeiro ou de capitais, mas sim em analisar como diferentes arranjos institucionais podem facilitar ou dificultar o monitoramento do risco sistêmico. No tocante a esses aspectos, constata-se a existência de quatro modelos teóricos contrastantes baseados nas experiências de diferentes países, quais sejam: a abordagem institucional, funcional, unificada ou por objetivos.

4.2.1.1 Abordagem institucional

A abordagem institucional é uma das formas tradicionais de organização da estrutura de regulação e supervisão de diferentes atividades financeiras. Nesse modelo, o critério para a divisão de competências entre autoridades é a natureza ou qualificação jurídica do ente supervisionado. Assim, caso este seja constituído legalmente como um banco, será supervisionado pelo banco central ou por qualquer outro órgão responsável pela supervisão dos bancos. Da mesma forma, caso seja uma companhia de seguros, será supervisionado pela autoridade responsável pelas seguradoras. Os defensores desse modelo apontam como suas grandes vantagens a objetividade na determinação da competência regulatória e a possibilidade de especialização de cada autoridade em um campo específico do mercado financeiro e de capitais.[460]

---

[460] GROUP OF 30. *The structure of financial supervision:* approaches and challenges in a global marketplace. Washington: Group of 30, 2008, p. 55 e ss.

Não obstante sua aceitação ao redor do mundo, continuando ainda a influenciar o arcabouço regulatório de diversos países, como China e México, esse modelo passou a enfrentar crescente questionamento teórico em face das mudanças ocorridas no sistema financeiro nas últimas décadas.[461] A progressiva diluição das barreiras regulatórias entre as atividades financeiras no Brasil e no mundo na segunda metade do século XX possibilitou o surgimento de participantes no mercado que desempenham outras atividades financeiras, além daquelas sugeridas pela sua natureza jurídica. Assim, por exemplo, tornou-se comum no setor bancário a prestação de atividades de seguro, além das atividades bancárias tradicionais.

Tais mudanças na estrutura do sistema financeiro provocam distorções na abordagem institucional, como a possibilidade de tratamento regulatório diverso para entidades que oferecem praticamente os mesmos serviços financeiros, mas que possuem natureza jurídica diversa. É o caso de atividades de seguro prestadas por um conglomerado financeiro possuírem tratamento diverso daquelas realizadas por uma seguradora. Um efeito grave dessa distorção é a possibilidade de arbitragem regulatória, em que um agente econômico pode optar por uma determinada forma jurídica não em razão da natureza dos serviços prestados, mas em função do regime regulatório mais conveniente.

Em certos casos, a arbitragem regulatória pode ser tamanha que algumas atividades exercidas por conglomerados financeiros acabam não sendo objeto de qualquer regulação, criando um vácuo regulatório. O já mencionado caso da AIG ilustra bem os riscos decorrentes dessa situação. Embora sua subsidiária AIGFP prestasse atividades financeiras cuja frequência e volume fizeram com que autoridades a equiparassem a um banco de investimentos ou *hedge fund*, esta continuou a ser supervisionada apenas pela autoridade de seguros nos Estados Unidos em virtude de sua natureza jurídica. Segundo afirmação do presidente do *Federal Reserve*, "não havia supervisão porque havia uma brecha no sistema".[462]

Deficiências como essa certamente em nada contribuem com a regulação prudencial. Na medida em que a lógica da abordagem institucional é assentada na premissa de que a autoridade responsável pela supervisão tenha *expertise* no seu respectivo setor, a eliminação das barreiras

---

[461] GROUP OF 30. *The structure of financial supervision*, p. 24.

[462] BLOOMBERG NEWS. Bernanke says insurer AIG operated like a hedge fund, 3 mar. 2009. Tradução livre.

REGULAÇÃO PRUDENCIAL

regulatórias entre os setores leva tais autoridades a atuar em casos nos quais não têm experiência, conforme se observou no exemplo supracitado. Bem a propósito, um relatório do Grupo dos 30 sobre a estrutura da supervisão financeira afirma que a abordagem institucional está desaparecendo porque se baseia em um modelo de negócios que não existe mais.[463]

4.2.1.2 Abordagem funcional

A abordagem funcional procura corrigir as deficiências da abordagem institucional ao adotar as atividades praticadas pelos agentes econômicos como critério para organizar a regulação e supervisão do sistema financeiro. Portanto, uma instituição financeira será supervisionada pelo banco central não pelo fato de possuir a natureza jurídica de um banco, mas por prestar atividades bancárias. Igualmente, caso um banco preste serviços de seguro, essas atividades não serão supervisionadas pelo banco central, e sim pela autoridade supervisora competente por aquelas atividades.

Uma alegada vantagem dessa abordagem reside na eliminação da possibilidade de arbitragem regulatória entre atividades financeiras. Todos os agentes econômicos estão sujeitos às mesmas regras de acordo com as atividades desempenhadas, e cada autoridade supervisora terá *expertise* em sua respectiva atividade. Outra vantagem desse modelo seria a eliminação do risco de vácuo regulatório, uma vez que agentes econômicos desempenhando uma atividade tipicamente regulada teriam que se reportar à autoridade cabível no tocante àquela atividade.

Apesar de representar um avanço relativamente ao modelo anterior, deve-se reconhecer que a abordagem funcional se baseia em uma premissa cuja verificação nem sempre é simples, que é a existência de funções-chave no sistema financeiro bem definidas e com linhas divisórias claras entre elas. Com efeito, caso surjam questionamentos quanto à verdadeira natureza de uma atividade ou instrumento financeiro, abre-se margem para as deficiências encontradas na abordagem institucional. É o caso dos derivativos, por exemplo, que se desenvolveram por muito tempo sem que houvesse um regime próprio a eles aplicável ou uma estrutura regulatória especializada.[464]

---

[463] GROUP OF 30. *The structure of financial supervision*, p. 34.
[464] YAZBEK, Otavio. *Regulação do mercado financeiro e de capitais*, p. 127.

Outra preocupação presente nessa abordagem refere-se à sobreposição de autoridades supervisoras sobre um mesmo agente econômico. Dependendo da quantidade de atividades exercidas, isso pode acabar provocando um ônus regulatório excessivo. Dessa forma, é importante que haja uma coordenação eficaz entre tais autoridades para maximizar a utilidade comum das informações requisitadas ao ente supervisionado.

Além da preocupação com o ônus regulatório, essa abordagem gera também a necessidade de amplo esforço de coordenação entre as autoridades envolvidas para assegurar que os objetivos pretendidos por cada uma estejam alinhados. A supervisão de atividades isoladas em um contexto de conglomeração financeira pode fazer com que as autoridades percam a noção do risco da instituição como um todo. Em outras palavras, na medida em que nenhuma autoridade possui informação suficiente a respeito de todas as atividades desempenhadas, o monitoramento do risco sistêmico pode restar comprometido. Isso é bem representado em relatório do Tesouro norte-americano sobre a necessidade de modernizar a estrutura regulatória do país:[465]

> A abordagem funcional apresenta uma série de desvantagens, sendo a mais importante o fato de que nenhum regulador individual possui toda a informação e autoridade necessária para monitorar o risco sistêmico, ou o potencial de que eventos associados com instituições financeiras possam disparar consequências amplas ou séries de inadimplementos que afetem o sistema financeiro de forma tão significativa que a economia real seja afetada adversamente. Em complemento, a inabilidade de qualquer regulador para tomar ações coordenadas em todo o espectro do sistema financeiro torna mais difícil o endereçamento de problemas associados à sua estabilidade.[466]

---

[465] DEPARTMENT OF TREASURY. Blueprint for a modernized financial regulatory structure. Washington, mar. 2008, p. 4. Tradução livre.

[466] A estrutura de regulação e supervisão do sistema financeiro nos Estados Unidos apresenta elevado grau de complexidade, com instituições atuando nos mercados financeiro e de capitais sendo supervisionadas em nível federal e estadual, enquanto as seguradoras são reguladas em larga medida apenas no nível estadual. No tocante aos bancos, dependendo de seu ramo de atuação, até julho de 2010 havia cinco autoridades somente no nível federal responsáveis, direta ou indiretamente, por sua regulação e supervisão, quais sejam: *Federal Reserve*, FDIC, *Office of the Comptroller of the Currency* (OCC), *Office of Thrift Supervision* (OTS) e *National Credit Union Administration*. A divisão de competências entre tais autoridades é caracterizada predominantemente pela abordagem funcional, com resquícios da abordagem institucional (para seguradoras, por exemplo). Em virtude dessa complexidade, a estrutura regulatória norte-

REGULAÇÃO PRUDENCIAL

Embora essa deficiência possa ser trabalhada por meio de acordos que garantam trocas de informações entre as autoridades, deve-se reconhecer que tais acertos nem sempre são de fácil implementação, tampouco sendo possível assegurar que não haverá perda de informação relevante no processo. Esse é um ponto de grande importância, especialmente pelo fato

---

-americana sofre críticas quanto ao ônus regulatório imposto aos entes regulados, bem como a viabilidade de realizar uma supervisão eficaz de entidades que desempenham atividades conjuntamente por meio de autoridades distintas. Isso foi reconhecido pelo próprio Tesouro norte-americano, segundo o qual: "[...] a convergência de provedores de serviços e produtos financeiros aumentou na última década. Intermediários financeiros e plataformas de negociação estão convergindo. Produtos financeiros podem ter componentes relativos a atividades de seguros, bancárias, valores mobiliários e futuros [...] o sistema atual de regulação funcional é incompatível com essas mudanças no mercado, mantendo agências reguladoras separadas ao longo de linhas funcionais de serviços financeiros" (DEPARTMENT OF TREASURY. Blueprint for a modernized financial regulatory structure, p. 4. Tradução livre). No mesmo relatório, o Tesouro, à época sob a chefia de Henry M. Paulson, propõe ampla reformulação da estrutura de regulação e supervisão financeira nos Estados Unidos, defendendo a adoção de modelo mais próximo da regulação por objetivos para sanar as deficiências regulatórias identificadas. Nessa nova estrutura proposta, três objetivos fundamentais, cada qual com seu respectivo regulador, direcionariam a regulação do sistema financeiro, quais sejam: (i) estabilidade do mercado; (ii) segurança e solidez por meio de supervisão prudencial; e (iii) conduta de negócios (Idem, ibidem, p. 137 e ss.). A proposta, no entanto, teve vida curta, uma vez que, após a transição da chefia do Tesouro em 2009 para Timothy F. Geithner, uma nova proposta de reforma da estrutura de regulação e supervisão financeira nos Estados Unidos foi apresentada. No tocante à regulação sistêmica, os relatórios guardam semelhanças entre si, havendo consenso quanto à necessidade de situar o *Federal Reserve* no centro dos esforços de atuação em casos de crises sistêmicas. No tocante à regulação prudencial, os relatórios trazem conclusões diversas. Enquanto o relatório de Paulson defende a alocação de tais atividades em um novo regulador, o documento de Geithner sustenta que a solução se encontra no fortalecimento das competências do banco central norte-americano, incluindo, entre outras, a ampliação do seu escopo de supervisão. Finalmente, o relatório de Geithner enfatiza a necessidade de aprimorar a coordenação entre as diferentes autoridades para o sistema financeiro, criando um conselho com representantes de sete autoridades, com o Secretário do Tesouro como seu presidente (para uma comparação detalhada dos dois relatórios: MCDONALD, Gordon. Comparing the Paulson Blueprint with the Geithner White Paper, The PEW Economic Policy Group, Washington, 2009). Conforme observado, o *Dodd-Frank Act* segue em linha com as recomendações do relatório de Geithner, criando o FSOC, que, entre outros objetivos, procura aprimorar a comunicação e a coordenação de atividades entre as diferentes autoridades supervisoras no país.

de a estrutura de regulação e supervisão do SFN inspirar-se em grande medida na abordagem funcional.[467]

4.2.1.2.1 Reflexos no Sistema Financeiro Nacional

A Lei 4.595/1964 estabelece em seu art. 10, inciso IX, a competência do BCB para exercer a fiscalização das instituições financeiras e aplicar as penalidades previstas, prevendo em seu art. 17 que são consideradas instituições financeiras as pessoas jurídicas que tenham como atividade principal ou acessória a coleta, intermediação ou aplicação de recursos financeiros próprios ou de terceiros e a custódia de valor de propriedade de terceiros, equiparando-se às instituições financeiras as pessoas físicas que exerçam tais atividades. Observa-se desde logo que o critério determinante para a competência do BCB tem como base as atividades prestadas pelos entes supervisionados.

Da mesma forma, a Lei 6.385/1976 determina em seu art. 1.º quais atividades serão disciplinadas e fiscalizadas de acordo com a lei, estipulando em seu art. 8.º a competência da CVM para "fiscalizar permanentemente as atividades e os serviços do mercado de valores mobiliários, de que trata o Art. 1.º [...]". Já no caso do mercado de seguros, apesar de o Decreto-lei 73/1966 não oferecer uma orientação clara, o legislador parece ter seguido a abordagem institucional, tomando a qualificação da entidade como "Sociedade Seguradora" (arts. 35 e ss.) para estabelecer a competência da Susep.

Procurando enfrentar as limitações do modelo funcional, as autoridades do SFN vêm implementando medidas de cooperação mútua por meio

---

[467] GROUP OF 30. *The structure of financial supervision*, p. 85 e ss. Yazbek oferece uma interpretação diferente, afirmando que a evolução recente do arranjo institucional de regulação e supervisão pátrio estaria aproximando-o do modelo de regulação *Twin Peaks,* adotado na Austrália (YAZBEK, Otavio. *Regulação do mercado financeiro e de capitais,* 2. ed., p. 285 e ss.; e Idem. Crise financeira e risco sistêmico). Esse modelo é baseado na regulação por objetivos, em que as autoridades dividem suas competências por "vocações", como a regulação prudencial e de condutas, tendo responsabilidade sobre todos os participantes do sistema financeiro, de acordo com o objetivo pretendido. Em que pese o papel relevante da CVM na regulação de condutas e o papel do BCB na regulação prudencial, conforme enfatizado pelo autor, a análise dos principais marcos legais instituidores dessas autoridades indica que a distribuição de competências entre elas ainda se dá com base nas atividades desempenhadas e natureza jurídica dos participantes do SFN, e não o objetivo buscado por cada uma delas. Esse contraste ficará mais claro com a análise das principais características do modelo de regulação por objetivos, conforme se observará mais adiante.

REGULAÇÃO PRUDENCIAL

da celebração de convênios. Nesse sentido, BCB e CVM celebraram um convênio em 5 de julho de 2002, renovado e ampliado em 28 de outubro de 2010, e revisto novamente em 25 de abril de 2014,[468] que prevê importantes medidas de coordenação entre as autoridades, com destaque para a manifestação prévia do BCB a respeito de normas a serem editadas pela CVM, sempre que relacionadas a regras prudenciais aplicáveis: (i) aos mercados de derivativos; (ii) aos mercados de balcão organizado; (iii) às bolsas de mercadorias e futuros; (iv) às entidades de compensação e liquidação de operações com valores mobiliários; (v) às entidades que exerçam a atividade de depositária central de valores mobiliários;[469] (vi) às entidades que exerçam a atividade de registro de valores mobiliários; e (vii) aos fundos de investimento financeiro, fundos de aplicação em quotas de fundos de investimento e fundos de investimento no exterior; em todos os casos, quando houver reflexo na condução da política monetária, cambial e creditícia ou na atuação das instituições financeiras e demais instituições autorizadas a funcionar pela autoridade bancária, bem como no fluxo de recursos entre residentes e não residentes.

A CVM também poderá se manifestar previamente a respeito de normas a serem editadas pelo BCB, sempre que possam vir a ter reflexos no mercado de valores mobiliários ou na atuação dos participantes de tal mercado. Além da manifestação prévia, o convênio prevê o intercâmbio entre

---

[468] Disponível em: <www.bcb.gov.br/?SFNCONVENIO>. Acesso em: 22 jul. 2015.

[469] A Lei 12.810, de 15 de maio de 2013, conferiu ao BCB e à CVM a atribuição de autorizar e supervisionar o exercício da atividade de depósito centralizado e de registro de ativos financeiros e de valores mobiliários, no âmbito de suas respectivas competências. O depósito centralizado permite que determinado ativo seja imobilizado nos sistemas da entidade denominada depositária central, transferindo a titularidade fiduciária do ativo para essa entidade, que será a única autorizada a registrar as movimentações da titularidade efetiva do ativo ou valor mobiliário depositado. Os ativos financeiros e os valores mobiliários não se confundem com o patrimônio da entidade que prestar o serviço, criando a proteção necessária para os reais titulares de tais ativos. Já o registro compreende a escrituração, armazenamento e publicidade de informações referentes a transações financeiras, permitindo agregar informações de forma centralizada e dar transparência às posições assumidas pelas instituições (BANCO CENTRAL DO BRASIL. *Relatório de estabilidade financeira*. Brasília: Banco Central, mar. 2014, p. 43). A Circular BCB 3.743, de 8 de janeiro de 2015, aprovou o regulamento para as atividades de depósito centralizado e registro. Finalmente, embora a custódia centralizada já fosse aplicável no mercado acionário, a Lei 12.810/2013 provocou a revogação da Instrução CVM 89, de 8 de novembro de 1988, que tratava do tema, com a sua nova disciplina estando prevista na Instrução CVM 541, de 20 de dezembro de 2013.

as autoridades de informações referentes às atividades desempenhadas nos mercados financeiro e de capitais, a solicitação de informações pelo BCB ou CVM aos entes supervisionados pelas respectivas autarquias, bem como o acesso recíproco a sistemas de informação administrados pelo BCB (incluindo o SCR) e pela CVM. No caso de análise de modelos de contratos para negociação em bolsas de mercadorias e de futuros, o convênio prevê ainda a possibilidade de o BCB solicitar informações diretamente à bolsa.

Além do convênio com a CVM, o BCB firmou convênios com a Susep, em 14 de julho de 2005, e com a SPC (atualmente Previc), em 29 de novembro de 2007,[470] com propósito de disciplinar um sistema de intercâmbio de informações entre as autoridades, elaborar uma programação coordenada de fiscalização, inclusive por meio de ações conjuntas de inspeção, e promover a transferência mútua de tecnologia aplicada à supervisão nas respectivas áreas de competência das autoridades. O sistema de intercâmbio cobre dados e informações que permitam o acompanhamento do desempenho operacional, econômico e financeiro das entidades supervisionadas. O convênio com a Susep prevê ainda a criação de dispositivos que viabilizem discussões a respeito de normas que sejam relevantes para os mercados supervisionados pelas autoridades, porém não há exigência de manifestação prévia. Já no caso do convênio com a SPC, há previsão de que as autoridades baixem normas de caráter prudencial conjuntamente em relação à atuação das entidades supervisionadas.

Vale mencionar também a existência de convênios entre a CVM e a Susep, de 4 de abril de 2006, bem como entre a CVM e a SPC (atualmente Previc), de 23 de novembro de 2005, ambos com o objetivo de instituir e disciplinar um sistema de intercâmbio de informações entre as autoridades e produzir programações coordenadas de supervisão, buscando maior eficiência em suas respectivas áreas de competência.[471] O convênio entre CVM e Susep prevê também a consulta recíproca entre as autoridades a respeito de normas prudenciais que tenham reflexos sobre as instituições sob suas alçadas. Finalmente, convênio de natureza similar foi firmado entre Susep e Previc em 19 de dezembro de 2012.[472]

---

[470] Ambos disponíveis em: <www.bcb.gov.br/?SFNCONVENIO>. Acesso em: 22 jul. 2015.

[471] Ambos disponíveis em: <www.cvm.gov.br/convenios/index.html>. Acesso em: 22 jul. 2015.

[472] Disponível em: <www.previdencia.gov.br/a-previdencia/previc/convenios/>. Acesso em: 22 jul. 2015.

REGULAÇÃO PRUDENCIAL

Em complemento à troca de informações por intermédio de convênios, a coordenação da regulação e supervisão dirigida a cada atividade financeira também é facilitada pelo importante papel desempenhado pelo CMN. Conforme visto, compete ao CMN zelar pela liquidez e solvência das instituições financeiras (Lei 4.595/1964, art. 3.º, VI), devendo o BCB cumprir e fazer cumprir as disposições que lhe são atribuídas pela legislação em vigor e as normas do CMN (Lei 4.595/1964, art. 9.º). Igualmente, compete ao CMN definir a política a ser observada na organização e no funcionamento do mercado de valores mobiliários (Lei 6.385/1976, art. 3.º, I), devendo a CVM regulamentar, com observância da política definida pelo órgão, as matérias previstas nas Leis 6.385/1976 e 6.404/1976. O art. 3.º, IV da Lei 6.385/1976 também atribui expressamente ao CMN a competência para definir as atividades da CVM que devem ser exercidas em coordenação com o BCB.

Observa-se, assim, uma importante distinção da estrutura de regulação e supervisão pátria, que é a coordenação de políticas regulatórias para as atividades bancárias e de mercado de capitais pelo CMN. Com efeito, a Lei 6.385/1976 estabelece expressamente a competência do CMN para assegurar a coordenação de atividades entre o BCB e a CVM nos casos de instituições financeiras e demais sociedades autorizadas a explorar simultaneamente operações ou serviços no mercado de valores mobiliários e nos mercados sujeitos à fiscalização do BCB. Em tais casos, a lei determina também que as atribuições da CVM sejam limitadas às atividades ali previstas e exercidas sem prejuízo das atribuições do BCB (Lei 6.385/1976, art. 3.º, IV e art. 15, §§ 2.º e 3.º).[473]

Conquanto as disposições da Lei 4.595/64 promovam a coordenação regulatória entre autoridades do SFN por meio do CMN, cumpre reconhecer a inexistência até recentemente de um foro integrado de discussão que abrangesse outras atividades financeiras, incluindo atividades de seguro,

---

[473] Exemplo dessa capacidade de harmonização do CMN é a Resolução CMN 3.427/2006, que estabelece como política a ser observada no mercado de valores mobiliários, e como orientação geral das atividades da CVM, a adoção de um modelo de regulação e supervisão baseado em risco, o qual deve ser entendido, de acordo com o normativo, como um sistema de regulação e fiscalização do mercado de valores mobiliários que compreenda: (i) a identificação dos riscos a que está exposto o mercado de valores mobiliários; (ii) o dimensionamento e a classificação de tais riscos, inclusive segundo níveis de dano potencial ao mercado; (iii) as formas de mitigação dos riscos identificados; e (iv) o controle e o monitoramento dos eventos de risco.

previdência e capitalização. Reconhecendo essa limitação, o Decreto 5.685, de 25 de janeiro de 2006, criou o Coremec, que busca aprimorar a coordenação da política regulatória no SFN. Entre as suas atribuições, cabe ao Coremec: (i) propor a adoção de medidas para promover o melhor funcionamento dos mercados sob a regulação e fiscalização do BCB, CVM, Susep e Previc; (ii) debater iniciativas de regulação e procedimentos de fiscalização que possam ter impacto nas atividades de mais de uma das entidades supracitadas, tendo por finalidade a harmonização de suas iniciativas e procedimentos; (iii) facilitar e coordenar o intercâmbio de informações entre tais entidades; e (iv) debater e propor ações coordenadas de regulação e fiscalização, inclusive as aplicáveis aos conglomerados financeiros.

Desde sua constituição em 2006, o Coremec já editou deliberações sobre temas diversos, como regras preventivas relacionadas à vigilância reforçada de pessoas politicamente expostas (Deliberação 2, de 1.º de dezembro de 2006), iniciativas de educação financeira (Deliberação 3, de 31 de maio de 2007), verificação da adequação do produto ou serviço financeiro às necessidades, interesses e objetivos dos clientes ou participantes de planos de benefícios (Deliberação Coremec 7, de 19 de junho de 2009), entre outras. No âmbito da regulação sistêmica e prudencial, a deliberação mais importante do Coremec é a de número 12, de 30 de agosto de 2010, que instituiu o Sumef.

Compete ao Sumef manter o Coremec informado sobre a evolução dos mercados e as suas interconexões, principalmente no que se refere às relações entre os seus agentes e os papéis por eles desempenhados, apontando os riscos para o SFN. É incumbência do órgão também sinalizar situações que, em razão da integração dos mercados e de outras sobreposições, possam comprometer a estabilidade do SFN, ensejando a atuação conjunta (ou ao menos coordenada) das entidades que compõem o Coremec. O Sumef também possui a atribuição de apresentar propostas de ações ao Coremec para reduzir o risco que situações identificadas possam gerar para a estabilidade do SFN, bem como coordenar ações que busquem atender a demandas de informações consolidadas do SFN, principalmente as oriundas de organismos internacionais.

Aqui vale mencionar também a criação recente do Comef, por meio da Portaria 65.180, de 18 de maio de 2011, no âmbito do BCB. O Comef reúne-se periodicamente, sendo composto pelo presidente e diretores da autarquia, todos com direito a voto. Os chefes das unidades cujas ativi-

REGULAÇÃO PRUDENCIAL

dades estejam ligadas, direta ou indiretamente, ao tema da estabilidade financeira, podem participar das apresentações e discussões, porém sem direito a voto. O Comef tem como principais objetivos: (i) a identificação e monitoramento de fontes de risco sistêmico; (ii) a definição de estratégias do BCB para a mitigação desse risco e alocação de responsabilidades entre as unidades envolvidas; e (iii) a realização de análises e estudos aplicados ao tema da estabilidade.[474]

Apesar de a criação desses órgãos parecer antecipar ou seguir em linha com iniciativas internacionais, notadamente o FSOC e ESRB, ela não é desprovida de críticas. Nesse sentido, é possível observar ressalvas quanto à impossibilidade – na ausência de previsão legal –, de o Coremec e Sumef requererem informações de entes públicos e privados. Estes órgãos tampouco teriam poderes para emitir recomendações vinculantes e sua organização não disporia de serviços de coleta e análise de dados, conselhos externos, e controles de desempenho. Tais lacunas acabariam afastando-os de seus congêneres na esfera internacional. Quanto ao Comef, critica-se o fato de um departamento interno à autoridade bancária pretender avaliar a estabilidade do sistema financeiro, definindo estratégias para mitigação de risco sistêmico; objetivos que, pelas razões já enunciadas ao longo da obra, envolvem cada vez mais, atividades financeiras alheias à competência regulatória do BCB.[475]

A criação desses órgãos é relativamente recente, de modo que seria prematuro avaliar categoricamente se a solução para as deficiências da abordagem funcional de regulação e supervisão encontra-se na criação de órgãos de coordenação e convênios de cooperação, ou se uma reformulação estrutural do arranjo institucional de regulação e supervisão seria necessária, a exemplo do ocorrido nos países que serão analisados a seguir. Independentemente disso, a preocupação do legislador pátrio em criar meios para a aplicação de uma regulação e supervisão harmônica entre as autoridades do SFN mostra que os desafios crescentes impostos à regulação prudencial em outros países também estão presentes no Brasil. Os dispositivos supracitados indicam que a estrutura de regulação e supervisão do SFN, conforme concebida inicialmente nas décadas de 1960 e 1970, é insuficiente para responder aos desafios impostos pelo sistema financeiro

---

[474] BANCO CENTRAL DO BRASIL. *Relatório de estabilidade financeira.* Brasília: Banco Central, set. 2011, p. 36-37.
[475] VALOR ECONÔMICO. O Comef e seu contexto, 7 jul. 2011.

na atualidade. Nesse aspecto, vale ressaltar a existência de críticas por parte de ex-integrantes do BCB quanto à estrutura de supervisão atual, defendendo a competência conjunta da autoridade bancária e CVM para determinados entes supervisionados no contexto de conglomerados financeiros, como os fundos de investimento.[476]

4.2.1.3 Abordagem unificada

Considerando as limitações da abordagem institucional e funcional, a solução encontrada por alguns países foi a unificação das funções de regulação e supervisão financeira em uma única autoridade. Nesse modelo, haveria apenas um responsável pela regulação e supervisão de todo o sistema financeiro, em arranjo institucional que ficou conhecido como "abordagem unificada" à regulação financeira.

Segundo Carvalho et al., uma primeira vantagem a ser apontada na abordagem unificada é que esta permite a eliminação de rivalidades entre burocracias independentes, sempre zelosas quanto às suas áreas de poder.[477] Com efeito, mesmo na abordagem funcional, não raro observam-se autoridades divergindo quanto à natureza de uma determinada atividade financeira e, consequentemente, quem teria competência sobre ela.[478] Além disso, esse modelo garantiria o tratamento isonômico a todos os entes regulados.

Outro aspecto positivo relativo à unificação das atividades de regulação e supervisão é a eliminação da necessidade de acordos para trocas de informações entre as diversas autoridades, mitigando o risco de perda de informações relevantes nesse processo de coordenação e, principalmente, permitindo uma avaliação mais completa das atividades

---

[476] Segundo Torós, diretor de política monetária do BCB durante a crise financeira recente: "Parece pouco plausível que problemas severos em fundos associados a conglomerados financeiros não sejam transmitidos às entidades coligadas, inclusive no que se refere a instituições depositárias. Em tais circunstâncias, seria importante que o BC passasse a ter, em conjunto com a CVM, autoridade de supervisão sobre esta indústria, especificamente sobre os fundos que fazem parte de conglomerados financeiros liderados por bancos" (MESQUITA, Mário M. C.; TORÓS, Mário. Gestão do Banco Central no pânico de 2008, p. 199-200). A preocupação de Torós parece ter sido respondida, ainda que parcialmente, com o convênio de troca de informações entre a CVM e o BCB, que prevê a manifestação do BCB em casos de normas relacionadas a regras prudenciais aplicáveis a fundos de investimento.

[477] CARVALHO, Fernão J. Cardim de et al. Economia monetária e financeira, p. 334.

[478] GROUP OF 30. The structure of financial supervision, p. 35.

REGULAÇÃO PRUDENCIAL

realizadas por um determinado agente econômico e do risco sistêmico envolvido. Finalmente, argumenta-se também que a integração de atividades que normalmente seriam realizadas por diferentes autoridades traria ganhos de eficiência que se traduziriam em economias não apenas para o governo, mas, principalmente, para os entes regulados, uma vez que o processo de *compliance* regulatório se tornaria menos oneroso.[479]

Naturalmente, a abordagem unificada também apresenta desvantagens. Entre essas destaca-se o evidente perigo de concentrar tantos poderes em uma única autoridade, correndo-se o risco de criar um "leviatã burocrático", divorciado do setor que regula.[480] Ao deixar a regulação do sistema financeiro sob a responsabilidade de apenas uma autoridade, esta pode acabar prestigiando demais determinado objetivo da regulação financeira em detrimento de outros. Além disso, a concentração de poderes em uma autoridade pode aumentar os riscos de uma falha de supervisão por omissão. Em contraste, a existência de diversas autoridades atuando sobre o setor propicia maiores chances de identificação de uma falha de supervisão antes que ela atinja proporções significativas.[481]

Mesmo com essas possíveis desvantagens, a abordagem unificada influenciou reformas regulatórias em diversos países, como a Inglaterra. As raízes do modelo inglês remetem a 1997, com a realização de uma ampla reforma no sistema regulatório do país, incluindo a criação da FSA como autoridade responsável pela regulação e supervisão do sistema financeiro. As competências da autoridade foram revistas e ampliadas em 2000, com a promulgação do *Financial Services and Markets Act*.

Apesar de a FSA ter sido alardeada como um modelo de eficiência e eficácia regulatória, gerando inclusive "provocações" de autoridades ingle-

---

[479] No entanto, deve-se ressaltar que os ganhos de escala e escopo decorrentes dessa abordagem não foram comprovados de forma inequívoca, havendo inclusive questionamentos por alguns autores quanto à sua existência. Estudos a esse respeito demonstram, por exemplo, que a integração de atividades pode inclusive gerar o efeito contrário (CIHAK, Martin; POPDIERA, Richard. Is one watchdog better than three? International experience with integrated financial sector supervision. *International Monetary Fund Working Paper*, n. 6/57, 2006; e TAFARA, Ethiopis. Remarks before the World Economic Forum Industry Agenda Meeting Regarding Finance, 21 set. 2004).

[480] TAYLOR, Michael. *Twin Peaks*: a regulatory structure for the new century. London: Center for the Study of Financial Innovation, 1995, p. 15.

[481] GROUP OF 30. *The structure of financial supervision*, p. 36.

sas quanto à sua superioridade,[482] episódios de quebras bancárias na crise financeira recente, particularmente no caso do banco Northern Rock, levaram a uma reavaliação dessa estrutura regulatória na Inglaterra.[483] O caso do Northern Rock chamou atenção porque o banco era protegido pelo sistema de seguro de depósitos inglês, o que não impediu uma corrida bancária na instituição.[484] A situação teria se agravado em razão da (falta de) coordenação entre FSA, *Bank of England*, e o Tesouro (*Her Majesty's Treasury*), que não teriam conseguido oferecer uma resposta suficientemente rápida e clara para a crise de liquidez e o colapso do banco.[485] Nesse aspecto, chamou atenção também o reconhecimento por parte das autoridades de que não haviam conduzido uma análise aprofundada da situação do Northern Rock nos 18 meses que antecederam sua liquidação.[486]

Em resposta a essas críticas, foi promulgado o *Banking Act* de 2009, que procurou esclarecer as responsabilidades das autoridades atuantes na regulação e supervisão do sistema financeiro inglês. O marco regulatório de 2009 atribuiu ao *Bank of England* a responsabilidade pela supervisão do risco sistêmico no sistema financeiro inglês, enquanto a FSA continuaria exercendo funções prudenciais focadas nas instituições financeiras consideradas individualmente. Para evitar que novas divergências surgissem na atuação das autoridades em momentos de crise, foi assinado

---

[482] COLE, Margareth. The UK FSA: nobody does it better? Nova Iorque, 17 out. 2006.

[483] Para um relato detalhado dos eventos que precederam a intervenção no Northern Rock: BLACK, Julia. Managing the financial crisis: the constitutional dimension. *LSE Law, Society and Economy Working Papers*, n. 12/2010, jun. 2010.

[484] O caso provocou um amplo estudo sobre o sistema vigente de seguro de depósitos preparado pelo Parlamento inglês. Entre as principais lições proporcionadas pelo evento, o estudo ressaltou a importância de o seguro de depósitos garantir o acesso rápido aos fundos pelo correntista. A confiança é fundamental para o funcionamento do sistema. Se este for visto como lento ou burocrático, a efetividade da garantia perde sua força. Além disso, o sistema deve ser claro e transparente. Comentadores do caso acreditam que, entre as razões pelas quais o mecanismo falhou na Inglaterra, encontra-se a complexidade da sua aplicação, que envolvia um esquema de cobertura decrescente conforme o valor depositado (HOUSE OF COMMONS. *The run on the Rock*; e GROUP OF 30. *The structure of financial supervision*, p. 42).

[485] Idem. *The structure of financial supervision*, p. 182.

[486] THE TIMES. FSA retail chief Clive Briault leaves with £380,000 payoff after Northern Rock debacle, 20 mar. 2008.

um memorando de entendimento esclarecendo suas responsabilidades no sistema financeiro.[487]

Apesar dos esforços para aprimorar a coordenação entre as autoridades, o modelo regulatório passou por uma profunda reformulação com a promulgação do *Financial Services Act* em 2012. A reforma extinguiu a FSA, dividindo suas atribuições entre duas novas autoridades: (i) a Autoridade Regulatória Prudencial (*Prudential Regulation Authority* – PRA); e (ii) a Autoridade de Conduta Financeira (*Financial Conduct Authority* – FCA). Ao promover tal mudança, o modelo de supervisão inglês buscou uma aproximação com o modelo que será examinado a seguir, baseado na regulação por objetivos.

4.2.1.4 Regulação por objetivos

O sistema de regulação por objetivos procura atingir os benefícios da abordagem unificada e corrigir suas deficiências. Como o próprio nome indica, em um sistema de regulação por objetivos, há finalidades regulatórias específicas a serem perseguidas. Dessa forma, as autoridades do sistema financeiro não são responsáveis por certas instituições ou atividades, possuindo responsabilidade sobre todos os agentes econômicos atuantes no setor, no limite de sua competência regulatória, determinada pelo objetivo perseguido.

As origens desse modelo podem ser traçadas aos trabalhos de Taylor[488] e Goodhart[489] em 1995 e 1996, respectivamente, propondo uma estrutura dual de supervisão do sistema financeiro que ficou conhecida como "*Twin Peaks*".[490] O trabalho seminal de Taylor considera que a regulação financeira se baseia em dois objetivos principais. O primeiro seria a proteção da estabilidade e higidez do sistema financeiro, que o autor chama de proteção sistêmica (*systemic protection*). O segundo objetivo seria a proteção de depositantes, investidores e segurados, naquelas situações em que não seria razoável esperar que estes conseguissem resguardar seus interes-

---

[487] Documento disponível em: <www.bankofengland.co.uk/financialstability/mou.pdf>. Acesso em: 25 jul. 2015.

[488] TAYLOR, Michael. *Twin Peaks*: a regulatory structure for the new century.

[489] GOODHART, Charles A. E. Some regulatory concerns.

[490] GOODHART, Charles A. E. et al. *Financial regulation*: why, how and where now? Londres: Routledge, 1998, p. 157.

ses, que o autor chama de proteção do consumidor (*consumer protection*).[491] A partir desses objetivos, Taylor sugere a criação de autoridades autônomas responsáveis pela persecução de tais objetivos regulatórios. Para tal, essas autoridades teriam competência sobre todos os participantes do sistema financeiro, independentemente de sua natureza jurídica ou mercado em que atuassem.

Entre as vantagens oferecidas por esse modelo destaca-se a maior clareza e objetividade na atuação de cada autoridade. Ao permitir o tratamento separado de objetivos sistêmicos e prudenciais, mitiga-se o risco de que um deles seja prestigiado em detrimento do outro, procurando estabelecer um tratamento mais equilibrado entre eles. Além disso, na medida em que diversas autoridades atuam no sistema buscando objetivos diversos, porém relacionados, mitiga-se também o risco de uma falha de supervisão passar despercebida. Finalmente, a criação de autoridades autônomas com mandatos específicos promoveria a criação de um canal de comunicação aberto e transparente para lidar com possíveis conflitos entre os objetivos da regulação financeira, aprimorando também a qualidade da prestação de contas por tais autoridades.[492]

Aspecto polêmico da regulação por objetivos refere-se à possibilidade de separação das funções de regulação e supervisão prudencial do banco central, órgão tradicionalmente incumbido de tais tarefas. A esse respeito, existe acirrado debate doutrinário quanto aos benefícios dessa divisão de funções, de um lado posicionando-se os defensores da centralização desse papel no banco central em virtude do seu profundo conhecimento sobre o setor bancário, bem como a relação intrínseca das funções de regulação e supervisão bancária com a política monetária;[493] e, de outro, aque-

---

[491] TAYLOR, Michael. *Twin Peaks*: a regulatory structure for the new century, p. 2.

[492] GOODHART, Charles A. E. et al. *Financial regulation*: why, how and where now?, p. 158.

[493] Aqueles que apoiam a centralização das funções de supervisão bancária no banco central afirmam que tais instituições possuem *expertise* sobre o setor, a qual poderia ser comprometida se o papel fosse transferido a outro supervisor. Considera-se que bancos centrais estariam em melhor posição para executar tal função por uma série de razões, como: (i) melhor conhecimento sobre os negócios das instituições financeiras e condições de mercado em virtude da própria natureza de suas atividades; (ii) maior conhecimento técnico de sua equipe em tais assuntos; e (iii) posição privilegiada para prover liquidez ao mercado financeiro em razão de seu conhecimento sobre os participantes de mercado e acesso a fontes de financiamento (GROUP OF 30. The structure of financial supervision, p. 39). Além disso, argumenta-se que a função de supervisão bancária seria inerente à própria condução da política monetária, não podendo,

REGULAÇÃO PRUDENCIAL

les que veem nessa separação uma forma de compensar a concentração excessiva de poderes no banco central e mitigar conflitos de interesse que podem influenciar a atuação do órgão no campo da regulação sistêmica e prudencial.[494]

---

portanto, ser exercida de forma separada. Os mecanismos de transmissão da política monetária, como mudanças na taxa de juros e meta de inflação, fluem por meio da intermediação no setor bancário. Assim, compreender como bancos comerciais reagem a tais mudanças, e como isso afeta suas reservas, bem como suas próprias decisões relativas a crédito, pode ser crucial para que políticas macroeconômicas monetárias atinjam o resultado pretendido (GOODHART, Charles. The organizational structure of banking supervision. In: BREALEY, Richard A. (Org.). *Financial stability and Central Banks*: a global perspective. London: Routledge, 2001, p. 93 e ss.). Segundo os defensores da centralização das atividades de supervisão no banco central, não importa quão focado este seja em aspectos macroeconômicos de política monetária e estabilidade de preços, o sucesso dessas medidas dependerá também da manutenção de um ambiente financeiro estável. Se não houver confiança na estabilidade financeira, o ciclo de depósitos que caracteriza o mercado financeiro restará prejudicado. E o raciocínio contrário também seria válido. A higidez do sistema financeiro também depende da conjuntura macroeconômica, de modo que a função de supervisão necessitará de informações sobre o que esperar da política monetária para aprimorar sua supervisão. Conforme o posicionamento de Ferguson: "[...] simplesmente não há substituto para as ligações entre supervisão, regulação, comportamento de mercado, tomada de risco, padrões prudenciais e, não podemos nos esquecer, estabilidade macroeconômica. A inteligência e conhecimento adquiridos derivados do exame e responsabilidades regulatórias desempenham papel importante, às vezes crítico, na política monetária. Não menos relevante, a responsabilidade pela estabilidade econômica contribui para a política de supervisão. Observadores e supervisores de agências com apenas um propósito frequentemente perdem a noção de como uma supervisão rigorosa ou leniente pode ter sérias implicações macroeconômicas [...]" (FERGUSON, Roger. Alternative approaches to financial supervision and regulation. *Journal of Financial Services Research*, 17(1), 1999, p. 301. Tradução livre).

[494] Em contraste com a corrente que apoia a centralização de funções de supervisão bancária no banco central, outro corpo de estudos contesta a racionalidade da integração de tais atividades, defendendo a separação e alocação dessas funções em outra autoridade. Há uma preocupação com a concentração excessiva de poderes em apenas um órgão, o que seria exacerbado pelo fato de os membros do banco central tradicionalmente não serem representantes eleitos diretamente pela população, bem como pelo movimento em prol da autonomia desses órgãos observado internacionalmente nas últimas décadas. Outrossim, argumenta-se também que a relação entre a política monetária e o desempenho de atividades de regulação e supervisão pode ser afetada por conflitos entre os diferentes objetivos perseguidos (GOODHART, Charles. The organizational structure of banking supervision, p. 83 e ss.). A esse respeito, vale mencionar o posicionamento de Barth et al.: "Aqueles que assinalam as desvantagens de atribuir a supervisão bancária ao banco central enfatizam os conflitos de interesse entre funções de supervisão e política monetária. O conflito pode se tornar particularmente agudo durante uma fase de recessão econômica, quando bancos centrais podem se sentir tentados a perseguir uma política monetária mais relaxada para conter efeitos adversos sobre o fatu-

REGULAÇÃO SISTÊMICA E PRUDENCIAL NO SETOR BANCÁRIO BRASILEIRO

Entre os países que adotaram essa abordagem regulatória, o exemplo mais famoso é o da Austrália, que determinou em 1996 a criação de uma comissão para avaliar os impactos da desregulamentação financeira observada nas décadas anteriores e propor uma estrutura de regulação e supervisão mais condizente com a nova realidade do sistema financeiro. A comissão foi liderada por Stan Wallis, e o resultado das discussões foi

---

ramento dos bancos e qualidade de crédito. Isso pode também encorajar bancos a estender crédito de forma mais liberal do que o desejado para acomodar a demanda em uma política monetária expansionista. Embora tal política possa ser inicialmente benéfica para o setor bancário, ela pode no final das contas ter efeitos deletérios sobre a economia" (BARTH, James R. et al. *Rethinking bank regulation*, p. 88. Tradução livre). A explicação de Barth et al. ilustra uma das críticas à postura de Alan Greenspan no comando do *Federal Reserve*, apontado como um dos responsáveis pela crise financeira internacional recente devido à sua crença excessiva na disciplina de mercado, descuidando-se da regulação e supervisão do sistema financeiro durante momentos de expansionismo na política monetária (OVERTVELDT, Johan Van. *Bernanke's test.*). A separação de funções também procuraria atuar sobre outros conflitos inerentes à atuação da autoridade bancária. Considerando a preocupação com a prevenção de crises sistêmicas, esta pode ficar tentada a resgatar bancos de maneira indiscriminada, mesmo na ausência de risco sistêmico, ampliando o risco moral. Isso seria agravado pela natureza da supervisão bancária em contraste com outros objetivos da autoridade bancária. Com efeito, tais objetivos podem – e frequentemente são – determinados em termos de critérios quantitativos, como metas de inflação. Nesses casos tanto o sucesso como o fracasso do objetivo são razoavelmente transparentes. Essa quantificação e transparência seriam mais difíceis no caso da supervisão bancária, uma vez que, considerando a preocupação com a prevenção de crises sistêmicas, o melhor que a autoridade pode esperar é que nada calamitoso aconteça. Entre os defensores da separação de funções de supervisão do banco central, destaca-se o posicionamento do SFRC a respeito da relação entre política monetária e supervisão bancária, segundo o qual: "De fato, é a opinião do Comitê que o *Fed* não deveria manter ao mesmo tempo a responsabilidade pela política monetária e regulação prudencial dos bancos [...] ocorrem em certos momentos claros conflitos de interesse na condução conjunta da promoção da estabilidade no mercado financeiro doméstico e internacional, e supervisão dos bancos" (SHADOW FINANCIAL REGULATORY COMMITTEE. The Federal Reserve Board and prudential supervision. Statement n. 153, Chicago, dez. 1998. Tradução livre). Finalmente, em resposta aos críticos da separação de funções, Carvalho et al. ressaltam que o argumento de que a supervisão bancária deva ser alocada no banco central em virtude de sua relação íntima com a política monetária não contradiz propostas alternativas de regulação e supervisão financeira. Segundo os autores, "trata-se, na verdade, apenas de preservar os canais de informação sobre o estado do sistema bancário que o banco central pode desejar levar em conta quando decide, por exemplo, sobre variações das taxas de juros. Esses canais podem ser preservados simplesmente desenhando-se um sistema pelo qual a autoridade monetária tenha acesso, sempre que necessário, às informações relevantes coletadas pelo supervisor" (CARVALHO, Fernão J. Cardim de et al. *Economia monetária e financeira*, p. 334).

REGULAÇÃO PRUDENCIAL

apresentado no ano seguinte, sugerindo a criação de duas autoridades que cuidassem da regulação prudencial e da conduta de negócios.[495]

Com base no relatório de Wallis (*Wallis Report*) foi criada a Autoridade Regulatória Prudencial Australiana (*Australian Prudential Regulatory Authority* – APRA), responsável pela higidez do sistema financeiro. Para tal, a APRA tem ampla competência sobre os participantes da indústria, funcionando de forma independente ao banco central australiano (*Reserve Bank of Australia* – RBA). Nesse sentido, é ela quem autoriza o funcionamento de instituições financeiras e supervisiona seu funcionamento, contando inclusive com poderes para assumir o controle de bancos em crise. O RBA, por sua vez, continuou responsável por algumas funções típicas de um regulador sistêmico, como a administração do sistema de pagamentos e a atuação como prestamista de último recurso. A reforma de 1997 também criou a Comissão de Valores Mobiliários e Investimentos da Austrália (*Australian Securities and Investments Commission* – ASIC), que regula a conduta de negócios no sistema financeiro, com foco específico na proteção do consumidor.

Naturalmente, a separação de funções de política monetária e supervisão bancária gera a necessidade de boa coordenação entre as respectivas autoridades para garantir uma atuação harmônica e sem perda de informações. O próprio *Wallis Report* admitiu isso ao afirmar que "ao favorecer uma abordagem mais holística para a regulação prudencial, conduzida separadamente do RBA, esse relatório reconhece que há custos de transição e a necessidade de assegurar cooperação regulatória para endereçar ameaças à estabilidade sistêmica".[496] Para tal, o relatório sugeriu no tocante à reforma regulatória que: (i) o RBA deveria ter três membros *ex officio* na diretoria da APRA; (ii) deveria haver previsão legal para plena troca de informações entre as autoridades, bem como para a participação do RBA em equipes de inspeção da APRA; e (iii) deveria ser criado um comitê bilateral de coordenação operacional, chefiado por um representante do RBA, para promover o intercâmbio de informações e estabelecer procedimentos claros quanto à administração de instituições financeiras em dificuldades.[497]

---

[495] WALLIS, Stan (Org.). *Financial system inquiry final report*, mar. 1997.
[496] Idem, ibidem, p. 317. Tradução livre.
[497] Idem, p. 317-318.

REGULAÇÃO SISTÊMICA E PRUDENCIAL NO SETOR BANCÁRIO BRASILEIRO

Em janeiro de 2006, o governo australiano preparou outro estudo com o objetivo de avaliar a eficácia da estrutura de regulação e supervisão no país e a percepção dos participantes do sistema financeiro em relação ao ônus regulatório imposto no modelo atual. O resultado foi positivo, sugerindo a manutenção da estrutura vigente e afirmando que o sistema contava com o apoio dos participantes do sistema financeiro, além de ser objeto de elogios na comunidade internacional.[498] Desde sua implementação na Austrália em 1998, o modelo *Twin Peaks* influenciou reformas regulatórias em inúmeros países, como a Holanda, África do Sul e Inglaterra.[499]

A título conclusivo, vale notar a criação em 2012 do Departamento de Supervisão de Conduta no BCB. Segundo o Manual de Supervisão da autarquia, a supervisão de conduta teria como foco o "cumprimento de normas, caracterizando o modelo *Twin Peaks*".[500] Em linha com as delimitações ao plano da obra apresentadas no início do trabalho, a regulação de condutas não será objeto de análise, destacando-se nesse momento apenas o contraste do modelo pátrio, propondo a regulação de condutas na própria estrutura interna do BCB, com o modelo australiano (ASIC) e inglês (FCA).[501] Outro país que optou pela organização de tal objetivo regulatório em estrutura independente foram os Estados Unidos, com a criação do CFPB em 2011.

4.2.2 Sistema bancário "na sombra"
Além das dificuldades associadas ao monitoramento do risco sistêmico em um contexto de conglomeração financeira, a regulação prudencial enfrenta outros desafios decorrentes das mudanças ocorridas no sistema financeiro nas últimas décadas. Nesse aspecto, destaca-se o surgimento de uma variedade de participantes nos mercados financeiro e de capitais que desempenham papel semelhante ao dos bancos, sem, no entanto, estarem submetidos à regulação e supervisão de autoridades bancárias. Ao mesmo

---

[498] REGULATION TASKFORCE 2006. Rethinking regulation: report of the taskforce on reducing regulatory burdens on business. Canberra, jan. 2006, p. 88.

[499] O modelo *Twin Peaks* inglês contém, no entanto, diferença estrutural relevante em relação ao australiano. No caso inglês, a PRA é uma subsidiária do *Bank of England*.

[500] BANCO CENTRAL DO BRASIL. Manual de supervisão, Título 3, cap. 10, sec. 10.

[501] Para uma defesa da proposta do BCB: TOLEDO, Adriana Teixeira. The central bank's role in consumer protection: a viable model for Brazil. *Revista da Procuradoria-Geral do Banco Central*, v. 8, n. 2, dez. 2014.

REGULAÇÃO PRUDENCIAL

tempo, é possível observar um movimento de separação de determinados riscos de crédito dos balanços contábeis de instituições financeiras por meio da utilização de sociedades criadas especificamente para administrar tais ativos. Justamente por funcionar à margem do arcabouço regulatório existente, esse conjunto de instituições e instrumentos financeiros recebe o nome de sistema bancário "na sombra" (*shadow banking system*).

No tocante ao primeiro aspecto mencionado, incluem-se no *shadow banking system* diversos participantes de relevo no sistema financeiro, como *hedge funds*, fundos de *private equity*, fundos de pensão e seguradoras, entre outros. Segundo a lição de Cintra e Farhi a respeito da crise financeira recente, esse conjunto de instituições "funcionava como banco, sem sê-lo, captando recursos no curto prazo, operando altamente alavancadas e investindo em ativos de longo prazo e ilíquidos".[502] No entanto, diferentemente dos bancos, tais instituições eram displicentemente reguladas e supervisionadas, não estando sujeitas às regras prudenciais aplicáveis aos bancos, como os padrões mínimos do Comitê de Basileia.[503] Outrossim, embora desempenhassem funções análogas às dos bancos,[504] inclusive estando sujeitas a "corridas" por parte de investidores em alguns casos, tais instituições não teriam acesso a instrumentos típicos da rede de segurança proporcionada aos bancos.[505]

Fugiria ao escopo deste trabalho discorrer sobre se e como instituições não bancárias devem sujeitar-se à regulação sistêmica e prudencial. No entanto, é importante notar como esse vácuo regulatório pode afetar as instituições bancárias. Nesse aspecto, já se observou no capítulo anterior como alguns desses participantes do *shadow banking system* (*e.g.*, LTCM)

---

[502] CINTRA, Marcos A. M.; FARHI, Maryse. A crise financeira e o *global shadow banking system*. *Revista Novos Estudos*, Cebrap, n. 82, nov. 2008, p. 36.

[503] Idem, ibidem, p. 36.

[504] Por essa razão, alguns autores têm focado no papel do *shadow banking system* na "criação" de moeda (efeito multiplicador) e seu impacto na política monetária. A esse respeito: RICKS, Morgan. Regulating money creation after the crisis. *Harvard Business Law Review*, v. 1, 2011; e Idem. Money and (shadow) banking: a thought experiment. *Review of Banking & Financial Law*, v. 31, 2011.

[505] Para um relato sobre tipos de instituições não bancárias, e como os riscos de suas atividades podem se assemelhar aos riscos apresentados por bancos, e que justificam a regulação sistêmica e prudencial que lhes é aplicada: TUCKER, Paul. Shadow banking, financing markets and financial stability, Remarks at the BGC Partners Seminar, London, 21 jan. 2010.

podem se tornar fontes potenciais de risco sistêmico, comprometendo a situação financeira de bancos e outros participantes do mercado.

Outra preocupação de relevo quanto ao *shadow banking system* refere-se a certos instrumentos utilizados por instituições financeiras para lidar com riscos de crédito. Esse processo está intrinsecamente relacionado à própria evolução da regulação prudencial, notadamente os controles de adequação patrimonial com base no nível de risco dos ativos na carteira da instituição financeira, causando o recurso crescente às chamadas Sociedades de Propósito Específico (*Special Purpose Entities* – SPE, também conhecidas como *Structured Investment Vehicles* – SIV). Tais sociedades são constituídas como subsidiárias ou afiliadas de outra entidade (chamada de "originadora"), geralmente um banco ou seguradora, para realizar atividades específicas e restritas, com prazo de existência determinado. Entre as atividades desempenhadas por SPEs, podem-se mencionar o financiamento de ativos por meio de securitização de recebíveis e operações estruturadas.[506]

Diversos motivos levam à criação das SPEs, como o isolamento de ativos em relação aos pertencentes à instituição financeira, diminuindo a possibilidade de questionamentos por parte de credores em caso de falência da originadora.[507] As SPEs também permitem a desagregação de riscos relacionados a um determinado conjunto de ativos do banco, transferindo-os para investidores que desejem assumir tais riscos por meio do investimento em títulos emitidos pela SPE. Outra relevante motivação das SPEs seria a possibilidade de separar ativos de demonstrativos contábeis, diminuindo, assim, a exigência de adequação de capital para a instituição financeira. A lógica seria transferir ativos com maior exigência regulatória de capital, permanecendo no balanço apenas aqueles com menor exigência de capi-

---

[506] Esse é o chamado sistema de "originação e distribuição" (*originate and distribute*), que, segundo Verçosa, consiste em realizar "a securitização e venda de empréstimos no mercado financeiro, significando dizer que uma empresa ou instituição financeira concede um empréstimo e transfere o crédito correspondente a terceiros, atuando como um intermediário ativo" (VERÇOSA, Haroldo M. D. Considerações sobre o sistema financeiro, p. 12).

[507] Naturalmente, esse não é um aspecto pacífico, estando sujeito às especificidades da legislação falimentar de cada país.

REGULAÇÃO PRUDENCIAL

tal, por serem considerados de baixo risco.[508] Isso fica bem ilustrado em relatório do Comitê de Basileia sobre a utilização de SPEs:[509]

> Outra motivação para o uso de SPEs é a possibilidade de remover ativos do balanço patrimonial de acordo com as condições e tratamento contábil aplicáveis [...] Ao retirar determinados ativos do balanço, a instituição originadora pode se beneficiar da habilidade de demonstrar melhores condições financeiras, como um maior retorno sobre ativos [...] Além disso, o tratamento fora do balanço pode afetar os requisitos de capital em determinadas jurisdições nos quais os controles de adequação patrimonial são baseados nos ativos declarados nas demonstrações financeiras.

A utilização crescente das SPEs pelas instituições financeiras representa um desafio para a regulação prudencial, uma vez que possibilita a transferência de riscos para entidades que muitas vezes não estão refletidas nos demonstrativos contábeis. Conforme a colocação de Carvalho et al. sobre as dificuldades relativas à supervisão de conglomerados financeiros, a situação, que "em si já é suficientemente difícil, se torna ainda menos tratável quando se tem em conta o crescimento da importância de operações fora de balanço, quando o balanço das instituições é o instrumento tradicional de trabalho de supervisão, da emergência de riscos ainda não mapeados, e de produtos de natureza ambígua."[510]

A respeito da exposição das instituições financeiras a tais entidades, vale ressaltar que a diluição de valor dos ativos subjacentes a tais estruturas não afetaria diretamente o originador, haja vista que estes foram repassados à SPE, o que é reforçado pelo fato de tais entidades serem estruturadas de modo a estabelecer uma "blindagem" entre ativos da originadora e da SPE. Isso não impede, no entanto, que o originador seja impactado de outras formas. Ao estimular o financiamento de ativos de alto risco, o nível geral de risco de crédito no mercado pode acabar se elevando, na medida em que empréstimos sujeitos a maior grau de inadimplência são viabilizados. Exemplo emblemático disso na crise financeira recente foram os chamados *ninja loans*, acrônimo referente a financiamentos concedidos a pessoas

---

[508] Os padrões contábeis adotados por cada instituição financeira influenciarão a possibilidade de atingir tal resultado, conforme se observará a seguir.

[509] COMITÊ DE BASILEIA. Report on special purpose entities. Basileia, set. 2009, p. 13. Tradução livre.

[510] CARVALHO, Fernão J. Cardim de et al. *Economia monetária e financeira*, p. 331.

sem trabalho, renda ou ativos (*no job, no income and no assets*) no mercado imobiliário norte-americano. Além disso, a instituição financeira pode deter em sua carteira de ativos parte dos títulos emitidos pela SPE como uma forma de garantia implícita aos investidores quanto aos ativos financiados, ou até mesmo para fins de investimento, geralmente focando nas *tranches* mais arriscadas dos produtos estruturados (*junior tranches*) pela perspectiva de maiores retornos associada a tais emissões.[511] Finalmente, considerando que originadores financiam ativos de alto risco na perspectiva de repassá-los a SPEs, uma crise de liquidez pode dificultar tal repasse, fazendo com que a instituição financeira tenha que absorver diretamente o risco em sua carteira de ativos.

Segundo o Comitê de Basileia, haveria indícios também de que ativos repassados às SPEs estariam sujeitos a auditoria legal (*due diligence*) menos rigorosa do que aquela aplicada a outras classes de ativos.[512] Em função disso, Basileia III propôs a exigência de diligência própria da instituição financeira na compra de papéis securitizados e, na sua ausência, dedução do valor do capital como punição.[513] Em momentos de crise, a percepção

---

[511] O processo típico de securitização de recebíveis imobiliários tem início com uma pessoa que assume dívidas por meio de contratos de hipoteca para adquirir imóveis ou para refinanciar hipotecas já existentes. Aprovando-se a hipoteca, o emprestador de recursos vende o empréstimo – com diversas outras operações similares – para outra instituição que, por sua vez, repassará tais créditos para uma SPE. A SPE financia a aquisição de tais créditos mediante a emissão de títulos de dívida lastreados nos pagamentos das hipotecas (e outros créditos similares) contratadas inicialmente. Em razão disso, tais obrigações são chamadas de *asset backed securities* (ABS), uma vez que são lastreadas em um ativo financeiro, no caso, a hipoteca. A SPE utiliza o fluxo de caixa proveniente de tais contratos para remunerar os investidores que adquiriram seus títulos. Muitas vezes uma SPE divide os títulos que emite em diferentes segmentos (*tranches*) que refletem níveis diferentes de preferência no pagamento. Por exemplo, uma SPE pode emitir três classes diferentes de títulos de dívida: uma classe senior, uma classe intermediária, e uma classe junior. O contrato de emissão da dívida especifica os termos do pagamento da remuneração aos investidores, determinando que obrigações devidas à classe senior sejam pagas em primeiro lugar, seguidas dos pagamentos para a classe intermediária, e, finalmente, a classe junior. Se todos os pagamentos dos contratos que originaram os créditos forem pagos regularmente, a SPE terá fundos suficientes para liquidar suas obrigações concernentes a todas as classes. Se os fundos forem insuficientes, a classe junior será a primeira a não ser paga, seguida da classe intermediária. A classe senior não será paga apenas se a inadimplência for superior aos montantes devidos à classe junior e intermediária. Tais obrigações são conhecidas como *collateralized debt obligations* (CDOs).

[512] COMITÊ DE BASILEIA. Report on special purpose entities, p. 13.

[513] ANBIMA. Basileia III: novos desafios para a adequação da regulação bancária, p. 38.

de fragilidade por participantes do mercado quanto à natureza dos ativos pertencentes à carteira da SPE, aliada à ausência de transparência contábil muitas vezes associada a tais estruturas, pode acabar gerando uma onda de incerteza no tocante à situação de solvência da própria instituição financeira, que pode se alastrar no mercado interbancário, provocando uma crise de liquidez generalizada.

No desenlace da crise financeira recente, as SPEs vêm recebendo cada vez mais atenção por parte de reguladores e supervisores do sistema financeiro.[514] Entre as principais preocupações nesse sentido, tem-se procurado atribuir maior transparência à operação dessas entidades, principalmente por meio da consolidação financeira para fins contábeis e eliminação das brechas que permitem o tratamento das SPEs fora das demonstrações financeiras. Outra proposta que tem sido levantada é a de que os originadores mantenham parte dos títulos emitidos por tais entidades em sua carteira. A lógica é que, ao forçar originadores a conservar tais papéis em sua própria carteira, estes assumam uma postura mais prudente relativamente aos ativos securitizados. O *Dodd-Frank Act* consagrou essa estratégia ao determinar a criação de regras para a retenção de ativos em operações de securitização (Seção 941 e ss.). Além da retenção de ativos, a reforma regulatória nos Estados Unidos prevê padrões mais rigorosos de diligência legal e contábil de ativos que serão securitizados (Seção 945), bem como a exigência de declarações e garantias das entidades originadoras quanto à qualidade desses ativos (Seção 943).

A questão do *shadow banking* no Brasil foi analisada pelo BCB em seu Relatório de Estabilidade Financeira de março de 2015.[515] Segundo a autarquia, baseando-se em metodologia do FSB, uma "estimativa ampla" do *shadow banking* brasileiro compreenderia uma vasta gama de participantes do

---

[514] A respeito da crise financeira recente, Overtveldt afirma: "De repente se tornou claro que instituições financeiras vinham utilizando veículos de investimento estruturado fora de seus balanços para realizar investimentos alavancados, arriscados e obscuros. Por meio desses veículos de investimento estruturado, bancos podiam ignorar requisitos de capital rígidos impostos pela regulação internacional" (OVERTVELDT, Johan Van. *Bernanke's test*, p. 163. Tradução livre). Com efeito, a utilização de tais estruturas na securitização de recebíveis no mercado hipotecário *subprime* norte-americano é associada por alguns autores à origem da crise financeira recente que se alastrou pelo mundo. A esse respeito: LOWENSTEIN, Roger. *The end of Wall Street*. Nova Iorque: The Penguin Press, 2010, p. 15-27.

[515] BANCO CENTRAL DO BRASIL. *Relatório de estabilidade financeira*, mar. 2015, p. 33 e ss.

SFN, incluindo fundos de investimento,[516] veículos estruturados ou estruturas de securitização,[517] fundos de investimento imobiliário, intermediários de mercado[518] e companhias financeiras.[519] A partir dessa metodologia, o BCB estimou o tamanho do *shadow banking* brasileiro ao final de 2013 em US$2,6 trilhões, valor correspondente a cerca de 1,8% da "estimativa ampla" do *shadow banking* global calculada pelo FSB.[520]

Em complemento à "estimativa ampla", o BCB calculou uma "estimativa restrita" do *shadow banking*, baseando-se em metodologia desenvolvida pela CVM, que exclui determinados fundos de investimento, quais sejam: (i) fundos fechados e exclusivos, por não estarem sujeitos a corridas; (ii) de curto prazo, por não apresentarem transformação de maturidade ou de liquidez, nem alavancagem; (iii) de ações, dada a inexistência de intermediação de crédito; e (iv) de elevada liquidez e de baixa alavancagem. Foram também excluídos fundos de investimento imobiliário, por investirem predominantemente em propriedades imobiliárias; FIDCs fechados, por não estarem sujeitos a corridas; e CRIs e CRAs, pela inexistência de transformações de maturidade e de liquidez. Baseando-se na "estimativa restrita", o tamanho do *shadow banking* brasileiro cairia para R$382 bilhões,

---

[516] Os fundos de investimento foram incluídos na estimativa ampla do *shadow banking* "por se classificarem como veículos coletivos de investimento, a princípio, estando sujeitos a corridas, além de poderem se envolver em transferência de risco de crédito, em transformação de maturidade e de liquidez e em alavancagem" (BANCO CENTRAL DO BRASIL. *Relatório de estabilidade financeira*, mar. 2015, p. 34).

[517] O BCB faz referência aqui aos fundos de investimento em direito creditório (FIDC), certificados de recebíveis imobiliários (CRI) e certificados de recebíveis do agronegócio (CRA).

[518] Os intermediários de mercado corresponderiam "às corretoras de câmbio e às corretoras e distribuidoras de títulos e valores mobiliários, que foram incluídas na estimativa ampla do *shadow banking* para fins de harmonização com os padrões internacionais, segundo a qual entidades semelhantes envolvem-se em financiamentos a clientes com recursos captados no mercado financeiro" (Idem, ibidem, p. 34).

[519] O conceito de "companhias financeiras" compreende "entidades que financiam clientes ou negócios com *funding* de curto prazo. No Brasil elas corresponderiam às sociedades de arrendamento mercantil, às sociedades de crédito imobiliário repassadoras e às sociedades de crédito ao microempreendedor que não pertencem a conglomerado bancário". Ainda segundo a autarquia, "embora essas entidades sejam reguladas e supervisionadas pelo BCB de forma similar às entidades bancárias, foram incluídas na estimativa ampla do *shadow banking* por estarem envolvidas na concessão de crédito e não possuírem acesso direto ao BCB nem ao FGC" (Idem).

[520] Idem.

REGULAÇÃO PRUDENCIAL

correspondendo a 6,7% dos ativos do sistema bancário, valor consideravelmente abaixo da média internacional, segundo a autarquia.[521]

O BCB analisou também a questão do risco de contágio do *shadow banking* com o setor bancário, ressaltando que, no Brasil, menos de 1% dos ativos financeiros do sistema bancário estão aplicados nas entidades *shadow banking* compreendidas na medida estrita, enquanto as captações provenientes desse setor representam apenas 2,4% dos ativos bancários, concluindo que "a possibilidade de transferência de riscos pelo canal de contágio direto para o sistema bancário é irrelevante".[522] Naturalmente, a autarquia reconhece a existência de canais indiretos de contágio, alguns dos quais já foram discutidos anteriormente.[523]

Além das métricas do BCB, cabe mencionar a introdução recente pelo BCB da figura do conglomerado prudencial, por meio da Resolução CMN 4.195, de 1.º de março de 2013, posteriormente substituída pela Resolução CMN 4.280, de 31 de outubro de 2013. A figura do conglomerado prudencial procura atender uma recomendação de Basileia III, exigindo a preparação e o envio ao BCB de certas demonstrações financeiras em caráter mensal (balancete patrimonial analítico) e semestral (balanço patrimonial,

---

[521] BANCO CENTRAL DO BRASIL. *Relatório de estabilidade financeira*, mar. 2015, p. 36. Embora a estimativa seja composta por outras entidades não bancárias, no tocante às SPEs, o resultado abaixo da média internacional pode ser um reflexo da utilização relativamente recente dessas estruturas no País, disseminando-se a partir da promulgação da Lei 9.514/1997, conhecida como Lei de Securitização de Recebíveis, e, mais recentemente, com a Lei 11.079/2004, que tratou do regime das parcerias público-privadas, exigindo a constituição das "sociedades de propósito específico" para implantar e gerir o objeto da parceria (arts. 9.º e ss.). Para uma análise da figura da SPE no ordenamento jurídico brasileiro: CHALHUB, Melhim Namem. Negócio fiduciário. São Paulo: Renovar, 2000, p. 331 e ss.; e GAGGINI, Fernando Schwarz. Securitização de recebíveis. São Paulo: Leud, 2003, p. 47 e ss.

[522] BANCO CENTRAL DO BRASIL. *Relatório de estabilidade financeira*, p. 37.

[523] Além do tamanho relativamente menor em relação à média internacional e risco de contágio direto considerado "irrelevante", o BCB elenca outros mitigadores de risco no tocante às principais entidades que compõem a medida ampla do *shadow banking* brasileiro. Nesse aspecto, a autarquia afirma que "não há diferenças materiais entre a regulação e supervisão aplicáveis às instituições bancárias e as que recaem sobre entidades não bancárias". A autarquia sumariza uma série de exigências regulatórias aplicáveis às entidades não bancárias, procurando demonstrar a abrangência do perímetro regulatório brasileiro, em contraste com a experiência de outros países. Fugiria ao escopo da obra o aprofundamento da regulação de entidades não bancárias. Para uma lista das exigências regulatórias a que estão sujeitas: Idem, ibidem, p. 38-39.

demonstração de resultado do exercício, demonstração das mutações do patrimônio líquido e demonstração de fluxos de caixa).

As demonstrações devem ser preparadas de forma consolidada, atendendo a critérios específicos estipulados pelo BCB, como, por exemplo, a exigência de integração dos fundos de investimento nos quais as entidades pertencentes a conglomerados prudenciais assumam ou retenham substancialmente riscos e benefícios, às demonstrações contábeis de que trata o normativo. Além disso, com o objetivo de evitar distorções na representação qualitativa e quantitativa do patrimônio consolidado, o BCB pode determinar, tendo em vista a situação concreta do conglomerado prudencial, a inclusão ou exclusão de entidades na elaboração das demonstrações contábeis consolidadas.

A medida do BCB procura endereçar algumas das falhas regulatórias observadas na crise financeira recente, evitando que certas entidades, atividades ou riscos não sejam devidamente capturados nas demonstrações financeiras. Nesse aspecto vale ressaltar que, mesmo antes da Resolução CMN 4.280/2013, o Brasil já encontrava-se em vantagem em relação a outros países por adotar os Padrões Internacionais de Contabilidade (*International Financial Reporting Standards* – IFRS), que dificultariam o tratamento "fora do balanço" (*off-balance sheet*) segundo relatório do Comitê de Basileia.[524] Isso foi possível em razão da promulgação da Lei 11.638, de 28 de dezembro de 2007, que modificou a Lei 6.404/1976 para introduzir, entre outras alterações, a elaboração das demonstrações financeiras das

---

[524] Conforme relatório sobre SPEs preparado pelo Comitê de Basileia: "A habilidade de retirar ativos do balanço é afetada pelo tratamento contábil aplicável à instituição originadora ou patrocinadora. De modo geral, o tratamento 'fora do balanço' (*off-balance sheet*) é mais fácil de ser atingido sob as regras dos US GAAP do que as regras dos IFRS. Apesar disso, as regras da US FASB a serem emitidas em 2010 relativamente a SPEs reduzirão significativamente a possibilidade de certas operações se qualificarem para o tratamento 'fora do balanço'" (COMITÊ DE BASILEIA. Report on special purpose entities, p. 2. Tradução livre). A título de esclarecimento, os Princípios Contábeis Geralmente Aceitos nos Estados Unidos (*United States Generally Accepted Accounting Principles* – US GAAP) são editados pelo Conselho de Padrões de Contabilidade (*Financial Accounting Standards Board* – FASB). Já os IFRS são editados pelo Conselho de Padrões Internacionais de Contabilidade (*International Accounting Standards Board* – IASB).

REGULAÇÃO PRUDENCIAL

companhias abertas em consonância com os padrões internacionais de contabilidade adotados nos principais mercados de valores mobiliários.[525]

4.2.3 Derivativos de balcão[526]

Os instrumentos financeiros derivativos podem ser definidos como contratos referenciados a algum ativo ou variável econômica com liquidação em data futura, cuja função consiste em administrar riscos de investimentos.[527] Esses instrumentos ganharam destaque na década de 1980, com a crescente desregulamentação dos mercados financeiro e de capitais, bem como a maior volatilidade das taxas de juros e câmbio, influenciadas pela alta inflação no período.[528]

Os derivativos são negociados entre instituições financeiras, e entre estas e seus clientes, formando extensa e intrincada teia de créditos e débitos no sistema financeiro. Tais operações contribuem para o aumento do grau de interconexão entre instituições bancárias e não bancárias, tornando também mais complexos e menos visíveis os vínculos entre tais instituições. Nas palavras de Alexandre Lamfalussy, ex-presidente do *Bank for International Settlements* (BIS):[529]

> Nós não conhecemos a rede de interconexões entre bancos decorrentes das operações com derivativos [...] O mercado está perdendo a trans-

---

[525] A Instrução CVM 457, de 13 de julho de 2007, estabeleceu que, a partir de 2010, as companhias brasileiras de capital aberto passassem a elaborar demonstrações financeiras anuais consolidadas com base nos IFRS. Não obstante, com a finalização do processo de convergência das normas do Comitê de Pronunciamentos Contábeis (CPC) com as normas do IASB, a Instrução CVM 485, de 1.º de setembro de 2010, determinou que as demonstrações financeiras consolidadas das companhias abertas fossem elaboradas com base em pronunciamentos emitidos pelo CPC.

[526] A discussão sobre os derivativos de balcão está intrinsecamente relacionada à preocupação exarada no tópico anterior quanto ao surgimento de instrumentos financeiros, estruturas organizacionais, e até mesmo mercados, que podem escapar à regulação e supervisão de autoridades bancárias. Optou-se pela apresentação deste tópico em separado por conveniência expositiva, contribuindo para a delimitação de dificuldades específicas quanto a esses instrumentos e seus mercados de negociação.

[527] SADDI, Jairo. *Crise e regulação bancária*, p. 190-191.

[528] SALOMÃO, Eduardo. *Direito bancário*, p. 324.

[529] HANSELL, Saul; MUEHRING, Kevin. Why derivatives rattle the regulators. *Institutional Investor*, p. 52, set. 1992. Tradução livre.

parência, e não sabemos mais quem depende de quem. Agora saberemos apenas após o fato consumado, quando poderá ser tarde demais.

A colocação de Lamfalussy se mostrou presciente, conforme evidenciado pelos inúmeros episódios envolvendo derivativos na década de 1990.[530] Mais recentemente, os derivativos também estiveram no epicentro da crise financeira internacional, contribuindo para a desestabilização de instituições como Lehman Brothers e AIG.[531] A esse respeito, cumpre destacar o papel exercido pelos chamados "derivativos de balcão" na ampliação dos riscos apresentados por tais instrumentos.

O mercado de balcão (*over-the-counter market*) é aquele em que as instituições financeiras e demais entidades autorizadas a operar negociam instrumentos financeiros diretamente entre si, ou diretamente com seus clientes, sem um mecanismo centralizado e compulsório de formação de preços. Os derivativos de balcão contrastam com os chamados "derivativos de bolsa", que consistem em contratos cujas cláusulas (*e.g.*, valor financeiro, vencimento, critérios de marcação a mercado, horários de negociação e limites de oscilação de preços) são definidas e publicadas pela bolsa que desenvolveu o contrato e que o oferece para negociação em ambiente de pregão.[532] No caso dos derivativos de balcão, normalmente apenas as partes do contrato conhecem seus termos, que podem ser adequados às suas necessidades específicas. As particularidades de cada contrato dificultam sua negociação posterior, sendo comum que os participantes mantenham essas posições em suas carteiras até o vencimento.[533]

A negociação de ativos de baixa liquidez nos mercados de balcão, aliada à utilização de estruturas contratuais "customizadas", dificulta o mapea-

---

[530] Entre os casos ocorridos na década de 1990, pode-se mencionar o do banco alemão Metallgesellschaft, que perdeu quase 50% do seu valor de mercado por conta de suas operações com derivativos em 1993; as perdas de US$1,5 bilhão que levaram à falência um condado na Califórnia em 1994; o colapso do Barings Bank em 1995, por falta de controles internos que evitassem a excessiva alavancagem assumida por apenas um operador de derivativos em Cingapura; e a já mencionada falência do LTCM em 1998, que possuía dois ganhadores do Prêmio Nobel de Economia entre seus administradores.

[531] VIEIRA NETO, Cícero Augusto. Administração de risco de derivativos no Brasil – mercados de bolsa e de balcão. In: GARCIA, Márcio; GIAMBIAGI, Fábio (Org.). *Risco e regulação*, p. 275.

[532] Idem, ibidem, p. 276.

[533] CINTRA, Marcos A. M.; FARHI, Maryse. A crise financeira e o *global shadow banking system*, p. 48.

REGULAÇÃO PRUDENCIAL

mento e mensuração dos riscos oferecidos por tais instrumentos financeiros. Isso é agravado pela ausência muitas vezes de uma contraparte central para monitorar a posição das partes contratantes e regular depósitos adicionais de margem, podendo gerar incentivos à assunção de riscos excessivos pelos participantes do mercado. Além disso, a inexistência de instrumentos ou mercados de referência para os ativos negociados pode gerar distorções na aplicação das regras de marcação a mercado, especialmente em momentos de grave instabilidade econômica.[534] Naturalmente, na medida em que o monitoramento do nível de risco a que as instituições financeiras estão expostas torna-se cada vez mais complexo, a eficácia da regulação prudencial é posta em xeque.

Não por acaso, já em 1994, autoridades norte-americanas demonstravam preocupação com a ausência de regulamentação para as operações com derivativos nos mercados de balcão. Em relatório do *Government Accounting Office* publicado à época, ressaltou-se a necessidade de mudanças legislativas para regular os derivativos de balcão, cujos contratos não eram padro-

---

[534] A marcação a mercado refere-se ao ajuste periódico do preço de um ativo existente em determinada carteira à cotação de mercado, permitindo o acompanhamento da posição financeira atualizada a cada momento. No caso dos derivativos, isso envolve uma série de complexidades, como, por exemplo, a identificação do instrumento em tela (*e.g.*, contratos de *forward*, *swaps*, opções de compra ou venda), suas particularidades (*e.g.*, *swaps* a termo, *swaps* com opção de arrependimento, *swaps* com *reset*), o tipo de risco sendo coberto (*e.g.*, juros, câmbio), o modelo de apreçamento (*e.g.*, Black-Scholes, Reiner-Rubinstein, Turnbull-Wakeman), tipo de exercício (*e.g.*, *knock-in*, *knock-out*), dentre outros. Em momentos de crise, a precificação via marcação a mercado pode ser afetada pela volatilidade do mercado. Em tais situações, instituições financeiras podem ter que dar baixa (*write-offs*) de parcelas substanciais de suas carteiras, potencializando a crise de confiança no mercado (CINTRA, Marcos A. M.; FARHI, Maryse. A crise financeira e o *global shadow banking system*, p. 49). Em razão disso, o *Emergency Economic Stabilization Act* de 2008 reiterou a autoridade da SEC para suspender a aplicação das regras de marcação a mercado caso considere que isso é no melhor interesse público e dos investidores (Seção 132). No ano seguinte, a FASB alterou o regime de marcação a mercado nos Estados Unidos, criando regras específicas para situações em que o nível de atividade do mercado tenha decaído de forma significativa, ou quando as transações não estiverem ocorrendo de maneira "ordenada". Em tais casos, em vez de lançar os ativos por sua cotação a mercado, os bancos estão autorizados a usar um "valor justo", com base em seus critérios próprios de precificação de ativos, desde que aceitos pelas regras contábeis aplicáveis (FASB STAFF POSITION FAS 157-4. *Determining fair value when the volume and level of activity for the asset or liability have significantly decreased and identifying transactions that are not orderly*. Disponível em: <www.fasb.org>. Acesso em: 22 jul. 2015).

nizados e estavam fora do controle governamental.[535] O relatório citava a necessidade de o Congresso colocar sob a égide regulatória tais práticas e assegurar que a regulação de derivativos fosse consistente e clara entre os diversos agentes reguladores. Apesar disso, tais operações continuaram ocorrendo às margens do arcabouço regulatório, opção que seria reiterada com a promulgação do *Commodities and Futures Modernization Act* de 2000, que excluiu da competência regulatória da *Commodity Futures Trading Commission* (CFTC) boa parte das operações de balcão.[536]

Tais preocupações foram retomadas e exacerbadas no desenlace da crise financeira recente, motivando um pedido dos líderes do G-20 em setembro de 2009 (*Pittsburgh Summit*) para que a negociação de contratos padronizáveis de derivativos de balcão ocorresse em plataformas eletrônicas específicas com liquidação por meio de contrapartes centrais. Os contratos liquidados fora desses sistemas deveriam sujeitar-se a exigências de capital mais rigorosas. A declaração do G-20 também delegou ao FSB e seus membros o acompanhamento da implementação das medidas ali previstas.[537]

Em linha com a declaração do G-20, o *Dodd-Frank Act* apresentou as bases para a reformulação das regras aplicáveis aos agentes e ativos negociados em tais mercados. Em síntese, o marco regulatório proposto apresenta diferentes classificações aplicáveis aos participantes do mercado de balcão, com base no tipo, frequência e finalidade das operações realizadas, entre outros fatores. A classificação em tais categorias sujeitará as partes envolvidas a regras mais rígidas de negociação, incluindo: (i) a adoção de cláusulas padronizadas nos contratos; (ii) exigências mais rigorosas de depósitos de margem e divulgação de informações; (iii) o registro na CFTC e, possivelmente, na SEC; e (iv) a utilização de uma *clearing* como contraparte central para certas operações.

No caso do Brasil, embora sua participação venha crescendo nos últimos anos, é preciso reconhecer que tais instrumentos ainda representam par-

---

[535] GOVERNMENT ACCOUNTING OFFICE. US. Financial Derivatives: action needed to protect the financial system. *The Journal of Derivatives*, Nova Iorque, v. 2, n. 1, 1994.

[536] YAZBEK, Otavio. Crise, inovação e regulação no mercado financeiro: considerações sobre a regulamentação do mercado de derivativos de balcão. In: SOUZA JÚNIOR, Francisco Satiro de. *Mercado de Capitais*. São Paulo: Saraiva, 2013.

[537] Parágrafo 13 da declaração do G-20 no *Pittsburgh Summit* de setembro de 2009, disponível em: <g20.org/wp-content/uploads/2014/12/Pittsburgh_Declaration_0.pdf>. Acesso em: 25 jul. 2015.

cela diminuta do total de derivativos negociados no País. Segundo Vieira Neto, os mercados de balcão representaram apenas 3% do volume financeiro total de derivativos negociados em 2009.[538] Além disso, em contraste com a experiência de outros países, as operações com derivativos de balcão no Brasil já se sujeitam à regulamentação da CVM e BCB.

O regramento para o funcionamento de mercados organizados de balcão no País está previsto na Instrução CVM 461, de 23 de outubro de 2007. A autorização para funcionamento dos mercados de balcão depende de prévia autorização da CVM, com base na análise de uma série de documentos previstos no normativo, incluindo os regulamentos da entidade administradora do mercado de balcão disciplinando a negociação em seus ambientes e sistemas. A Instrução CVM 461/2007 também determina parâmetros gerais de operação em tais mercados, exigindo que os ambientes ou sistemas de negociação possuam características, procedimentos e regras de negociação previamente estabelecidos e divulgados, que permitam regular a formação de preços, assim como o registro das operações realizadas. A entidade administradora do mercado de balcão organizado deve ainda tornar disponíveis informações sobre cada negócio realizado, incluindo preço, quantidade e horário. Tais informações podem ser divulgadas de forma agrupada e diferida, sujeitando-se à aprovação prévia da CVM para tal.

No tocante às instituições financeiras, a Resolução CMN 3.505, de 26 de outubro de 2007, permite a realização de operações com derivativos de balcão, desde que passíveis de registro em mercados de balcão organizados ou sistemas administrados por bolsas de valores, mercadorias e de futuros, por entidades de registro e de liquidação financeira de ativos devidamente autorizadas pelo BCB ou CVM. O normativo estabelece uma série de exigências mínimas a serem observadas em tais operações, determinando também que as informações, documentação e metodologia relativas a tais operações fiquem à disposição do BCB, incluindo dados relativos ao diretor responsável pela realização de operações de derivativos em mercados de balcão.

Atualmente os derivativos de balcão negociados por instituições financeiras podem ser registrados nos sistemas da BM&FBovespa ou Cetip. Nesses casos, a liquidação pode ocorrer, respectivamente, por intermédio da Câmara

---

[538] VIEIRA NETO, Cícero Augusto. Administração de risco de derivativos no Brasil, p. 280.

BM&FBovespa, com ou sem garantia de liquidação, conforme a opção dos contratantes, ou por intermédio do balcão organizado de ativos e derivativos da Cetip, nesse caso sem garantia de liquidação. Embora a Cetip não atue como contraparte central nessas operações, ela oferece o Cetip Colateral, sistema que possibilita o gerenciamento de risco bilateral. Segundo o BCB, nesse modelo de gerenciamento bilateral de garantias, a Cetip pode atuar como agente de cálculo das exposições e das garantias depositadas, bem como prover facilidades adicionais, dentre as quais se destaca a otimização da distribuição das garantias oferecidas pelos participantes.[539]

Apesar desse maior controle sobre tais operações em comparação com outros países, problemas de informação e controle foram constatados em episódios de exposições corporativas exageradas a derivativos cambiais na crise financeira recente.[540] Em resposta a esses casos, as autoridades do SFN tomaram providências buscando aumentar o controle e grau de transparência nas operações com derivativos.

No caso do BCB, as providências tiveram como foco as operações realizadas com contrapartes no exterior. A Circular BCB 3.474, de 11 de novembro de 2009, determinou que as instituições financeiras registrem, em sistema administrado por entidades de registro e de liquidação financeira de ativos, instrumentos financeiros derivativos que se vinculem ao custo da dívida contratada em operações de empréstimo entre residentes ou domiciliados no País ou no exterior, inclusive pessoas naturais ou jurídicas não financeiras. A Resolução CMN 3.824, de 16 de dezembro de 2009, determinou que as instituições financeiras registrem nesses mesmos sistemas as posições assumidas em instrumentos financeiros derivativos contratados no exterior, diretamente ou por meio de dependências ou empresas integrantes do conglomerado financeiro. Finalmente, em 28 de janeiro de 2010, a Resolução CMN 3.833 instituiu a obrigatoriedade de registro das operações de *hedge* realizadas com instituições financeiras no exterior ou em bolsas estrangeiras.

Entre as medidas adotadas pela CVM, destaca-se a Instrução CVM 475, de 17 de dezembro de 2008, que passou a exigir das companhias abertas a inclusão em seus balanços trimestrais e anuais de uma exposição detalhada de tais contratos, incluindo uma análise de sensibilidade dos riscos

---

[539] BANCO CENTRAL DO BRASIL. *Relatório de estabilidade financeira*. Brasília: Banco Central, mar. 2012, p. 46.
[540] ISTO É DINHEIRO. Risco oculto, n. 579, 5 nov. 2008, p. 68.

REGULAÇÃO PRUDENCIAL

apresentados por operações com derivativos. Além disso, a Instrução CVM 480, de 7 de dezembro de 2009, exigiu maior detalhamento das operações com derivativos no Formulário de Referência, incluindo dados sobre os riscos decorrentes dessas transações e os possíveis impactos em seus resultados, bem como justificativa da opção pela utilização de tais instrumentos e controles internos sobre os mesmos.

Além das ações do CMN, BCB e CVM, cumpre mencionar a iniciativa recente da Federação Brasileira de Bancos (Febraban), Associação Brasileira das Entidades de Mercados Financeiro e de Capitais (Anbima), BM&FBovespa e Cetip, para criar a Central de Exposição de Derivativos (CED).[541] A CED permite que instituições financeiras consultem a exposição consolidada de seus clientes a operações com derivativos nas plataformas da Cetip e BM&FBovespa. A posição consolidada por cliente se baseia nos dados de fechamento do dia anterior, eliminando a necessidade de aguardar a divulgação do balanço das empresas ou pedir tais informações separadamente à Cetip ou BM&FBovespa. A Resolução CMN 3.908, de 30 de setembro de 2010, determinou a obrigatoriedade para bancos que quiserem acessar a CED de indicar ao BCB um responsável por tais procedimentos de consulta.

4.2.4 Captura regulatória

Embora esse tema já tenha sido apresentado brevemente no início desta obra ao tratar da relação entre regulação financeira e falhas de mercado, é importante retomá-lo nesse momento por ocasião da verificação dos efeitos das transformações no sistema financeiro sobre a regulação prudencial. Conforme visto, a contribuição de certos autores, notadamente Olson e Stigler, permitiu que as doutrinas jurídica e econômica passassem a encarar a regulação como um produto, analisando-a do ponto de vista das forças de oferta e demanda no mercado. A contribuição desses e outros autores lançou as bases para o que ficou conhecido como teoria da "captura regulatória".

---

[541] A base legal para a criação da CED consta no art. 4.º-A da Instrução CVM 467, de 10 de abril de 2008, acrescentado pela Instrução CVM 486, de 17 de novembro de 2010, que permitiu que as entidades administradoras de mercados organizados criassem mecanismos de compartilhamento de informações sobre operações com contratos derivativos negociados ou registrados em seus sistemas, com fins de administração de riscos pelas instituições financeiras, desde que observado o disposto nos incisos I e V do § 3º do art. 1º da Lei Complementar 105/2001.

De forma sucinta, a teoria da captura regulatória postula que legisladores e burocratas estariam sujeitos à cooptação por parte de grupos de interesse, de modo que a implementação e a fiscalização das normas regulatórias acabariam realizando-se em favor de grupos mais organizados em detrimento dos menos organizados. Segundo essa teoria, a regulação não teria como finalidade o interesse público, mas sim o interesse privado, conforme a efetividade dos grupos de interesse atuantes.

O processo de concentração bancária observado nas últimas décadas é relevante para o tema, pois, entre os fatores que influenciam a efetividade dos grupos de interesse, destaca-se o número de agentes econômicos envolvidos no processo. A habilidade de um grupo se organizar é geralmente inversamente proporcional ao seu tamanho. Grupos coesos teriam maior facilidade para se organizar e coordenar ações voltadas a regulações que lhe sejam mais benéficas, enquanto grupos maiores teriam dificuldade para se organizar, tanto pelos interesses divergentes que podem surgir dentro do grupo quanto pela necessidade de superar problemas de "carona" (*free-riding*) entre seus membros.[542] Além dessa maior facilidade de organização, grupos menores teriam mais incentivos para buscar regulações em seu favor, uma vez que seus benefícios seriam repartidos entre número menor de agentes econômicos.

No âmbito do setor bancário, Barth et al. realizaram análise comparativa entre 150 países, encontrando indícios de que a regulação e supervisão no setor estariam mais alinhadas com a teoria do interesse privado do que com a do interesse público.[543] A título exemplificativo, os autores encontram evidências de que barreiras à entrada de bancos estrangeiros, embora sejam associadas a argumentos de interesse público, acabam com frequência sendo utilizadas como forma de protecionismo ao mercado local.[544]

Nessa mesma linha, observam-se estudos sobre as modificações da estrutura regulatória do sistema financeiro nos Estados Unidos, procurando explicar o papel que os bancos tiveram na derrocada de relevan-

---

[542] Existem exceções a essa lógica, como é o caso de sindicatos e organizações de comércio, que, apesar de seu tamanho, conseguiram desenvolver mecanismos de coordenação entre seus membros.

[543] BARTH, James R. et al. *Rethinking bank regulation*, p. 256 e ss.

[544] Idem, ibidem, p. 49-50; 214 e ss.

REGULAÇÃO PRUDENCIAL

tes restrições às suas atividades durante a década de 1990.[545] A influência política dos bancos é inclusive cogitada como possível explicação para a eliminação da mais importante barreira regulatória norte-americana no setor durante o século XX, qual seja a separação entre atividades de bancos comerciais, investimento e seguro.[546] Essa separação de atividades estava em vigor há mais de meio de século, por imposição do *Glass-Steagall-Act* de 1933, quando, em 1998, o Citigroup adquiriu a companhia de seguros Travelers Group. Embora a operação não encontrasse amparo legal, o banco teria se beneficiado de uma brecha apresentada pelo *Bank Holding Company Act* de 1956, que lhe permitiu concluir a operação naquele momento, mas que exigiria o desinvestimento das atividades de seguro no prazo de dois anos.

A aquisição realizada pelo Citigroup colocou o Congresso na delicada situação de modificar o marco regulatório para permitir a operação e estender o benefício a outras instituições financeiras, ou manter as proibições em vigor, bloqueando uma das maiores fusões já realizadas no sistema financeiro norte-americano. O Congresso acabou optando pela primeira alternativa, promulgando o *Gramm-Leach-Bliley Act* de 1999, que derrubou formalmente as disposições então existentes que impediam a consolidação de atividades financeiras em uma única instituição. Não por acaso, o marco legal também ficou conhecido como *Citigroup Relief Act*.[547] Apesar da referência ao Citigroup, Kane afirma que esse padrão foi adotado por outras instituições financeiras durante a década de 1990 para flexibilizar restrições quanto aos seus campos de atuação, seja em termos de serviços oferecidos ou área geográfica, sempre exercendo pressão *ex post* para que fossem executadas alterações legais para sua aprovação.[548]

---

[545] KROSZNER, Randall S.; STRAHAN, Philip E. Obstacles to optimal policy; e MACEY, Jonathan R. Regulation and disaster: some observations in the context of systemic risk. In: LITAN, Robert E.; SANTOMERO, Anthony M. (Org.). *Papers on Financial Services.* Washington: Brookings Institution Press, 1998.

[546] BROOME, Lissa L.; MARKHAM, Jerry W. *Regulation of bank financial service activities*: cases and materials. West Group Publishing, 2005, p. 111.

[547] Idem, ibidem, p. 111.

[548] Conforme a lição de Kane: "Firmas de serviços financeiros superaram as limitações funcionais e geográficas estabelecidas pelo Congresso e legislaturas estaduais. Em vez de aguardarem pacientemente pela eliminação dessas restrições, firmas apostaram na liberalização *ex post* do mercado por meio de aquisições agressivas em outras indústrias e Estados"

Essa capacidade de organização política ficou evidenciada mais recentemente com as dificuldades enfrentadas pelo governo de Barack Obama para aprovar as propostas de reforma do sistema de regulação e supervisão bancária nos Estados Unidos em resposta à crise financeira.[549] Isso motivou críticas aos banqueiros por parte do presidente, chegando a afirmar que lobistas dos bancos estavam trabalhando arduamente para impedir as reformas regulatórias, esforçando-se para manter as coisas do jeito como estavam.[550] A título ilustrativo da capacidade de organização política da indústria financeira naquele país, estima-se que bancos comerciais tenham gasto nos últimos dez anos cerca de US$500 milhões em atividades de *lobby* no Congresso, com significativo aumento a partir de 2008. Se considerados outros participantes do sistema financeiro, como seguradoras, a cifra aumenta de forma significativa.[551]

A esse respeito, a crise financeira recente teria servido para agravar esse quadro, ao reforçar a tendência de concentração no setor bancário, já analisada no Capítulo 1. Conforme relato de Scheinkman, professor das universidades de Princeton e Columbia, a consequência nefasta desse processo seria o aumento do poder de *lobby* dos conglomerados financeiros, valendo ressaltar que esse ganho de influência é de difícil contestação, uma vez que o *lobby* político não é ilegal, sendo muitas vezes um direito constitucionalmente assegurado.[552]

4.2.5 Limites da autorregulação

A autorregulação como estratégia regulatória ganhou destaque a partir da década de 1980, com os movimentos de desregulamentação observados no

---

(KANE, Edward J. Implications of superhero metaphors for the issue of banking powers. *Journal of Banking and Finance*, v. 23, n. 2-4, 1999, p. 1. Tradução livre).

[549] BLOOMBERG NEWS. Obama administration pushes back at bank lobbying on regulation, 16 out. 2009.

[550] BOSTON GLOBE. Bailed-out banks lobby hard to stave off limits, 27 set. 2009. Estima-se que 509 dos 535 congressistas que votaram o *Dodd-Frank Act* tenham recebido recursos de grupos com interesse na reforma financeira (VALOR ECONÔMICO. Dinheiro e política na reforma dos EUA, 20 ago. 2010, p. A13). Talvez o ponto de maior embate nesse aspecto tenha sido a questão da *Volcker Rule*, prevista no *Dodd-Frank Act*, que restringiria o chamado *proprietary trading*, quando os bancos operam no mercado em benefício próprio, e não de seus clientes.

[551] Dados disponíveis em: <www.opensecrets.org/lobby/index.php>. Acesso em: 22 jul. 2015.

[552] VEJA. Vida e morte das bolhas, n. 2.081, 8 out. 2008, p. 122.

REGULAÇÃO PRUDENCIAL

sistema financeiro.[553] Essa transição está relacionada à percepção de que a complexidade crescente da atividade financeira impunha obstáculos significativos à supervisão de vulnerabilidades sistêmicas, o que estimulou a implementação de novos métodos de regulação e supervisão apoiados nos próprios participantes do sistema financeiro, como alternativa à regulação estatal. De acordo com a síntese de Carvalho et al.:[554]

> Partindo do suposto de que seria impossível retornar a um sistema de regulação e supervisão mais detalhista, e frente à impossibilidade de desenhar um sistema de avaliação e compensação de riscos mais simples, que pudesse ser resumido em um conjunto dado de indicadores, como os coeficientes de capital fixados anteriormente pelos reguladores no Acordo de Basileia, chegou-se, de forma praticamente inevitável, à estratégia da autorregulação.

Conforme lição de Yazbek, a autorregulação pode ser caracterizada por três aspectos: (i) trata-se de uma regulação da atividade econômica, sendo objeto de uma imposição, e não fruto de "forças equilibradoras" do mercado; (ii) resulta de uma organização coletiva que impõe uma ordem, um conjunto de regras ou procedimentos a seus membros; e (iii) possui caráter extraestatal, sendo desenvolvida por órgãos coletivos alheios às autoridades competentes pela promulgação de normas aplicáveis a determinado setor.[555]

Apesar de sua condição extraestatal, a autorregulação pode ter caráter público ou privado. A autorregulação é privada quando os agentes a ela se submetem espontaneamente, ou pública, quando a submissão é coativa, "sendo as estruturas adotadas objeto de alguma sanção estatal e, por isso mesmo, oficialmente tornadas obrigatórias".[556] Entre os exemplos mais significativos que evidenciam essa abordagem regulatória para o presente trabalho, encontra-se o já mencionado caso de Basileia II, que promoveu a definição pelos próprios bancos de formas de avaliação e classificação de riscos, materializando-se em estratégias formais de controle submetidas à autoridade supervisora para aprovação.

---

[553] YAZBEK, Otavio. *Regulação do mercado financeiro e de capitais*, p. 209.
[554] CARVALHO, Fernão J. Cardim de et al. *Economia monetária e financeira*, p. 328.
[555] YAZBEK, Otavio. *Regulação do mercado financeiro e de capitais*, p. 208-209.
[556] Idem, ibidem, p. 209.

A autorregulação já desempenha um papel relevante no setor bancário pátrio. A Associação Nacional dos Bancos de Investimento (Anbid), atualmente denominada Anbima, foi uma das primeiras entidades de classe de caráter propositivo no País, em contraste com a prática anterior das associações, pautada na atuação apenas em reação contra medidas governamentais.[557] A Anbima lançou seu primeiro código de autorregulação em 1998, versando a respeito de regras comuns para ofertas públicas de distribuição e aquisição de valores mobiliários, e desde então já publicou inúmeros outros códigos sobre temas diversos.[558] Além da Anbima, a Febraban também exerce importante papel na autorregulação bancária, com destaque para o código de autorregulação lançado em 2008, que estabelece princípios gerais de atuação e relacionamento com consumidores, além de criar uma estrutura de governança voltada à discussão e desenvolvimento de práticas de autorregulação no setor.[559]

Segundo Oliveira Filho, a autorregulação no Brasil integra-se em um sistema mais flexível de regulação, em que parte do arcabouço regulatório é determinada por uma ação mais forte dos reguladores estatais, e parte por instituições de autorregulação de caráter privado ou público.[560] Igualmente, Calado afirma que a regulação estatal deve fornecer o arcabouço básico dentro do qual se dá o relacionamento entre os diversos participantes, regrando o que pode ser denominado de "macroambiente", enquanto à autorregulação caberia normatizar o "microambiente", partindo da premissa de que, nesse campo, os próprios participantes do mercado são mais capacitados a interagir, discutir e propor melhores práticas. Nesse qua-

---

[557] CALADO, Luiz Roberto. *Regulação e autorregulação do mercado financeiro*: conceito, evolução e tendências num contexto de crise. São Paulo: Saint Paul, 2009, p. 71. Inicialmente a Anbid representava e articulava os interesses apenas dos bancos de investimento existentes no País, mas posteriormente ampliou seus objetivos, passando a representar um leque maior de atividades e instituições financeiras. Em 2009 a Anbid uniu-se à Associação Nacional das Instituições do Mercado Financeiro (Andima), organização cujos objetivos e associados em larga medida coincidiam com os da Anbid, criando a Anbima.

[558] Disponíveis em: <portal.anbima.com.br/autorregulacao/Pages/default.aspx>. Acesso em: 2 ago. 2015.

[559] Disponível em: <www.autorregulacaobancaria.com.br>. Acesso em: 2 ago. 2015.

[560] OLIVEIRA FILHO, Luiz Chrysostomo de. Autorregulação no sistema financeiro. In: BOLLE, Monica Baumgarten de; CARNEIRO, Dionísio Dias (Org.). *A reforma do sistema financeiro americano*: nova arquitetura internacional e o contexto regulatório brasileiro. Rio de Janeiro: Instituto de Estudos de Política Econômica – Casa das Garças, 2009, p. 4.

dro, a autorregulação não se proporia a buscar uma desregulamentação ou menor intervenção governamental, mas sim apoiar as iniciativas governamentais, por meio de uma regulação complementar.[561]

Como exemplos recentes dessa atuação complementar entre o regulador estatal e entidades autorreguladoras, pode-se mencionar o convênio firmado entre Anbima e CVM em 2008, resultando na Instrução CVM 471, de 8 de agosto de 2008, que instituiu a possibilidade de registro simplificado de certas ofertas de valores mobiliários a partir da análise e aprovação prévia da Anbima. Além disso, novamente a partir de um diálogo com a CVM, a Anbima reformulou seu código de ofertas públicas para incluir uma cláusula que melhor definisse os empréstimos ao emissor pelas instituições coordenadoras de ofertas de valores mobiliários (também conhecidos como *equity-kickers*).[562]

Defensores da autorregulação sustentam que a elaboração e o estabelecimento pelos próprios entes regulados das normas que disciplinam sua atividade aumentariam a aceitação dessas normas, concomitantemente a uma maior responsabilidade no cumprimento e redução da necessidade de intervenção do órgão regulador. A adesão dos participantes do mercado aproximaria a entidade autorreguladora das atividades que se propõe a regular. Isso contribuiria também para amenizar a "dissonância cognitiva" entre os agentes, presente nos casos em que os destinatários da regulação não têm a adequada percepção do propósito da regulação, diminuindo assim a possibilidade de essas normas serem consideradas ambíguas ou interpretadas de forma incorreta.[563]

Apesar de suas vantagens conceituais, a crise financeira recente lançou dúvidas quanto à capacidade não só de os governos regularem o sistema financeiro, mas também quanto à capacidade de o próprio mercado se autorregular. O abalo nos mercados reforçou questionamentos concernentes às limitações e conflitos de interesse inerentes a esse processo, principalmente no tocante à credibilidade e validade da autorregulação como mecanismo capaz de vigiar e punir os excessos dos participantes do

---

[561] CALADO, Luiz Roberto. *Regulação e autorregulação do mercado financeiro*, p. 58-59.

[562] Essa prática provoca preocupações no contexto de ofertas públicas, uma vez que empréstimos podem ser utilizados para "maquiar" as demonstrações financeiras da empresa no período pré-abertura de capital, para depois serem pagos com os recursos da oferta ou por meio da conversão do montante devido em ações do emissor.

[563] CALADO, Luiz Roberto. *Regulação e autorregulação do mercado financeiro*, p. 58.

sistema financeiro.[564] Nesse sentido, talvez a declaração mais contundente a respeito do tema tenha vindo do presidente francês Nicolas Sarkozy, em setembro de 2008, afirmando que: "A autorregulação como forma de resolver problemas está acabada. O *laissez-faire* está acabado. O todo-poderoso mercado que sempre sabe o que é melhor está acabado".[565]

Naturalmente, essa não é uma posição pacífica, havendo autores que não concordam com a responsabilização da crise à autorregulação. Oliveira Filho, por exemplo, argumenta que a origem da crise pode ser traçada ao mercado hipotecário norte-americano, setor tradicionalmente sujeito a forte regulação estatal. Outrossim, mesmo países menos dependentes da autorregulação também não conseguiram evitá-la.[566] Seria prematuro decretar o fim da autorregulação, como sugerido por Sarkozy, fugindo ao escopo deste trabalho aprofundar-se nessa questão. O propósito deste é apenas demonstrar que propostas de adoção da autorregulação como resposta às dificuldades de supervisão provocadas pela complexidade crescente do sistema financeiro podem ter limitações. Segundo Carvalho et al., o monitoramento das atividades das instituições financeiras de modo mais aprofundado do que a simples aprovação de métodos de classificação interna de risco por parte de instituições financeiras, conforme sugerido em Basileia II, ainda será exigido do supervisor por algum tempo, se é que algum dia essa função poderá ser integralmente transferida ao mercado. Certamente, isso não ocorrerá enquanto externalidades importantes continuarem resultando da ação das instituições financeiras e os sistemas de administração interna de risco não forem mais confiáveis do que no presente.[567]

4.2.6 Instituições "auxiliares" de supervisão bancária

O monitoramento das instituições financeiras pela autoridade bancária conta, muitas vezes, com o produto do trabalho de agentes privados que têm por objeto a avaliação da situação econômico-financeira dessas instituições. Isso é um fato evidente, decorrente da impossibilidade de a autoridade bancária coletar em tempo real todas as informações necessárias à supervisão. Além de suas próprias limitações em termos de recursos dis-

---

[564] OLIVEIRA FILHO, Luiz Chrysostomo de. Autorregulação no sistema financeiro, p. 3.
[565] TIME. Europe's conservatives sour on the free market, 26 set. 2008. Tradução livre.
[566] OLIVEIRA FILHO, Luiz Chrysostomo de. Autorregulação no sistema financeiro, p. 4.
[567] CARVALHO, Fernão J. Cardim de et al. *Economia monetária e financeira*, p. 331.

REGULAÇÃO PRUDENCIAL

poníveis, é preciso reconhecer que esses agentes privados podem ter mais *expertise* na coleta e análise de informações sobre o ente supervisionado, de modo que a utilização desses dados pela autoridade faz mais sentido do que procurar desenvolver as mesmas atividades em paralelo.

Em razão disso, pode-se dizer que os referidos agentes "auxiliam" a autoridade bancária a executar suas atividades de supervisão, dando-lhe acesso a informações que, de outra forma, teriam que ser coletadas, processadas e analisadas por conta própria.[568] Entretanto, apesar do seu caráter "auxiliar", é importante ressaltar que esses agentes não têm o mandato específico de supervisores bancários e seus objetivos destoam daqueles que cercam a atuação da autoridade bancária. A relação entre tais agentes privados e as instituições financeiras pode ser afetada por conflitos de interesse, motivo pelo qual a utilização de suas informações deve ser feita com cautela. Não por acaso, existem regras especiais aplicáveis a esses agentes voltadas ao alinhamento de seus objetivos com os da autoridade bancária e mitigação desses possíveis conflitos. Por essas razões, torna-se necessário analisar brevemente os principais aspectos do papel e atuação desses agentes "auxiliares" da supervisão bancária.

4.2.6.1 Auditores contábeis

Os auditores contábeis exercem um exame sistemático e independente das atividades desenvolvidas em uma determinada empresa com o objetivo de averiguar se as informações divulgadas em seus demonstrativos contábeis estão de acordo com a realidade observada na empresa durante o período compreendido pela auditoria. O papel dos auditores para a autoridade responsável pela supervisão bancária não é apenas importante por permitir o acompanhamento da saúde financeira dos bancos, mas também necessário, haja vista que seria impraticável para a autoridade realizar a auditoria contábil de todas as instituições financeiras atuantes no setor.[569]

---

[568] Esses agentes também são chamados por alguns autores de "vigias" (*gatekeepers*) do mercado em virtude do seu papel na vigilância das empresas e emissão de opiniões técnicas a seu respeito (NOVAES, Ana. Derivativos e governança corporativa: o caso Sadia – corrigindo o que não funcionou. In: GARCIA, Márcio; GIAMBIAGI, Fábio (Org.). *Risco e regulação*, p. 240).

[569] Conforme relato do ex-presidente do BCB, Henrique Meirelles, prestando esclarecimentos no Congresso Nacional a respeito da fiscalização do Panamericano, para que a autarquia auditasse as contas de todos os participantes do SFN, seria necessária uma "super galáctica

Na maioria dos casos, a autoridade bancária depende do trabalho desses profissionais como parte de seus esforços de supervisão, de modo que, após a constatação de alguma irregularidade ou motivo de preocupação, esta pode empreender uma análise *ad hoc* mais aprofundada. Mesmo nessas ocasiões, contudo, ainda depende das informações prestadas pelos auditores para investigar as contas da instituição financeira. Portanto, ao contrário de outros prestadores de serviços, no caso dos auditores, há uma preocupação especial em fazer com que tais profissionais desempenhem suas atividades a contento.

Tais preocupações são reforçadas pelos conflitos de interesse que podem surgir na prestação de serviços dessa natureza. O fato de uma mesma empresa fornecer serviços de auditoria e consultoria ao cliente é uma prática comum no mercado. A atividade de auditoria pode ceder aos imperativos dos colegas consultores, colocando em risco a independência na análise das demonstrações financeiras. Com efeito, caso os auditores desabonem as informações financeiras prestadas, podem comprometer importantes contratos de consultoria com o mesmo cliente. Essa preocupação foi corroborada recentemente em estudo do Parlamento inglês sobre a quebra do Northern Rock na Inglaterra.[570]

O caso norte-americano também é cercado de exemplos referentes às relações sensíveis entre auditores e consultores. Entre os episódios mais significativos na última década, destacam-se os episódios envolvendo as empresas Worldcom e Enron e suas fraudes contábeis para acobertar prejuízos (principalmente via SPEs) e aumentar artificialmente seus resultados operacionais. Além da condenação dos responsáveis, incluindo os presidentes das empresas, esses casos abalaram de forma irremediável a reputação da Arthur Andersen, à época uma das principais empresas de auditoria do

---

mega empresa de auditoria" (ISTO É DINHEIRO. Meirelles alerta para risco caso BC fizesse auditoria, 24 nov. 2010).

[570] Segundo relato do grupo de estudos do Parlamento inglês criado para examinar as causas da quebra do banco: "Estamos preocupados com o conflito de interesse entre a função de auditor contábil e outros trabalhos que a empresa de auditoria possa prestar a instituições financeiras. Por exemplo, a PricewaterhouseCoopers recebeu £700,000 em receitas não relacionadas a auditoria, a maioria decorrente de trabalhos relacionados a emissões pelo Northern Rock. Salientamos os trabalhos sendo realizados por órgãos contábeis a respeito dessa questão e recomendamos que eles e a FSA atribuam a devida consideração a esses conflitos de interesse no contexto de instituições financeiras" (HOUSE OF COMMONS. *The run on the Rock*, p. 115. Tradução livre).

REGULAÇÃO PRUDENCIAL

mundo, que havia recebido US$25 milhões em honorários em 2000 para auditar os números da Enron, além de US$27 milhões por serviços de consultoria no mesmo período.[571] Na esteira dos escândalos contábeis foi promulgado o *Sarbanes-Oxley Act* em 2002, que, entre outras alterações, estabeleceu controles mais rigorosos para a prestação dessas atividades e penas mais severas para fraudes contábeis e responsabilização de empresas de auditoria que sejam coniventes ou negligentes com tais práticas.

Nesse contexto, não causa surpresa o fato de a responsabilização de empresas de auditoria ter sido levantado como um dos aspectos de grande relevância para a eficácia da regulação prudencial em pesquisa sobre a qualidade da regulação prudencial ao redor do mundo.[572] O regramento de suas atividades e a possibilidade de responsabilização dessas empresas são considerados fundamentais para alinhar seus interesses aos das autoridades responsáveis pela supervisão bancária. Os resultados da pesquisa, da qual o Brasil também participou, podem ser observados a seguir:

Tabela 17: Força da auditoria contábil externa – diferenças entre países (*)

	Sim	Não
Auditoria contábil é obrigatória para bancos?	**151**	2
Supervisores podem responsabilizar auditores por negligência?	**92**	61
Auditores são obrigados por lei a comunicar aos supervisores qualquer envolvimento presumido dos diretores e/ou gerentes do banco em atividades ilícitas, fraude ou qualquer outro tipo de abuso?	**107**	46
Supervisores têm o direito de encontrar-se com auditores para discutir o resultado de seu relatório de auditoria sem a aprovação do banco?	**123**	30
Critérios para realização da auditoria são determinados pelos supervisores?	**122**	31

Fonte: Barth, Caprio e Levine, *Rethinking Bank Regulation*, p. 145.
(*) Células em negrito e fundo cinza representam a resposta fornecida pelo BCB para a elaboração da pesquisa comparativa.

---

[571] HEALY, Paul M.; PALEPU, Krishna G. The fall of Enron. *Journal of Economic Perspectives*, 17 (2), 2003, p. 15.
[572] BARTH, James R. et al. *Rethinking bank regulation*, p. 142 e ss.

Como é possível observar no quadro, no Brasil todas as instituições financeiras devem ter suas contas auditadas por auditores contábeis independentes. Além disso, as instituições financeiras somente podem contratar profissionais com certificação específica em auditoria bancária. Os critérios e procedimentos contábeis a serem observados pelas instituições financeiras e demais instituições autorizadas a funcionar pelo BCB estão relacionados no Plano Contábil das Instituições do SFN (Cosif), anexo à Circular BCB 1.273, de 29 de dezembro de 1987, que consolidou os diversos planos contábeis então existentes e uniformizou os procedimentos de registro e elaboração de demonstrações financeiras com o objetivo de facilitar o acompanhamento, análise, avaliação do desempenho e controle das instituições integrantes do SFN.

Em complemento ao regramento específico do Cosif, a Resolução CMN 3.198, de 27 de maio de 2004, determina obrigações adicionais concernentes ao critério de independência e prestação de serviços pelo auditor, bem como deveres do comitê de auditoria. Conforme o normativo, todas as instituições financeiras devem substituir o responsável técnico, diretor, gerente, supervisor e qualquer outro integrante, com função de gerência, da equipe envolvida nos trabalhos de auditoria, após a emissão de pareceres relativos a, no máximo, cinco exercícios sociais completos. É vedado também o retorno desses profissionais a essa função antes de decorridos três anos da data de sua substituição.[573] Os auditores independentes e o comitê de auditoria também devem comunicar ao BCB, no prazo máximo de três dias úteis da respectiva identificação, a existência ou evidências de erro ou fraude representadas por: (i) inobservância de normas legais e regulamentares que coloquem em risco a continuidade da entidade auditada; (ii) fraudes de qualquer valor perpetradas pela administração da instituição; (iii) fraudes relevantes perpetradas por funcionários da enti-

---

[573] A Resolução CMN 2.267, de 29 de março de 1996, que determinava a substituição do auditor independente depois de decorridos quatro exercícios sociais completos desde sua contratação, vedando sua recontratação em prazo inferior a três exercícios sociais de sua substituição, foi objeto de questionamento no STF por parte da Confederação Nacional das Profissões Liberais (CNPL). Segundo a CNPL, haveria ofensa ao princípio da legalidade, uma vez que, sem dispositivo legal, impediu-se o exercício da profissão de auditor (arts. 5.º, *caput*, XIII, 170, IV, CF), além de representar limitação incompatível com o princípio da proporcionalidade. Já o BCB alegou que a Resolução do CMN regulava, nos limites de sua competência, o controle interno e externo das instituições integrantes do SFN. O STF indeferiu por unanimidade a liminar pleiteada pela CNPL (ADin MC 2.317, Rel. Min. Ilmar Galvão, j. 19.12.2000).

REGULAÇÃO PRUDENCIAL

dade ou terceiros; e (iv) erros que resultem em incorreções relevantes nas demonstrações contábeis da entidade.

Finalmente, vale lembrar que a Lei 9.447/1997 promoveu alterações ao art. 26 da Lei 6.385/1976, estabelecendo expressamente a responsabilidade das empresas de auditoria contábil e auditores contábeis independentes, pelos atos praticados ou omissões em que houverem incorrido no desempenho das atividades de auditoria de instituições financeiras e demais instituições autorizadas a funcionar pelo BCB. Nesse aspecto, conforme visto anteriormente, no caso de verificação de irregularidades, a autoridade bancária pode proibir temporariamente a prática de atividade de auditoria em instituições supervisionadas ou determinar a substituição do auditor, inclusive em caráter cautelar.[574]

---

[574] Apesar de o ordenamento jurídico pátrio caminhar no sentido das melhores práticas prudenciais relativamente à auditoria contábil de instituições financeiras, isso não impediu a ocorrência de casos polêmicos na história recente envolvendo auditorias. Nesse aspecto talvez o caso mais ruidoso seja o do Banco Nacional, já discutido em tópicos anteriores, que teria se valido de fraudes contábeis ao longo de anos, acumulando R$5,4 bilhões em operações de crédito fictícias (HOLANDA BARBOSA, Fernando. Banco Nacional: jogo de Ponzi, PROER e FCVS, p. 98; e VEJA. O golpe do balanço fraudado, 28 fev. 1996, p. 82-90). Na esfera administrativa, o processo perdurou até fevereiro de 2008 – quase 15 anos após a identificação da fraude –, quando a empresa responsável pela auditoria das contas do Banco Nacional desistiu de recorrer no CRSFN de uma decisão do BCB que a condenou, em primeira instância, ao pagamento de multa de R$3.681,79 e suspensão por dez anos do registro de seu ex-sócio--diretor, responsável pelos relatórios de auditoria do Banco Nacional por sete anos (VALOR ECONÔMICO. KPMG desiste de recurso no caso do Banco Nacional, 22 fev. 2008). A comoção gerada pelo caso inclusive contribuiu para a instituição da responsabilidade das empresas de auditoria contábil em casos de irregularidades na instituição financeira por meio da MP 1.334, de 12 de março de 1996, posteriormente convertida na Lei 9.447/1997. Outro caso polêmico refere-se ao Banco Noroeste, vendido ao Santander em 1998. Durante a auditoria realizada pelo banco espanhol, teria sido identificado um rombo de US$242 milhões nas contas da agência localizada nas Ilhas Cayman (VEJA. O maior desfalque da história, n. 1.540, 1.º abr. 1998, p. 94). À ocasião, a empresa responsável pela auditoria foi acusada de omissão e negligência ao não detectar o desvio de dinheiro que consumiu mais da metade do patrimônio do banco. O BCB aplicou multa de R$100 mil por irregularidades como a não apuração de discrepâncias entre os saldos dos depósitos do banco em moeda estrangeira e os saldos existentes no passivo da agência em Cayman, acrescida de R$100 mil por ter dificultado a fiscalização da autarquia. Em seu recurso ao CRSFN, a empresa de auditoria conseguiu reduzir as multas para apenas uma, no valor de R$50 mil (VALOR ECONÔMICO. STJ isenta Price de culpa em ação penal, 7 jun. 2010, p. C8). A penalidade, no entanto, foi suspensa quando a auditoria recorreu ao Judiciário para anular a decisão, conseguindo uma liminar. Em 2013 a empresa foi condenada a reparar os ex-controladores do Noroeste em R$25 milhões (AC 9161946-23.2003.8.26.0000,

4.2.6.2 Agências de rating

As agências de classificação de risco de crédito (*rating*) são responsáveis pela avaliação da condição financeira de diversos agentes econômicos, incluindo as instituições financeiras e seus clientes. O *rating* pode se referir a uma empresa emissora de valores mobiliários, representando uma avaliação genérica do risco de crédito associado a todas as dívidas contraídas pelo emissor e sua capacidade futura de efetuar, dentro do prazo, pagamentos do principal e dos juros de suas obrigações. Alternativamente, o *rating* pode se referir a um produto financeiro específico, caso em que será avaliada a capacidade de o emitente realizar os pagamentos do principal e juros daquele produto específico no prazo acordado.[575]

A vantagem das empresas de *rating* reside no fato de elas atuarem como redutoras de assimetria informacional. Conforme visto no início da obra, o setor bancário é caracterizado pela assimetria informacional entre aplicadores e tomadores de recursos relativamente à sua capacidade e disposição de pagamento, que pode afetar a precificação de operações de crédito. As agências de *rating* ajudam a atenuar essa assimetria informacional por meio do processamento, análise e interpretação de informações que não estão disponíveis publicamente. Isso é importante para emissores porque permite maior acesso a novos mercados, maior liquidez dos papéis e até redução do custo de captação, dependendo da classificação de risco obtida. Também é relevante para investidores na medida em que lhes fornece informações comparáveis ao redor do mundo, com a consequente economia de esforços de pesquisa, além de facilitar o estabelecimento de políticas de crédito.[576]

Rel. Des. Carlos Henrique Abrão, j. 28.8.2013). Mais recentemente, vale mencionar o caso do Banco Panamericano, em que as empresas de auditoria voltaram a ficar em evidência na imprensa em razão de um rombo estimado em R$2,5 bilhões em suas contas, decorrente da suposta venda de carteiras de crédito a outras instituições financeiras sem a respectiva baixa desses ativos em seu balanço patrimonial. Além da empresa responsável pela auditoria das contas do banco, outras empresas também foram alvo de críticas pelo fato de terem sido contratadas pela CEF para prestar assessoria na *due diligence* das contas do Panamericano por conta da aquisição da participação acionária na instituição em 2008 (O GLOBO. Quatro anos de fraudes, 11 nov. 2010, p. 25; O ESTADO DE SÃO PAULO. BC atribui responsabilidade por rombo no Panamericano a falhas de auditorias, 11 nov. 2010, p. B1; e Idem. Deloitte, KPMG e Fator não identificaram fraude, 11 nov. 2010, p. B3).

[575] SOARES, Carla de A. F. *Da possibilidade de regulação das agências de rating no Brasil.* Instituto de Economia-UFRJ, Rio de Janeiro, 2005, p. 21-22.

[576] Idem, ibidem, p. 23-24.

REGULAÇÃO PRUDENCIAL

As agências de *rating* adquirem grande relevância no contexto da regulação prudencial pelo fato de terem sido progressivamente incorporadas ao instrumental de supervisão bancária de alguns países. No caso dos Estados Unidos, por exemplo, criou-se a figura das *Nationally Recognized Statistical Rating Organizations*, agências de *rating* cujas notas eram utilizadas pelas autoridades reguladoras para determinar critérios de adequação de capital, ativos restritos, ou mesmo para isentar determinadas empresas ou produtos financeiros do cumprimento de requisitos regulatórios.[577] Segundo Howell Jackson, professor da Universidade de Harvard:[578]

> Outro contexto comum para a incorporação regulatória dos trabalhos de agência de *rating* ocorre quando padrões de supervisão impõem restrições na estrutura do balanço patrimonial de uma entidade regulada, como um banco, companhia de seguros ou firma que atue com valores mobiliários. Às vezes a habilidade de uma entidade deter certo tipo de investimento dependerá do *rating* atribuído a esse investimento por determinada agência. Em outros casos, o montante que a firma poderá investir em certo ativo aumentará ou diminuirá dependendo se este tem certo *rating* ou não [...] Outro contexto em que agências de *rating* participam da atividade regulatória é na área de controles de adequação patrimonial. Em muitos casos, o montante de capital que a entidade regulada deverá manter dependerá do volume de seus ativos. Controles de adequação patrimonial mais complexos variam o montante de capital necessário para tipos de ativos, e uma forma adotada por reguladores dos Estados Unidos para diferenciar ativos é por meio da atribuição de menores requisitos de capital para ativos com maiores *ratings*.

Exemplo importante de incorporação dos *rating*s na supervisão bancária é o caso de Basileia II, que buscou promover a utilização de notas atribuídas pelas agências de *rating* no cálculo de adequação patrimonial. Trata-se da já mencionada abordagem-padrão para risco de crédito (*standardised approach*), que permite aos bancos apoiarem-se nas notas de *rating*

---

[577] Para uma discussão sobre as formas de incorporação de notas das agências de *rating* pelas agências reguladoras dos Estados Unidos: PARTNOY, Frank. The Siskel and Ebert of financial markets: two thumbs down for the credit rating agencies. *Washington Quarterly Review*, v. 77, n. 3, 1999, p. 619; e RHODES, Amy K. The role of the SEC in the regulation of rating agencies: well-placed reliance or free-market interference? *20 Seton Hall Legis J.* 293, 1996.

[578] JACKSON, Howell E. The role of credit rating agencies in the establishment of capital standards for financial institutions in a global economy. In: FERRAN, Eilís; GOODHART, Charles. *Regulating financial services and markets in the 21st century*, p. 313. Tradução livre.

de agências privadas para determinar o capital mínimo associado ao risco de crédito de seus empréstimos. Assim, quanto maior o *rating* dos tomadores de capital, ou dos ativos financeiros incluídos na carteira da instituição, menor a necessidade de adequação de capital, e vice-versa.

Apesar de suas inegáveis virtudes, as agências de *rating* estão sujeitas a críticas em razão dos conflitos de interesse presentes em sua estrutura de negócios e sua performance aquém do esperado em escândalos financeiros recentes. Assim como no caso da auditoria contábil, o conflito de interesse presente em sua atividade decorre justamente do fato de sua receita provir daqueles que contratam seus serviços para sua avaliação ou de seus produtos financeiros, o que pode acabar comprometendo a isenção da agência em sua atuação. Outro aspecto relevante sobre o relacionamento entre agências de *rating* e seus clientes reside no fato de os emissores poderem, na maioria das vezes, optar pela divulgação ou não do *rating* atribuído pela agência. Para que o *rating* se torne público, a empresa contratante deve autorizar formalmente a divulgação, criando, assim, uma tendência à sua publicação apenas quando estes lhe forem favoráveis.

Reagindo a tais críticas, defensores do papel das agências de *rating* procuram mitigar esses conflitos de interesse, pontuando que o "capital reputacional" é um aspecto fundamental do seu modelo de negócios. Caso os participantes do mercado acreditem que um emissor pode comprar um *rating* mais elevado de uma determinada agência, seus *rating*s perderão credibilidade, inviabilizando a atuação futura daquela agência. Desse modo, a preocupação com a reputação limitaria a possibilidade de influência dos emissores, servindo para atenuar os alegados incentivos negativos causados pelos interesses conflitantes. Segundo John Bohn Jr., ex-presidente da Moody's: "Nós estamos no negócio da integridade: as pessoas nos pagam para sermos objetivos, para sermos independentes, e para dizer que as coisas são como elas realmente são".[579]

Não obstante a coerência do argumento apresentado, a atuação das agências de *rating* voltou a ser objeto de questionamento na crise do mercado hipotecário *subprime* norte-americano, em que muitos dos ativos "tóxicos" que contaminaram o mercado foram oferecidos a investidores por meio de operações estruturadas – principalmente CDOs – avaliadas por tais institui-

---

[579] HOUSE, Richard. Ratings trouble. *Institutional Investor*, out. 1995, p. 245. Tradução livre.

ções.[580] A esse respeito, vale mencionar o posicionamento do ex-presidente do BCB sobre a baixa performance das agências de risco de crédito na crise financeira internacional, afirmando que "houve excesso de confiança nessas agências, bem como falhas nos modelos e metodologias de avaliação de risco, além de desinteresse em tratar os conflitos de interesse no processo de *rating*".[581]

Acrescente-se às críticas quanto à resposta lenta ou falha em sua atuação a preocupação com a própria estrutura do mercado em que atuam. Com efeito, observa-se na atualidade que o mercado de *rating* é largamente dominado por apenas três participantes, quais sejam: Moody's, Standard&Poors e Fitch Ratings. Naturalmente, na medida em que emissores contam com poucas opções de empresas para obterem *rating*, o argumento referente ao "capital reputacional" perde força, uma vez que estes podem não ter opção, independentemente da qualidade do serviço prestado. Isso seria agravado pelas evidências de significativas barreiras à entrada nesse mercado, bem como pelo fato de, em determinadas operações, ter se desenvolvido a prática de obtenção de *rating* de pelos menos duas agências para emissões.[582] Não por acaso, o reconhecimento dessas instituições como pilares da infraestrutura informacional dos mercados de capitais ao redor

---

[580] Já se observou anteriormente o que são CDOs e a estrutura de *tranches* adotada em tais operações. Tipicamente, uma SPE terá todas as classes dessas obrigações (com exceção da mais junior) classificadas por uma ou mais firmas de *rating*. Como parte do processo de *rating*, a SPE normalmente procurará negociar com tais agências a divisão de classes da dívida que será emitida de modo a assegurar que a classe mais senior receberá o maior *rating* possível. A classe senior pode receber o *rating* máximo (AAA, por exemplo) mesmo que os créditos que originaram os recursos da SPE não sejam considerados "triplo-A", uma vez que são os primeiros a serem pagos e, consequentemente, os últimos a sofrerem uma perda. A qualidade do crédito da classe senior é aprimorada pelo fato de as classes mais juniores funcionarem como um "colchão de segurança" para possíveis perdas. Para melhorar o *rating* da *tranche* mais senior, não raro as SPEs realizam contratos de CDS (também explicados anteriormente), que garantem o pagamento de tais obrigações em casos de inadimplência (criando as chamadas *super senior tranches*). A vantagem da atribuição de um bom *rating* à *tranche* superior é que, dependendo da proporção desta em relação às outras *tranches*, o *rating* poderia englobar outras classes também, inclusive as de maior risco, de modo que mesmo operações estruturadas envolvendo ativos tóxicos *subprime* poderiam receber *ratings* de investimento. Para uma descrição detalhada desse processo: SJOSTROM, William K. The AIG bailout, p. 954 e ss.

[581] MEIRELLES, Henrique. Reforço da regulação e supervisão e o seu papel na estabilidade do sistema financeiro, p. 3.

[582] HILL, Claire A. Regulating the rating agencies. *Washington University Law Quarterly*, v. 82, 2004, p. 60 e ss.

do mundo levou alguns autores a equiparar seu poder ao de superpotências mundiais.[583]

Reconhecendo essas limitações em sua atuação, observou-se nas últimas décadas movimento no sentido da regulação mais intensa das atividades dessas agências.[584] Entre as iniciativas nesse campo, pode-se mencionar a elaboração em 2004 por órgão internacional voltado à elaboração de padrões mínimos de regulação no mercado de capitais, de um código de condutas fundamentais para agências de *rating*, regrando questões-chave em seu funcionamento, como: (i) qualidade e integridade do processo de *rating*; (ii) independência e conflitos de interesse na prestação de serviços; (iii) responsabilidade perante investidores e emissores; e (iv) criação de um código de conduta.[585]

Nos Estados Unidos foi promulgado em 2006 o *Credit Rating Agency Reform Act*, com o objetivo expresso de aprimorar a responsabilidade, transparência e competição na indústria de *rating*. Entre as principais mudanças, destaca-se a maior autoridade de supervisão das atividades das agências de *rating* pela SEC, que pode, inclusive, impedir a divulgação do *rating*, ou mesmo negar (ou suspender) o registro da agência quando entender necessário. Além disso, a reforma procurou aumentar o número de participantes no mercado pela formalização dos critérios de licenciamento de agências cujos *ratings* são reconhecidos pela SEC para fins regulatórios.

Mais recentemente, o *Dodd-Frank Act* voltou a promover mudanças no regramento dessas agências, propondo uma série de medidas buscando maior transparência e prestação de contas em suas atividades (Seção 931 e ss.). No campo da regulação prudencial, a mudança mais drástica promovida pelo *Dodd-Frank Act* foi a exigência de que todas as agências federais removessem quaisquer referências a trabalhos de agências de *rating* de

---

[583] Nas palavras de Friedman, colunista do *The New York Times*: "Há duas superpotências no mundo atualmente em minha opinião. Há os Estados Unidos e há a Moody's Bond Rating Service. Os Estados Unidos podem destruí-lo jogando bombas, e a Moody's pode destruí-lo rebaixando seu *rating*. E, acreditem em mim, não é claro às vezes quem é mais poderoso" (PARTNOY, Frank. The Siskel and Ebert of financial markets, p. 620. Tradução livre).

[584] LANGOHR, Herwig M.; LANGOHR, Patricia T. *The rating agencies and their credit ratings*: what they are, how they work and why they are relevant. London: Wiley, 2008, p. 429-468.

[585] IOSCO. Code of conduct fundamentals for credit rating agencies. Madrid, dez. 2004. Esse código foi revisto em 2015, incorporando experiências da crise financeira internacional (Idem. Code of conduct fundamentals for credit rating agencies. Madrid, mar. 2015). O papel da Iosco será objeto de maior detalhamento no próximo capítulo.

REGULAÇÃO PRUDENCIAL

suas regulamentações (Seção 939A). Com essa modificação, reverteu-se o movimento de incorporação do trabalho dessas agências no instrumental de supervisão bancária norte-americano.

No Brasil, embora os *ratings* já fossem previstos em algumas disposições legais,[586] até recentemente as agências de *rating* brasileiras não estavam submetidas a exigências específicas ou padrões de conduta de nenhum órgão regulador ou associação de classe.[587] Isso mudou com a Instrução CVM 521, de 25 de abril de 2012, que dispõe sobre a atividade de classificação de risco de crédito no âmbito do mercado de valores mobiliários. Entre as inovações do normativo, criou-se a necessidade de registro das agências de *rating* com a CVM e de elaboração de um código de conduta, atendendo exigências mínimas previstas pela autoridade. Além disso, a Instrução CVM 521/2102 passou a exigir a publicação de relatórios que não forem utilizados pelo emissor após a divulgação da operação. Tal exigência procura inibir a escolha seletiva de *ratings* favoráveis (*rating shopping*), que ocorre quando um emissor contrata diferentes agências de *rating*, mas publica apenas a melhor nota recebida. O normativo também procura atuar sobre os conflitos de interesse na prestação desses serviços, exigindo, entre outras providências, a segregação entre as atividades de *rating* e demais atividades desenvolvidas pela agência. Na mesma esteira, determinou que, caso analistas de crédito da agência venham a trabalhar nas empresas que tenham sido objeto de sua avaliação, o trabalho do profissional nos últimos dois anos deverá ser revisto.

No tocante ao setor bancário, a preocupação quanto à falta de controle sobre as atividades de tais agências no Brasil é minimizada pelo fato de o BCB adotar uma abordagem conservadora relativamente aos seus trabalhos, não incorporando *ratings* externos ao seu instrumental de regulação e supervisão bancária. É o caso, por exemplo, do já mencionado Comunicado 12.746, emitido pela autarquia em 9 de dezembro de 2004, que ao tratar do cronograma de implementação de Basileia II no País, adiantou quanto às diretrizes do acordo que a autarquia não utilizaria *ratings* divulgados por agências de classificação de risco de crédito para fins de apuração do

---

[586] A Resolução CMN 2.829, de 30 de março de 2001, a Instrução CVM 393, de 22 de julho de 2003, e a Instrução CVM 404, de 13 de fevereiro de 2004, são alguns exemplos de normativos que fazem referência a agências classificadoras de risco de crédito (SOARES, Carla de A. F. *Da possibilidade de regulação das agências de rating no Brasil*, p. 31).

[587] Idem, ibidem, p. 31.

capital mínimo regulatório. Pelo contrário, embora as instituições financeiras possam desenvolver metodologias de classificação de risco interna, devem fazê-lo seguindo critérios estabelecidos pelo BCB.[588]

---

[588] A Circular BCB 3.581, de 8 de março de 2012, regulamentou a abordagem IRB, permitindo a utilização de sistemas internos de classificação de risco de crédito pelas instituições financeiras para fins de apuração do valor do PR destinado à cobertura do risco de crédito. A utilização da abordagem IRB fica condicionada à aprovação prévia do BCB. Para tanto, a instituição financeira deve comprovar a realização de processo de validação interna dos modelos e sistemas de tecnologia da informação empregados, incluindo aqueles adquiridos de terceiros, demonstrando sua abrangência, consistência e adequação ao perfil de risco de suas exposições. O normativo também estabeleceu requerimentos mínimos a serem observados na apuração de determinados parâmetros de risco (*i.e.*, probabilidade de *default*, perda em caso de inadimplência, exposição no momento do *default* e maturidade efetiva), conforme as disposições de Basileia II. A utilização da abordagem IRB demanda também o cumprimento de requisitos específicos de governança e regras concernentes à disciplina de mercado, ampliando a divulgação de informações relativas à gestão de risco de crédito. A disciplina da abordagem IRB foi posteriormente revista, constando atualmente na Circular BCB 3.648, de 4 de março de 2013 (BANCO CENTRAL DO BRASIL. *Relatório de estabilidade financeira*. Brasília: Banco Central, set. 2012, p. 49).

REGULAÇÃO PRUDENCIAL

SÍNTESE E CONCLUSÕES DO CAPÍTULO 4

1. A regulação prudencial procura implementar mecanismos voltados ao acompanhamento e controle do nível de risco assumido por instituições financeiras. Ela cumpre importante papel complementar à regulação sistêmica, na medida em que ajuda a combater os efeitos deletérios em termos de criação de risco moral decorrentes da disponibilização de uma rede de segurança aos bancos.

2. As estratégias adotadas pela regulação prudencial para atingir seus objetivos se modificaram ao longo das décadas. Inicialmente, essas estratégias apoiavam-se em regras de conteúdo prescritivo e busca do controle direto das operações das instituições financeiras por meio da segregação estrita de suas atividades e imposição de indicadores quantitativos objetivos para o julgamento das operações permitidas. A meta da regulação prudencial nesse primeiro estágio evolutivo era assegurar a liquidez dos depósitos, permitindo que bancos honrassem demandas de retirada por depositantes. As mudanças ocorridas no sistema financeiro durante o século XX gradualmente tornaram essas estratégias obsoletas. O advento de novas formas de administração de passivos baseadas na diversificação de fontes de recursos e a progressiva perda de importância dos depósitos bancários tradicionais em face de outras atividades bancárias provocaram uma mudança no foco das estratégias de regulação prudencial. A partir da década de 1980, as autoridades passaram a atribuir atenção crescente à dinâmica de remuneração de outras atividades bancárias e aos incentivos à tomada excessiva de risco no setor. Como resultado, o foco da regulação prudencial migrou das operações passivas para as operações ativas das instituições financeiras e, sobretudo, o risco de crédito decorrente de tais operações.

3. Essa evolução da regulação prudencial foi consagrada em Basileia I, que procurou harmonizar práticas de regulação prudencial ao redor do mundo por meio da imposição de capital mínimo a ser observado pelas instituições financeiras, calculado de acordo com suas aplicações e baseando-se na classificação de risco reco-

nhecido em cada categoria de crédito. Apesar de ter representado grande avanço no estabelecimento de padrões mínimos de regulação prudencial, tornando-se verdadeira referência regulatória ao redor do mundo, Basileia I tornou-se alvo de críticas em virtude do seu escopo limitado, voltado apenas à consideração do risco de crédito, e de inconsistências na sua aplicação. Em razão disso, o acordo sofreu revisões ao longo da década seguinte, resultando em Basileia II. Além de procurar corrigir falhas do acordo anterior, Basileia II foi mais abrangente e procurou acrescentar novas categorias de risco, bem como implementar mecanismos que levassem em consideração a inovação e sofisticação crescentes no mercado financeiro. Para tal, apoiou-se no capital mínimo, supervisão bancária e disciplina de mercado como pilares fundamentais da regulação prudencial.

4. Mais recentemente, o Comitê de Basileia propôs uma série de medidas que ficaram conhecidas conjuntamente como Basileia III. Tomando como base os trabalhos realizados nos acordos prévios, Basileia III propõe ações voltadas ao aumento da qualidade, consistência e transparência da base de capital das instituições financeiras. As regras propostas também focam no risco de liquidez e abordagem macroprudencial, preocupando-se com a manutenção da higidez do sistema financeiro como um todo, em contraste com o enfoque no controle individual sobre as instituições financeiras predominante nos acordos anteriores. Nesse sentido, Basileia III procura corrigir distorções verificadas em Basileia II com base na experiência da crise financeira internacional, além de promover novos mecanismos de regulação prudencial, com destaque para a adoção de modelos de provisionamento de capital com ajuste cíclico, criação de um índice de alavancagem não ajustado ao risco e padrões globais de liquidez de curto e longo prazo.

5. Embora o Brasil já adotasse requisitos patrimoniais e formas de limitação de endividamento anteriormente, a Resolução CMN 2.099/1994 pode ser considerada o marco inaugural do modelo de regulação prudencial atualmente adotado no País. As mudanças realizadas pelo normativo procuraram incorporar parte das propos-

REGULAÇÃO PRUDENCIAL

tas de Basileia I, notadamente a transição para um sistema baseado na limitação às operações ativas, ponderadas pelo risco de crédito. O BCB anunciou em 2004 sua intenção de adotar Basileia II, com cronograma de implementação até 2012. Em 2011 a autoridade também anunciou sua intenção de aderir às propostas de Basileia III, inclusive antecipando a implementação de certas medidas em relação ao cronograma proposto pelo Comitê de Basileia.

6. A análise do arcabouço regulatório pátrio indica que o Brasil adota na atualidade os principais mecanismos de regulação prudencial tradicionalmente empregados ao redor do mundo. Além disso, constatação de relevo para o presente trabalho é a de que a adoção desses mecanismos no País é marcada muitas vezes pela utilização de critérios e exigências mais rigorosos do que aqueles sugeridos pelo Comitê de Basileia, ou mesmo em comparação com outros países. A adoção dos acordos de Basileia não se deu de forma absoluta, incorporando modificações em relação às proposições originais, como: (i) a manutenção de capital mínimo para abertura e funcionamento de instituições financeiras, inclusive mantendo até 1999 exigência em dobro desse capital para instituições financeiras sob controle estrangeiro direto ou indireto; (ii) níveis de risco superiores para determinados ativos, incluindo ponderação de 300% para créditos fiscais; e (iii) requisito de capital ajustado ao risco baseado no PR de 11%, em vez do patamar de 8% de Basileia I, ainda que este tenha previsão de redução gradativa a partir de 2016, até atingir 8%, em virtude da adoção recente do ACP, em linha com as propostas de Basileia III. No tocante a Basileia II, vale mencionar a rejeição pelo BCB da abordagem padronizada, baseada no produto de agências de *rating*, na apuração do risco de crédito para cálculo do capital mínimo regulatório.

7. No que concerne aos mecanismos de regulação prudencial considerados individualmente, observou-se que o País conta com infraestrutura de supervisão bancária avançada, com critérios de controle de acesso exigentes e sistemas de envio de informações e supervisão direta e indireta abrangentes. Além disso, embora por conveniência expositiva tenham sido apresentados no Capítulo 3, quando

foram analisados os regimes especiais aplicáveis a instituições em crise, é inegável a dimensão prudencial que as regras rigorosas de responsabilidade e indisponibilidade dos bens de controladores e administradores em tais regimes apresentam, na medida em que criam incentivos para manutenção da higidez da instituição financeira.

8. Em complemento aos mecanismos existentes, vale ressaltar a criação recente das medidas prudenciais preventivas por meio da Resolução CMN 4.019/2011. Tais mecanismos preveem a atuação da autoridade bancária de forma antecipada em casos que comprometam ou possam comprometer o funcionamento do SFN, permitindo que uma série de medidas de caráter financeiro e operacional sejam adotadas. A atuação preventiva guarda semelhanças com a abordagem SEIR, porém mantendo a discricionariedade do BCB na verificação de situações que possam dar ensejo à aplicação das medidas, tampouco constando a previsão de decretação automática de regimes especiais. Observou-se também a similaridade das medidas previstas no normativo com aquelas enunciadas no capítulo III do anteprojeto de lei apresentado na Audiência Pública 34/2009.

9. Além da adoção das melhores práticas prudenciais, no desenlace da crise financeira internacional o País demonstrou estar à frente do debate regulatório internacional em muitas áreas da supervisão bancária. Enquanto outros países integraram apenas recentemente os testes de estresse de instituições financeiras ao seu arcabouço regulatório, estes já são prática comum nos esforços de supervisão bancária do BCB, conforme disposto em seus Relatórios de Estabilidade Financeira. Outro importante ponto de debate internacional é o controle dos instrumentos financeiros derivativos negociados em mercados de balcão. Nesse aspecto, observou-se que o BCB já exerce maior fiscalização sobre operações realizadas por instituições financeiras no âmbito doméstico por conta própria, inclusive exigindo que estas sejam registradas em mercados de balcão organizados e sistemas administrados por bolsas de valores, mercadorias e de futuros, por entidades de registro e de liquidação financeira

REGULAÇÃO PRUDENCIAL

de ativos devidamente autorizadas pelo BCB ou CVM. Esse controle foi estendido recentemente para abarcar operações realizadas por instituições financeiras com contrapartes no exterior. Com relação aos problemas apresentados pelas SPEs e os riscos causados pela transferência de riscos para fora do balanço dos bancos, vale mencionar a adoção recente da figura do conglomerado prudencial, sujeito a regras de consolidação mais robustas estipuladas pelo BCB. Finalmente, reiterando sua postura rigorosa na regulação prudencial, a autoridade bancária pátria foi uma das primeiras a regulamentar a política de remuneração dos executivos do setor bancário com base nas recomendações do FSB, procurando alinhar os incentivos à tomada de risco com o crescimento de longo prazo das instituições financeiras. O BCB reforçou a possibilidade de controle sobre a remuneração no setor recentemente com a adoção das medidas prudenciais preventivas e critérios de retenção de remuneração baseados no desenquadramento do ACP verificado em relação ao exigido.

10. No tocante aos agentes "auxiliares" de supervisão bancária, o Brasil exerce controle rígido sobre os padrões contábeis aplicáveis às instituições financeiras por meio do Cosif, inclusive exigindo certificação específica para condução de tais atividades. O arcabouço regulatório atual estabelece uma série de obrigações de prestação de informações por parte de empresas de auditoria no caso de verificação de irregularidades na análise das contas das instituições financeiras, além de prever a responsabilização de tais entidades pelos atos praticados ou omissões em que houverem incorrido no desempenho de suas funções. Quanto às agências de *rating*, além da regulamentação recente de tais atividades pela CVM, a autoridade bancária adota postura conservadora, não incorporando *ratings* externos ao instrumental de supervisão bancária.

11. De importância ainda maior para o presente trabalho é a constatação de que, assim como observado em relação a outros campos da regulação financeira, ou mesmo a experiência de outros países, o arranjo institucional de supervisão bancária no País também sofre os efeitos das transformações observadas no sistema financeiro nas

REGULAÇÃO SISTÊMICA E PRUDENCIAL NO SETOR BANCÁRIO BRASILEIRO

últimas décadas. A concentração crescente no setor e a diluição das barreiras regulatórias entre atividades financeiras permitem o surgimento de conglomerados financeiros de grande complexidade atuantes em diversos segmentos do sistema financeiro. Esses movimentos apresentam enormes desafios às autoridades, e o Brasil não é exceção a esse quadro.

12. O modelo de regulação e supervisão instituído por meio da reestruturação do SFN iniciada em 1964 combina elementos da abordagem funcional e institucional. Ambos os modelos apresentam limitações, uma vez que, no caso de conglomerados financeiros, autoridades podem não dispor de informações suficientes a respeito de todas as entidades ou atividades subjacentes, o que pode comprometer o monitoramento do nível de risco a que a instituição está exposta. As autoridades do SFN têm procurado suprir as deficiências desse modelo por meio de convênios de trocas de informação e coordenação regulatória. Nesse aspecto, diferencial importante do arranjo institucional pátrio de regulação e supervisão é a presença do CMN como órgão responsável por assegurar a coordenação de atividades entre o BCB e a CVM nos casos de instituições financeiras e demais sociedades autorizadas a explorar simultaneamente operações ou serviços nos mercados financeiro e de capitais. Não obstante, dada a ausência de um foro de coordenação regulatória que abrangesse também as atividades de seguro, previdência e capitalização, foi constituído em 2006 o Coremec, com o propósito de coordenar as funções de regulação e supervisão entre as áreas de competência do BCB, CVM, Susep e Previc.

13. Outro desafio à regulação prudencial provocado pelos movimentos de concentração e conglomeração financeira refere-se à possibilidade de captura regulatória. A formação de conglomerados financeiros de grande porte facilita a coordenação de ações entre os participantes do setor, tornando seu *lobby* mais eficaz. Nesse sentido, as inúmeras operações de fusões e aquisições ocorridas no setor bancário em virtude da crise financeira recente amplificam a capacidade de organização política dessas instituições, dificultando a aprovação de medidas que restrinjam ou atribuam maior controle

às suas atividades. Isso é perceptível em países nos quais o *lobby* se dá de forma mais institucionalizada, como nos Estados Unidos, em que os debates a respeito da reforma do sistema de regulação e supervisão financeira contaram com intensa resistência de instituições financeiras, gerando inclusive críticas abertas do chefe do Executivo quanto ao seu comportamento.

14. É preciso ressaltar também os questionamentos levantados em relação à autorregulação e sua capacidade de conter excessos dos participantes do sistema financeiro. Esse é um ponto importante para a regulação prudencial, na medida em que Basileia II se apoiou nessa estratégia regulatória como forma de lidar com a complexidade crescente das interações e produtos no sistema financeiro. Os eventos recentes nos mercados mundiais, no entanto, levantam questionamentos quanto à viabilidade dessa estratégia, sugerindo que a supervisão de instituições financeiras de modo mais aprofundado do que a simples aprovação de métodos de classificação interna de risco por parte da autoridade bancária ainda será exigida por algum tempo, se é que algum dia essa função poderá ser integralmente transferida ao mercado. De todo modo, a questão parece ser mitigada no Brasil, em que parte do arcabouço regulatório é caracterizada por uma ação mais forte dos reguladores estatais, e parte por instituições de autorregulação. Nesse quadro, a autorregulação estaria mais voltada ao apoio de iniciativas governamentais por meio de uma atuação regulatória complementar, do que a busca de uma desregulamentação ou menor intervenção governamental no setor.

15. A postura rigorosa adotada pela autoridade bancária na incorporação dos padrões regulatórios do Comitê de Basileia no País, bem como os méritos desses mecanismos quando considerados individualmente, merecem reconhecimento. É necessário frisar, no entanto, que a análise das diferentes estratégias de regulação prudencial adotadas ao longo do tempo, aliada aos desafios e limitações enfrentados pelos supervisores bancários no monitoramento do risco sistêmico, mostra que, conquanto esta seja uma importante ferramenta para seu controle e mitigação, a regulação prudencial

está fadada a procurar novas formas para administrar o risco nas atividades financeiras, mas nunca controlá-lo por completo. Isto porque, independentemente de quão rigorosas e sofisticadas sejam as regras impostas pelos reguladores, no dia seguinte à sua promulgação, participantes do mercado já estarão empregando seus melhores recursos e mentes disponíveis na busca de formas de redução ou transferência do ônus regulatório. Não por acaso, a regulação prudencial está em constante transformação. Desde seus primórdios, com a criação de regras voltadas à segregação estrita de suas atividades e imposição de indicadores de liquidez, migrando para o controle das operações ativas e o risco de crédito decorrente de tais operações em Basileia I, a aposta na autorregulação e disciplina de mercado em Basileia II, e a atenção crescente ao risco de liquidez e enfoque macroprudencial em Basileia III; cumpre reconhecer que, realisticamente, a regulação prudencial procura conter o risco, mas nunca neutralizá-lo por completo. Outrossim, observou--se que a regulação prudencial ainda depende do produto de entes privados para conduzir seus trabalhos. Enquanto os conflitos de interesse inerentes a esses agentes auxiliares não forem resolvidos, a supervisão bancária também continuará sendo afetada adversamente por tais vícios. Em suma, embora relevante e necessária, é preciso ter em mente que a regulação prudencial enfrenta limitações e desafios, motivo pelo qual as virtudes aqui identificadas não devem desviar a atenção das autoridades para a regulação sistêmica, especialmente no tocante a medidas conducentes à ampliação do risco moral.

Capítulo 5
REGULAÇÃO FINANCEIRA INTERNACIONAL

5.1 Risco sistêmico internacional

Os avanços na tecnologia da informação nas últimas décadas contribuíram de forma determinante para a crescente internacionalização dos mercados financeiro e de capitais. Como resultado do aumento da velocidade e menor custo das telecomunicações, tornou-se possível oferecer maior gama de produtos e serviços, cobrindo área geográfica mais ampla. Além disso, progressos tecnológicos têm permitido que instituições financeiras administrem maiores carteiras de clientes e expandam suas redes de agências bancárias, facilitando a comunicação entre elas. Nesse processo, não apenas barreiras geográficas foram gradualmente erodidas, como também aumentaram o volume, a velocidade e a complexidade das transações internacionais.[589]

Esses avanços tecnológicos possibilitaram o surgimento de instituições financeiras integradas globalmente com estruturas corporativas complexas: os chamados conglomerados financeiros internacionais. Tomando como exemplo os casos do Citigroup e Deutsche Bank, em 2003, o primeiro operava com mais de um terço dos seus ativos fora dos Estados Unidos, e auferia cerca de 40% de seu lucro líquido no exterior, enquanto o segundo atuava com dois terços de seus ativos fora da Alemanha, e tam-

---

[589] GROUP OF 30. *Global institutions, national supervision and systemic risk*: a study group report. Washington: Group of 30, 1997, p. 6.

bém realizava cerca de 40% de seu lucro líquido no exterior. Além destes, em 2005 outros cinco bancos ingressariam no "clube" de instituições financeiras com mais de um trilhão de dólares em ativos distribuídos ao redor do mundo.[590]

Enquanto esses conglomerados apresentam benefícios na medida em que oferecem mais serviços em mais localidades aos seus clientes, é preciso reconhecer também os imensos desafios que esse quadro de internacionalização impõe à regulação e supervisão bancária. Os capítulos anteriores apresentaram dificuldades inerentes à fiscalização de conglomerados atuantes em diversos segmentos do sistema financeiro, bem como os perigos associados à sua quebra. O efeito imediato da internacionalização de instituições financeiras é a transposição dessas preocupações do plano doméstico para o plano internacional. Ou seja, as transformações ocorridas no sistema financeiro mundial fazem com que autoridades bancárias passem a se preocupar não apenas com o acompanhamento do nível de risco a que a instituição está exposta no mercado doméstico, como também em outros países. Outrossim, a interdependência crescente das instituições financeiras no plano internacional aumenta o risco de que o *default* de uma instituição ou liquidação de uma afiliada ou subsidiária em uma determinada jurisdição acabe causando consequências negativas em outros países.

Tais preocupações são exacerbadas pela constatação de que, a despeito de suas ambições globais e da presença internacional, a regulação e a supervisão dessas instituições financeiras continuam sendo conduzidas predominantemente por autoridades nacionais, limitadas pelo domínio de suas jurisdições.[591] Logo, diferenças legais, culturais ou mesmo interpretações divergentes quanto à estratégia regulatória adequada acabam afetando a regulação e a supervisão que lhes são dirigidas, podendo inclusive gerar estratégias de arbitragem regulatória em busca de países com regras mais lenientes.[592] Em decorrência desse quadro, observa-se que autoridades bancárias domésticas passam a depender cada vez mais não

---

[590] BARTH, James R. et al. *Rethinking bank regulation*, p. 109.

[591] LASTRA, Rosa Maria. *Banco Central e regulamentação bancária*, p. 129-130.

[592] Para um relato sobre como a estrutura regulatória norte-americana incentivou a migração de negócios para outras jurisdições: JACKSON, Howell. Variation in the intensity of financial regulation: preliminary evidence and potential implications. *Yale Journal on Regulation*, v. 24, n. 2, 2007.

apenas dos resultados dos seus esforços de supervisão, mas também dos atos praticados por autoridades de outros países em que as instituições financeiras atuem.

Esse quadro de interdependência crescente entre as ações de autoridades bancárias é particularmente preocupante no caso de decisões unilaterais referentes às atividades de instituições financeiras estrangeiras em sua jurisdição. O cancelamento das operações de uma instituição financeira estrangeira pode afetar adversamente as operações desta em seu país de origem. O cenário inverso também é possível e talvez ainda mais grave, em que uma autoridade bancária decida encerrar as operações de instituição financeira constituída no país, ou negar-se a resgatá-la caso esteja em dificuldades, afetando adversamente suas operações em outros países. A quebra do Lehman Brothers nos Estados Unidos em 2008 com suas significativas repercussões ao redor do mundo é emblemática nesse sentido.

A migração da interdependência entre instituições financeiras do plano nacional para o plano internacional, aliada à incapacidade de autoridades bancárias locais lidarem unilateralmente com os riscos decorrentes desse processo, demonstram que, na atualidade, a eficácia de políticas regulatórias sistêmicas e prudenciais requer a coordenação de esforços de regulação e supervisão entre autoridades bancárias de cada país. Em outras palavras, modernamente, a manutenção da estabilidade do sistema financeiro exige a aderência a padrões de regulação e supervisão comuns às jurisdições em que as instituições financeiras atuem. Cumpre examinar, portanto, o arcabouço internacional de regulação e supervisão financeira que se desenvolveu nas últimas décadas voltado a esse propósito.

5.1.1 Internacionalização dos bancos atuantes no Sistema Financeiro Nacional

Antes de proceder à análise pretendida, o estudo dos impactos da internacionalização de conglomerados financeiros na regulação sistêmica e prudencial envolve um breve exame sobre como esse fenômeno se apresenta no Brasil. Nesse aspecto, já se observou no Capítulo 2 que o art. 52 do ADCT restringiu a entrada de capital estrangeiro no setor bancário pátrio, situação que só veio a se alterar com a EM 311 do Ministério da Fazenda em 1995. Desde então, apesar do rápido aumento do capital estrangeiro no SFN no final da década de 1990, muitas dessas instituições estrangeiras acabaram gradualmente saindo do País. Ao final de 2014, a participação estrangeira no patrimônio líquido do SFN somava 16%.[593]

De acordo com o art. 39 da Lei 4.595/1964, a atuação de bancos estrangeiros no País se sujeita, basicamente, às mesmas regras aplicáveis às instituições de capital nacional. As diferenças de tratamento, quando existem, geralmente se mostram mais rigorosas ao capital estrangeiro. É o caso, por exemplo, do antigo art. 1.º, § 3.º, do Anexo II à Resolução CMN 2.099/1994, que determinava acréscimo de 100% ao capital mínimo exigido para autorização de funcionamento de agências de instituições financeiras domiciliadas no exterior, ou de banco comercial (ou banco múltiplo com carteira comercial) sob controle estrangeiro direto ou indireto. Essa diferença de tratamento, no entanto, foi posteriormente eliminada com a Resolução CMN 2.607/1999.

Além das instituições financeiras estrangeiras atuando no País, outra questão de relevo para a análise do risco sistêmico internacional é a presença de bancos brasileiros no exterior. A esse respeito, pode-se dizer que o processo de internacionalização dos bancos nacionais ainda é incipiente. Os participantes nacionais do setor bancário com maior presença no exterior são o Banco do Brasil, Itaú Unibanco, BTG Pactual e Bradesco. Considerando os dados totais do SFN, bancos brasileiros tinham 53 agências, 21 escritórios e 83 subsidiárias no exterior ao final de 2013. Note-se o evidente contraste com bancos como o HSBC, que, sozinho, possui operações em mais de 80 países.[594]

---

[593] Dados disponíveis em: <www.bacen.gov.br/?REVSFN>. Acesso em: 24 jul. 2015. Esse número deve diminuir com a aquisição das operações do HSBC no Brasil pelo Bradesco (*Press release* do Bradesco de 3 de agosto de 2015. Disponível em: <www.bradescori.com.br>. Acesso em: 3 ago. 2015).

[594] BARTH, James R. et al. *Rethinking bank regulation*, p. 110.

Tabela 18: Dependências no exterior em 31 dez. 2013

Bancos	Agências	Escritórios	Subsidiárias
Banco Bradesco S.A.	3	-	6
Banco BTG Pactual S.A.	1	-	18
Banco do Brasil S.A.	22	11	17
Itaú Unibanco (*)	5	5	27

Fonte: Adaptado de BCB. Dados disponíveis em: <www.bacen.gov.br/?REVSFN>. Acesso em: 24 jul. 2015.
(*) Somando Itaú Unibanco S.A., Banco Itaú BBA S.A., Itaú Corretora de Valores S.A., e Itaú Unibanco Holding S.A.

Apesar dessa participação internacional relativamente pequena, é preciso ressaltar que esse cenário vem se alterando com rapidez nos últimos anos. Um dos maiores exemplos desse movimento é o caso do Itaú Unibanco,[595] que, visando a ampliação de sua presença na América do Sul, comprou em 1998 o Banco del Buen Ayre S.A., na Argentina, criando o Itaú Buen Ayre S.A., e, no ano de 2006, adquiriu as operações do BankBoston no Brasil, Chile e Uruguai. O banco também passou a operar na Colômbia em 2012, recebeu autorização para operar no México em 2014, e consolidou sua presença no Chile com a fusão recente com o CorpBanca.[596] Na esteira dessa ampliação da atuação internacional do Itaú Unibanco, observa-se também interesse crescente do Banco do Brasil em expandir suas operações fora do País. Nesse sentido, o banco anunciou em 2010 a aquisição do controle do Banco Patagônia, a sexta maior instituição financeira de capital nacional da Argentina.[597] Além disso, no mesmo ano o *Federal Reserve* conferiu ao Banco do Brasil o *status* de *Financial Holding Company*, permi-

---

[595] A fusão do Itaú com o Unibanco representou um importante passo na estratégia de internacionalização. À época do anúncio da operação, os presidentes dos bancos afirmaram que, entre outros objetivos, a sua união tinha como meta criar um *player* global no prazo de cinco anos, e que o primeiro passo para esse processo de internacionalização seria a América Latina, na qual, além de consolidar sua presença em países em que já atuavam, como Argentina e Chile, a nova instituição almejava entrar no mercado mexicano e colombiano (FOLHA DE SÃO PAULO. Itaú e Unibanco planejam ser banco internacional em cinco anos, 3 nov. 2008; e Idem. Internacionalização de Itaú e Unibanco não seria possível sem fusão, diz banqueiro, 4 nov. 2008).

[596] Relatório anual 20-F do Itaú Unibanco Holding S.A. referente ao ano de 2014. Disponível em: <www.sec.gov>. Acesso em: 24 jul. 2015.

[597] *Press release* do Banco do Brasil de 21 de abril de 2010. Disponível em: <www.bb.com.br>. Acesso em: 24 jul. 2015.

REGULAÇÃO SISTÊMICA E PRUDENCIAL NO SETOR BANCÁRIO BRASILEIRO

tindo que a instituição exerça atividades bancárias nos Estados Unidos nas mesmas condições aplicáveis aos bancos locais.[598] Com efeito, o Presidente da República à época defendeu a necessidade de internacionalização da maior instituição financeira do País para acompanhar o crescimento das empresas nacionais no exterior.[599] Finalmente, vale mencionar também as iniciativas recentes do Bradesco nesse processo, como a aquisição em junho de 2010 do controle do IBI México,[600] bem como o anúncio em agosto do mesmo ano da intenção de firmar parceria com o Banco do Brasil e um banco português para coordenar futuros investimentos envolvendo a aquisição de participações em outros bancos ou estabelecimento de operações próprias, no continente africano.[601]

5.2 Arcabouço internacional de regulação e supervisão financeira[602]

5.2.1 Comitê de Basileia de Supervisão Bancária
O Comitê de Basileia foi criado no final de 1974, sob os auspícios do BIS, com o objetivo de promover melhor entendimento e qualidade da supervisão bancária ao redor do mundo.[603] Desde sua criação, tornou-se um dos mais influentes órgãos internacionais definidores de padrões de atuação no sistema financeiro, exercendo influência direta e indireta no desenvolvimento do arcabouço regulatório destinado ao regramento de atividades

---

[598] *Press release* do Banco do Brasil de 13 de abril de 2010. Disponível em: <www.bb.com.br>. Acesso em: 24 jul. 2015.

[599] O GLOBO. Lula defende internacionalização do Banco do Brasil, 20 jul. 2009.

[600] *Press release* do Bradesco de 2 de junho de 2010. Disponível em: <www.bradescori.com.br>. Acesso em: 24 jul. 2015.

[601] *Press release* do Banco do Brasil de 9 de agosto de 2010. Disponível em: <www.bb.com.br>. Acesso em: 24 jul. 2015.

[602] Há uma variedade de órgãos internacionais engajados na proposição de normas, padrões e recomendações a instituições que atuam direta ou indiretamente no sistema financeiro. A esse respeito, podem-se mencionar os trabalhos da *International Swaps and Derivatives Association* no caso de instituições que atuam com instrumentos financeiros derivativos, e da *Financial Action Task Force* no campo de combate à lavagem de dinheiro e terrorismo, entre outros. Considerando a impossibilidade de analisar todos os órgãos cujas atividades relacionam-se a temas da regulação financeira, serão objeto de estudo no presente capítulo apenas aqueles cuja atuação histórica tem sido marcada pela preocupação específica com a proposição de padrões de regulação e supervisão para a prevenção do risco sistêmico, seja no contexto do setor específico nos quais atuam, ou no caso de conglomerados financeiros.

[603] TARULLO, Daniel K. *Banking on Basel*, p. 2.

REGULAÇÃO FINANCEIRA INTERNACIONAL

bancárias em diversos países.[604] Nos seus 40 anos de atuação, o órgão conduziu inúmeros trabalhos em diversas áreas da regulação bancária, com destaque para suas propostas no tocante à coordenação de supervisão de instituições financeiras com atuação internacional e controles de adequação de capital. Esta última área foi objeto dos acordos de Basileia, já tratados no capítulo anterior.

Até 2009 o comitê era composto pelos presidentes dos bancos centrais dos países-membros do G-10, acrescidos de Luxemburgo e Suíça, que se reuniam periodicamente para negociar e aprovar regras referentes ao setor bancário. Seu processo decisório é informal e baseado no consenso entre seus membros. Apesar de contar com representantes do G-10, o comitê mantém grupos de trabalho com reguladores de diversos outros países. Seus esforços para a preparação de Basileia II, por exemplo, envolveram a coordenação com mais de 100 países por meio de seminários e consultas.[605]

Vale ressaltar que as regras do Comitê de Basileia não são autoexecutáveis, sendo vinculantes apenas na medida em que incorporadas à legislação de cada país. Não há previsão de penalidades específicas no caso de seu descumprimento. Não obstante, apesar de o comitê agir como fórum informal e suas decisões não terem caráter coercitivo, autores como Lastra consideram que ele se tornou, de fato, verdadeira autoridade regulatória internacional. Segundo a autora, o razoável grau de despolitização e considerável experiência técnica em assuntos bancários serviram bem ao desenho das regras internacionais bancárias dentro do comitê. A estrutura de aproximação informal que permeia as relações no órgão também facilita o contato, a cooperação e a coordenação entre supervisores e reguladores bancários.[606] Nesse sentido, um grande número de países vem incorporando os padrões do comitê aos seus ordenamentos jurídicos com o objetivo de fortalecer seu setor bancário e melhorar sua percepção de risco nos mercados internacionais, criando assim incentivos para que outros países e instituições financeiras adiram a esses padrões se quiserem atuar nos principais centros financeiros mundiais. Em razão desses fatores, considera-se que os poderes e influência do comitê na atualidade são bem mais abrangentes do que no momento de sua fundação. Esse *status* diferenciado dos

---

[604] ALEXANDER, Kern et al. *Global governance of financial systems*: the international regulation of systemic risk. Oxford: University Press, 2006, p. 37.

[605] Idem, ibidem, p. 37.

[606] LASTRA, Rosa Maria. *Banco Central e regulamentação bancária*, p. 134-135.

padrões regulatórios do Comitê de Basileia fazem com que alguns autores os classifiquem em categoria normativa diferenciada intitulada *soft law*.[607]

A partir de 2012 o Comitê de Basileia passou a monitorar o grau de aderência dos países aos padrões mínimos de regulação por meio dos Programas de Avaliação de Consistência Regulatória (*Regulatory Consistency Assessment Programme* – RCAP). Além de incentivar uma adesão mais ampla aos padrões propostos, o RCAP almeja uma implementação mais consistente, uma vez que, mesmo nos casos de países que aderem às regras do comitê, isso não é feito necessariamente de modo uniforme. De fato, cada jurisdição adota as diretrizes de acordo com os seus próprios cronogramas, muitas vezes optando por modificar parte das regras propostas nesse processo. O Brasil, particularmente, é um exemplo disso, optando pelo estabelecimento de requisito mais rígido de adequação patrimonial do que o original em Basileia I e antecipando a implementação de certas exigências de capital em relação ao cronograma oficial proposto em Basileia III.

---

[607] GUZMAN, Andrew T.; MEYER, Timothy L. International soft law. *Journal of Legal Analysis*, 2(1), 2010, p. 3. O termo *soft law* refere-se a instrumentos que não possuem caráter vinculante, ou cujo efeito vinculante sobre seus destinatários é considerado "mais fraco" em contraste com a força coercitiva de leis tradicionais, muitas vezes referidas como *hard law*. Conforme Nasser, o uso desses instrumentos normativos mais "flexíveis" está relacionado às dificuldades para assumir compromissos internacionais, seja em razão de incertezas científicas ou problemas políticos. Além disso, os custos decorrentes da adoção de certas determinações podem tornar difícil a sustentação política da aceitação de obrigações muito rígidas. Nesse aspecto, instrumentos de *soft law* podem ser vistos como opção flexível na medida em que evitam o compromisso imediato decorrente de tratados, mas fornecem algum grau de previsão sobre as condutas dos atores sociais e até mesmo uma expectativa em relação a seus comportamentos. Dependendo da disseminação e grau de aderência dos países a tais determinações, a *soft law* pode ser uma rota potencialmente mais rápida para compromissos jurídicos definitivos, em contraposição à negociação tradicional de tratados internacionais (NASSER, Salem Hikmat. Desenvolvimento, costume internacional e *soft law*. In: AMARAL JR., Alberto (Org.). *Direito internacional e desenvolvimento*. São Paulo: Manole, 2005, p. 215-216). A regulação financeira internacional tem sido uma área particularmente frutífera para a *soft law*, em que não apenas as propostas do Comitê de Basileia, mas também a de outros fóruns internacionais de discussão de padrões de regulação e supervisão do sistema financeiro que serão analisados a seguir, gozam de grande disseminação e amplo grau de aderência entre seus destinatários. Para um panorama geral sobre o fenômeno: GIOVANOLI, Mario. Reflections on international financial standards as "soft law". In: ANDENAS, Mads; NORTON Joseph J. *International monetary and financial law upon entering the new millennium*: a tribute to Sir Joseph and Ruth Gold. London: The British Institute of Comparative and International Law, 2003, p. 71-98.

REGULAÇÃO FINANCEIRA INTERNACIONAL

O aumento de influência das propostas do Comitê de Basileia no arcabouço regulatório internacional passou a levantar questionamentos quanto à legitimidade de seu processo decisório, em razão de apenas um pequeno número de países ter participado das deliberações que resultaram nos acordos.[608] Nesse sentido, os esforços mais recentes de implementação de Basileia II enfrentaram resistência por parte de países em desenvolvimento que não concordam em adotar padrões de regulação para os quais em pouco ou nada contribuíram na discussão. Isso seria exacerbado pelo fato de alguns dos países-membros do G-10 não aplicarem ou estarem atrasados em seus cronogramas de implementação das determinações de Basileia, enquanto países em desenvolvimento que dependem da assistência financeira de organizações internacionais muitas vezes acabam sofrendo pressão pela sua adoção.[609]

O Comitê de Basileia tem procurado responder parte dessas críticas, conforme evidenciado em 2005 com a criação do Grupo de Coordenação de Princípios Fundamentais (*Core Principles Liaison Group*), que compreende representantes dos bancos centrais do Brasil, China, Índia e Rússia. Outrossim, mais recentemente o comitê ampliou seu grau de representatividade, incorporando novos membros, incluindo o Brasil.

Em linha com esse reconhecimento da importância do setor bancário pátrio, o Comitê de Basileia concluiu em 2013 o RCAP do Brasil, atribuindo a nota final *Compliant*, ou seja, em plena conformidade, o nível mais alto da escala de avaliação. Dos quatorze componentes avaliados, onze foram considerados em conformidade (*Compliant*). Os demais componentes da ava-

---

[608] De acordo com a definição apresentada por Black e Rouch, "legitimidade, no contexto regulatório, é a aceitação de que uma pessoa ou organização tem o direito de governar, por aqueles que ela pretende governar, bem como aqueles por conta de quem ela pretende governar. Aqueles que produzem regras podem reivindicar legitimidade, e podem se engajar em estratégias variadas numa tentativa de conquistar legitimidade, mas o seu sucesso dependerá do grau de aceitação dessas medidas por outros". Segundo os autores, mesmo que as propostas de órgãos como o Comitê de Basileia não sejam vinculantes, a discussão sobre sua legitimidade seria importante em razão da pressão crescente pela adoção dessas regras para atuar em determinados centros financeiros. Nesses casos os autores afirmam que a *soft law* passaria por um processo de "endurecimento", tornando-se *hard law* (BLACK, Julia; ROUCH David. The development of the global markets as rule-makers: engagement and legitimacy. *Law and Financial Markets Review*, 2(3), maio 2008, p. 225 e ss. Tradução livre).

[609] ALEXANDER, Kern et al. *Global governance of financial systems*, p. 44-47.

REGULAÇÃO SISTÊMICA E PRUDENCIAL NO SETOR BANCÁRIO BRASILEIRO

liação foram considerados em conformidade ampla (*Largely Compliant*).[610] Finalmente, em complemento ao RCAP, vale notar também o importante papel das organizações internacionais na avaliação do grau de aderência dos países aos padrões propostos pelo Comitê de Basileia. O trabalho dessas organizações nessa área, bem como sua avaliação do arcabouço regulatório pátrio, serão analisados mais adiante.

5.2.2 Organização Internacional de Comissões de Valores Mobiliários

A Organização Internacional de Comissões de Valores Mobiliários (*International Organization of Securities Comissions* – Iosco) foi criada em 1983 com o objetivo de estabelecer um fórum em que autoridades nacionais pudessem se reunir e discutir sobre políticas e melhores práticas para a regulação dos mercados de capitais ao redor do mundo. Os membros do órgão se dividem basicamente em três categorias: (i) membros ordinários; (ii) associados; e (iii) afiliados. Os membros ordinários são autoridades nacionais de valores mobiliários, como a CVM, exercitando um voto cada nas reuniões e comitês nos quais servem. Os associados são geralmente outras autoridades do sistema financeiro de cada membro, autoridades supranacionais de regulação, organizações internacionais, e outros órgãos responsáveis pela discussão de padrões de regulação. Esses membros podem se manifestar em reuniões, mas tipicamente não possuem direito de voto. Os afiliados são em sua maioria bolsas de valores e entidades de autorregulação, participando de certas reuniões na condição de observadores. Aqui vale ressaltar que, assim como no caso do Comitê de Basileia, as recomendações da Iosco não são autoexecutáveis, dependendo de implementação local pelos seus membros.

Os objetivos fundamentais da Iosco para a regulação dos mercados de capitais podem ser assim sumarizados: (i) proteção dos investidores; (ii) assegurar ambientes de negociação justos, eficientes e transparentes; e (iii) redução do risco sistêmico. A partir desses três objetivos, o órgão lista 38 Princípios e Objetivos para a Regulação de Valores Mobiliários (*Objectives and Principles of Securities Regulation*).[611] Para atingir tais propósitos, a Iosco conta com uma série de comitês técnicos e regionais. Tais comitês

---

[610] COMITÊ DE BASILEIA. Regulatory consistency assessment programme: assessment of Basel III regulations in Brazil. Basileia, dez. 2013.

[611] IOSCO. Objectives and principles of securities regulation. Madrid, jun. 2010.

REGULAÇÃO FINANCEIRA INTERNACIONAL

conduzem seus trabalhos em áreas diversas, algumas delas diretamente relacionadas aos interesses dos supervisores bancários, como o desenvolvimento de princípios para a supervisão de conglomerados financeiros.[612]

A CVM assinou um memorando multilateral de entendimento com a Iosco em 4 de fevereiro de 2010 para regular a assistência e cooperação entre os órgãos, com previsão de intercâmbio de informações relativas a investigações e processos. Isso permitiu que a autarquia passasse a compartilhar de maneira mais ágil e segura, com um número maior de autoridades, informações sobre beneficiários finais e registros de negociação, inclusive aquelas referentes a instituições e intermediários financeiros, ampliando, portanto, seu alcance sobre participantes de mercado com atuação global.

Mais recentemente, a Instrução CVM 521/2012 se apoiou nos trabalhos da Iosco ao tratar da regulação das agências de *rating*. Dessa forma, a CVM reconhece como autoridade competente para fins do art. 5.º do normativo aquela com a qual tenha sido celebrado acordo de cooperação mútua que permita o intercâmbio de informações sobre os entes supervisionados, ou que seja signatária do memorando multilateral de entendimento da Iosco. Igualmente, ao estabelecer a exigência de um código de conduta para agências de *rating*, a autoridade determinou no parágrafo único do art. 20 que este deve observar o Código de Condutas Fundamentais para Agências de Classificação de Risco de Crédito da Iosco (*Code of Conduct Fundamentals for Credit Rating Agencies*), já mencionado brevemente no capítulo anterior ao tratar dos esforços para regulação dessas entidades.[613]

5.2.3 Associação Internacional de Supervisores de Seguros

A Associação Internacional de Supervisores de Seguros (*International Association of Insurance Supervisors* – IAIS) foi criada em 1994 como uma organização privada sem fins lucrativos com o objetivo de promover o debate sobre melhores práticas regulatórias para o setor de seguros. Embora seu mandato original não previsse o estabelecimento de padrões de regulação, a IAIS acabou gradativamente assumindo esse papel. O órgão conta atualmente com representantes de cerca de 160 países responsáveis pelo

---

[612] IOSCO. Principles for the supervision of financial conglomerates, Relatório do Comitê Técnico. Madrid, 1992.
[613] Idem. Code of conduct fundamentals for credit rating agencies. Madrid, mar. 2015.

setor de seguros em suas respectivas jurisdições e suas disposições não possuem efeito vinculante sobre seus membros.

O órgão decisório máximo da IAIS é sua Assembleia-Geral, que acontece uma vez por ano. A Assembleia-Geral é responsável pela aprovação de todos os princípios e padrões propostos. O Comitê Executivo da IAIS responde pela organização interna dos grupos de trabalho estabelecidos, que incluem um grupo permanente dedicado à análise de questões relativas à estabilidade financeira.[614]

A IAIS já realizou trabalhos sobre inúmeras áreas do setor de seguros e, mais recentemente, tem focado sua atuação em questões de risco sistêmico e estabilidade financeira, com a publicação de relatórios de melhores práticas em termos de administração de risco, solvência e resseguro.[615] Seu primeiro relatório de princípios mínimos de regulação e supervisão no setor de seguros foi publicado em 1997,[616] sendo posteriormente revisto e resultando nos atuais Princípios Fundamentais de Seguros (*Insurance Core Principles*), utilizados como referência para regulação das atividades de seguro.[617]

5.2.4 Organizações internacionais e a regulação financeira

Os órgãos analisados até o momento não possuem *status* legal de organizações internacionais, representando basicamente fóruns em que autoridades e participantes do sistema financeiro de diversos países se reúnem voluntariamente para discutir padrões de regulação e supervisão. Ao lado dessas entidades, encontramos verdadeiras organizações internacionais,

---

[614] Até recentemente a IAIS aceitava observadores do setor privado para acompanhar ou mesmo participar das discussões sobre os temas que são levados à Assembleia-Geral. O órgão contava com mais de 70 observadores, incluindo grandes companhias de seguro, escritórios de advocacia e agências governamentais com interesse em atividades de seguros, ainda que não fossem responsáveis diretamente pela sua regulação. Essa possibilidade, no entanto, foi extinta em outubro de 2014.

[615] A título exemplificativo, podem-se mencionar os seguintes trabalhos: IAIS. Principles on capital adequacy and insolvency. Basileia, jan. 2002; Idem. Principles on minimum requirements for supervision of reinsurers. Basileia, out. 2002; e Idem. Principles on group-wide supervision. Basileia, out. 2008.

[616] Idem. Guidance on insurance regulation and supervision for emerging market economies. Basileia, set. 1997.

[617] Idem. Insurance core principles, standards, guidance and assessment methodology. Basileia, out. 2011.

cuja esfera de atuação é consideravelmente mais abrangente. Em virtude de sua posição de destaque no sistema financeiro mundial, algumas dessas organizações internacionais são inclusive consideradas peças-chave em propostas de reforma do arcabouço internacional de regulação e supervisão financeira em debate que serão tratadas mais adiante.

5.2.4.1 Fundo Monetário Internacional

O Fundo Monetário Internacional (FMI) foi concebido na conferência de Bretton Woods, em julho de 1944, com o objetivo básico de zelar pela estabilidade do sistema monetário internacional, notadamente por meio da promoção da cooperação e consulta em assuntos monetários entre seus membros. Inicialmente, o FMI contava apenas com 29 países-membros e atualmente possui 188.

O Conselho de Governadores (*Board of Governors*) é a autoridade decisória máxima do FMI, sendo composto por um representante titular de cada país-membro (geralmente ministros da Fazenda ou presidentes dos bancos centrais). O Conselho Executivo (*Executive Board*) é composto por 24 representantes de países ou grupos de países, sendo responsável pelas atividades operacionais do fundo e reportando-se ao Conselho de Governadores. Cada país-membro detém no FMI um número de quotas determinado com base em indicadores econômicos diversos. Atualmente, os Estados Unidos são o país com maior poder decisório, com 16,7% dos votos na organização.[618]

Embora a motivação inicial do FMI tenha sido a estabilidade do sistema monetário internacional, seu mandato foi gradativamente ampliado ao longo das décadas. No âmbito da supervisão financeira, o fundo já servia como importante foro de informações e discussões sobre as condições do sistema financeiro mundial por meio de seus relatórios e consultas bilaterais, que costumam ser realizadas anualmente com países-membros para discutir temas como política monetária e fiscal. Mais recentemente, vale mencionar a decisão de monitoramento integrado (*integrated surveillance decision*) adotada em 2012, que discutiu o escopo das consultas realizadas pelo FMI, promovendo uma análise focada não apenas em questões individuais dos países-membros, como também no efeito de políticas eco-

---

[618] Dados disponíveis em: <www.imf.org/external/np/sec/memdir/members.htm>. Acesso em: 24 jul. 2015.

nômicas domésticas em outros países (*spillovers*) e relacionamento de sistemas financeiros domésticos com sistemas financeiros em nível regional e mundial. Essa decisão contribuiu para a consolidação do papel do FMI no monitoramento da estabilidade do sistema financeiro global.[619]

Além das consultas bilaterais e multilaterais (no caso de uniões monetárias, por exemplo) com o FMI, que têm escopo mais abrangente, são também realizadas consultas periódicas com foco específico no sistema financeiro dos países-membros por meio dos Programas de Avaliação do Setor Financeiro (*Financial Sector Assessment Programs* – FSAP). Os FSAPs foram criados no final da década de 1990 em conjunto com o Banco Mundial com o objetivo de propiciar uma análise aprofundada do sistema financeiro de um país. Tais relatórios passaram por uma reformulação em 2009 em resposta à crise financeira internacional, envolvendo atualmente dois principais componentes: (i) análise de estabilidade financeira; e (ii) contribuição do sistema financeiro para o crescimento e desenvolvimento econômico.

A análise de estabilidade financeira conduzida pelo FMI é bastante detalhada, cobrindo o nível de resiliência do setor bancário e outros setores do sistema financeiro, grau de relacionamento e interdependência entre instituições financeiras, e qualidade da supervisão conduzida no sistema financeiro, mensurados contra padrões de regulação desenvolvidos por órgãos internacionais, bem como a capacidade e mecanismos à disposição das autoridades para atuar no caso de crises sistêmicas. Embora os FSAPs não analisem a saúde individual de instituições financeiras, eles procuram identificar vulnerabilidades que possam afetar a estabilidade do sistema financeiro. Os resultados dessas análises são refletidos na Avaliação de Estabilidade do Sistema Financeiro (*Financial System Stability Assessment* – FSSA), que foca nas questões de maior relevância para o monitoramento e pode ser discutida no Conselho Executivo, tipicamente no contexto das consultas bilaterais realizadas pelo FMI.

Em setembro de 2010, o FMI anunciou que tornaria a participação no FSAP obrigatória para 25 países, incluindo o Brasil. Segundo o comunicado da organização, esses países foram escolhidos com base no tamanho

---

[619] INTERNATIONAL MONETARY FUND. Modernizing the legal framework for surveillance – an integrated surveillance decision. Washington, jul. 2012.

REGULAÇÃO FINANCEIRA INTERNACIONAL

e interconexões com outros países de seus sistemas financeiros.[620] Essa lista foi posteriormente ampliada, contemplando atualmente 29 países. O último FSAP do Brasil foi concluído em 2012. Algumas das recomendações do FSAP no tocante à regulação sistêmica e prudencial do setor bancário brasileiro já foram mencionadas no Capítulo 3, como a formalização de parâmetros de atuação para o FGC no resgate e provimento de liquidez a instituições financeiras. Ainda no tocante ao FGC, o FSAP recomendou a mudança de sua governança corporativa de modo a evitar possíveis conflitos de interesse, e a extensão de linhas de crédito do BCB ou do governo ao FGC, em casos de crises sistêmicas, entre outras providências. O FSAP também realizou testes de estresse, conduzidos em cooperação com o BCB, concluindo que, no caso de risco de crédito, a grande maioria dos bancos do SFN poderia suportar choques extremos, incluindo uma recessão global severa. No caso de uma crise de liquidez, o SFN poderia suportar um nível substancial de estresse, com contágio por meio de exposições bilaterais limitado, embora alguns bancos pequenos e médios apresentem certa vulnerabilidade.[621]

Conforme visto, algumas das constatações do FSAP contribuíram para mudanças recentes no arcabouço regulatório pátrio, como a alteração do Estatuto do FGC proibindo a participação no Conselho de Administração e Diretoria Executiva de controladores, administradores ou funcionários de instituições financeiras, entre outros. Outro ponto sugerido pelo relatório já havia constado no anteprojeto de lei apresentado pelo BCB na Audiência Pública 34/2009, que incluiu a possibilidade de realização de operações especiais de assistência financeira com o FGC.

Além dos FSAPs, vale mencionar os Relatórios sobre Observância de Padrões e Códigos (*Reports on Observance of Standards and Codes* – ROSC). Esses documentos procuram analisar o grau de aderência dos países a padrões e códigos internacionalmente reconhecidos. Nesse aspecto, os relatórios se apoiam nos trabalhos de órgãos como o Comitê de Basileia, Iosco e IAIS. Os ROSCs podem ser conduzidos em conjunto com os FSAPs, como foi o caso do Brasil em 2012. No tocante aos princípios fundamentais do Comitê de Basileia para uma supervisão bancária efetiva, o ROSC

---

[620] INTERNATIONAL MONETARY FUND. IMF expanding surveillance to require mandatory financial stability assessments of countries with systemically important financial sectors, Press Release n. 10/357, 27 set. 2010.

[621] Idem. Brazil – Financial system stability assessment.

pátrio concluiu que, entre os 25 princípios analisados, 23 foram considerados em plena conformidade (*Compliant*), e os demais foram considerados em conformidade ampla (*Largely Compliant*).[622]

Finalmente, vale mencionar também o Relatório Global de Estabilidade Financeira (*Global Financial Stability Report*) preparado pelo FMI, que busca oferecer uma análise do sistema financeiro global. O relatório é publicado duas vezes ao ano, focando em condições atuais de mercado e contendo análises dedicadas a questões sistêmicas relevantes à estabilidade financeira internacional.

5.2.4.2 Banco Mundial

O Banco Mundial também foi concebido na conferência de Bretton Woods de 1944 com o propósito de financiar a reconstrução dos países devastados durante a 2.ª Guerra Mundial, sendo composto pelo Banco Internacional para a Reconstrução e Desenvolvimento (*International Bank for Reconstruction and Development*), Associação Internacional para o Desenvolvimento (*International Development Association*), Corporação Financeira Internacional (*International Finance Corporation*), Agência Multilateral de Garantia de Investimentos (*Multilateral Investment Guarantee Agency*) e Centro Internacional de Arbitragem para Disputas sobre Investimentos (*International Centre for the Settlement of Investment Disputes*). As cinco instituições estão estreitamente relacionadas e funcionam sob uma única presidência.

O Banco Mundial tem como objetivo principal a promoção do crescimento e desenvolvimento econômico, bem como a melhora do padrão de vida dos países que a ele recorrem. Ao contrário dos recursos do FMI, que têm como foco a resolução de desequilíbrios da balança de pagamentos, os fundos do Banco Mundial são utilizados principalmente em empréstimos a taxas concessionais para países pobres ou em desenvolvimento.

No tocante à regulação financeira internacional, o Banco Mundial exerce importante papel complementar na preparação dos FSAPs e ROSCs junto com o FMI. No caso de FSAPs de economias em desenvolvimento, o Banco Mundial é encarregado da análise do impacto do sistema financeiro para o crescimento e desenvolvimento econômico, enquanto o FMI

---

[622] INTERNATIONAL MONETARY FUND. Brazil – detailed assessment of observance of Basel core principles for effective banking supervision. Country report n. 12/207, Washington, 2012.

REGULAÇÃO FINANCEIRA INTERNACIONAL

foca na estabilidade financeira. O Banco Mundial também figura como coautor em determinados ROSCs, como no caso da mensuração do nível de aderência do Brasil aos padrões mínimos do Comitê de Basileia mencionado no tópico anterior.

5.3 Coordenação internacional para regulação e supervisão financeira

O Comitê de Basileia atraiu pouca atenção no cenário internacional até 1975, quando publicou um relatório que ficou conhecido como "Concordata de Basileia".[623] O documento foi elaborado em resposta às crises bancárias desencadeadas pela quebra do British-Israel Bank of London, Franklin National Bank, bem como o já mencionado caso do banco alemão Herstatt, assumindo a forma de um guia com recomendações de boas práticas para regulação e supervisão bancária de instituições financeiras operando internacionalmente por meio de agências, subsidiárias e *joint ventures*.

O objetivo principal do documento era impedir que bancos de atuação global escapassem de uma fiscalização adequada. Nesse sentido, o documento elencou alguns dos principais pontos a serem considerados na formulação do arcabouço regulatório destinado a tais instituições, como: (i) a solvência das agências bancárias no exterior é responsabilidade do supervisor do país de origem ou onde se situa a sede; (ii) a solvência das subsidiárias e *joint ventures* é responsabilidade do supervisor no local de atuação, mas a autoridade do país de origem deve levar em conta a exposição de subsidiárias estrangeiras na avaliação de seus bancos domésticos em razão do "compromisso moral" da sede relativamente a tais estabelecimentos; e (iii) a liquidez das agências, subsidiárias e *joint ventures* é responsabilidade do supervisor do país de atuação, mas o país de origem também deve monitorar a liquidez de seus bancos internacionais. Além disso, as autoridades dos dois países deveriam cooperar para remover as restrições legais à troca de informações confidenciais sobre as operações bancárias, caso tais informações fossem consideradas necessárias para uma supervisão efetiva.[624]

O enfoque adotado no documento de 1975 foi objeto de críticas em razão do seu caráter essencialmente doméstico, uma vez que apenas pro-

---

[623] COMITÊ DE BASILEIA. Report to the governors on the supervision of bank's foreign establishments. Basileia, set. 1975.

[624] LASTRA, Rosa Maria. *Banco Central e regulamentação bancária*, p. 138-139.

curou estabelecer divisões de trabalho na fiscalização dos bancos internacionais, sem cuidar do desenho de uma estrutura superior comum a ser aplicada entre jurisdições diversas. O comitê, em suma, apenas dava orientações relativas à delegação de responsabilidades entre autoridades com respeito a agências, subsidiárias e *joint ventures*.[625]

Em 1983, reagindo ao escândalo financeiro envolvendo o Banco Ambrosiano,[626] os membros do Comitê de Basileia procuraram aprimorar as diretrizes do documento de 1975. O novo relatório apresentou avanços em relação ao anterior, na medida em que reconheceu que a adequada supervisão dos estabelecimentos estrangeiros de bancos demandava não apenas a distribuição apropriada de responsabilidades entre autoridades, mas também o contato e a cooperação entre elas.[627] Nesse sentido, o documento revisado enfatizou que as autoridades do país da sede e local de atuação deveriam examinar de forma concorrente a qualidade de sua fiscalização, bem como a habilidade de a autoridade bancária do outro país levar a cabo suas respectivas responsabilidades. Quando a autoridade responsável pelo local de atuação determinasse que a supervisão exercida pela autoridade do país da sede não era adequada, poderia negar a entrada do banco estrangeiro no país ou sujeitar-lhe a condições específicas e diferenciadas para atuação em sua jurisdição. Caso a autoridade do país da sede considerasse que a supervisão no local de atuação não era adequada, o Comitê de Basileia sugeria que esta estendesse sua supervisão, ou então "desencorajasse" a expansão das atividades bancárias naquele país. O propósito aqui era evitar que países deliberadamente enfraquecessem sua regulação e supervisão para estimular a entrada de bancos estrangeiros. Além disso, o documento promoveu a supervisão de forma consolidada, recomendando que as autoridades do país da sede monitorassem o risco das instituições financeiras considerando a totalidade dos negócios conduzidos, mesmo que fora de sua jurisdição.

---

[625] LASTRA, Rosa Maria. *Banco Central e regulamentação bancária*, p. 138-139.

[626] O banco italiano Ambrosiano quebrou em 1982 em meio a acusações de um rombo de £400 milhões em suas contas. O caso teve grande repercussão em virtude da posição do Banco do Vaticano como principal acionista do Ambrosiano, bem como pelo fato de seu presidente, Roberto Calvi, chamado de "banqueiro de Deus", ter sido encontrado morto debaixo de uma ponte em Londres pouco tempo depois da quebra do banco (BBC NEWS. God's banker found hanged, 19 jun. 1982).

[627] COMITÊ DE BASILEIA. Principles for the supervision of bank's foreign establishments. Basileia, maio 1983.

REGULAÇÃO FINANCEIRA INTERNACIONAL

Apesar dos progressos no tocante à dinâmica do relacionamento entre autoridades bancárias nacionais, significativos vácuos regulatórios continuaram a existir. Isso ficou evidenciado na quebra do Bank of Credit and Commerce International (BCCI) em julho de 1991, que se deveu, em parte, à capacidade de a instituição se evadir da supervisão de autoridades bancárias do país da sede e do local de atuação.[628] Embora o enfoque proposto em 1983 procurasse reverter a tendência de os bancos gravitarem rumo à jurisdição menos regulada, o caso do BCCI demonstrou a importância da fixação de regras comuns entre jurisdições, principalmente para a determinação do que constitui uma instituição financeira ou não. Conforme a lição de Lastra:[629]

> O BCCI [...] não estava sujeito a uma fiscalização consolidada pelas autoridades da sede, pois sua matriz controladora – BCCI Holdings, uma empresa *holding* de Luxemburgo – livrava-se da regulação sob as leis de Luxemburgo por não ser classificada como banco. As duas principais subsidiárias do BCCI foram criadas em Luxemburgo e nas Ilhas Cayman, onde a fiscalização é fraca e o sigilo bancário forte; os principais acionistas estavam em Abu Dhabi, enquanto o quartel general de operações estava em Londres. As autoridades locais de onde o BCCI conduzia suas operações, como as do Reino Unido, eram freadas em seus esforços de fiscalização devido à fragmentação das responsabilidades reguladoras. A forma de concepção do BCCI claramente visava evitar a fiscalização efetiva [...] A falência do BCCI ilustrou claramente que o princípio da supervisão consolidada não deveria permitir exceções.

A comoção gerada pelo escândalo financeiro foi tamanha que o Comitê de Basileia chegou a discutir a possibilidade de implementação de um sistema de avaliação da qualidade da supervisão do sistema financeiro, no que seria um precursor ao FSAP, mas não houve suporte interno para levar essa alternativa adiante.[630] Em seu lugar, o Comitê de Basileia optou pela preparação de novo documento com padrões mínimos de supervisão de grupos bancários internacionais e seus estabelecimentos estrangeiros,

---

[628] TRUELL, Peter; GURWIN, Larry. *False Profits*: the inside story of BCCI. The world's most corrupt financial empire. New York: Houghton Mifflin, 1992, p. 67 e ss.

[629] LASTRA, Rosa Maria. *Banco Central e regulamentação bancária*, p. 142.

[630] GOODHART, Charles. The Basel committee on banking supervision - a history of the early years (1974-1997). Cambridge: Cambridge University Press, 2011, p. 290-291.

REGULAÇÃO SISTÊMICA E PRUDENCIAL NO SETOR BANCÁRIO BRASILEIRO

publicado em julho de 1992.[631] As propostas continuaram se apoiando na estratégia delineada em 1983, bem como na comunicação entre autoridades bancárias, mas o documento procurou dar melhor detalhamento sobre as diretrizes para a implementação desses princípios. Os pontos principais do documento podem ser assim sumarizados:[632]

1. Todas as instituições financeiras ou grupos bancários com atuação em mais de uma jurisdição deveriam ser supervisionadas pela autoridade bancária de seu país de origem com base na supervisão consolidada. A ideia de um só órgão supervisor responsável pelas atividades do conglomerado foi concebida para assegurar que bancos não separassem deliberadamente as funções de administração entre vários centros para dificultar a sua fiscalização;

2. A atuação internacional de instituições financeiras ou grupos bancários deveria sujeitar-se à aprovação para entrada tanto da autoridade bancária do país em que pretendesse ingressar como do seu país de origem. Antes de consentirem, as autoridades deveriam checar a suficiência de capital do banco e seus procedimentos de administração de riscos. Se a autoridade local ou de origem concluísse que a responsabilidade de supervisão sugerida pelo acordo não era apropriada, ou se houvesse mudança significativa nas atividades ou estrutura do grupo bancário, então tal autoridade deveria iniciar consultas com a outra para conseguir um entendimento explícito sobre qual delas estaria em melhor posição para assumir a responsabilidade principal, fosse no tocante a atividades gerais ou específicas de supervisão;

3. A autoridade bancária do país de origem deveria ter o direito de coletar informações sobre operações transfronteiriças de instituições financeiras sob sua responsabilidade; e

---

[631] COMITÊ DE BASILEIA. Minimum standards for the supervision of international banking groups and their cross-border establishments. Basileia, jul. 1992.

[632] LASTRA, Rosa Maria. *Banco Central e regulamentação bancária*, p. 143-144.

REGULAÇÃO FINANCEIRA INTERNACIONAL

4. Se a autoridade bancária do local no qual a instituição pretendesse ingressar determinasse que padrões mínimos de supervisão não haviam sido atendidos de forma satisfatória, esta poderia impor medidas restritivas para satisfazer suas preocupações, incluindo a proibição da entrada do banco estrangeiro. A autoridade local deveria considerar na sua decisão: (i) se o banco ou conglomerado bancário era autorizado a atuar em uma jurisdição da qual podia obter informação; (ii) se a autorização para a expansão internacional do banco havia sido outorgada pela autoridade competente do país de origem; e (iii) se a autoridade do país de origem possuía capacidade de realizar a supervisão consolidada do banco.

No mesmo ano em que os princípios revisados de Basileia foram divulgados, observa-se também uma atenção crescente quanto à necessidade de coordenação entre autoridades para além do setor bancário, principalmente no caso de conglomerados atuantes em diversos segmentos do sistema financeiro. Considerando os efeitos da quebra do BCCI, reforçou-se a preocupação de que problemas surgidos em um dos segmentos do conglomerado contagiassem outras atividades do grupo. Nesse sentido, em outubro de 1992 a Iosco divulgou seus Princípios para a Supervisão de Conglomerados Financeiros (*Principles for the Supervision of Financial Conglomerates*),[633] incluindo as seguintes recomendações:[634]

1. A supervisão isolada de uma entidade ou atividade regulada deveria ser complementada pela supervisão baseada no conglomerado, se tal entidade ou atividade fosse vulnerável a riscos de contágio por outras áreas do conglomerado;

2. A estrutura societária de um conglomerado deveria ser entendida pelo regulador; caso contrário, os reguladores deveriam avaliar se seria viável e prático o desmembramento de estruturas que dificultassem a supervisão;

---

[633] IOSCO. Principles for the supervision of financial conglomerates.
[634] LASTRA, Rosa Maria. *Banco Central e regulamentação bancária*, p. 162.

REGULAÇÃO SISTÊMICA E PRUDENCIAL NO SETOR BANCÁRIO BRASILEIRO

3. Nas situações em que mais de um regulador fosse responsável por uma entidade ou atividade de um conglomerado financeiro, seria desejável identificar um regulador líder com a responsabilidade principal de análise dos riscos do grupo. O principal papel do regulador líder seria garantir que as informações relevantes sobre o conglomerado fossem partilhadas rapidamente entre as autoridades envolvidas; e

4. Auditores externos deveriam ser encorajados a garantir que quaisquer preocupações graves concernentes à condição financeira e operacional do conglomerado financeiro, ou de suas entidades ou atividades consideradas individualmente, fossem trazidas à atenção das autoridades responsáveis.

Essa preocupação com conglomerados financeiros foi corroborada em 1996, quando o Comitê de Basileia organizou um grupo de trabalho específico para discutir práticas de regulação e supervisão direcionadas a tais entidades, contando com a participação da Iosco e IAIS na discussão. O grupo tinha como objetivo propor padrões mínimos para a regulação de conglomerados financeiros, além de medidas buscando aprimorar a coordenação entre os reguladores dessas atividades. Em fevereiro de 1999, o grupo apresentou um relatório sumarizando os trabalhos realizados até então, que incluiu técnicas de mensuração e princípios para avaliação da adequação de capital no contexto de conglomerados financeiros, bem como propostas para a troca de informações entre autoridades e designação de um "regulador líder" para cada conglomerado, determinado com base em suas áreas predominantes de atuação (em termos de produtos ou área geográfica).[635]

Essa experiência serviria também como precursora de uma discussão mais ampla sobre a necessidade de um arranjo de coordenação regulatória de caráter permanente, voltado não apenas à propositura de padrões míni-

---

[635] COMITÊ DE BASILEIA. Joint forum on financial conglomerates: supervision of financial conglomerates. Basileia, fev. 1998. Mais recentemente, essa iniciativa foi retomada em resposta às dificuldades verificadas na crise financeira internacional, levando à publicação conjunta entre os órgãos supracitados de princípios revistos e ampliados para supervisão de conglomerados financeiros (Idem. Joint Forum – Principles for the supervision of financial conglomerates. Basileia, set. 2012).

326

REGULAÇÃO FINANCEIRA INTERNACIONAL

mos de regulação entre diferentes países, mas também à discussão entre os variados órgãos encarregados da formulação de tais padrões para atividades financeiras. O resultado dessa discussão pode ser observado a seguir.

5.3.1 Conselho de Estabilidade Financeira

Na esteira das iniciativas mencionadas no tópico anterior, e no contexto da derrubada das barreiras a atividades financeiras na maior economia do mundo por meio do *Gramm-Leach-Bliley Act* de 1999, no final da década de 1990 os países-membros do G-7 atribuíram ao presidente do banco central alemão a missão de consultar os órgãos apropriados e recomendar novas estruturas para melhorar a cooperação entre os vários órgãos nacionais e internacionais de regulação e supervisão financeira com intuito de promover a estabilidade do sistema financeiro global. O relatório final foi apresentado em fevereiro de 1999, com a recomendação para a criação do Fórum de Estabilidade Financeira (*Financial Stability Forum* – FSF).[636]

O FSF reuniu-se pela primeira vez em abril de 1999, apresentando três objetivos principais: (i) analisar vulnerabilidades regulatórias que afetassem o sistema financeiro internacional; (ii) identificar e supervisionar ações para sanar essas vulnerabilidades; e (iii) aprimorar a coordenação e o compartilhamento de informações entre as autoridades bancárias nacionais e órgãos internacionais que atuassem na área de regulação e supervisão financeira. O fórum contou inicialmente com representantes do G-7, Austrália, Hong Kong, Holanda, Cingapura e Suíça, bem como representantes do BIS, FMI, Banco Mundial, OCDE, Comitê de Basileia, Iosco e IAIS.

Desde a sua criação, o FSF publicou diversos relatórios contendo recomendações sobre melhores práticas de regulação e supervisão do sistema financeiro. Assim como no caso do Comitê de Basileia, Iosco e IAIS, suas determinações gozam de ampla disseminação e influência, embora dependam de incorporação pelas respectivas autoridades nacionais.[637] É o caso, por exemplo, das propostas apresentadas em 2009 concernentes ao desenvolvimento de políticas de alinhamento de incentivos na remuneração de

---

[636] BIS REVIEW. Report by the president of the Deutsche Bundesbank, n. 21, 2 nov. 1999.

[637] HALDANE, Andrew G. The Financial Stability Forum (FSF): just another acronym? In: FERRAN, Eilís; GOODHART, Charles. *Regulating financial services and markets in the 21st century*, p. 259.

executivos do sistema financeiro.[638] Tais medidas foram discutidas no capítulo anterior, tendo influenciado a adoção da Resolução CMN 3.921/2010 no Brasil. Outrossim, vale mencionar as propostas referentes à mensuração e supervisão do *shadow banking*, servindo de orientação para os cálculos do BCB a respeito do *shadow banking* brasileiro em seu Relatório de Estabilidade Financeira.[639]

Até 2009 a composição do FSF restringia-se ao G-7 e países e órgãos internacionais supracitados, o que acabava limitando a influência de suas recomendações. O problema foi parcialmente sanado no encontro do G-20 de abril de 2009, em que se decidiu reformular a estrutura do FSF para aumentar seu número de membros. Assim, os países pertencentes ao G-20, Espanha e a Comissão Europeia ingressaram no FSF que, a partir de então, passou a se chamar FSB.

5.4 Propostas de reforma e desafios – breves considerações
No desenlace da crise financeira internacional, com a percepção disseminada de que o arcabouço de coordenação e regulação em existência falhou na prevenção do caos observado, alguns autores passaram a discutir a reformulação da estrutura regulatória internacional, incluindo a possibilidade de introdução de novos atores com poderes mais amplos para regular o sistema financeiro. Entre as hipóteses discutidas, surgiu a proposta de criação da Organização Financeira Mundial (OFM), em formato semelhante ao da Organização Mundial do Comércio (OMC).[640]

Da mesma forma que a OMC estabelece princípios para o comércio internacional (não discriminação, reciprocidade, transparência, entre outros) sem prescrever regras específicas, a OFM também determinaria princípios regulatórios (requisitos de capital e liquidez, limites na concentração de portfólios, adequação de sistemas de mensuração de risco e controles internos), sem procurar impor a estrutura específica desses mecanismos. A participação na organização seria obrigatória para países com instituições financeiras que quisessem obter livre acesso ao sistema financeiro de países-membros, e seus integrantes teriam o direito de res-

---

[638] FINANCIAL STABILITY BOARD. FSB principles for sound compensation practices.
[639] Idem. Shadow banking: strengthening oversight and regulation. Basileia, out. 2011; e BANCO CENTRAL DO BRASIL. *Relatório de estabilidade financeira*, mar. 2015, p. 33 e ss.
[640] EICHENGREEN, Barry. Out of the box thoughts about international financial structure. *IMF Working Paper*, n. 9, maio 2009, p. 116.

REGULAÇÃO FINANCEIRA INTERNACIONAL

tringir a atuação de bancos sediados em países que transgredissem os princípios da OFM.

Nesse modelo, o detalhamento das políticas regulatórias seria deixado a cargo dos países-membros, que teriam liberdade para adequar a regulação e a supervisão às particularidades de seus sistemas financeiros. No entanto, nesse processo, não poderiam desrespeitar os princípios gerais determinados pela OFM. Em caso de divergências, haveria um painel de *experts* independentes para determinar se os países estariam observando os princípios acordados, incluindo a possibilidade de imposição de sanções quando verificada a infração. A racionalidade básica seria de que, se os países já acatam esse modelo para o comércio internacional, não haveria razão de não o aceitarem para o sistema financeiro internacional.

As críticas ao modelo proposto atacam justamente sua premissa básica, afirmando que o comércio internacional não pode ser igualado ao sistema financeiro internacional. A intermediação financeira seria mais complexa do que o comércio de produtos e serviços não financeiros, tornando governos menos seguros sobre as consequências de delegar autoridade sobre tais assuntos. A solução de disputas por meio de painéis poderia não funcionar no contexto financeiro, haja vista que a verificação do dano nesses casos é de difícil comprovação, e na maioria das situações, de caráter difuso, em vez de concentrado em um único país. O órgão teria de administrar questionamentos de solução complexa, como a suficiência dos controles de adequação patrimonial adotados por cada país. Trata-se de situação bastante diversa de uma acusação de *dumping,* em que o dano é passível de quantificação e as mercadorias têm procedência e destino específico. Além disso, haveria dúvidas quanto à eficácia de uma estratégia baseada na fixação de padrões gerais de regulação e supervisão com implementação discricionária pelos países-membros. Com efeito, as dificuldades inerentes à criação de tal órgão são tamanhas que alguns autores descartam tal possibilidade de pronto, chegando a classificá-la como "ingênua" e desconexa com o mundo real.[641]

A esse respeito, Rodrik considera inviável não apenas a possibilidade de uma OFM, como também qualquer órgão supranacional que vise eliminar a autoridade dos países no tocante à regulação e supervisão de seus siste-

---

[641] MALAN, Pedro. A coordenação internacional da regulação financeira é viável? In: BOLLE, Monica Baumgarten de; CARNEIRO, Dionísio Dias (Org.). *A reforma do sistema financeiro americano*, p. 4.

mas financeiros. Segundo o autor, a reflexão sobre a regulação financeira global deve se dar de forma pragmática, considerando o fortalecimento das estruturas dos mecanismos de coordenação já existentes, e não a criação de novos órgãos com poderes aos quais os países dificilmente concordarão em se submeter.[642]

Seguindo nessa linha, em outubro de 2007 o FSB ("FSF" naquele momento) criou um grupo de trabalho para analisar as causas da crise financeira cujos efeitos começavam a se manifestar. O resultado dos trabalhos foi reproduzido em relatório de abril de 2008, que estabelecia uma agenda para reforma regulatória voltada ao aprimoramento da regulação prudencial e fortalecimento da cooperação entre órgãos internacionais.[643] Entre os pontos enfatizados no relatório, o FSB ressaltou a importância de haver maior complementaridade entre as atividades do órgão e o FMI. Como resultado, em novembro de 2008, representantes das duas entidades publicaram carta conjunta em que esclarecem o papel de cada instituição na regulação e supervisão financeira. Os quatro pontos da carta foram:[644]

1. O monitoramento do sistema financeiro global é responsabilidade do FMI;

2. A principal função do FSB é a preparação de padrões de regulação e supervisão para o sistema financeiro, bem como a coordenação dos fóruns de discussão existentes. O FMI participa desse trabalho e fornece *inputs* valiosos de informação como membro do FSB;

3. A implementação das medidas propostas pelo FSB é responsabilidade das autoridades nacionais. O FMI irá avaliar a adoção das medidas propostas por meio dos FSAPs, ROSCs e consultas bilaterais; e

4. O FMI e o FSB irão cooperar na condução de exercícios de alerta de crises sistêmicas. O FMI avaliará riscos macroeconômicos e vul-

---

[642] THE ECONOMIST. A plan B for global finance, 14 mar. 2009, p. 72.
[643] FINANCIAL STABILITY FORUM. Report of the Financial Stability Forum on enhancing market and institutional resilience. Basileia, abr. 2008.
[644] Disponível em: <www.financialstabilityboard.org/2008/11/r_081113/>. Acesso em: 24 jul. 2015.

REGULAÇÃO FINANCEIRA INTERNACIONAL

nerabilidades sistêmicas, enquanto o FSB examinará vulnerabilidades do sistema financeiro, trabalhando com base na análise de seus membros, incluindo o FMI. Quando apropriado, o FMI e o FSB prepararão relatórios conjuntos de análise e mitigação de risco.

No âmbito do segundo ponto elencado na carta, cabe destacar a publicação em 2011 pelo FSB de uma lista de medidas para tratar das chamadas instituições financeiras sistemicamente importantes (*systemically important financial institutions* – SIFI).[645] No relatório, SIFIs são definidas como instituições financeiras que, em razão do seu tamanho, complexidade e interconexão sistêmica, caso venham a passar por uma crise ou quebrar, sem que haja um planejamento para tal, poderiam causar um choque significativo no sistema financeiro mais amplo e atividade econômica. Para endereçar essa questão, o FSB propôs as seguintes medidas:

1. Um padrão internacional como ponto de referência para regimes de liquidação nacionais, estabelecendo responsabilidades, instrumentos e poderes necessários para que autoridades possam liquidar tais instituições de forma ordeira e sem causar prejuízo ao contribuinte;

2. Planejamento prévio para liquidações de G-SIFIs (SIFIs com presença global), incluindo acordos específicos de cooperação internacional nessa área, de modo a permitir que autoridades do local de atuação e do país de origem das G-SIFIs estejam melhor preparadas para administrar crises e tenham mais clareza na forma de cooperação em tais situações;

3. Exigências adicionais de capital nível I (*Tier I*) para G-SIFIs de natureza bancária, variando de 1% a 2,5%, com possibilidade de aumento para 3,5% para desencorajar G-SIFIs a se tornarem ainda mais sistêmicas (*discourage further systemicness*); e

---

[645] FINANCIAL STABILITY BOARD. Policy measures to address systemically important financial institutions. Basileia, nov. 2011.

4. Supervisão mais intensa e efetiva para G-SIFIs, promovendo mandatos de supervisão mais robustos, com o fortalecimento de competências e capacidade técnica das autoridades.

Além dessas medidas, o relatório se baseou em metodologia desenvolvida pelo Comitê de Basileia[646] para listar as G-SIFIs de natureza bancária. A lista inicial publicada em 2011 identificou 29 bancos ao redor do mundo que se enquadravam na categoria. A partir de 2012 as listas passaram a ser segmentadas pela exigência adicional de capital. A título exemplificativo, na lista de 2014, HSBC e J.P. Morgan Chase foram classificados na exigência de 2,5%, enquanto Citigroup e Bank of America foram classificados na faixa de 2% e 1,5%, respectivamente. Nenhuma G-SIFI foi introduzida na categoria especial de 3,5%. Tais medidas têm previsão de entrada em vigor a partir de janeiro de 2016 e, embora a lista inclua bancos estrangeiros com atuação no Brasil, até o presente momento nenhum banco brasileiro constou nela.[647]

O FSB também vem trabalhando com a IAIS e Iosco no desenvolvimento de princípios e metodologias semelhantes aplicáveis às suas respectivas áreas de atuação. Em julho de 2013 a IAIS publicou sua metodologia de identificação e medidas aplicáveis a seguradoras globais sistemicamente importantes (*global systemically important insurers*), e, em janeiro de 2014, Iosco e FSB abriram consultas para discutir a metodologia de identificação de instituições de importância sistêmica que não sejam bancos ou seguradoras (*non-bank non-insurer global systemically important financial institutions*).[648]

Além das iniciativas do FSB, outra proposta não tão recente, mas que vem ganhando aceitação crescente após a crise financeira internacional, é a de estabelecer "colégios de supervisores" (*supervisory colleges*) para conglomerados financeiros de atuação transfronteiriça. De forma sucinta,

---

[646] COMITÊ DE BASILEIA. Global systemically important banks: assessment methodology and the additional loss absorbency requirement. Basileia, jul. 2011.

[647] FINANCIAL STABILITY BOARD. 2014 update of list of global systemically important banks. Basileia, nov. 2014.

[648] IAIS. Global systemically important insurers: initial assessment methodology. Basileia, jul. 2013; Idem. Global systemically important insurers: policy measures. Basileia, jul. 2013; e IOSCO; FSB. Assessment methodologies for identifying non-bank non-insurer global systemically important financial institutions. Basileia, mar. 2015.

cada um desses conglomerados teria um colégio de supervisores composto pelas autoridades responsáveis pela supervisão das atividades financeiras desempenhadas em suas respectivas jurisdições. Essa estratégia foi endossada pelo FSB[649] e pela União Europeia, principalmente após a publicação do relatório Larosière.[650] Os objetivos dos colégios de supervisores podem ser assim sumarizados: (i) facilitar a troca de informações, opiniões e análises entre supervisores comuns de um conglomerado financeiro, de modo a permitir uma supervisão conjunta e individual mais eficiente e a tomada de ações corretivas com maior rapidez; (ii) possibilitar que supervisores desenvolvam um entendimento comum sobre o perfil de risco apresentado por tais conglomerados financeiros, favorecendo a criação de estratégias de supervisão conjuntas e individuais; (iii) atingir coordenação de supervisão e análise de risco por meio da criação de planos de supervisão, divisões de tarefas e fiscalizações conjuntas nos conglomerados financeiros, diminuindo a duplicação de trabalho e o ônus regulatório; e (iv) coordenar decisões tomadas por autoridades individuais e esforçar-se para atingir o consenso.[651]

Para evitar que um número demasiado de participantes no colégio inviabilizasse o processo, o Comitê de Supervisores Bancários Europeus (*Committee of European Banking Supervisors* – CEBS)[652] sugeriu que estes fossem organizados de duas formas: (i) um colégio geral com reuniões multilaterais para troca de informações e discussão de aspectos gerais da política regulatória e planejamento; e (ii) colégios centrais, contando apenas com as autoridades responsáveis pelas atividades principais do conglome-

---

[649] FINANCIAL STABILITY BOARD. Intensity and effectiveness of SIFI supervision. Basileia, nov. 2010, p. 15 e ss. Mais recentemente, o Comitê de Basileia publicou recomendações específicas sobre boas práticas relativas ao estabelecimento de colégios de supervisores: COMITÊ DE BASILEIA. Good practice principles on supervisory colleges. Basileia, out. 2010; e Idem. Principles for effective supervisory colleges. Basileia, jun. 2014.

[650] A Recomendação 18 do Relatório Larosière apoia a adoção de colégios supervisores como estratégia de supervisão comunitária na União Europeia (COMISSÃO EUROPEIA. The high level group on financial supervision in the EU, p. 48).

[651] CEBS. Range of practices on supervisory colleges and home-host cooperation, London, 27 dez. 2007, p. 1.

[652] O CEBS reunia autoridades bancárias dos países-membros da União Europeia com a missão institucional aconselhar a Comissão Europeia em assuntos relacionados à regulação e supervisão bancária. A partir de 2011, as funções do CEBS, incluindo a coordenação dos colégios de supervisores, foram assumidas pela EBA.

rado financeiro em questão, para discussão de estratégias de convergência regulatória e estruturação de uma abordagem cooperativa de supervisão. Apesar do caráter multilateral dessas reuniões, elas serviriam como plataforma também para estabelecer relacionamentos bilaterais que, além de serem o ponto de partida para estratégias conjuntas de supervisão, criariam uma base de diálogo contínuo entre autoridades bancárias. Naturalmente, uma dificuldade aqui seria definir os participantes em cada nível dos colégios. Essa organização deve levar em conta diversos fatores, como a estrutura do conglomerado financeiro supervisionado, concentração de atividades em determinadas áreas geográficas, relevância sistêmica de entidades individuais, bem como os tipos de operação, serviços e produtos do grupo. Apesar dessas dificuldades, a proposta progrediu rapidamente, e, em março de 2010, já haviam sido estabelecidos colégios de supervisores para 17 conglomerados financeiros, cujos trabalhos foram objeto de avaliação pelo CEBS.[653]

Em complemento ao estabelecimento dos colégios de supervisores, vale destacar a ampla reformulação nos últimos anos da estrutura regulatória sistêmica e prudencial na União Europeia. Algumas das inovações já foram discutidas em capítulos anteriores, como a criação da ESRB em 2010, com o objetivo de identificar, monitorar e propor medidas para endereçar fontes de risco sistêmico no sistema financeiro. Cabe também fazer breve menção à entrada em funcionamento ao final de 2014 do: (i) Mecanismo Único de Supervisão (*Single Supervisory Mechanism* – SSM), que basicamente atribuiu ao ECB a função de supervisionar bancos relevantes na União Europeia em coordenação com autoridades nacionais; (ii) Mecanismo Único de Liquidação (*Single Resolution Mechanism*), estabelecendo um conselho para administrar a liquidação de bancos sujeitos ao SSM; e (iii) Código Unificado (*Single Rulebook*), consolidando normas bancárias aplicáveis aos bancos na União Europeia, inclusive no tocante a exigências de capital e mecanismos de seguro de depósitos. Finalmente, cumpre mencionar também as condições e exigências do ECB sobre operações de bancos centrais domésticos como prestamistas de último recurso, conhecidas como Assistência de Liquidez Emergencial (*Emergency Liquidity Assistance*). A discussão e o detalhamento da implementação de cada um desses

---

[653] CEBS. Report of the peer review on the functioning of supervisory colleges, London, 18 out. 2010.

REGULAÇÃO FINANCEIRA INTERNACIONAL

mecanismos, visando a criação de verdadeira união bancária entre os países-membros, naturalmente apresentam questões e desafios à parte que fugiriam ao escopo deste trabalho se aprofundar.

Desafio maior para o sucesso dessas estratégias refere-se ao fato de que, conforme evidenciado no capítulo anterior, antes de atingir a coordenação no âmbito internacional ou mesmo regional, muitos países precisam ainda alcançar coordenação no âmbito doméstico. Nos Estados Unidos, por exemplo, estão envolvidos internamente nesse processo nada menos que o *Federal Reserve*, Tesouro, SEC, FDIC, CFTC, OCC e 50 reguladores estaduais de seguradoras, entre outros. Segundo Malan, o escrutínio a que as propostas de reforma foram submetidas no Congresso,

> [...] em subcomissões distintas, várias com décadas de relacionamento com algumas das siglas da sopa de letras acima (e seus *lobbies*, sempre muito atuantes), mostra que a liderança que os Estados Unidos (através de seu Poder Executivo e suas lideranças no Congresso) precisam mostrar não se restringe de forma alguma à esfera internacional.[654]

Igualmente, a Inglaterra enfrentou dificuldades decorrentes de disputas de poder entre o Tesouro inglês, o *Bank of England* e a FSA sobre o escopo das atividades de cada órgão. A disputa envolveu não só as competências legais para definição de políticas, princípios e regras de regulação financeira, como também a responsabilidade pela sua aplicação. Tais conflitos podem em grande parte ser atribuídos ao modelo de autoridade universal adotado no país até recentemente, que transferiu para a FSA funções historicamente exercidas pelo banco central. Conforme visto, a Inglaterra procurou sanar algumas dessas questões com o *Banking Act* de 2009, que retornou funções sistêmicas ao banco central, bem como por meio de um memorando de entendimento firmado entre suas autoridades. Tais ações aparentemente não surtiram os efeitos esperados, dada a reformulação da estrutura de regulação e supervisão financeira no país em 2012, com a criação da PRA e FCA.

Evidentemente, existem inúmeras outras propostas de aprimoramento do arcabouço de regulação financeira internacional, cada qual com suas virtudes, complexidades e críticas. Fugiria ao escopo desta obra procurar esgotá-las, dada a rápida e constante proliferação de trabalhos sobre o tema

---

[654] MALAN, Pedro. A coordenação internacional da regulação financeira é viável?, p. 2.

REGULAÇÃO SISTÊMICA E PRUDENCIAL NO SETOR BANCÁRIO BRASILEIRO

em razão dos desdobramentos da crise financeira internacional. O presente tópico procurou apenas apresentar algumas das propostas recentes e os desafios envolvidos, contribuindo assim para a reflexão sobre a dimensão internacional dos mecanismos de regulação sistêmica e prudencial analisados nos últimos capítulos.

SÍNTESE E CONCLUSÕES DO CAPÍTULO 5

1. As transformações tecnológicas nas últimas décadas permitiram a ampliação do escopo de atuação das instituições financeiras, notadamente quanto à sua presença geográfica, produtos e serviços oferecidos, e carteira de clientes. A combinação desses avanços com os movimentos de concentração e conglomeração financeira possibilitou o surgimento de conglomerados financeiros de atuação global.

2. A expansão internacional das instituições financeiras impõe desafios à atuação de autoridades responsáveis pela sua regulação e supervisão, na medida em que levanta questionamentos quanto à alocação de responsabilidades e competências entre diferentes jurisdições. Igualmente, o relacionamento e a interdependência crescente entre esses conglomerados financeiros globais aumentam o risco de que o *default* de uma instituição ou liquidação de uma afiliada ou subsidiária em determinado país provoque consequências extraterritoriais.

3. Essas preocupações são exacerbadas pelo fato de, a despeito de suas ambições globais e presença internacional, tais instituições financeiras continuarem sujeitas predominantemente à regulação e supervisão de autoridades nacionais, limitadas pelo domínio de suas jurisdições domésticas. Como resultado, os esforços de supervisão bancária acabam sujeitando-se às peculiaridades do arcabouço regulatório de cada país, podendo incentivar movimentos de arbitragem ou, ainda mais grave, vácuos regulatórios na supervisão de determinadas atividades ou entidades do conglomerado financeiro. Outro perigo ilustrado na crise financeira recente é o de que decisões unilaterais por parte de autoridades nacionais quanto a instituições financeiras atuando em sua jurisdição provoquem efeitos negativos significativos em outros países. Realisticamente, observa-se que autoridades bancárias passam a depender cada vez mais não apenas dos resultados de seus esforços de regulação e supervisão bancária, mas também dos atos praticados por autoridades de outros países.

4. A constatação dessas limitações quanto às estratégias nacionais de regulação e supervisão de conglomerados financeiros deixa clara a necessidade de maior coordenação entre autoridades bancárias e a criação de padrões de regulação e supervisão comuns às jurisdições em que as instituições financeiras atuem. Nesse sentido, constatou--se nas últimas décadas o desenvolvimento de fóruns especializados em regulação financeira realizando trabalhos nessa área. Os principais representantes desse arcabouço internacional de regulação e supervisão financeira na atualidade são o Comitê de Basileia, Iosco e IAIS, responsáveis, respectivamente, por atividades bancárias, de valores mobiliários e de seguros. Ponto comum relevante concernente às propostas desses órgãos é que elas não são autoexecutáveis, sendo vinculantes apenas na medida em que incorporadas à legislação de cada país. Não obstante, isso não impediu que sua atuação tivesse cada vez mais poder e influência nos mercados financeiro e de capitais mundiais, notadamente no caso do Comitê de Basileia.

5. Além desses órgãos, devem-se mencionar os trabalhos de organizações internacionais, principalmente o FMI, no campo da regulação financeira. Embora suas áreas de atuação sejam consideravelmente mais abrangentes, essas organizações internacionais também realizam trabalhos relacionados ao tema, com destaque para os FSAPs e ROSCs, com o objetivo de propiciar uma análise abrangente e aprofundada do sistema financeiro de um país, bem como mensurar o grau de aderência a padrões e códigos de conduta internacionalmente reconhecidos, incluindo os trabalhos do Comitê de Basileia, Iosco e IAIS. No tocante à supervisão do setor bancário brasileiro, tais relatórios indicam que o País implementa total ou substancialmente os princípios do Comitê de Basileia para uma supervisão bancária efetiva, incluindo também recomendações sobre alguns dos mecanismos de regulação sistêmica em operação.

6. O primeiro trabalho do Comitê de Basileia no campo da coordenação internacional para regulação e supervisão financeira foi o relatório que ficou conhecido como "Concordata de Basileia", preparado em 1975. Desde então, o Comitê de Basileia já realizou inúmeros estudos sobre o tema. Inicialmente, seus esforços foram mais

REGULAÇÃO FINANCEIRA INTERNACIONAL

focados na divisão de responsabilidades entre autoridades nacionais para a supervisão de instituições financeiras de atuação internacional e as diversas formas operacionais que poderiam assumir em outros países. A preocupação central nesses relatórios era evitar que tais instituições pudessem se beneficiar de vácuos regulatórios. Essa visão logo se mostrou limitada, de modo que seus trabalhos posteriores passaram a incorporar outras dimensões de coordenação internacional de regulação financeira por meio do estímulo ao contato e cooperação contínua entre autoridades nacionais. Outra preocupação levantada em relatórios posteriores foi a incorporação de definições comuns entre jurisdições quanto a quais entidades ou atividades caracterizariam uma instituição financeira. A partir da década de 1990, o Comitê de Basileia passou a focar seus trabalhos também na análise das estratégias de regulação e supervisão apropriadas para conglomerados atuantes em diversos segmentos do sistema financeiro. Nesse sentido, passou a desenvolver trabalhos com outros fóruns de discussão sobre a regulação financeira, como a Iosco e IAIS, para discutir melhores práticas de regulação e supervisão no contexto desses conglomerados.

7. Corroborando a tendência de maior interação entre órgãos internacionais atuantes sobre a regulação financeira, foi criado em 1999 o FSF, com o mandato de analisar vulnerabilidades regulatórias no sistema financeiro internacional, identificar e supervisionar ações para sanar essas vulnerabilidades, bem como aprimorar a coordenação e compartilhamento de informações entre autoridades bancárias nacionais e órgãos internacionais na área de regulação e supervisão financeira. Inicialmente limitado aos países-membros do G-7 e alguns países, órgãos e organizações internacionais, o FSF passou por reformulação em 2009 para incorporar os países do G-20, entre outros membros, passando a se chamar FSB.

8. A crise financeira recente exacerbou as preocupações quanto à necessidade de coordenação entre autoridades nacionais e elaboração de padrões comuns de regulação e supervisão mais rígidos para conglomerados financeiros de atuação internacional. Nesse sentido, inúmeras propostas têm sido apresentadas, cada qual com

sua abordagem quanto à melhor estratégia para assegurar melhor coordenação regulatória e garantir a aderência dos países a padrões mínimos de regulação. O FSB apresentou proposta formulada com o FMI, em que o primeiro seria responsável pela preparação de padrões de regulação e supervisão para o sistema financeiro, bem como a coordenação dos fóruns de discussão existentes, enquanto o segundo ficaria responsável pelo monitoramento do sistema financeiro global e pela avaliação da adoção das medidas propostas por meio dos FSAPs, ROSCs e consultas bilaterais. Nessa linha, o FSB passou a preparar listas de G-SIFIs atuantes no setor bancário, que ficarão sujeitas a exigências regulatórias mais rigorosas. No caso da União Europeia, além da implementação de colégios de supervisores para conglomerados financeiros, observou-se ampla reformulação da estrutura de regulação e supervisão, voltada à criação de uma união bancária entre os países-membros.

9. O Brasil encontra-se em situação peculiar nesse debate, pois, embora já tenha sido mais expressiva no passado, a participação de bancos com capital estrangeiro no SFN atualmente é relativamente pequena. A regulação aplicável a essas instituições é a mesma a que se submetem as instituições financeiras domésticas, quando não mais rigorosa, como no caso do capital mínimo para sua abertura vigente até 1999. No tocante aos bancos domésticos, seu processo de internacionalização ainda é incipiente. Não obstante, deve-se notar a rapidez com que esse quadro tem se modificado, conforme evidenciado pela expansão de instituições como o Itaú Unibanco e Banco do Brasil, seja com bandeira própria, ou por meio da aquisição de operações locais de instituições financeiras no exterior. A continuidade desse movimento deve expor as autoridades nacionais cada vez mais aos desafios regulatórios decorrentes desse processo.

REFERÊNCIAS BIBLIOGRÁFICAS

AKERLOF, George. The market for lemons: quality uncertainty and the market mechanism. *Quarterly Journal of Economics*, v. 84, n. 3, 1970.

ALEXANDER, Kern; DHUMALE, Rahul; EATWELL, John. *Global governance of financial systems*: the international regulation of systemic risk. Oxford: University Press, 2006.

ALTUNBAS, Yener; MOLYNEUX, Philip; THORNTON, John. Big-bank mergers in Europe: an analysis of the cost implications. *Economica*, v. 64, n. 254, 1997.

ALVES, Sérgio Darcy da Silva; ALVES, Tatiana Muniz Silva. A experiência brasileira de regulação: um caso de sucesso? In: GARCIA, Márcio; GIAMBIAGI, Fábio (Org.). *Risco e regulação:* por que o Brasil enfrentou bem a crise financeira recente e como ela afetou a economia mundial. Rio de Janeiro: Elsevier, 2010.

ANBIMA. Basileia III: novos desafios para a adequação da regulação bancária, Rio de Janeiro, 2010. Disponível em: <portal.anbima.com.br>. Acesso em: 26 jul. 2015.

ANDRADE, Ana Maria Ribeiro de; LEVY, Maria Bárbara. Fundamentos do sistema bancário no Brasil (1834-1860). *Revista de Estudos Econômicos*, v. 15, 1985.

ANDREZO, Andrea Fernandes; LIMA, Iran Siqueira. *Mercado financeiro*: aspectos históricos e conceituais. São Paulo: Pioneira Thomson Learning, 1999.

ARAÚJO, Carlos Roberto Vieira. *História do pensamento econômico*: uma abordagem introdutória. São Paulo: Atlas, 2008.

ARAÚJO, Maria da Glória Domingos Silva. O Sistema de Pagamentos Brasileiro e a assunção de riscos pelo Banco Central. *Notas Técnicas do Banco Central*, n. 23, Brasília, 2002.

ARROW, Kenneth. *Limits of organization*. Nova Iorque: Norton, 1974.

ASSAF NETO, Alexandre. *Mercado financeiro*. 4. ed. São Paulo: Atlas, 2001.

ASSIS, J. Carlos. *A chave do tesouro*: anatomia dos escândalos financeiros no Brasil (1974-83). Rio de Janeiro: Paz e Terra, 1983.

AUSUBEL, Lawrence. The failure of competition in the credit card market. *The American Economic Review*, v. 81, n. 1, 1991.

BAER, Mônica. *A internacionalização financeira no Brasil*. Petrópolis: Vozes, 1986.

BAGEHOT, Walter. *Lombard street*: a description of the money market. Nova Iorque: John Wiley & Sons, 1999 (ed. original, 1873).

BALDWIN, Robert; CAVE, Martin. *Understanding regulation*. London: Oxford University Press, 1999.

BANCO CENTRAL DO BRASIL. *Demonstrações financeiras* – 30 de junho de 2013. Brasília: Banco Central do Brasil. Disponível em: <www.bcb.gov.br/htms/inffina/be201306/Demonstra%C3%A7%C3%B5es_BCB_jun2013.pdf>. Acesso em: 16 jul. 2015.

_____. *Evolução do sistema financeiro de janeiro a dezembro de 2003*. Brasília: Banco Central do Brasil. Disponível em: <www.bcb.gov.br/htms/deorf/r200312/texto.asp?idpai=REVSFN200312#IA>. Acesso em: 15 jul. 2015.

_____. Manual de supervisão. Disponível em <www3.bcb.gov.br/gmn/visualizacao/listarDocumentosManualPublico.do?method=listarDocumentosManualPublico&idManual=1>. Acesso em: 15 jul. 2015.

_____. O Banco Central e as novas técnicas de saneamento do Sistema Financeiro Nacional após a estabilização monetária. Disponível em: <www.bcb.gov.br/htms/livrosfn.asp?idpai=ARTREGESP>. Acesso em: 15 jul. 2015.

_____. *Reestruturação do Sistema de Pagamentos Brasileiro*. Brasília: Banco Central do Brasil, 2002. Disponível em: <www.bcb.gov.br/ftp/deban/deban-pdf.pdf>. Acesso em: 19 jul. 2015.

_____. *Relatório de estabilidade financeira*. Brasília: Banco Central, set. 2011.

_____. *Relatório de estabilidade financeira*. Brasília: Banco Central, set. 2012.

_____. *Relatório de estabilidade financeira*. Brasília: Banco Central, mar. 2012.

_____. *Relatório de estabilidade financeira*. Brasília: Banco Central, mar. 2014.

_____. *Relatório de estabilidade financeira*. Brasília: Banco Central, set. 2014.

_____. *Relatório de estabilidade financeira*. Brasília: Banco Central, mar. 2015.

_____. *Sistema de informações de crédito do Banco Central*. Brasília: Banco Central do Brasil, 2004. Disponível em: <www.bcb.gov.br/fis/crc/ftp/cartilhascr.pdf>. Acesso em: 21 jul. 2015.

_____. *Sistema Financeiro Nacional* – 1989 a 2000. Brasília: Banco Central do Brasil. Disponível em: <www.bcb.gov.br/htms/Deorf/e88-2000/texto.asp?idpai=relsfn19882000>. Acesso em: 15 jul. 2015.

BANK OF ENGLAND. The role of macroprudential policy. *Discussion Paper*, Londres, 19 nov. 2009

BARTH, James R.; CAPRIO JR., Gerard; LEVINE, Ross. *Rethinking bank regulation*: till angels govern. Cambridge: Cambridge University Press, 2006.

_____; _____; _____. Bank regulation and supervision: what works best? *Journal of Financial Intermediation*, 13(2), 2004.

_____; _____; _____. Bank regulation and supervision in 180 countries from 1999 to 2011. *Journal of Financial Economic Policy*, v. 5, n. 2, 2013.

_____; _____; _____. Bank regulation and supervision survey (2006-2010). Disponível em: <econ.worldbank.org>. Acesso em: 21 jul. 2015

_____; GAN, Jie; NOLLE, Daniel E. *Global banking regulation and supervision*. Nova Iorque: Nova Science Publishers, 2009.

BARROS DE CASTRO, Lavinia. Basileia II: questões pendentes que interessam ao Brasil. *Periódico Visão do Desenvolvimento*, BNDES, n. 34, 2007.

REFERÊNCIAS BIBLIOGRÁFICAS

_____. Regulação financeira: discutindo os Acordos de Basileia. *Revista do BNDES*, Rio de Janeiro, v. 14, n. 28, 2007.

BEBCHUK, Lucian A. Written testimony submitted to the Committee on Financial Services of the United States House of Representatives: hearing on compensation structure and systemic risk, 11 jun. 2009. Disponível em: <www.law.harvard.edu/faculty/bebchuk/Policy/FSC-written-testimony-June-11-09.pdf>. Acesso em: 22 jul. 2015.

_____; FRIED, Jesse. *Pay without performance*: the unfulfilled promise of executive compensation. Cambridge: Harvard University Press, 2004.

BECK, Thorsten; DEMIRGUÇ-KUNT, Asli; LEVINE, Ross. Bank concentration and fragility: impact and mechanics. In: CAREY, Mark; STULZ, Rene (Org.). *Risks of financial institutions*. Cambridge: National Bureau of Economic Research, 2006.

_____; LEVINE, Ross; LOAYZA, Norman. Finance and the sources of growth. *Journal of Financial Economics*, v. 58, n. 1-2, 2000.

BECKER, Gary. *The economic approach to human behaviour*. Chicago: University of Chicago Press, 1976.

BENSTON, George J. *Regulating financial markets*: a critique and some proposals. Washington: The AEI Press, 1999.

_____; EISENBEIS, Robert A.; HORVITZ, Paul M.; KANE, Edward J.; KAUFMAN, George G. (Org.). *Perspectives on safe and sound banking*. Cambridge: MIT Press, 1986.

_____; KAUFMAN, George G. FDICIA after five years. *Journal of Economic Perspectives*, v. 11, 1997.

BERNANKE, Ben; GERTLER, Mark. Agency costs, net worth, and business fluctuations. *American Economic Review*, v. 79, n. 1, mar. 1989.

BERNSTEIN, Peter. *Against the Gods*: the remarkable story of risk. Nova Iorque: John Wiley & Sons, 1996.

BIS REVIEW. Report by the president of the Deutsche Bundesbank, n. 21, 2 nov. 1999. Disponível em: <www.bis.org/review/r990225b.pdf?noframes=1>. Acesso em: 24 jul. 2015.

BLACK, Julia. Managing the financial crisis: the constitutional dimension. *LSE Law, Society and Economy Working Papers*, n. 12/2010, jun. 2010.

_____; ROUCH, David. The development of the global markets as rule-makers: engagement and legitimacy. *Law and Financial Markets Review*, 2(3), maio 2008.

BODIE, Zvi; MERTON, Robert C. *Finanças*. 2. ed. São Paulo: Bookman, 2000.

BOLLE, Monica Baumgarten de; CARNEIRO, Dionísio Dias (Org.). *A reforma do sistema financeiro americano*: nova arquitetura internacional e o contexto regulatório brasileiro. Rio de Janeiro: Instituto de Estudos de Política Econômica, Casa das Garças, 2009.

BORDO, Michael D.; MISRACH, Bruce; SCHWARTZ, Anna. Real versus pseudo-international systemic risk: some lessons from history. *NBER Working Paper Series*, n. W5371, 1995.

BORIO, Claudio. Procyclicality of the financial system and financial stability: issues and policy options, marrying the macro-and micro-prudential dimensions of financial stability. *BIS Papers*, n. 1, 2001.

_____; Towards a macroprudential framework for financial supervision and regulation? *BIS Working Paper*, n. 128, 2003.

_____; FURFINE, Craig; LOWE, Phillip. Procyclicality of the financial system and financial stability: issues and policy options, marrying the macro-and micro-prudential dimensions of financial stability. *BIS Papers*, n. 1, 2001.

BOUZAN, Ary. *Os bancos comerciais no Brasil*: uma análise do desenvolvimento recente (1965-1971). São Paulo: Federação Brasileira das Associações de Bancos, 1972.

BOYD, John; GERTLER, Mark. U.S. commercial banking: trends, cycles, and policy. *New York University Department of Economics Working Papers*, n. 93-19, abr. 1993.

_____; PRESCOTT, Edward C. Financial intermediary-coalitions. *Journal of Economics Theory*, n. 38, 1986.

BROOME, Lissa L.; MARKHAM, Jerry W. *Regulation of bank financial service activities*: cases and materials. West Group Publishing, 2005.

BUCCHI, Wadico. *Garantia de depósitos em instituições financeiras*. São Paulo: IBCB, 1992.

CACCIOLA, Salvatore Alberto. *Eu Alberto Cacciola confesso*: o escândalo do Banco Marka. São Paulo: Record, 2001.

CADE. *Guia Prático do CADE*: a defesa da concorrência no Brasil. São Paulo: CIEE, 2007.

CALADO, Luiz Roberto. *Regulação e autorregulação do mercado financeiro*: conceito, evolução e tendências num contexto de crise. São Paulo: Saint Paul, 2009.

CAMPILONGO, Celso F.; VEIGA DA ROCHA, Jean Paul Cabral; MATTOS, Paulo Todescan Lessa (Org.). *Concorrência e regulação no sistema financeiro*. São Paulo: Max Limonad, 2002.

CAPIE, Forrest; FISCHER, Stanley; GOODHART, Charles; SCHNADT, Norbert (Org.). *The future of central banking*: the tercentenary symposium of the Bank of England. Cambridge: Cambridge University Press, 1994.

CARRASCO, Vinicius. Incentivos e crise. In: GARCIA, Márcio; GIAMBIAGI, Fábio (Org.). *Risco e regulação*: por que o Brasil enfrentou bem a crise financeira recente e como ela afetou a economia mundial. Rio de Janeiro: Elsevier, 2010.

CARROLL, Carolyn A. A century of mergers and acquisitions. In: GUP, Benton E. *Megamergers in a global economy: causes and consequences*. Westport: Quorum Books, 2002.

CARVALHO, Carlos Eduardo. Ocultamento e mistificação nas relações do Banco Central com os bancos: notas sobre a experiência brasileira. *Política&Sociedade*, n. 6, abr. 2005.

_____; OLIVEIRA, Giuliano Contento. Fragilização de grandes bancos no início do Plano Real. *Revista Nova Economia*, v. 12, n. 1, 2002.

_____; VIDOTTO, Carlos Augusto. Abertura do setor bancário ao capital estrangeiro nos anos 1990: os objetivos e o discurso do governo e dos banqueiros. *Nova Economia*, Belo Horizonte, v. 17(3), 2007.

CARVALHO DE MENDONÇA, J.X. *Tratado de direito comercial brasileiro*. Rio de Janeiro: Annuario do Brasil, 1947.

CARVALHO, Fernão J. Cardim de; SOUZA, Francisco E. P.; SICSÚ, João; PAULA, Luiz F. R. de; STUDART, Rogério. *Economia monetária e financeira*: teoria e política. Rio de Janeiro: Campus, 2001.

CASTILHO, Ela Wiecko V. de. *O controle penal nos crimes contra o Sistema Financeiro Nacional*. Belo Horizonte: Del Rey, 2006.

CEBS. Range of practices on supervisory colleges and home-host cooperation, London, 27 dez. 2007.

REFERÊNCIAS BIBLIOGRÁFICAS

_____. Report of the peer review on the functioning of supervisory colleges, London, 18 out. 2010.

CHALHUB, Melhim Namem. *Negócio fiduciário*. São Paulo: Renovar, 2000.

CHANG, Ha-Joon. *Globalisation, economic development and the role of the State*. Zed Books, 2003.

CIHAK, Martin; POPDIERA, Richard. Is one watchdog better than three? International experience with integrated financial sector supervision. *International Monetary Fund Working Paper*, n. 6/57, 2006.

CINTRA, Marcos A. M.; FARHI, Maryse. A crise financeira e o *global shadow banking system*. *Revista Novos Estudos*, Cebrap, n. 82, nov. 2008.

COASE, Ronald H. The nature of the firm. In: _____. *The firm, the market and the law*. Chicago: The University of Chicago Press, 1990 (ed. original, 1937).

_____. The problem of social cost. In: _____. *The firm, the market and the law*. Chicago: The University of Chicago Press, 1990 (ed. original, 1937).

COLE, Margareth. The UK FSA: Nobody does it better? Nova Iorque, 17 out. 2006. Disponível em: <www.fsa.gov.uk/pages/Library/Communication/Speeches/2006/1017_mc.shtml>. Acesso em: 22 jul. 2015.

COMISSÃO EUROPEIA. The high level group on financial supervision in the EU, Bruxelas, 25 fev. 2009. Disponível em: <ec.europa.eu/internal_market/finances/docs/de_larosiere_report_en.pdf>. Acesso em: 15 jul. 2015.

COMITÊ DE BASILEIA. Agreement on Basel Committee capital and liquidity reform package. Basileia, jul. 2010. Relatórios do Comitê de Basileia disponíveis em: <www.bis.org/bcbs/>. Acesso em: 10 ago. 2015.

_____. Amendment to the capital accord to incorporate market risks. Basileia, jan. 1996.

_____. Core principles for effective banking supervision. Basileia, set. 2012.

_____. Core principles for systemically important payment systems. Basileia, jan. 2001.

_____. Enhancements to the Basel II framework. Basileia, jul. 2009.

_____. Framework for internal control systems in banking organizations. Basileia, set. 1998.

_____. Global systemically important banks: assessment methodology and the additional loss absorbency requirement. Basileia, jul. 2011.

_____. Good practice principles on supervisory colleges. Basileia, out. 2010.

_____. International convergence of capital measurement and capital standards. Basileia, jul. 1988.

_____. International convergence of capital measurement and capital standards: a revised framework. Basileia, jun. 2004.

_____. International framework for liquidity risk measurement, standards and monitoring. Basileia, dez. 2010.

_____. Joint forum on financial conglomerates: supervision of financial conglomerates. Basileia, fev. 1998.

_____. Minimum standards for the supervision of international banking groups and their cross-border establishments. Basileia, jul. 1992.

_____. Principles for sound stress testing practices and supervision. Basileia, maio 2009.

_____. Principles for the supervision of bank's foreign establishments. Basileia, maio 1983.

_____. Regulatory consistency assessment programme: assessment of Basel III regulations in Brazil. Basileia, dez. 2013.

_____. Report and recommendations of the cross-border bank resolution group. Basileia, mar. 2010.

_____. Report on special purpose entities. Basileia, set. 2009.

_____. Report to the governors on the supervision of bank's foreign establishments. Basileia, set. 1975.

_____. Risk management guidelines for derivatives. Basileia, jul. 1994.

_____. Strengthening the resilience of the banking sector. Basileia, dez. 2010.

_____. The Group of Governors and Heads of Supervision reach broad agreement on Basel Committee capital and liquidity reform package. Basileia, jul. 2010

_____; IADI. Core principles for effective deposit insurance systems. Basileia, jun. 2009.

COMPARATO, Fábio Konder. O indispensável direito econômico. *Revista dos Tribunais*, São Paulo, v. 353, 1965.

CONGRESSO NACIONAL. *Relatório final da Comissão Parlamentar de Inquérito criada através do requerimento n. 127 de 1999-SF*. Brasília, 1999. Disponível em: <www2.senado.leg.br/bdsf/bitstream/handle/id/82020/CPI_Bancos_.pdf?sequence=7>. Acesso em: 25 jul. 2015.

CORAZZA, Gentil. Crise e reestruturação bancária no Brasil. *Revista Análise*, v. 12, n. 2, 2001.

CORTEZ, Thiago Machado. O conceito de risco sistêmico e suas implicações para a defesa da concorrência no mercado bancário. In: CAMPILONGO, Celso F.; VEIGA DA ROCHA, Jean Paul C.; MATTOS, Paulo Todescan Lessa. *Concorrência e regulação no sistema financeiro*. São Paulo: Max Limonad, 2002.

COSTA NETO, Yttrio Corrêa da. *Bancos oficiais no Brasil*: origem e aspectos do seu desenvolvimento. Brasília: Banco Central do Brasil, 2004.

COSTA, Sérgio Gustavo Silveira; CYSNE, Rubens Penha. Reflexos do Plano Real sobre o sistema bancário brasileiro. *Revista Brasileira de Economia*, v. 51, n. 3, 1997.

DANIELSON, Arnold. Getting ready for the 21st Century: a look at recent banking trends. *Banking Policy Report*, 18(1), mar. 1999.

DE BANDT, Olivier; HARTMANN, Philipp. Systemic risk: a survey. *Working Paper Series*, European Central Bank, n. 35, 2000.

DELL'ARICCIA, Giovanni. Asymmetric information and the structure of the banking industry. *The European Economic Review*, v. 45, 2001.

DE LUCCA, Newton. A responsabilidade civil dos administradores de instituições financeiras. *Revista de Direito Mercantil, Industrial, Econômico e Financeiro*, n. 67, jul.-set. 1987.

DEMIRGUÇ-KUNT, Asli; DETRAGIACHE, Enrica. Does deposit insurance increase banking system stability? An empirical investigation. *Journal of Monetary Economics*, 49(7), 2002.

_____; DETRAGIACHE, Enrica. The determinants of banking crises in developed and developing countries. *IMF Staff Papers*, n. 45, 1998.

_____; HUIZINGA, Harry. Market discipline and deposit insurance. *Journal of Monetary Economics*, 51(2), 2004.

REFERÊNCIAS BIBLIOGRÁFICAS

DEPARTMENT OF TREASURY. Blueprint for a modernized financial regulatory structure. Washington, mar. 2008,

_____. Financial regulatory reform – A new foundation: rebuilding financial supervision and regulation. Washington, jun. 2009

_____. Regulatory reform over-the-counter (OTC) derivatives. Washington, maio 2009.

DE SANCTIS, Fausto Martin. *Punibilidade no Sistema Financeiro Nacional*. Campinas: Millenium, 2003.

DIAMOND, Douglas; DYBVIG, Philip H. Bank runs, deposit insurance, and liquidity. *Federal Reserve Bank of Minneapolis Quarterly Review*, 24(1), 2000 (ed. original, 1983).

DI NOIA, Carmine; DI GIORGIO, Giorgio. Should banking supervision and monetary policy tasks be given to different agencies? *International Finance*, 2(3), 1999.

DOWD, Kevin. Too big to fail? Long-Term Capital Management and the Federal Reserve. *Briefing Papers*, Cato Institute, n. 52, 1999.

DUARTE, Maria Carolina de Almeida. *Crimes contra o Sistema Financeiro Nacional*: uma abordagem interdisciplinar. Rio de Janeiro: Forense, 2003.

DURAN, Camila Villard. *A moldura jurídica da política monetária*: um estudo do Bacen, do BCE e do Fed. São Paulo: Saraiva, 2013.

_____. *Direito e moeda*: o controle dos planos de estabilização monetária pelo Supremo Tribunal Federal. São Paulo: Saraiva, 2010.

EICHENGREEN, Barry. Out of the box thoughts about international financial structure. *IMF Working Paper*, n. 9, maio 2009.

FAMA, Eugene. Market efficiency, long-term returns, and behavioral finance. *Journal of Financial Economics*, v. 49, n. 3, 1998.

FEDERAL DEPOSIT INSURANCE CORPORATION. *An examination of the banking crises of the 1980s and early 1990s*. Washington: FDIC, 1997.

FEDERAL RESERVE. The supervisory capital assessment program: overview of results. Washington, mai. 2009. Disponível em: <www.federalreserve.gov/newsevents/press/bcreg/bcreg20090507a1.pdf>. Acesso em: 21 jul. 2015.

FERGUSON, Roger. Alternative approaches to financial supervision and regulation. *Journal of Financial Services Research*, 17(1), 1999.

FERNANDES, Antônio Alberto Grossi. *O Sistema Financeiro Nacional comentado*. São Paulo: Saraiva, 2009.

FERRAN, Eilís; GOODHART, Charles A. E. (Org.). *Regulating financial services and markets in the 21st century*. Oxford: Hart Publishing, 2001.

FERREIRA, Caio Fonseca. *Estrutura, concorrência e* performance *do setor bancário em um mercado heterogêneo*. 2005. Tese (Doutorado) – FEA-USP, São Paulo. Mimeografado.

FERREIRA, Isaac S. M. Lei determina atuação complementar entre BC e FGC. *Consultor Jurídico*, 11 jun. 2012. Disponível em: <www.conjur.com.br/2012-jun-11/isaac-ferreira--lei-determina-atuacao-complementar-entre-bc-fgc>. Acesso em: 25 jul. 2015.

FIANNI, Ronaldo. *Teoria da regulação econômica*: estado atual e perspectivas futuras. Teoria política e instituições de defesa da concorrência. Grupo de Regulação da Concorrência da UFRJ. Mimeografado.

FINANCIAL STABILITY BOARD. FSB principles for sound compensation practices – Implementation standards. Basileia, set. 2009.

_____. Policy measures to address systemically important financial institutions. Basileia, nov. 2011.

_____. Shadow banking: strengthening oversight and regulation. Basileia, out. 2011.

_____. Intensity and effectiveness of SIFI supervision. Basileia, nov. 2010.

_____. 2014 update of list of global systemically important banks. Basileia, nov. 2014.

FINANCIAL STABILITY FORUM. Report of the Financial Stability Forum on enhancing market and institutional resilience. Basileia, abr. 2008.

FORTUNA, Eduardo. *Mercado financeiro*: produtos e serviços. 15. ed. Rio de Janeiro: Qualitymark, 2004.

FRANCO, Gustavo H. B.; ROSMAN, Luiz Alberto C. A crise bancária norte-americana: algumas lições da experiência brasileira. In: GARCIA, Márcio; GIAMBIAGI, Fábio (Org.). *Risco e regulação: p*or que o Brasil enfrentou bem a crise financeira recente e como ela afetou a economia mundial. Rio de Janeiro: Elsevier, 2010.

FREITAS, Maria Cristina Penido. A evolução dos bancos centrais e seus desafios no contexto da globalização financeira. *Revista de Estudos Econômicos*, Instituto de Pesquisas Econômicas, São Paulo, v. 30, n. 3, 2000.

FUNDO GARANTIDOR DE CRÉDITO. Relatório anual – 2014. São Paulo: FGC, 2015. Relatório anual disponível em: <www.fgc.org.br/?conteudo=1&ci_menu=770>. Acesso em: 29 jul. 2015.

GAGGINI, Fernando Schwarz. *Securitização de recebíveis*. São Paulo: Leud, 2003.

GALBRAITH, John Kenneth. *A short history of financial euphoria*. Nova Iorque: Penguim Books, 1990.

_____. *The great crash of 1929*. Nova Iorque: Mariner Books, 1997.

GARCIA, Márcio; GIAMBIAGI, Fábio (Org.). *Risco e regulação:* por que o Brasil enfrentou bem a crise financeira recente e como ela afetou a economia mundial. Rio de Janeiro: Elsevier, 2010.

GIAMBIAGI, Fábio; BARROS, Octavio de (Org.). *Brasil pós-crise*: agenda para a próxima década. Rio de Janeiro: Elsevier, 2009.

GIOVANOLI, Mario. Reflections on international financial standards as "soft law". In: ANDENAS, Mads; NORTON Joseph J. *International monetary and financial law upon entering the new millennium*: a tribute to Sir Joseph and Ruth Gold. London: The British Institute of Comparative and International Law, 2003.

GONÇALVES, Luiz Carlos dos Santos. Exame necroscópico da lei do colarinho-branco. In: ROCHA, João Carlos de Carvalho; HENRIQUES FILHO, Tarcísio Humberto Parreiras; CAZETTA, Ubiratan (Org.). *Crimes contra o Sistema Financeiro Nacional*: 20 anos da Lei n.º 7.492/86. Belo Horizonte: Del Rey, 2006.

GOODHART, Charles A. E. et al. *Financial regulation*: why, how and where now? Londres: Routledge, 1998.

_____. *Money, information, and uncertainty*. 2. ed. Cambridge: The MIT Press, 1989.

_____. Regulating the regulator – An economist's perspective. In: FERRAN, Eilís; GOODHART, Charles. *Regulating financial services and markets in the 21st century*. Oxford: Hart Publishing, 2001.

_____. Some regulatory concerns. In: _____. (Org.). *The emerging framework of financial regulation*. London: Central Banking Publications, 1998.

REFERÊNCIAS BIBLIOGRÁFICAS

_____. *The Basel committee on banking supervision*: a history of the early years (1974-1997). Cambridge: Cambridge University Press, 2011.

_____. *The central bank and the financial system*. Cambridge: The MIT Press, 1995.

_____. The organizational structure of banking supervision. In: BREALEY, Richard A. (Org.). *Financial stability and Central Banks*: a global perspective. London: Routledge, 2001.

_____; HARTMANN, Philipp; LLEWELLYN, David; ROJAS-SUÁREZ, Liliana; WEISBROD, Steven. *Financial Regulation*: why, how and where now? London: Routledge, 1998.

GORNATI, Gilberto. *Legislação bancária no Brasil Império: o debate jurídico sobre a função bancária na década de 1850*. 2013. Dissertação (Mestrado) – FD-USP, São Paulo. Mimeografado.

GOVERNMENT ACCOUNTING OFFICE. US. Financial Derivatives: action needed to protect the financial system. *The Journal of Derivatives*, Nova Iorque, v. 2, n. 1, 1994.

GROUHY, Michel; MARKUS, Robert. *Gerenciamento de risco*: abordagem conceitual e prática. São Paulo: QualityMark, 2004.

GROUP OF 10. *Report on consolidation in the financial sector*. Washington: Group of 10, 2001.

GROUP OF 30. *Global institutions, national supervision and systemic risk*: a study group report. Washington: Group of 30, 1997.

_____. *The structure of financial supervision:* approaches and challenges in a global marketplace. Washington: Group of 30, 2008.

GUIMARÃES, André Luiz de Souza; LIMA, Jorge Cláudio Cavalcante de Oliveira. Avaliação do risco de crédito no Brasil. In: GARCIA, Márcio; GIAMBIAGI, Fábio (Org.). *Risco e regulação:* por que o Brasil enfrentou bem a crise financeira recente e como ela afetou a economia mundial. Rio de Janeiro: Elsevier, 2010.

GUZMAN, Andrew T.; MEYER, Timothy L. International soft law. *Journal of Legal Analysis*, 2(1), 2010.

HALDANE, Andrew G. The Financial Stability Forum (FSF): just another acronym? In: FERRAN, Eilís; GOODHART, Charles. *Regulating financial services and markets in the 21st century*. Oxford: Hart Publishing, 2001.

HANSELL, Saul; MUEHRING, Kevin. Why derivatives rattle the regulators. *Institutional Investor*, set. 1992.

HANSON, Samuel G.; KASHYAP, Anil K.; STEIN, Jeremy C. A macroprudential approach to financial regulation. *Journal of Economic Perspectives*, 25(1), 2011.

HAUBRICH, Joseph G. Combining bank supervision and monetary policy. *Federal Reserve Bank of Cleveland, Economic Commentary*, v. 11, 1996.

HAYEK, Friedrich A. Economics and knowledge. In: _____. *Individualism and economic order*. Chicago: The University of Chicago Press, 1948 (ed. original, 1937).

_____. The use of knowledge in society. In: _____. *Individualism and economic order*, Chicago: The University of Chicago Press, 1948 (ed. original, 1937).

HEALY, Paul M.; PALEPU, Krishna G. The fall of Enron. *Journal of Economic Perspectives*, 17 (2), 2003.

HILL, Claire A. Regulating the rating agencies. *Washington University Law Quarterly*, v. 82, 2004.

HOLANDA BARBOSA, Fernando. Banco Nacional: jogo de Ponzi, PROER e FCVS. *Revista de Economia Política*, v. 28, n. 1, 2007.

HONOHAN, Patrick; KLINGEBIEL, Daniela. Controlling the fiscal costs of banking crisis. *Policy Research Working Paper*, n. 2.441, The World Bank, 2000.

HOVENKAMP, Herbert J. The Coase theorem and Arthur Cecil Pigou. *Arizona Law Review*, v. 51, 2009.

HOUSE OF COMMONS. *The run on the Rock*. London: The Stationery Office Limited, v. 1, 2008.

HOUSE, Richard. Ratings trouble. *Institutional Investor*, out. 1995.

HUCK, Hermes Marcelo. Aspectos jurídicos das negociações de valores mobiliários, títulos de crédito e produtos financeiros por meios digitais. Congresso Internacional de Comércio Eletrônico e Internet no Brasil, São Paulo, nov. 2002.

_____. Contratos internacionais de financiamento: a lei aplicável. *Revista de Direito Mercantil Industrial, Econômico e Financeiro*, São Paulo, v. 53, 1984.

_____. *Contratos com o Estado*: aspectos de direito internacional. São Paulo: Aquarela, 1989.

HUNT, E.K. *História do pensamento econômico*. 7. ed. Rio de Janeiro: Campus, 1981.

IADI. IADI core principles for effective deposit insurance systems. Basileia, nov. 2014. Relatórios da IADI disponíveis em: <www.iadi.org>. Acesso em: 10 ago. 2015.

_____; General guidance for developing differential premium systems. Basileia, 2011.

_____; COMITÊ DE BASILEIA. Core principles for effective deposit insurance systems. Basileia, jun. 2009.

IAIS. Global systemically important insurers: initial assessment methodology. Basileia, jul. 2013. Relatórios da IAIS disponíveis em: <iaisweb.org>. Acesso em: 10 ago. 2015.

_____. Global systemically important insurers: policy measures. Basileia, jul. 2013.

_____. Guidance on insurance regulation and supervision for emerging market economies. Basileia, set. 1997.

_____. Insurance core principles. Basileia, out. 2003.

_____. Principles on capital adequacy and insolvency. Basileia, jan. 2002.

_____. Principles on group-wide supervision. Basileia, out. 2008.

_____. Principles on minimum requirements for supervision of reinsurers. Basileia, out. 2002.

IBGE. *Sistema financeiro*: uma análise a partir das contas nacionais, 1990-1995. Rio de Janeiro: IBGE, 1997.

INTERNATIONAL MONETARY FUND. Brazil – detailed assessment of observance of Basel core principles for effective banking supervision. Country report n. 12/207, Washington, 2012. Relatórios do FMI disponíveis em: <www.imf.org>. Acesso em: 10 ago. 2015.

_____. Brazil – financial system stability assessment. Country report n. 12/206, Washington, 2012.

_____. IMF expanding surveillance to require mandatory financial stability assessments of countries with systemically important financial sectors, Press Release n. 10/357, 27 set. 2010.

_____. Modernizing the legal framework for surveillance – an integrated surveillance decision. Washington, jul. 2012.

REFERÊNCIAS BIBLIOGRÁFICAS

IOSCO. Capital adequacy for securities firms. Relatório do Comitê Técnico, Madrid, 1989. Relatórios da IOSCO disponíveis em: <www.iosco.org>. Acesso em: 10 ago. 2015.

_____. Code of conduct fundamentals for credit rating agencies. Madrid, dez. 2004.

_____; FSB. Assessment methodologies for identifying non-bank non-insurer global systemically important financial institutions. Basileia, mar. 2015

_____. Objectives and principles of securities regulation. Madrid, jun. 2010.

_____. Operational and financial risk management control mechanisms for over-the--counter derivatives activities of regulated securities firms. Madrid, jul. 1994.

_____. Principles for the supervision of financial conglomerates. Relatório do Comitê Técnico, Madrid, 1992.

IRTI, Natalino. *L'ordine giuridico del mercato*. Bari: Laterza, 2003 (ed. original, 1998).

JACKSON, Howell E. The role of credit rating agencies in the establishment of capital standards for financial institutions in a global economy. In: FERRAN, Eilís; GOODHART, Charles. *Regulating financial services and markets in the 21st century*. Oxford: Hart Publishing, 2001.

_____. Variation in the intensity of financial regulation: preliminary evidence and potential implications. *Yale Journal on Regulation*, v. 24, n. 2, 2007.

JANTALIA, Fabiano (Org.). *A regulação jurídica do Sistema Financeiro Nacional*. Rio de Janeiro: Lumen Juris, 2009.

_____. *Curso de regulação do Sistema Financeiro Nacional*. Brasília: Programa Saber Direito, 2009. Disponível em: <www.stf.jus.br/repositorio/cms/portalTvJustica/portalTvJusticaNoticia/anexo/Curso_de_Regulacao_do_Sistema_Financeiro_2__Fabiano_Jantalia.pdf>. Acesso em: 25 jul. 2015.

JONES, Kenneth; CRITCHFIELD, Tim. Consolidation in the U.S. banking industry: Is the "long, strange trip" about to end? *FDIC Banking Review*, v. 17, n. 4, 2005.

KAHNEMAN, Daniel; SLOVIC, Paul; TVERSKY, Amos. *Judgment under uncertainty*: heuristics and biases. Cambridge: Cambridge University Press, 1982.

KANE, Edward J. How market forces influence the structure of financial regulation. In: HARAF, William S.; KUSHMEIDER, Rose Marie. *Restructuring banking and financial services in America*. American Enterprise Institute, 1988.

_____. Implications of superhero metaphors for the issue of banking powers. *Journal of Banking and Finance*, v. 23, n. 2-4, 1999.

_____. Interaction of financial and regulatory interaction. *American Economic Review*, v. 78, n. 2, 1988.

_____. *The S&L insurance mess*: how did it happen? Washington: Urban Institute Press, 1989.

KASHYAP, Anil K.; STEIN, Jeremy C. Cyclical implications of the Basel-II capital standards. *Federal Reserve Bank of Chicago Economic Perspectives*, 28(1), 2008.

KAUFMAN, George. Bank contagion: a review of theory and evidence. *Journal of Financial Services Research*, v. 8, n. 2, 1994.

_____. Bank failures, systemic risk, and bank regulation. *Cato Journal*, v. 16, n. 1, 1996.

_____. Bank runs: causes, benefits, and costs. *Cato Journal*, v. 7, n. 3, 1988.

_____; SCOTT, Kenneth E. What is systemic risk, and do bank regulators retard or contribute to it? *The Independent Review*, v. 7, n. 3, 2003.

KAUFMAN, Henry. *The road to financial reformation*. Nova Iorque: John Wiley & Sons, 2009.

KINDLEBERGER, Charles P. *Manias, panics and crashes*. 4. ed. Nova Iorque: John Wiley & Sons, 2000.

KING, Robert; LEVINE, Ross. Finance entrepreneurship and growth: theory and evidence. *Journal of Monetary Economics*, 32(3), 1993.

KROSZNER, Randall S. On the political economy of banking and financial regulatory reform in emerging markets. *CRSP Working Paper*, n. 472, 1998.

_____. The motivations behind banking reform. *Regulation*, 24(2), 2001.

_____; STRAHAN, Philip E. Obstacles to optimal policy – The interplay of politics and economics in shaping bank supervision and regulation reforms. In: MISHKIN, Frederic S. (Org.). *Prudential Supervision*: what works and what doesn't. Chicago: The University of Chicago Press, 2001.

KRUGMAN, Paul. *The return of depression economics and the crisis of 2008*. New York: Norton, 2009.

LAEVEN, Luc. Bank risk and deposit insurance. *World Bank Economic Review*, 16(1), 2002.

_____; VALENCIA, Fabian. Systemic banking crises: a new database. *IMF Working Paper*, n. 8/224, nov. 2008.

LAMEIRA, Valdir Jesus. *Mercado de capitais*. Rio de Janeiro: Forense Universitária, 2001.

LANGOHR, Herwig M.; LANGOHR Patricia T. *The rating agencies and their credit ratings*: what they are, how they work and why they are relevant. London: Wiley, 2008.

LANNOO, Karel. Challenges to the structure of financial supervision in the EU. In: BALLING, Morten; HENNESSY, Elizabeth; HOCHREITER, Eduard H. *Adapting to financial globalization*. London: Routledge, 2001.

LASTRA, Rosa Maria. *Banco Central e regulamentação bancária*. Belo Horizonte: Del Rey, 2000.

LAWARE, John. Testimony in U.S. Congress, Subcommittee on Economic Stabilization of the Committee on Banking, Finance and Urban Affairs, U.S. House of Representatives, Economic implications of the "too big to fail" policy: hearings, May 9, 1991, 102nd Congress, 1st session.

LELAND, Hayne E.; PYLE, David H. Informational asymmetries, financial structure, and financial intermediation. *Journal of Finance*, 32(2), 1977.

LEVINE, Ross. Finance and growth: theory and evidence. In: AGHION, Philippe; DURLAUF, Steven. *Handbook of Economic Growth*. Amsterdam: North-Holland Elsevier Publishers, 2005.

_____. Financial development and economic growth: views and agenda. *Journal of Economic Literature*, v. 35, jun. 1997.

LO, Andrew W. The feasibility of systemic risk measurement. Written Testimony of Andrew W. Lo prepared for the U.S. House of Representatives, Financial Services Committee, 19 out. 2009. Disponível em: <web.mit.edu/alo/www/Papers/testimony2009.pdf>. Acesso em: 19 jul. 2015.

LOUIS, Jean Victor (Org.). *Banking supervision in the European Community*: institutional aspects. Bruxelas: Editions de L' Université de Bruxelles, 1995.

LOWENSTEIN, Roger. *The end of Wall Street*. Nova Iorque: The Penguin Press, 2010.

REFERÊNCIAS BIBLIOGRÁFICAS

_____. *When genius failed*: the rise and fall of Long-Term Capital Management. Nova Iorque: Random House Trade Paperbacks, 2000.

LOYOLA, Gustavo. O futuro da regulação financeira. In: GARCIA, Márcio; GIAMBIAGI, Fábio (Org.). *Risco e regulação*: por que o Brasil enfrentou bem a crise financeira recente e como ela afetou a economia mundial. Rio de Janeiro: Elsevier, 2010.

LUNDBERG, Eduardo Luís. Rede de proteção e saneamento do sistema bancário. In: SADDI, Jairo (Org.). *Intervenção e liquidação extrajudicial no Sistema Financeiro Nacional*: 25 anos da Lei n. 6.024/74. São Paulo: Textonovo, 1999.

_____. Saneamento do sistema financeiro – a experiência brasileira dos últimos 25 anos. In: SADDI, Jairo (Org.). *Intervenção e liquidação extrajudicial no Sistema Financeiro Nacional*: 25 anos da Lei n.º 6.024/74. São Paulo: Textonovo, 1999.

MACARINI, José Pedro. A política bancária do regime militar: o projeto do conglomerado (1967-1973). *Economia e Sociedade*, Campinas, v. 16, n. 3, dez. 2007.

MACEY, Jonathan R. Regulation and disaster: some observations in the context of systemic risk. In: LITAN, Robert E.; SANTOMERO, Anthony M. (Org.). *Papers on Financial Services*. Washington: Brookings Institution Press, 1998.

MACKAY, Charles. *Extraordinary popular delusions and the madness of crows*. Hampshire: Harriman House Classics, 2003.

MAIA, Geraldo Villar Sampaio. Reestruturação bancária no Brasil: o caso do Proer. *Notas Técnicas do Bacen*, n. 38, jun. 2003.

MALAN, Pedro. A coordenação internacional da regulação financeira é viável? In: BOLLE, Monica Baumgarten de; CARNEIRO, Dionísio Dias (Org.). *A reforma do sistema financeiro americano*: nova arquitetura internacional e o contexto regulatório brasileiro. Rio de Janeiro: Instituto de Estudos de Política Econômica – Casa das Garças, 2009.

_____. Uma visão abrangente sobre a crise e o processo de sua superação. In: GARCIA, Márcio; GIAMBIAGI, Fábio (Org.). *Risco e regulação*: por que o Brasil enfrentou bem a crise financeira recente e como ela afetou a economia mundial. Rio de Janeiro: Elsevier, 2010.

MANTEGA, Guido. O governo Geisel, o II PND e os economistas. *Relatório de Pesquisa*, EAESP-FGV, Núcleo de Pesquisas e Publicações, n. 3, 1997.

MARQUEZ, Robert. Competition, adverse selection and information dispersion in the banking industry. *The Review of Financial Studies*, v. 15, 2001.

MARSHALL, Alfred. *Principles of economics*. Nova Iorque: Cosimo, 2006 (ed. original, 1890).

MAYES, David G. Early intervention and prompt corrective action in Europe. *Bank of Finland Research Discussion Paper*, n. 17, ago. 2009

MCDONALD, Gordon. Comparing the Paulson Blueprint with the Geithner White Paper. The PEW Economic Policy Group, Washington, 2009.

MEIRELLES, Henrique. Reforço da regulação e supervisão e o seu papel na estabilidade do sistema financeiro. Pronunciamento do Presidente do Banco Central do Brasil na Reunião Extraordinária de Ministros Ibero-Americanos de Finanças, Porto, 2 de março de 2009. Disponível em: <www.bcb.gov.br/?PRONUNC2009008>. Acesso em: 21 jul. 2015.

MENDONÇA, Ana Rosa Ribeiro. O acordo de Basileia de 2004: uma revisão em direção às práticas de mercado. *Revista de Economia Política Internacional*, n. 2, 2004.

MERTON, Robert C.; BODIE, Zvi. Design of financial systems: towards a synthesis of function and structure. *Journal of Investment Management*, v. 3, n. 1, 2005.

MESQUITA, Mário M. C.; TORÓS, Mário. Gestão do Banco Central no pânico de 2008. In: GARCIA, Márcio; GIAMBIAGI, Fábio (Org.). *Risco e regulação:* por que o Brasil enfrentou bem a crise financeira recente e como ela afetou a economia mundial. Rio de Janeiro: Elsevier, 2010.

MEYER, Laurence H. Supervising large complex banking organizations – Adapting to change. In: MISHKIN, Frederic S. (Org.). *Prudential supervision*: what works and what doesn't. Chicago: The University of Chicago Press, 2001.

MINISTÉRIO DA FAZENDA. Fortalecimento das instituições financeiras federais. Nota oficial divulgada em 22 de junho de 2001. Disponível em: <www.fazenda.gov.br/divulgacao/noticias/2001/r010622>. Acesso em: 18 jul. 2015

MISHKIN, Frederic S. *The economics of money, banking, and financial markets*. 7. ed. Addison Wesley, 2006.

_____. (Org.). *Prudential supervision*: what works and what doesn't. Chicago: The University of Chicago Press, 2001.

_____. Prudential Supervision: why is it important and what are the issues. In: MISHKIN, Frederic S. (Org.). *Prudential supervision*: what works and what doesn't. Chicago: The University of Chicago Press, 2001.

MOREIRA, Alexandre Magno Fernandes. Os crimes contra o Sistema Financeiro Nacional e o princípio da insignificância. In: JANTALIA, Fabiano (Org.). *A regulação jurídica do Sistema Financeiro Nacional*. Rio de Janeiro: Lumen Juris, 2009.

MOSQUERA, Roberto Quiroga. *Tributação no mercado financeiro e de capitais*. São Paulo: Dialética, 1999.

MULLER, Bianca Abbot. *Concorrência no setor bancário brasileiro*. 2007. Dissertação (Mestrado) – FD-USP, São Paulo. Mimeografado.

NAKANE, Márcio I. Concorrência e *spread* bancário: uma revisão da evidência para o Brasil. In: BANCO CENTRAL DO BRASIL. *Economia bancária e crédito*: avaliação de 4 anos do projeto juros e *spread* bancário. Brasília: Banco Central do Brasil, 2003.

_____; WEINTRAUB, Daniela B. Banking privatization and productivity evidence for Brazil. *Trabalhos para Discussão*, Banco Central do Brasil, n. 90, 2004.

NASSER, Salem Hikmat. Desenvolvimento, costume internacional e *soft law*. In: AMARAL JR., Alberto (Org.). *Direito internacional e desenvolvimento*. São Paulo: Manole, 2005.

NATIONAL RESEARCH COUNCIL. *New directions for understanding systemic risk*: a report on a conference cosponsored by the Federal Reserve Bank of New York and the National Academy of Sciences. Washington: The National Academies Press, 2006.

NÓBREGA, Maílson da. Origens da crise. In: GARCIA, Márcio; GIAMBIAGI, Fábio (Org.). *Risco e regulação:* por que o Brasil enfrentou bem a crise financeira recente e como ela afetou a economia mundial. Rio de Janeiro: Elsevier, 2010.

NORTHCOTT, Carol Ann. Competition in banking: a review of the literature. *Working Paper*, Bank of Canada, n. 24, 2004.

REFERÊNCIAS BIBLIOGRÁFICAS

NOVAES, Ana. Derivativos e governança corporativa: o caso Sadia – corrigindo o que não funcionou. In: GARCIA, Márcio; GIAMBIAGI, Fábio (Org.). *Risco e regulação:* por que o Brasil enfrentou bem a crise financeira recente e como ela afetou a economia mundial. Rio de Janeiro: Elsevier, 2010.

NUSDEO, Ana Maria. *Defesa da concorrência e globalização econômica:* o controle da concentração de empresas. São Paulo: Malheiros, 2002.

NUSDEO, Fábio. *Curso de economia:* introdução ao direito econômico. 5. ed. São Paulo: RT, 2008.

_____. *Desenvolvimento e ecologia.* São Paulo: Saraiva, 1975.

OLIVEIRA FILHO, Luiz Chrysostomo de. Autorregulação no sistema financeiro. In: BOLLE, Monica Baumgarten de; CARNEIRO, Dionísio Dias (Org.). *A reforma do sistema financeiro americano:* nova arquitetura internacional e o contexto regulatório brasileiro. Rio de Janeiro: Instituto de Estudos de Política Econômica – Casa das Garças, 2009.

OLIVEIRA, Gesner de. *Concorrência:* panorama no Brasil e no mundo. São Paulo: Saraiva, 2001.

_____. Defesa da concorrência e regulação no setor bancário. EAESP/FGV/NPP – Núcleo de Pesquisas e Publicações, 2000. Mimeografado.

_____. Defesa da concorrência e regulação no setor bancário. In: CAMPILONGO, Celso F.; VEIGA DA ROCHA, Jean Paul Cabral; MATTOS, Paulo Todescan Lessa (Org.). *Concorrência e regulação no sistema financeiro.* São Paulo: Max Limonad, 2002.

OLSON, Mancur. *The logic of collective action.* Cambridge: Harvard University Press, 1965.

OVERTVELDT, Johan Van. *Bernanke's test:* Ben Bernanke, Alan Greenspan, and the drama of the central banker. Chicago: B2 Book, 2009.

PARTNOY, Frank. The Siskel and Ebert of financial markets: two thumbs down for the credit rating agencies. *Washington Quarterly Review,* v. 77, n. 3, 1999.

PAULA, Áureo Natal de. *Crimes contra o Sistema Financeiro Nacional e o mercado de capitais.* 4. ed. Curitiba: Juruá, 2009.

PAULA, Luis Fernando; MARQUES, Maria Beatriz L. Tendências recentes da consolidação bancária no Brasil. *Revista Análise Econômica,* ano 24, n. 45, 2006.

PAULIN, Luiz Alfredo. Conceito de intervenção e liquidação extrajudicial: pressupostos para sua decretação. In: SADDI, Jairo (Org.). *Intervenção e liquidação extrajudicial no Sistema Financeiro Nacional:* 25 anos da Lei n. 6.024/74. São Paulo: Textonovo, 1999.

_____. Evolução do Sistema Financeiro Nacional. *Revista de Direito Bancário, do Mercado de Capitais e da Arbitragem,* São Paulo: RT, n. 17, 2002.

PELTZMAN, Sam. Toward a more general theory of regulation. *Journal of Law and Economics,* 19(2), 1976.

PIGOU, Arthur C. *The economics of welfare.* Nova Iorque: Cosimo, 2005 (ed. original, 1920).

PIMENTEL, Manoel Pedro. *Crimes contra o Sistema Financeiro Nacional.* São Paulo: RT, 1987.

PINDYCK, Robert S.; RUBINFELD, Daniel L. *Microeconomia.* 4. ed. São Paulo: Makron Books, 1999.

PINHO DE MELLO, João Manoel. *Adverse selection in the market for unsecured loans:* the case of overdraft loans in Brazil. 2004. Tese (Doutorado) – Department of Economics, Stanford University. Mimeografado.

_____. Estrutura, concorrência e estabilidade. In: GARCIA, Márcio; GIAMBIAGI, Fábio (Org.). *Risco e regulação:* por que o Brasil enfrentou bem a crise financeira recente e como ela afetou a economia mundial. Rio de Janeiro: Elsevier, 2010.

_____. Proposta de delimitação do escopo de análise da SDE em atos de concentração bancárias e apurações de conduta. Seminário de Estudos e Métodos Quantitativos Aplicados à Defesa da Concorrência e à Regulação Econômica, Instituto de Pesquisas Econômicas Aplicadas (IPEA), Relatório Final, Área II.1, ANPEC/IPEA/SDE, abr. 2005.

PINTO, Gustavo M. A. Limites da função supervisora das autoridades do Sistema Financeiro Nacional: reflexões em um contexto de conglomeração financeira. In: CASTRO, Leonardo F. M. (Org.). *Mercado financeiro & de capitais: regulação e tributação. São Paulo: Quartier Latin, 2015.*

PORTOCARRERO DE CASTRO, Helio Oliveira. *As causas econômicas da concentração bancária.* Rio de Janeiro: IBMEC, 1981.

POSNER, Richard A. Theories of economic regulation. *The Bell Journal of Economics and Management Science,* 5(2), 1975.

PUGA, Fernando Pimentel. Sistema financeiro brasileiro: reestruturação recente, comparações internacionais e vulnerabilidades à crise cambial. *Textos para Discussão BNDES,* n. 68, 1999.

REGULATION TASKFORCE 2006. Rethinking regulation: report of the taskforce on reducing regulatory burdens on business. Canberra, jan. 2006. Disponível em: <www.regulationtaskforce.gov.au>. Acesso em: 22 jul. 2015.

RHOADES, Stephen A. A summary of merger performance studies in banking (1980-1993). *Board of Governors of the Federal Reserve System,* Staff Studies, n. 167, 1994.

_____. Concentration of world banking and the role of US banks among the 100 largest (1956-1980). *Journal of Banking and Finance,* v. 7, n. 3, 1983.

RHODES, Amy K. The role of the SEC in the regulation of rating agencies: well-placed reliance or free-market interference? *20 Seton Hall Legis J.* 293, 1996.

RICKS, Morgan. Money and (shadow) banking: a thought experiment. *Review of Banking & Financial Law,* v. 31, 2011.

_____. Regulating money creation after the crisis. *Harvard Business Law Review,* v. 1, 2011.

ROCHA, Fernando A. S. Evolução da concentração bancária no Brasil (1994-2000). *Notas Técnicas do Bacen,* n. 11, nov. 2001.

ROUBINI, Nouriel; MIHM, Stephen. *A economia das crises.* São Paulo: Intrínseca, 2010.

RUBIN, Isaac I. *A history of economic thought.* London: Ink Links, 1979.

RUBINSTEIN, Mark. Rational markets: yes or no? The affirmative case. *Financial Analysts Journal,* v. 57, n. 3, 2001.

SADDI, Jairo. Algumas propostas de mudança para a Lei n.º 6.024. In: _____. (Org.). *Intervenção e liquidação extrajudicial no Sistema Financeiro Nacional:* 25 anos da Lei n.º 6.024/74. São Paulo: Textonovo, 1999.

_____. *Crise e regulação bancária:* navegando mares revoltos. São Paulo: Textonovo, 2001.

_____. (Org.). *Intervenção e liquidação extrajudicial no Sistema Financeiro Nacional:* 25 anos da Lei n.º 6.024/74. São Paulo: Textonovo, 1999.

_____. *Temas de regulação financeira.* São Paulo: Quartier Latin, 2010.

REFERÊNCIAS BIBLIOGRÁFICAS

SALAMA, Bruno Meyerhof. Como interpretar as normas emitidas pelo BACEN e CMN? Uma resposta a partir da evolução do modelo de estado brasileiro. *Revista de Direito Bancário e do Mercado de Capitais*, v. 46, 2009.

_____. PRADO, Viviane Muller. Operações de crédito dentro de grupos financeiros: governança corporativa como complemento à regulação bancária. In: ARAÚJO, Danilo Borges S. G.; WARDE JR., Walfrido Jorge (Org.). *Grupos de sociedades*: organização e exercício da empresa. São Paulo: Saraiva, 2012.

SALOMÃO, Calixto. *Direito concorrencial*: as estruturas. 2. ed. São Paulo: Malheiros, 2002.

_____. *Regulação e concorrência* (estudos e pareceres). São Paulo: Malheiros, 2002.

SALOMÃO, Eduardo. *Direito bancário*. São Paulo: Jurídico Atlas, 2007.

SAUNDERS, Anthony; WALTER, Ingo. Universal banking in the United States: what could we gain? What could we lose? Nova Iorque: Oxford University Press, 1994.

SCHAPIRO, Mário Gomes. *Novos parâmetros para a intervenção do Estado na economia*: persistência e dinâmica na atuação do BNDES em uma economia baseada no conhecimento. 2009. Tese (Doutoramento) – FD-USP, São Paulo. Mimeografado.

SCHECHTMAN, Ricardo. A central de risco de crédito no Brasil: uma análise de utilidade de informação. *Trabalhos para Discussão*, n. 119, Banco Central do Brasil, out. 2006.

SCHUMPETER, Joseph A. *The theory of economic development*. Cambridge: Harvard University Press, 2003 (ed., original 1934).

SCHWARCZ, Steven L. Systemic risk. *Georgetown Law Journal*, v. 97, n. 1, 2008.

SCHWERT, G. William. Anomalies and market efficiency. In: CONSTANTINIDES, George M.; HARRIS, Milton, STULZ, René M. (Org.). *Handbook of the economics of finance*. North Holland, 2003.

SHADOW FINANCIAL REGULATORY COMMITTEE. Risk-based capital and early intervention proposal of Federal Home Loan Bank Board. *Statement n. 40*, Chicago, fev. 1989. Declarações do SFRC disponíveis em: <www.luc.edu/quinlan/finpol/shadowfinancialregulatorycommitteestatements>. Acesso em: 25 jul. 2015.

_____. An outline of a program for deposit insurance and regulatory reform. *Statement n. 41*, Chicago, fev. 1989.

_____. The Federal Reserve Board and prudential supervision. *Statement n. 153*, Chicago, dez. 1998.

SHULL, Bernard; HANWECK, Gerald A. *Bank mergers in a deregulated environment*: promise and peril. Westport: Quorum Books, 2001.

SILVA, Marcos Soares da. Avaliação do processo de concentração-competição no setor bancário brasileiro. *Trabalhos para discussão*, n. 377, dez. 2014.

SIMON, Herbert A. *Models of bounded rationality*. Cambridge: MIT Press, 1982.

SJOSTROM, William K. The AIG bailout. *Washington & Lee Law Review*, n. 66, 2009.

SMITH, Adam. *An inquiry into the nature and causes of the wealth of nations*. Chicago: University of Chicago Press, 1977 (ed. original, 1776).

SOARES, Carla de Almeida Frazão. *Da possibilidade de regulação das agências de rating no Brasil*. Instituto de Economia-UFRJ, Rio de Janeiro, 2005.

SOUZA, Carlos Inglez de. *A anarchia monetária e suas consequências*. São Paulo: Monteiro Lobato & Cia. Editores, 1924.

SPRAGUE, Irvine H. *Bailout*: an insider's account of bank failures and rescues. Washington: Beard Books, 1986.

STERN, Gary H.; FELDMAN, Ron J. *Too big to fail*: the hazards of bank bailouts. Washington: Brookings Institution Press, 2004.

STIGLER, George J. The theory of economic regulation. *The Bell Journal of Economics and Management Science*, 2 (1), 1971.

STIGLITZ, Joseph E. Challenging the Washington consensus. *The Brown Journal of World Affairs*, v. 9, n. 2, 2003.

_____. *O mundo em queda livre*: os Estados Unidos, o mercado livre e o naufrágio da economia mundial. São Paulo: Companhia das Letras, 2010.

STONE, Mark R.; WALKER, W. Christopher; YASUI, Yosuke. From Lombard Street to Avenida Paulista: foreign exchange liquidity easing in Brazil in response to the global shock of 2008-09. *Working Paper*, n. 09/259, FMI, 2009.

SUNDFELD, Carlos Ari. Concorrência e regulação no sistema financeiro. In: CAMPILONGO, Celso F.; VEIGA DA ROCHA, Jean Paul Cabral; MATTOS, Paulo Todescan Lessa (Org.). *Concorrência e regulação no sistema financeiro*. São Paulo: Max Limonad, 2002.

SZTAJN, Rachel; ZYLBERSZTAJN, Decio (Org.). *Direito & economia*: análise econômica do direito e das organizações. Rio de Janeiro: Elsevier, 2005.

TAFARA, Ethiopis. Remarks before the World Economic Forum Industry Agenda Meeting Regarding Finance, 21 set. 2004. Disponível em: <www.sec.gov/news/speech/spch092104et.htm>. Acesso em: 22 jul. 2015.

TARULLO, Daniel K. *Banking on Basel*: the future of international financial regulation. Washington: Peterson Institute for International Economics, 2008.

TAYLOR, Michael. *Twin Peaks*: a regulatory structure for the new century. London: Center for the Study of Financial Innovation, 1995.

TEIXEIRA, Natermes Guimarães. *Origem do sistema multibancário brasileiro*. Campinas: Instituto de Economia da Unicamp, 2000. (Coleção Teses.)

TOLEDO, Adriana Teixeira. The central bank's role in consumer protection: a viable model for Brazil. *Revista da Procuradoria-Geral do Banco Central*, v. 8, n. 2, dez. 2014.

TROSTER, Roberto Luis. Concentração bancária. *Estudos Febraban*, 2004. Disponível em: <www.febraban.org.br/Arquivo/Servicos/Imprensa/Conc0404.pdf>. Acesso em: 26 jul. 2015.

TRUELL, Peter; GURWIN, Larry. *False Profits*: the inside story of BCCI. The world's most corrupt financial empire. New York: Houghton Mifflin, 1992.

TUCKER, Paul. Shadow banking, financing markets and financial stability. Remarks at the BGC Partners Seminar, London, 21 de janeiro de 2010. Disponível em: <www.bis.org/review/r100126d.pdf>. Acesso em: 22 jul. 2015.

TURCZYN, Sidnei. *O Sistema Financeiro Nacional e a regulação bancária*. São Paulo: RT, 2005.

U.S. CONGRESS. *Inquiry into the Continental Illinois Corp. and Continental Illinois National Bank* (98-11). House of Representatives, Subcommittee on Financial Institutions, Supervision, Regulation, and Insurance, 98th Cong., 2nd session, 1984.

_____. *Investigation of Lincoln Savings and Loan Association*. House of Representatives, Committe on Banking, Finance, and Urban Affairs, 1990, 100th Cong., 1st session.

REFERÊNCIAS BIBLIOGRÁFICAS

VENNET, Rudi Vander. The effect of mergers and acquisitions on the efficiency and pro-fitability of EC credit institutions. *Journal of Banking and Finance*, n. 20, 1996.

VERÇOSA, Haroldo Malheiros Duclerc. A responsabilidade civil especial nas instituições financeiras insolventes. In: SADDI, Jairo (Org.). *Intervenção e liquidação extrajudicial no Sistema Financeiro Nacional*: 25 anos da Lei n. 6.024/74. São Paulo: Textonovo, 1999.

_____. *Bancos centrais no direito comparado*: o Sistema Financeiro Nacional e o Banco Central do Brasil. São Paulo: Malheiros, 2005.

_____. Considerações sobre o sistema financeiro. Crises. Regulação e rerregulação. *Revista de Direito Mercantil Industrial, Econômico e Financeiro*, São Paulo: Malheiros, v. 149/150, jan.-dez. 2008.

_____. *Responsabilidade civil especial nas instituições financeiras e nos consórcios em liquidação extrajudicial*. São Paulo: RT, 1993.

VIEIRA NETO, Cícero Augusto. Administração de risco de derivativos no Brasil: mer-cados de bolsa e de balcão. In: GARCIA, Márcio; GIAMBIAGI, Fábio (Org.). *Risco e regulação*: por que o Brasil enfrentou bem a crise financeira recente e como ela afetou a economia mundial. Rio de Janeiro: Elsevier, 2010.

WALD, Arnoldo. A evolução do conceito de instituição financeira. *Revista de Direito Bancário e do Mercado de Capitais*, n. 28, 2005.

_____. O direito da regulação monetária e bancária. *Revista de Direito Bancário*, v. 17, jul.--set. 2002.

WALLIS, Stan (Org.). *Financial system inquiry final report*, mar. 1997. Disponível em: <fsi. treasury.gov.au>. Acesso em: 25 jul. 2015.

WELCH, John H. Futurologia financeira global: implicações do pós-crise. In: GIAMBIAGI, Fábio e Octavio de Barros (Org.). *Brasil pós-crise*: agenda para a próxima década. Rio de Janeiro: Elsevier, 2009.

WHITE, Eugene. Deposit insurance. In: CAPRIO, Gerard; VITTAS, Dimitri (Org.). *Reforming financial systems*: historical implications of policy. New York: Cambridge University Press, 1997.

WILLIAMSON, Oliver. Assessing vertical market restrictions: antitrust ramifications of the transaction cost approach. *University of Pennsylvania Law Review*, n. 127, 1979.

WILMARTH, Arthur E. Too good to be true? The unfulfilled promises behind big bank mergers. *Stanford Law Journal of Business and Finance*, n. 2, 1995.

WOLF, Martin. *Fixing global finance*. Baltimore: The Johns Hopkins University Press, 2008.

WRIGHT, Robert E. *The wealth of nations rediscovered*: integration and expansion in American financial markets (1780-1850). Cambridge: Cambridge University Press, 2002.

YAZBEK, Otavio. Crise financeira e risco sistêmico: a evolução recente da regulação sistêmica no Brasil. In: PÁDUA LIMA, Maria Lúcia de. *Agenda contemporânea*: direito e economia (Tomo 2). São Paulo: Saraiva, 2012.

_____. Crise, inovação e regulação no mercado financeiro: considerações sobre a regulamentação do mercado de derivativos de balcão. In: SOUZA JÚNIOR, Francisco Satiro de. *Mercado de Capitais*. São Paulo: Saraiva, 2013.

_____. *Regulação do mercado financeiro e de capitais*. São Paulo: Elsevier, 2007.

_____. _____. 2. ed. São Paulo: Elsevier, 2009.

Periódicos:

BBC NEWS. God's banker found hanged, 19 jun. 1982. Disponível em: <news.bbc.co.uk/onthisday/hi/dates/stories/june/19/newsid_3092000/3092625.stm>. Acesso em: 24 jul. 2015.

_____. Governor warns bank split needed, 20 out. 2009. Disponível em: <news.bbc.co.uk/2/hi/business/8317200.stm>. Acesso em: 24 jul. 2015.

BLOOMBERG NEWS. Bernanke says insurer AIG operated like a hedge fund, 3 mar. 2009. Disponível em: <www.bloomberg.com/apps/news?pid=newsarchive&sid=aCrzJbsxzKdk>. Acesso em: 24 jul. 2015.

_____. Greenspan says U.S. should consider breaking up large banks, 15 out. 2009. Disponível em: <www.bloomberg.com/apps/news?pid=20601087&sid=aJ8HPmNUfchg>. Acesso em: 24 jul. 2015.

_____. Obama administration pushes back at bank lobbying on regulation, 16 out. 2009. Disponível em: <www.bloomberg.com/apps/news?pid=newsarchive&sid=axePKeIA7Xx8>. Acesso em: 24 jul. 2015.

BOSTON GLOBE. Bailed-out banks lobby hard to stave off limits, 27 set. 2009. Disponível em: <www.boston.com/business/articles/2009/09/27/bailed_out_banks_battle_to_reshape_bills>. Acesso em: 24 jul. 2015.

BRASIL ECONÔMICO. Bônus menor não assusta grandes bancos, 9 fev. 2010, p. 38.

FINANCIAL TIMES. The Lehman legacy: catalyst of the crisis, 12 out. 2008.

FOLHA DE SÃO PAULO. BC atribui responsabilidade por rombo no Panamericano a falhas de auditorias, 11 nov. 2010, p. B1.

_____. BC via problemas no Banco Santos desde 2001, 26 dez. 2004, p. B3.

_____. Deloitte, KPMG e Fator não identificaram fraude, 11 nov. 2010, p. B3.

_____. Fusão Itaú-Unibanco foi acelerada por compra do ABN pelo Santander, 3 nov. 2008. Disponível em: <www1.folha.uol.com.br/folha/dinheiro/ult91u463639.shtml>. Acesso em: 24 jul. 2015.

_____. Internacionalização de Itaú e Unibanco não seria possível sem fusão, diz banqueiro, 4 nov. 2008. Disponível em: <www1.folha.uol.com.br/folha/dinheiro/ult91u463928.shtml>. Acesso em: 24 jul. 2015.

_____. Itaú e Unibanco planejam ser banco internacional em cinco anos, 3 nov. 2008. Disponível em: <www1.folha.uol.com.br/folha/dinheiro/ult91u463648.shtml>. Acesso em: 24 jul. 2015.

ISTO É. A conta do Proer, n. 1.504, 29 jul. 1998.

ISTO É DINHEIRO. Risco oculto, n. 579, 5 nov. 2008.

_____. Feitos um para o outro, n. 580, 12 nov. 2008.

O ESTADO DE SÃO PAULO. Banco Central vê nível 'moderado' de concentração, 3 ago. 2015. Disponível em: <economia.estadao.com.br/noticias/geral,banco-central-ve-nivel--moderado-de-concentracao,1737501>. Acesso em: 10 ago. 2015.

_____. Banco Panamericano, do Grupo Silvio Santos, recebe R$2,5 bi para cobrir fraude, 10 nov. 2010, p. B1.

_____. BC atribui responsabilidade por rombo no Panamericano a falhas de auditorias, 11 nov. 2010, p. B1.

REFERÊNCIAS BIBLIOGRÁFICAS

_____. CCJ convida Meirelles para falar sobre Panamericano, 10 nov. 2010. Disponível em: <economia.estadao.com.br/noticias/geral,ccj-convida-meirelles-para-falar-sobre--panamericano,42787e>. Acesso em: 24 jul. 2015.

_____. É o momento adequado para encerrar missão, 24 nov. 2010. Disponível em: <economia.estadao.com.br/noticias/geral,e-o-momento-adequado-para-encerrar-a-missao--diz-meirelles,44675e>. Acesso em: 24 jul. 2015.

_____. Meirelles alerta para risco caso BC fizesse auditoria, 24 nov. 2010. Disponível em: <economia.estadao.com.br/noticias/geral,meirelles-alerta-para-risco-caso-bc-fizesse-auditoria,44759e>. Acesso em: 24 jul. 2015.

O GLOBO. Lula: Bush, meu filho, resolve a sua crise, 28 mar. 2008, p. 33.

_____. Lula: Crise é tsunami nos EUA e, se chegar ao Brasil, será marolinha, 5 out. 2008, p. 42.

_____. Lula defende internacionalização do Banco do Brasil, 20 jul. 2009. Disponível em: <noblat.oglobo.globo.com/noticias/noticia/2009/07/lula-defende-internacionalizacao-do-banco-do-brasil-206790.html>. Acesso em: 24 jul. 2015.

_____. Não é assunto do presidente, 11 nov. 2010, p. 25

_____. Quatro anos de fraudes, 11 nov. 2010, p. 25.

_____. Edmar Bacha e Monica de Bolle: 'Há um controle disfarçado da inflação', 2 abr. 2011. Disponível em: <oglobo.globo.com/economia/edmar-bacha-monica-de-bolle--ha-um-controle-disfarcado-da-inflacao-2801840>. Acesso em: 24 jul. 2015.

REVISTA CAPITAL ABERTO. É papel do Banco Central regular a remuneração dos executivos de instituições financeiras?, ano 7, n. 80, abr. 2010.

REVISTA EXAME. O Brasil na era dos megabancos, ano 42, n. 22, 13 out. 2008.

THE ECONOMIST. A plan B for global finance, 14 mar. 2009. Disponível em: <www.economist.com/node/13278147>. Acesso em: 24 jul. 2015.

_____. Efficiency and beyond, 18 jul. 2009. Disponível em: <www.economist.com/node/14030296>. Acesso em: 24 jul. 2015.

THE NEW YORK TIMES. Financial Russian roulette, 14 set. 2008. Disponível em: <www.nytimes.com/2008/09/15/opinion/15krugman.html?_r=1>. Acesso em: 24 jul. 2015.

_____. How did economists get it so wrong?, 2 set. 2009. Disponível em: <www.nytimes.com/2009/09/06/magazine/06Economic-t.html>. Acesso em: 24 jul. 2015.

THE TIMES. Banks hit back at 'populist' bonus supertax, 7 dez. 2009. Disponível em: <business.timesonline.co.uk/tol/business/industry_sectors/banking_and_finance/article6947089.ece>. Acesso em: 24 jul. 2015.

_____. FSA retail chief Clive Briault leaves with £380,000 payoff after Northern Rock debacle, 20 mar. 2008. Disponível em: <business.timesonline.co.uk/tol/business/industry_sectors/banking_and_finance/article3586950.ece>. Acesso em: 24 jul. 2015.

TIME. Europe's conservatives sour on the free market, 26 set. 2008. Disponível em: <content.time.com/time/world/article/0,8599,1844919,00.html>. Acesso em: 24 jul. 2015.

VALOR ECONÔMICO. BC vê espaço para concentração bancária ainda maior no Brasil, 15 maio 2006, B3.

_____. Brasil é o segundo país que mais ganha com mudanças no FMI, 25 out. 2010, p. A11.

_____. Brasil enfrentou ataque e corrida bancária na crise, 13 nov. 2009, p. A1.

_____. Concentração fortaleceu sistema, diz Banco Central, 19 out. 2007, p. C7.

REGULAÇÃO SISTÊMICA E PRUDENCIAL NO SETOR BANCÁRIO BRASILEIRO

_____. Crise confere novo *status* ao FGC, 26 out. 2009. Disponível em: <www.valor. com.br/arquivo/790063/crise-confere-novo-status-ao-fgc>. Acesso em: 24 jul. 2015.

_____. Dinheiro e política na reforma dos EUA, 20 ago. 2010, p. A13.

_____. EUA podem limitar porte de empresas financeiras, 11 nov. 2009, p. C8.

_____. EUA têm muito a aprender com o Brasil, diz Johnson, 25 fev. 2010, p. C9.

_____. FGC estimula expansão do crédito, 6 mar. 2009, p. C1.

_____. Gustavo Loyola: O Brasil e as lições da crise, 5 abr. 2010, p. A13.

_____. KPMG desiste de recurso no caso do Banco Nacional, 22 fev. 2008. Disponível em: <www.contabilidade-financeira.com/2008/02/ainda-o-banco-nacional.html>. Acesso em: 24 jul. 2015.

_____. Na crise, BB colocou R$6,7 bilhões para socorrer bancos e Sadia, 24 nov. 2009, p. A1.

_____. O Comef e seu contexto, 7 jul. 2011, p. A12.

_____. Reforma nos EUA mais branda do que o esperado dá vigor a ações dos bancos, 28 jun. 2010, p. A2.

_____. STJ isenta Price de culpa em ação penal, 7 jun. 2010, p. C8.

VEJA. O Barão da Bahia beija a lona, n. 1.405, 16 ago. 1995.

_____. O golpe do balanço fraudado, n. 1.433, 28 fev. 1996.

_____. O maior desfalque da história, n. 1.540, 1.º abr. 1998.

_____. Perguntas que não calam, n. 1.704, 13 jun. 2001.

_____. Vida e morte das bolhas, n. 2.081, 8 out. 2008.

WALL STREET JOURNAL. Behind AIG's fall, risk models failed to pass real-world test, 31 out. 2008. Disponível em: <online.wsj.com/article/SB122538449722784635.html>. Acesso em: 24 jul. 2015.

Apresentações e seminários:

DEPARTMENT OF TREASURY. Dodd-Frank at five years, Washington, jul. 2015. Disponível em: <www.treasury.gov/press-center/Documents/DFA%205%20Year%20Deck. pdf>. Acesso em: 27 jul. 2015.

FERREIRA, Isaac S. M. Aspectos materiais e procedimentais da atuação prudencial preventiva do Banco Central. *9.º Congresso Febraban de Direito Bancário*, maio 2012. Disponível em: <www.febraban.org.br/7Rof7SWg6qmyvwJcFwF7I0aSDf9jyV/sitefebraban/ Isaac%20Sidney%20-autorizado%20para%20site.pdf>. Acesso em: 27 jul. 2015.

_____. Contencioso judicial em regimes especiais: atuação da Procuradoria Geral do Banco Central. Brasília, maio 2013. Disponível em: <www.bcb.gov.br/secre/apres/ Isaac_Sidney-Palestra_PG_ContenciosoJudicialemRegimesEspeciais_5-5-2013.pdf>. Acesso em: 27 jul. 2015.

MEIRELLES, Anthero de M. Estabilidade financeira e o modelo de supervisão do Banco Central do Brasil. *Associação Brasileira de Bancos Internacionais*, abr. 2013. Disponível em: <www.abbi.com.br/galeria/pdf/Apresentacao_ABBI_SP_20130405.pdf>. Acesso em: 27 jul. 2015.

OLIVEIRA, Nelson R. Unificación de critérios sobre administración de riesgos de LD/

REFERÊNCIAS BIBLIOGRÁFICAS

FT. *Departamento de Prevenção a Ilícitos Financeiros e de Atendimento de Demandas de Informações do Sistema Financeiro do Banco Central do Brasil,* San Salvador, set. 2011. Disponível em: <www.felaban.net/archivos_memorias/archivo20141110162207PM.pdf>. Acesso em: 27 jul. 2015.

Seminário "APBC sobre Regulação Financeira". Organizado pelo Insper e pela Associação dos Procuradores do Banco Central, 27 set. 2010.

Seminário "Dodd-Frank: A nova lei do setor financeiro". Organizado pelo Instituto Brasileito de Direito Empresarial (Ibrademp) e Arnold & Porter LLP, 25 ago. 2010.

Seminário "Asset backed securities – changes in law, regulation and practice in Europe". Organizado pelo Ibrademp, 7 out. 2010.

ÍNDICE

AGRADECIMENTOS..7

APRESENTAÇÃO 9

PREFÁCIO 13

LISTA DE ABREVIATURAS E SIGLAS 21

SUMÁRIO...27

INTRODUÇÃO E DELIMITAÇÕES AO PLANO DA OBRA.................31

CAPÍTULO 1 – A REGULAÇÃO FINANCEIRA E SUAS JUSTIFICATIVAS....39

CAPÍTULO 2 – A ATIVIDADE BANCÁRIA NO BRASIL
                     E SUA REGULAÇÃO...75

CAPÍTULO 3 – REGULAÇÃO SISTÊMICA..129

CAPÍTULO 4 – REGULAÇÃO PRUDENCIAL 195

CAPÍTULO 5 – REGULAÇÃO FINANCEIRA INTERNACIONAL 307

REFERÊNCIAS BIBLIOGRÁFICAS..343